周祖成 张印◎主编

地方立法文本与实施效果研究

Study on
Local Legislative Text and
Implementation Effect

中国法制出版社
CHINA LEGAL PUBLISHING HOUSE

序　言

大智立法，一个国家的现代转型过程必然是一个制度化、再制度化的过程，而制度的内核和中枢，在于以宪法为根本的法律规范体系。地方立法是中国特色社会主义法律体系和地方法治建设的重要组成部分，是推动社会治理体系和治理能力现代化的重要支撑，是全面推进依法治国在地方的实践探索。“四个全面”战略布局的落实离不开地方立法。2014 年，党的十八届四中全会提出，“建设中国特色社会主义法治体系，必须坚持立法先行，发挥立法的引领和推动作用，抓住提高立法质量这个关键”。2017 年，党的十九大报告提出完善以宪法为核心的中国特色社会主义法律体系，建设中国特色社会主义法治体系，建设社会主义法治国家。地方立法是国家法治体系的重要组成部分。从规范意义上讲，地方立法先行先试经验有利于全国普适性制度创新；从地方立法运用于司法层面上讲，地方立法作为司法裁判的依据嵌入社会治理，解决社会纠纷，实现社会控制；从社会治理角度讲，广土众民国情下多样化治理格局的形成需要地方立法参与。基于此，加强地方立法研究的重要性则不言而喻。

重庆市地方立法研究协同创新中心、西南政法大学地方立法研究院以“传承文明、创新理论、咨政育人、服务发展”为建设宗旨，回应地方立法重大需求。遵循从重庆到市外，从地方到全国，从立法到法治全部环节的工作步骤，协同力量和智慧，汇集各领域高水平专业人才，以社会现实问题为导向，以地方立法项目为依托，通过跨地域、跨单位、跨部门、跨学科的协同，实现理论与实务的有机融合，把中心打造为引领地方立法理论创新的前沿阵地，服务地方立法与重大决策的高端智库，创新人才培养和国际学术合作交流的重要平台。

中心根据“双一流”建设的要求全面提升人才、学科和科研“三位一体”的创新能力，服务地方立法与法治中国建设。为推动中心地方立法研究的繁荣发展、提高学生的学术研究水平，中心每年围绕着地方立法中的重点难点问题设立博士后、博士研究生和硕士研究生科研项目，定期发布科研项目招标指南，并提供相应经费支持。鼓励学生在地方立法领域自主选题研究。对于具有前沿性、创新性的优秀研究成果，中心给予科研后期资助与奖励。主要形式有以下两种：第一种，中心根据立法理论与实践的需要，主动设计硕士与博士论文选题，选题向协同单位开放，对于选择相关选题作为学位论文选题的学生，中心主动给予协同培养，设立培育专项基金。第二种，提供立法调研机会为研究生完成学位论文提供平台，动员硕士生参与地方法规整理、评估以及政府权力清单等重大课题，深化与实务部门的协同合作，强化学生实践能力培养。在校学习期间，学生学会进行科研工作，掌握科研基本方法，提高综合能力是十分重要的。学生科研可以提高学生学习的积极性，加深对知识的理解，同时在科学研究中形成创新意识、社交能力和合作精神。

为规范西南政法大学学生科研创新项目的管理，充分利用学校各类资源，打造多层次科研创新平台，提升学生科研素养和创新能力，提高本科生和研究生培养质量，根据《西南政法大学学生科研创新项目管理办法》（西政校发〔2016〕272 号）之规定，地方立法研究院从 2016 年 10 月至 2017 年 6 月组织进行 2016 年度地方立法研究学生课题项目申报活动。经过前后四次修稿、中期检查与结项审核，2016 年度共有 16 个课题项目顺利完成结项。现将这些课题论文汇编，希望这些成果能够为我国地方立法研究提供理论指导和工作参考，便于学术讨论和交流。

科学研究是无止境的，本书肯定会存在不足或不当之处，希望有关专家和读者提出宝贵意见。

目录

分享经济的地方规制逻辑①

——以十五市网约车地方立法为中心的考察

莫　林

（西南政法大学　重庆　401120）

摘要：基于对十五个国家中心城市网约车地方立法样本的分析可发现，地方监管者罔顾网约车与巡游车在市场准入、法律关系、人事、价格、运营范围及方式、要约、声誉、监督机制八方面的本质差异，径行挪用旧有许可体系于新兴产业之上，奉行整体管控逻辑。旧体系的设定构成要件先天不足，致使地方立法规范层级过低，以“具体规定”之名违法增设条件，令新兴产业严重受制于一套既不“合身”又不合法的规制体系。该体系对平台、车辆、驾驶员和运价实施一系列不当规制，反映出地方规制理念上的因循守旧、手段上的“路径依赖”、策略上的轻事中事后监管、意图中的地方保护主义，最终带来效果上的失灵与失范。要扭转此局面，必须重建规范体系、转变规制理念、创新规制模式。

关键词：网约车　地方立法　合法性缺陷　规制失灵　修正路径

一、绪论

（一）问题缘起及选题意义

作为互联网移动终端技术发展的突出产物，网络预约出租车（以下简称网约车）的兴起如江上之新风，已掀起不大不小的波澜。其跨越共享经济与职业经济

① 基金项目：2015 年西南政法大学研究生科研创新计划资助项目（XZYJS2015153）、2016 年重庆市研究生科研创新项目（CYB16087）、西南政法大学 2017 年度学生科研创新项目（2017XZXS-005）阶段性成果。

双重领域，对交通模式、出行理念和法律框架带来颠覆性的影响。这一新兴业态如同“鲶鱼”，搅动出租车行业那一潭濒于凝固的“死水”，激活改革的生机。这是依凭技术革新倒逼改革的生动案例。

2016年7月27日，交通运输部、工业和信息化部、公安部、商务部、工商总局、质检总局、国家网信办七部门联合发布《网络预约出租汽车经营服务管理暂行办法》（以下简称《暂行办法》），为长期游走于法律空白地带的网约车经营活动提供了初步合法性基础。次日（7月28日），国务院办公厅发布《关于深化改革推进出租汽车行业健康发展的指导意见》（以下简称《指导意见》）。《指导意见》提出，要“坚持改革创新”“抓住实施‘互联网+’行动的有利时机，坚持问题导向，促进巡游出租汽车转型升级，规范网络预约出租汽车经营，推进两种业态融合发展”。同时指出，出租车行业“坚持属地管理”，“城市人民政府是出租汽车管理的责任主体，要充分发挥自主权和创造性，探索符合本地出租汽车行业发展实际的管理模式”。这无疑明确了出租车行业，包括网约车监管的地方性事务属性。随即，2016年10月8日，北京、上海、广州、深圳四市同日发布网络预约出租汽车经营服务管理的有关《办法》或《实施细则》的征求意见稿，对驾驶员户籍、驾照、驾龄、车牌、车龄、车型、排量和辅助装置等作了较为严格的限制，引发广泛争议。其他城市迅速跟进。据新华社报道，截至2016年12月30日，全国共有42个城市正式发布了网约车监管实施细则，140余个城市已启动社会公开征求意见程序。

事实上，自2012年“滴滴打车”软件正式发布和2014年美国Uber进入中国市场以来，网约车带来的出行模式革新和监管手段创新已引致公共政策学界、经济学界和法学界的大量研讨。北京大学国家发展研究院于2015年10月15日、2016年8月3日，以及最近的2016年10月17日三次举办了针对网约车发展与规制的研讨会，最近一次会议的主题为“地方网约车发展与规制”。北大国家发展研究院副院长黄益平教授在会议主持中毫不讳言地指出，网约车、房地产和产业政策是当前中国社会的三大全民性议题，亦是地方治理的三个重要领域。

网约车监管之所以吸聚了如此广泛的关注，在于其在“互联网+”“创新发展”和国家（地方）治理现代化三重时代背景下，事实上处于当前几大热点问题的汇集点：互联网、分享经济、出租车改革、城市管理等。从立法学视野看，网约车监管背后实际上内含六大重要立法学问题：

第一，立法与改革的关系问题。众所周知，我国出租车行业改革由于既得利益集团的阻挠和牵涉甚广的复杂局面而步履维艰，网约车的兴起无疑是打破这一改革僵局的契机。中央立法和地方立法是否应借此机会对这一改革顽症有所突破，是否有突破的动力，如何利用立法进行突破，值得关注。

第二，立法与创新的关系问题。网约车带来的出行模式创新和网络技术的进一步发展与“互联网 +”“创新发展”“双创”大潮的时代背景息息相关。地方立法应如何规范、促进新生事物，不仅关乎民生要务，亦反映出地方政府在其中究竟扮演创新的推动者还是阻碍者。

第三，立法与分享经济的关系问题。分享经济在全球范围内的蓬勃发展，不仅对人们的生活方式产生了巨大影响，更深刻重塑着人们的思维方式和社会交往模式。分享经济下，资源配置格局迅速调整，由此带来就业形态的快速变迁。立法如何回应分享经济，如何保障新型就业权；政府如何有效监督分享经济活动，是当下法理学界亟须面对的问题。

第四，地方立法的合宪性、合法性与合理性问题。部分城市公布的征求意见稿已引发法学界对其合宪性、合法性、合理性的讨论，如户籍限制是否侵犯公民平等就业权，是否违反《行政许可法》第 15 条第 2 款的规定，是否违反《国务院关于在市场体系建设中建立公平竞争审查制度的意见》等；对网约车平台经营年限的限制是否违反《公司法》原则等。在合理性方面，部分城市采取的监管措施是否符合比例原则。这些问题极具讨论价值。

第五，地方立法中的地方保护主义问题。如北京市交通委员会在就征求意见稿作出的解释中认为，北京“城市病”的主要原因之一是“人口无序过快增长”，治理“城市病”的首要举措是“严控人口规模”。同时，按照构建“高精尖”经济结构的要求，城市就业将主要“以高端服务业和高新技术产业为发展方向”。因此，北京市不仅“对非京籍人士购车和外埠进京车辆实行了限制政策”，《北京市出租汽车管理条例》也明确限定“出租汽车驾驶员须有本市常住户口”。这种种措施无一不涉及地方保护行为，殊值进一步深入探讨。

第六，地方立法中的部门利益和行业利益博弈问题。出租车行业改革的瓶颈在于既得行业利益以及延伸至相应政府部门的部门利益的双重固守，这些利益团体在相关地方立法中“纵横捭阖”，发挥着重要影响。本轮针对网约车的地方立法，势必面对行业利益、部门利益与公众利益三者间的博弈与妥协。如何平衡各方利益、最大限度地维护公众利益，是网约车地方立法必须处理好的问题。从本轮立法出发，也可以反思和审视当前地方立法在遏制部门利益法制化方面的程序设置与制度漏洞。

可见，网约车地方立法吸聚了当前立法学、行政法学界的若干重要议题，处于各种复杂问题的交汇点。对网约车监管地方立法的密切关注与深入研究，不仅是对这一社会热点话题的及时回应，更可循此对背后更深层次的理论问题予以梳理和解答。显然，网约车监管实为一良好切入点和“问题洼地”。

（二）研究现状

长期以来，出租车监管作为典型的地方事务，交由各地政府因地制宜。地方监管者主要在“准入（数量或规模）”“价格”和“服务质量（安全标准）”三方面展开规制。尤其在准入规制下，监管部门在使出租车经营权具备极高稀缺性的同时，亦通过牌照拍卖收取高额许可费。正因如此，传统出租车公司热衷于同监管部门形成“利益同盟”，共同掌控公共交通中“私人订制”出行服务的主导权。

与此相反，互联网产业普遍具有跨地域、跨国界特性，其在极大降低交易成本——尤其是信息成本——的同时，促进资源精准、高效、广域流通。当作为既得利益者的地方出租车行业面对跨地域的新兴网约车产业咄咄逼人的竞争态势，抵触情绪与竞争火花便骤然升腾。幸而，经由中央立法引导，网约车得以合法化，并赢得地方政府一定程度的尊重。然而，新旧产业间毕竟在未来较长一段时期内仍将是直接竞争关系，地方政府如何从扮演一方“同盟”，转变为竞争市场的科学监管者和市场秩序的中立维护者，又如何从包揽一切的管理人转变为适度作为的服务者，便殊值考量。

2016年7月27日，交通运输部等七部门联合发布《暂行办法》，为长期游走于法律空白地带的网约车提供了初步合法性基础。随即，各地网约车细则如雨后春笋般迭出，利用行政许可制度对驾驶员户籍、驾照、驾龄、车牌、车龄、车型、排量和辅助装置等作出较严格限制，引发各界广泛争议。作为“一般禁止之例外”的赋权制度，行政许可容易沦为监管部门不当限制公民权利、排除竞争的工具，理应时时置于合法性审查之下。网约车地方规制由于新旧利益盘错、多方势力纠葛而更易偏离法治轨道。形式合法性审查对地方规制“越轨”形成第一道防线。

由于地方细则的出台时间滞后，目前学界对网约车规制的研究，尚聚焦于如下几个方面：其一，对以网约车为代表的共享经济的内外法律结构展开分析，尤其专注于网约车合法化以前平台公司的法律地位和责任承担问题；[②]其二，对网约车监管的必要性、监管原则、监管模式与具体措施进行研究，并比较各种规制方案的优劣得失；[③]其三，对网约车合法化之必要性、立法规制之紧迫性、立法模式的选择以及此前《暂行办法》征求意见稿的显著问题，从规范分析角度作出合宪性、合法性、合理性评价；[④]其四，立足于交叉学科，从法经济学角度分析私家车接入网约车平台的合法化问题。[⑤]总体而言，上述研究基本围绕中央立法和一般规制理论展开，对地方规制及其具体措施的及时剖解尚为数不多。[⑥]本研究试图以15个城市的网约车地方细则为研究对象，从合法性角度对若干复杂问题展开深度剖析，亦对一些学界观点作出澄清，以期抛砖引玉，为网约车的科学规制贡献绵薄之力。

（三）研究对象和研究方法

本研究以国务院住房和城乡建设部于2010年12月出版的《全国城镇体系规划（2006—2020年）》为基本依据，以国务院于2014年3月发布的《国家新型城镇化规划（2014—2020年）》、国家发改委与住建部于2016年4月印发的《成渝城市群发展规划》，以及国家发改委于2016年12月印发的《促进中部地区崛起

---

② 唐清利：《“专车”类共享经济的规制路径》，载《中国法学》2015年第4期；侯登华：《“四方协议”下网约车的运营模式及其监管路径》，载《法学杂志》2016年第12期；侯登华：《共享经济下网络平台的法律地位——以网约车为研究对象》，载《政法论坛》2017年第1期。

③ 傅蔚冈：《“互联网+”与政府规制策略选择》，载《中国法律评论》2015年第2期；罗清和、潘道远：《“专车”进入后的出租车市场规制策略研究》，载《长安大学学报（社会科学版）》2015年第4期；金自宁：《直面我国网络约租车的合法性问题》，载《宏观质量研究》2015年第4期；彭岳：《共享经济的法律规制问题——以互联网专车为例》，载《行政法学研究》2016年第1期；王静：《中国网约车的监管困境及解决》，载《行政法学研究》2016年第2期；高秦伟：《竞争的市场与聪明的监管》，载《财经法学》2016年第2期；吴韬：《网络约租车监管的制度逻辑》，载《财经法学》2016年第2期；陈越峰：《“互联网+”的规制结构——以“网约车”规制为例》，载《法学家》2017年第1期。

④ 王军：《出租汽车经营行政许可之合宪性分析》，载《行政法学研究》2016年第2期；张效羽：《互联网租约车规章立法中若干法律问题分析》，载《行政法学研究》2016年第2期；顾大松：《“专车”立法刍议》，载《行政法学研究》2016年第2期；傅蔚冈：《专车立法在促进创新吗？》，载《财经法学》2016年第2期。

⑤ 薛志远：《私家车接入网约车平台的法经济学分析——兼评〈暂行办法〉的相关规定》，载《时代法学》2017年第1期。

⑥ 目前仅有两篇论文对此有初步涉及，见张效羽：《网约车地方立法若干法律问题研究》，载《行政与法》2016年第10期；郑毅：《中央与地方立法权关系视角下的网约车立法——基于〈立法法〉与〈行政许可法〉的分析》，载《当代法学》2017年第2期。

“十三五”规划》为参照，择取四大全球职能城市——北京、上海、广州、深圳，和 11 个国家中心城市——天津、南京、杭州、重庆、武汉、成都、青岛、厦门、沈阳、西安、郑州，一共 15 个城市的网约车地方立法作为考察对象，全面收集相关征求意见稿和正式文本、政策解读、说明等立法资料。⑦ 基于上述 15 个城市样本，本研究将采取如下研究方法：

1. 文本研究法

本研究将主采文本研究法。研究过程中，密切关注、更新新发布的其他城市征求意见稿和相关文件，及时收集、分析未来正式出台的《管理办法》或《实施细则》；在已发布征求意见稿的城市范围内，收集草案审议、修改的相关信息、公告，对各地行政立法程序作一番检视。

2. 比较研究法

本研究对各市所处区位、经济发展水平、城市规模、城市交通管理现状等背景要素展开了对比分析，了解各市在网约车监管立法上的制度环境。另外，在占有第一手文本资料的前提下，对各市征求意见稿或此后出台的正式规定进行比较研究。比较研究的内容主要涉及实体问题、程序问题，以及两大专题研究——地方保护主义和部门利益法制化问题，共四个方面。

3. 实证调研法

本研究利用空余时间，就近择取若干城市，对三类群体进行问卷调查。第一类为政府立法人员，包括市法制办和市交通委员会的工作人员；第二类为传统出租车（即巡游车）司机；第三类为网约车司机和经常利用网约车出行的乘客。对这三类调查对象，将按照“侧重各异、有针对性”的原则设计若干问题，对各方观点进行收集、整理和分析。

二、概念说明

（一）“分享经济”与“共享经济”之辨

目前，国内学界及实务界几乎不加区分地混用“分享经济”与“共享经济”

⑦ 截至 2017 年 5 月 8 日，尚有西安未出台正式文本。为保持样本完整性，仍将该市的“征求意见稿”纳入分析。

指称英文 sharing economy，在此有必要予以廓清。尽管“分享”和“共享”在汉语标准含义上并无差别，但在经济领域不宜混用。在分享经济的诞生地美国，最初以“协同式消费”（collaborative consumption，亦称“合作式消费”）指称类似经济活动。[⑧] 分享经济主要是私人个体借助信息平台，将闲置资源的使用权有偿让渡或无偿赠予相关需求方，实现资源高效利用的经济形态。其典型为网约车、私人住宅分享（Airbnb、小猪短租）等。在此形态下，所有权人将物品的使用权“分”出来，让需求方附随或自行获取用益。反而观之，共享经济实际上是一种基于互联网的租赁经济，[⑨] 其由商事主体（企业）预先购置并拥有共享物品，利用信息平台租赁给不特定公众使用。此处所谓的“共享”，不是物品所有权人（企业）与使用者之间的共享，而是使用者之间的共享。换言之，符合一定条件的社会公众都可以付费使用。这种经济形式的典型即共享单车、共享睡眠。可见，分享经济与共享经济是存在一定差别的：前者通常是私人所有权个体将物品的使用权“分享”给有需要的人，后者更多的是企业事先购置共享物，投入市场，交由公众自助付费取用，其实质是公共租赁经济。[⑩]

分享经济与共享经济的区分有其意义。如平台责任方面，共享经济平台自行购置共享物投放市场，应严格保证产品质量并就质量瑕疵导致的事故承担相应责任；而分享经济下，平台主要负责信息整合，分享物由私人所有和提供。在产品和服务质量上，分享平台的责任份额更小，或与分享者共同承担连带责任。

（二）关于“网络预约出租汽车”

从国务院七部委颁布的《暂行办法》上看，目前政策制定者仍将“以互联网技术为依托构建服务平台，整合供需信息”，将闲置、非巡游状态下的私人车辆、驾驶员和出行需求相结合，有偿或无偿提供点对点式客运服务的活动归属于“出

---

⑧ 参见 Marcus Felson, Joe L.Spaeth, Community Structure and Collaborative Consumption: A Routine Activity Approach, American Behavioral Scientist, 1978, 21(4) 007, pp.614-624; Rachel Botsman, Roo Rogers, What's Mine is Yours: The Rise of Collaborative Consumption, Harper Collins, 2010。

⑨ 参见谈婧：《平台经济、共享经济和租赁经济》，载 https://mp.weixin.qq.com/s/AyTjDZxI-cTFskcBJfBgqA，访问日期：2017 年 8 月 17 日。

⑩ 当然，分享经济与共享经济的上述界限不一定绝对清晰。如在网约车领域，有些汽车租赁公司特地购买符合指标的车辆若干，承包给他人作专职经营，按月收取承包费。这种情形便显然与私家车车主以自有车辆参与分享有很大差别。总的来说，分享经济与共享经济可被视为“理想类型”（ideal type），两者间会有许多中间形态。这也是市场变通的必然结果。

租汽车”经营范畴。在绝大多数国家，“出租汽车”作为公共交通的重要类型，一般由政府自行或特许相关企业经营。经营者自行购置车辆、雇用驾驶员、执行政府定价，按乘客要求的路线行驶，按路程或时长收费。相反，新兴网约车完全诞生于市场，是由互联网技术催生的纯市场产物。网约车平台主要负责信息整合、发布以及服务质量监督，不提供车辆，不雇用驾驶员。私家车主经由平台与乘客取得联系，展开缔约活动。直观上看，网约车经营法律关系中，并不存在公权主体，其业态外观与传统出租车也有相当大的差异。但至少目前，我国监管机构仍将网约车视为出租汽车之一类，命名为“网络预约出租汽车”。同时，将传统出租车改称为“巡游出租汽车”。易言之，“巡游”和“网络预约”皆为出租汽车的召唤方式。本报告暂因循成例，将“网络预约出租汽车”简称为“网约车”，将“巡游出租汽车”简称为“巡游车”。

三、网约车与巡游车的差异比较

即便沿用“网络预约出租汽车”之名谓，网约车与传统巡游车之间巨大的本质性差异也难以被刻意淡化。目前，学界与实务界对二者差异仅有零星的表述和分析，不少论证较为片面。要科学设置对网约车这一新兴业态的合理监管机制，需真正理解与传统巡游车相比，其究竟“新”在何处？这种“新”，究竟是在原有基础上的改良，还是与前者存在实质差异。

多数学者一致认为，“准入规制（数量或规模规制）”“价格规制”和“服务质量（安全标准）规制”是当前国内外巡游车市场规制的主要手段，[11] 由此形成“以牌照制为手段的市场准入制度”“以政府定价为手段的价格控制制度”和“日常服务质量管理制度”三项核心管理制度。[12] 有学者指出现行管理模式存在“经济利益的非均衡性”“产权关系的模糊性”“政府管制的不经济性”三方面体制性弊病。[13] 我们认为，这些问题根源于监管者尚未认同网约车与巡游车在运营模式与法律构

⑪ 傅蔚冈：《“互联网+”与政府规制策略选择》，载《中国法律评论》2015 年第 2 期；罗清和、潘道远：《“专车”进入后的出租车市场规制策略研究》，载《长安大学学报（社会科学版）》2015 年第 4 期。

⑫ 吴韬：《网络约租车监管的制度逻辑》，载《财经法学》2016 年第 2 期。

⑬ 程赐胜、刘中、马振东：《城市出租车管理模式的改革建议》，载《政策论坛》2005 年第 3 期。

造上的实质性差异，更遑论科学应对。经不完全归纳，调研组认为，网约车与巡游车的本质差异主要体现在如下几个方面：

（一）市场准入机制

在绝大多数国家，出于对道路运载力、交通拥堵、环保治理、过度竞争等种种因素的考量，巡游出租车运营受到政府的严格管控。政府通过特许机制，授予小部分企业以经营权，并对运营数量、价格和安全服务标准进行统一规定和管理。[14]牌照是经营权的重要体现。在允许入市流通的地区，一块正规出租车牌照可被炒至天价。[15]而网约车的诞生立足于互联网科技，依赖于大量民营资本的注入，旨在充分利用闲置交通资源，缓解目前供不应求的局面，参与、补充多样化的公共交通。其诞生于纯粹的市场经济动机，而非政府的公益考量。其初生时期并未遭遇市场准入壁垒。仅是自主生长的后期，政府设置了若干条件，试图对其采取与巡游车同样的管制手段。因此，作为特许事项，目前巡游车数量受限，网约车数量通过其他硬性指标受限。

（二）法律关系结构

无论在外部法律关系还是内部法律关系上，巡游车与网约车皆存在较大不同。从外部法律关系上看，政府的交通运输主管部门通过招投标方式特许部分企业获得经营权，双方签订经营协议。而网约车经营虽被径行纳入既有巡游车监管体系，但外观上更类似于普通的申请—许可制。平台企业在符合若干条件的前提下，按照经营区域向相应出租车行政主管部门提出申请，审核通过后，获颁《网络预约出租汽车经营许可证》。企业之间无须竞标争取经营权，也无须与主管部门签订经营协议。

在内部法律关系上，巡游车经营的基本法律主体为经营者（巡游车企业）和

---

⑭ 出租车运营属于《行政许可法》第 12 条第 2 项所规定的“有限自然资源开发利用、公共资源配置以及直接关系公共利益的特定行业的市场准入等，需要赋予特定权利的事项”。

⑮ 在美国旧金山市，每块出租车牌照的售价为 25 万美元，不含税。该市公共交通管理局每售出一块牌照，将收取 20% 的转让费，另有 5% 的费用直接进入出租车司机基金。在纽约州，一块牌照曾卖出 55 万美元的天价。在法国巴黎，出租车牌照的平均转让价格在 2013 年已达到 24 万欧元，最高可达 27 万欧元。绝大部分巴黎出租车司机要贷款十年甚至更久才能买得起一块牌照。

驾驶员，双方通常签订劳动合同或经营合同，后者又通常包含挂靠合同和承包合同两种形式。[⑯] 现实中，往往还牵涉到劳务派遣公司，实际法律关系也更为复杂。较典型的组织方式有三种：

其一，挂靠制。挂靠制是我国各地出租车行业起步时广泛采用的制度，延续至今，仍被一些市县地区沿用。此一关系下，驾驶员自行购置车辆并对之拥有完整所有权，携车挂靠于出租车企业，缴纳管理费（俗称“份子钱”）以换取经营资格。运营中发生侵权事故，由出租车企业（被挂靠人）与驾驶员（挂靠人）承担连带责任。[⑰]

其二，承包制。承包制下，车辆由经营企业购置，驾驶员承包车辆，按时缴纳承包费。承包对象表面上是车辆，实际上是车辆所承载的经营权。由于经营者与驾驶员之间不签订劳动合同，一旦发生侵权事故，责任主体只有驾驶员一方。而驾驶员个体的担责能力相对有限，被侵权人往往难以获得充分赔偿。显然，这种模式不利于消费者权益和公共利益保障。因此，实际操作中，往往还纳入劳务派遣公司，由经营者、劳务派遣公司和驾驶员构建三方关系——经营者与驾驶员形成车辆承包关系，劳务派遣公司与经营者签订劳务派遣协议，驾驶员与劳务派遣公司形成劳动关系。这种改进实际上是“拉入”劳务派遣公司分担风险，提升责任能力。

其三，劳动合同制。经营者购置并提供车辆，与驾驶员签订劳动合同，形成劳动关系。驾驶员作为员工，为公司开车；公司为驾驶员支付工资、购买保险。运营中发生交通事故致人损害，由经营者（企业）承担侵权赔偿责任。劳动合同制应是巡游出租车行业转型升级的方向。[⑱]

---

⑯《国务院办公厅关于深化改革推进出租汽车行业健康发展的指导意见》明确要求“出租汽车经营者要依法与驾驶员签订劳动合同或经营合同”。在此指导下，《巡游出租汽车经营服务管理规定》第 21 条规定，“巡游出租汽车经营者应当遵守下列规定：……（四）保障聘用人员合法权益，依法与其签订劳动合同或者经营合同……”

⑰《最高人民法院关于审理道路交通事故损害赔偿案件适用法律若干问题的解释》第 3 条规定：“以挂靠形式从事道路运输经营活动的机动车发生交通事故造成损害，属于该机动车一方责任，当事人请求由挂靠人和被挂靠人承担连带责任的，人民法院应予支持。”

⑱《国务院办公厅关于深化改革推进出租汽车行业健康发展的指导意见》提出，要“鼓励巡游车经营者、网络预约出租汽车经营者通过兼并、重组、吸收入股等方式，按照现代企业制度实行公司化经营，实现新老业态融合发展”。

网约车的内部法律关系与上述巡游车的第三种组织形态略有相似，但本质并不相同。准确来说，这种相似肇因于地方政府的规制措施。首先，从车辆权属上看，网约车车辆主要为私家车；[19]其次，私家车车主加入网约车经营，须向平台公司（网约车经营者）提出申请。审核通过后，“平台公司应……根据工作时长、服务频次等特点，与驾驶员签订多种形式的劳动合同或者协议”。[20]网约车诞生之初，平台的首要功能在于信息整合，将闲置的交通资源与出行需求相结合，克服巡游车无法避免的信息不对称难题。平台公司并无与私家车车主订立劳动合同之必要，那将无谓提高经营成本。[21]但是，若仅由私家车主与乘客自行缔结客运合同，一旦发生交通事故，乘客或第三人的权益极可能因车主担责能力有限而无法充分受偿。鉴于此，《暂行办法》要求网约车平台与驾驶员签订多种形式的劳动合同或者协议，

---

⑲ 巡游车利用网约平台软件开展经营活动的情形除外。

⑳《暂行办法》第18条。

㉑ 在网约车合法化前，意即《暂行办法》正式颁布之前，为规避法律强制性规定和相关风险，网约车平台通常联合汽车租赁公司、劳务派遣公司和私家车主，共同构建一种四方协议关系：平台公司仅负责供需信息联络，扮演居间角色。为规避私家车不得参与客运经营的强制性禁令，私家车车主将车辆挂靠在汽车租赁公司，以换取运营资格；驾驶员加入劳务派遣公司，成为劳务派遣人员。从法律上看，私家车和驾驶员分别隶属于汽车租赁公司和劳务派遣机构，但事实上两类公司对车辆和人皆不实施实际管理。详言之，从法律关系上看，平台公司获得预约信息后，分别将租车信息发送至汽车租赁公司以派出车辆，将用工信息发送至劳务派遣公司以派出驾驶员，车与人再结合为乘客提供服务。尽管事实上，车与人从未分离，平台公司是将它收到的出行信息直接共享至附近的车辆和驾驶员——由此形成法律上的“人车分离”与事实上的“人车合一”并存的局面。在这种模式下，平台公司仅是信息服务商，履行信息居间人义务。在法律架构上，其既不参与汽车租赁公司与乘客（承租人）之间的汽车租赁关系，也不涉入劳务派遣公司与乘客（用工方）之间的劳务派遣协议。整个四方结构中，并不存在客运合同关系，也无人承担承运人责任。网约车乘客虽名为“乘客”，实非客运合同中的“旅客”，无法享受人身及财产保障。相反，一旦发生交通责任事故，乘客将处于极为不利的法律地位。若乘客受损肇因于驾驶员操作不当，可向驾驶员所隶属的劳务派遣机构要求赔偿；若因于车辆质量缺陷，亦可向汽车租赁公司追责。但这两种情形较少发生，更常见的是运营中致第三人损害。在这种情形下，由于乘客是车辆的承租人和使用人，需在交通强制责任险赔付范围外承担补充赔偿责任。又因为乘客是驾驶员的用工方，负有合理指挥和劳务管理的义务。受损第三人可以此为由要求乘客与劳务派遣公司一并承担连带责任。可见，四方协议框架下的乘客不仅不能获得旅客权益保障，还要担负范围广泛的补充或连带责任风险。而网约车平台作为信息供应商和居间人，不用承担任何风险，经营成本相当低廉。正因如此，《暂行办法》直接颠覆上述框架，剥离汽车租赁公司和劳务派遣公司，要求网约车平台直接与私家车主订立劳动关系，并承担承运人责任。

明确双方的权利和义务；[22]且承担承运人责任，[23]为乘客购买承运人责任险等相关保险[24]。

网约车新政后，监管者有意将网约车纳入巡游车管理体系，致其与后者在法律关系内外双重维度上呈现趋同趋势。此举利弊并存，最重要的“利”当属乘客取得承运合同相对人地位，其权益获得了较充分、全面的保障。权利天平的倾斜必然抑制其他功能的发挥，其中最显著的是共享经济中闲置资源与需求结合的灵活性、便利性受到一定抑制。

（三）人事制度

内部法律关系中的独特领域——人事制度，宜单独分析。除上述挂靠制和承包制外，劳动合同制下，巡游车驾驶员与经营企业形成劳动关系，驾驶员为专职司机。而网约车本属共享经济之一类，共享经济的要旨在于私人闲置资源的即时、高效、精准配置。私家车主在其车辆闲置或顺路行驶时，可有偿或无偿让渡一部分使用权给有需要的人，经由“分享”来“分担”一部分公共交通压力。在市场供给充足或车主无暇之际，车主便暂时退出网约车市场。因此，网约车司机通常是兼职，当然，亦不排斥专职运营。

分享经济的优势在于参与灵活性，资源闲置时加入分享，否则即退出分享市场。其进退机制不应被设置过多障碍。《暂行办法》亦考虑到分享经济的灵活特性，要求平台公司“根据工作时长、服务频次等特点，与驾驶员签订多种形式的劳动合同或者协议”。[25]此举既通过劳动关系保障驾驶员福利和乘客权益，又较能兼顾运营的灵活性。唯需进一步观察的是“多种形式”的“协议”究竟属何种形态的协议，并以何种法律为依据？我们认为，这种协议可言一种“准劳动合同”，是参照《劳动合同法》相关条款制定的松散、灵活协议，仅就平台公司与驾驶员之间的权利义务进行自主约定，不一定受《劳动合同法》强制性条款的约束，亦非旨在建立劳动关系。另需注意的是，我国《劳动合同法》虽未明文禁止自然人同时与两个或多个用人单位订立并维续劳动合同，但明确规定“新东家”招聘已有劳

㉒《暂行办法》第 18 条。

㉓《暂行办法》第 16 条。针对网约车平台公司之承运人地位的详细论述，可参见侯登华：《共享经济下网络平台的法律地位——以网约车为研究对象》，载《政法论坛》2017 年第 1 期。

㉔《暂行办法》第 23 条。

㉕《暂行办法》第 18 条。

动关系在身的劳动者，不得损害“老东家”的利益，否则将与劳动者一并承担连带责任。[26] 该规定显然会对平台公司与已有主业的驾驶员签订劳动合同的积极性产生较大影响。具体实践如何，尚有待观察。

（四）价格机制

巡游车实行政府定价或政府指导价，既是交通公益性的体现，亦是巡游揽客模式必然导致的结果。作为公共产品，巡游车是城市的名片。外地人来到陌生城市，不熟悉公交路线，往往更多地选择巡游车。巡游车定价应与其服务质量和运营成本相匹配。若任由市场定价，会产生大量负外部性。例如，巡游车司机会利用外地人的无知漫天要价；即便是本地人，在马路边进行一对一讨价还价或持续询价极易加重交通拥堵甚至危及交通安全；即使通过议价促成低价，一次性交易模式（“一锤子买卖”）也很难将低价信息传递出去；不断地重复议价势必大大提高交易成本。因此，为确保巡游车的公共属性，保障乘客基本权益，提升客运效率，世界上绝大多数城市均对巡游车实行政府定价。

网约车虽亦属“城市公共交通的补充”，但其由私人主体经营，[27] 公共性有所淡化。精准的电子导航及定位技术使网约车不必打表计价，行程和价格皆可在电子地图上模拟、选择、预估、计算，事先在平台界面上显示。由于路程长短可大致预估，定价过程变得较为透明。同时，在用车高峰期，平台软件还推出加价功能，供急需用车的乘客优先加价召车。而在用车淡季，平台会通过降价或发放优惠券的方式刺激消费。网约车的经营定位和技术手段令其更适宜于市场定价。

鉴于此，监管者允许网约车实行“市场调节价”，但出于对其低价竞争影响巡游车行业利益、扰乱市场秩序的担心，又规定“网约车平台公司不得妨碍市场公平竞争”，“不得有为排挤竞争对手或者独占市场，以低于成本的价格运营扰乱正

㉖《劳动合同法》第 91 条规定：“用人单位招用与其他用人单位尚未解除或者终止劳动合同的劳动者，给其他用人单位造成损失的，应当承担连带赔偿责任。”该条表述不甚精准。从逻辑上看，“给其他用人单位造成损失”的主体是新用人单位。但实践中，损害究系由劳动者造成，还是由新用人单位主导、怂恿，抑或两者兼而有之，不易判断。“老东家”往往会将“新东家”一并诉至法院，以争取更多的赔偿可能；甚至，将此条款作为争夺人才的砝码，阻碍人才正常流动。显然，这一条款会极大抑制劳动关系并存的情形。

㉗ 网约车平台公司目前大多数为民营企业，参与运营的大多为私家车车主，盈利必然是他们的主要目标之一。

常市场秩序，损害国家利益或者其他经营者合法权益等不正当价格行为，不得有价格违法行为”。[28]同时，城市人民政府在其认为必要时，可以实行政府指导价。[29]

（五）运营范围及方式

巡游车巡游揽客，在火车站、机场亦设有专门的上客点。与此相反，《暂行办法》要求网约车“提供非巡游的预约出租汽车服务”，[30]“应当在许可的经营区域内从事经营活动”。[31]这体现出网约车运营的两大基本特征：其一，非巡游；其二，预约召车而非即招即停。部分城市据此条款，附加规定网约车“不得在机场、火车站巡游车营业站区域内揽客”[32]或“不得进入巡游车专用候客通道、站点轮排候客、揽客”。[33]此举目的在于在客源最丰富区域为巡游车开辟出“专营”空间，保护巡游车行业利益。

（六）要约方式

巡游车以空车巡游为要约，乘客招停即为承诺。承诺权掌握在乘客之手。[34]网约车的要约发布基于信息平台。乘客在软件中输入目的地，发出召车讯息即为要约；司机抢单、接单即为承诺。乘客在司机接单后三分钟内可免费撤销要约，重新发起。可见，网约车司机掌握着承诺权，其有权选择接单或不接单。相较于巡游车司机通过各种方式违犯“不得拒载”义务，在网约车的要约—承诺—撤销模

---

[28]《暂行办法》第 21 条。

[29]《暂行办法》第 3 条第 2 款。

[30]《暂行办法》第 2 条第 2 款。

[31]《暂行办法》第 22 条。

[32] 如《上海市网络预约出租汽车经营服务管理若干规定》第 17 条第 2 款第 3 项、《南京市网络预约出租汽车管理暂行办法》第 19 条、《青岛市网络预约出租汽车经营服务管理暂行办法》第 31 条第 6 项，等等。

[33] 如《广州市网络预约出租汽车经营服务管理暂行办法》第 28 条第 7 项、《深圳市网络预约出租汽车经营服务管理暂行办法》第 32 条第 8 项、《天津市网络预约出租汽车经营服务管理暂行办法》第 19 条第 10 项，等等。

[34]《巡游出租汽车经营服务管理规定》要求驾驶员“不得拒载”，实际上取消了驾驶员选择乘客、目的地的自主权。因而在客运合同关系上，驾驶员被剥夺了承诺权，巡游即不断向外界发布要约的过程。之所以如此规定，是为了维持巡游车的公共服务职能。若巡游车有权任意“选”载，即便价格固定，公众出行的便利性也会大受影响。但实际运营中，巡游车通常供不应求。驾驶员会通过各种方式，明目张胆地违抗义务。拒载、挑客行为屡禁不止。

式下，双方的权利义务更加均衡、灵活，在有限时间内亦给予乘客选择机会。

（七）评价机制

巡游车交易大多是一次性的。“一锤子买卖”会极大地抑制司机提供优质服务的正向激励——既然乘客再次乘坐的概率微乎其微，司机又何须每单都保持良好态度？乘客之间亦缺乏信息共享渠道。一旦遭遇劣质服务，受害者很难将此信息扩散至范围广泛的其他潜在乘客，而仅能向主管部门投诉。网约车利用信息平台，很好地解决了评价难题。平台软件构建即时互评机制，要求乘客和驾驶员在每单交易完成后互相评价，包括打分和文字评价两种方式。驾驶员获得的平均分会公示在平台上，供未来的乘客参考。平台公司也会采取补贴、奖金等多种方式，奖励评分高的司机。这对服务质量的提升起到了强大的激励作用。

（八）监督机制

巡游车运营过程中，信息不对称问题非常严重。不仅乘客之间缺乏沟通渠道已对服务质量形成合力约束态势，行政主管部门和经营企业也很难对数量庞大的巡游车进行实时监督。由投诉触发的事后追责，成为巡游车的监督常态。网约车凭借互联网技术，令实时、随时、全程监督成为可能。电子地图、GPS 定位系统可全程记录车辆运行路线，恶意绕路行为无处遁形；行程距离和等候时长皆可精确计量，由此算出的价格更加透明。即时互评机制让乘客的监督力量大大提升，评分决定着奖金、信誉，因此驾驶员不得不重视。所有的信息，皆能储存于网约车平台系统，供随时回溯查证。

网约车与巡游车在上述八个方面的重要差异，决定其在是否需要政府规制以及需要怎样的规制两个问题上，要求与巡游车具有相当不同的回答。在深入剖析当前我国中央与地方为此构建的规制体系之前，了解国外相关规制现状和经验，有其必要性。

四、网约车规制的域外经验

2009 年，第一家网约车平台公司 Uber 诞生于加利福尼亚州旧金山市，目前已在全球范围内超过 66 个国家的 545 个城市开展网约车服务。从整体上看，网约车在各国的经历大都比较坎坷。每进入一国市场伊始，总会遭遇或多或少的抵制甚至封杀，然后渐渐合法化而被接纳。这既与新兴技术带来的出行模式之深远变革相关，亦与其催生大量全新的法律与社会问题相连。更重要的是，它动了传统巡游车行业的“奶酪”。

从几个主要国家的规制历程上看，美国、加拿大、英国和澳大利亚的监管模式比较宽松，其中又以美、加两国最为宽松。而欧陆诸国对 Uber 的抵制和限制相当激烈。法国和德国目前禁止了 UberPop（Uber 推出的一款低端、大众化、以兼职司机为主的约车服务）运营，仅保留 UberX 等高端专车服务。匈牙利政府要求网约车司机必须拥有出租车牌照，而西班牙和意大利则全面禁止 Uber 入境。

在亚洲，Uber 亦可算在夹缝中生存。在日本，根据《道路运送法》的规定，没有取得营业执照的车辆和没有取得驾驶营业车辆资格的人不得从事载客运营业务。Uber 不得不与当地出租车运营商合作，为后者提供召车服务，以谋取立足之地。日本尽管允许个体经营出租车，但准入门槛高、要求严，如必须有 5 年以上客运车辆驾驶经验，且 5 年内无事故、无违章；或者必须有 10 年以上驾龄，10 年内无事故、无违章，如此方有资格参加执照考试。

在新加坡，网约车目前仍是巡游车与召车软件的结合，与共享经济无甚关系。首先，所有提供网约车服务的司机必须持有出租车驾照，并且运营车辆必须注册为出租车性质；其次，所有提供网约车服务的司机和车辆必须在陆路交通管理局注册，并获得陆交局认证的资格证书（有效期 3 年）；最后，提供网约车服务的司机须提前向乘客说明搭乘过程中产生的一切费用，包括起步费、里程、时间和预约费，以及高峰时段的附加费等，且预约费不能高于现行出租车公司的价格。为有效应对网约车市场的不断发展，新加坡政府于 2016 年 4 月表示将再度修正和更新监管方案，并于 2017 年上半年实施对网约车的“基本管制”。管制措施主要为“私人出租车司机职业执照”制度，包括，其一，私人出租车司机职业执照的申请者须为网约车服务公司的业主或雇员；其二，私人出租车司机职业执照申请者需持有新加坡 3 级或 3A 级驾照（即手动或自动挡驾照）两年或两年以上；其三，申请人需通过相应的健康和背景检查；其四，申请人必须参加时长约 10 小时的私人出租车司机职业培训课程，并通过专门考试，才能获得私人出租车司机职业执照；其五，私人出租车司机也将采取与专业出租车司机相同的职业执照记分管理制度。

整体而言，世界各主要国家对网约车的监管态度仍趋于严厉，这既肇因于网约车相关制度——尤其是安全保障、保险机制和税负问题——尚未完善、成熟，亦与其深刻触动传统巡游车之行业利益息息相关。我们认为，互联网带来的技术革新与包括出行方式在内的生活模式嬗变之潮流不可逆转，它极大地提升了资源配置的效率和精确度，显著降低了生活成本。各国监管者应顺应潮流，克服既得行业利益的阻挠，放眼长远，积极构建科学的配套制度，为网约车的健康发展提供规范基础、制度框架和政策支持。

回顾历史，每一次技术革命带来的生产方式升级、利益格局调整甚至社会结构的深层变迁必然引发阵痛，信息时代亦不例外。但正如美国第七巡回区上诉法院（United States Court of Appeals For the Seventh Circuit）著名法官、法经济学家理查德·波斯纳（Richard Posner）在其最近的（2016年10月7日判决）一份上诉案判决书中所言，“当新技术或新商业模式出现，通常的结果是旧技术或旧商业模式的衰落甚至消失。如果这些旧技术或旧商业模式被认为拥有一项宪法权利，以阻止新技术新模式进入它们的市场，经济发展就会渐渐陷入停滞。如果是这样，我们就不会有方便快捷的出租车，而只有马车一路颠簸；也不会有即时联通的电话，而只有电报嘀嘀作响；也不会有功能强大的电脑，而只有计算尺费时费力。如此，陈旧过时反而成了权利”。[35] 利益是权利的核心要素，既得利益往往攀附权利之名，以谋求稳定与持续。但这样的固守利益并不具备正当性，行业利益的维持不能以阻遏资源配置效率提升与社会福利增进为代价。

五、网约车地方规制的基本内容

国务院七部委联合颁布的《暂行办法》首次以部门规章的形式和从国家层面承认了网约车的合法性。《暂行办法》规定，“直辖市、设区的市级或者县级交通运输主管部门或人民政府指定的其他出租汽车行政主管部门……在本级人民政府领导下，负责具体实施网约车管理”；[36] 各地亦可“根据本办法结合本地实际制定具体实施细则”[37]。国务院办公厅同时发布的《指导意见》将“网络预约”作为出租汽车服务方式之一，指出应坚持“属地管理”原则：“城市人民政府是出租汽车管

㉟ Illinois Transportation Trade Association v.City of Chicago&Dan Burgess, Nos.16—2009, —2077, &—2980.

㊱《暂行办法》第4条第3款。

㊲《暂行办法》第40条。

理的责任主体，要充分发挥自主权和创造性，探索符合本地出租汽车行业发展实际的管理模式。”[38]这将包括网约车在内的出租车行业监管定位为一项典型的地方性事务。市级（包括直辖市和设区的市）或县级交通运输主管部门是具体的监管实施主体，应在上位法的授权范围内，在上级主管部门的指导下，通过制定实施细则和采取具体行政行为，依法依规科学履行管理职责。

（一）样本城市立法概览

调研组择取了15个城市作为分析样本，包括四大全球职能城市（北京、上海、广州、深圳）和11个国家中心城市（天津、南京、杭州、重庆、武汉、成都、青岛、厦门、沈阳、西安、郑州）。15个城市样本的立法概览如表1所示。

表1　样本城市立法概览

（截止日期：2017年5月8日）

名称	公布／施行日期	规范层级	时效期限	备注
《北京市网络预约出租汽车经营服务管理实施细则》	2016年12月21日	地方规范性文件	—	
《上海市网络预约出租汽车经营服务管理若干规定》	2016年12月21日	地方政府规章	—	
《广州市网络预约出租汽车经营服务管理暂行办法》	2016年11月28日	地方政府规章	暂行办法	
《深圳市网络预约出租汽车经营服务管理暂行办法》	2016年12月28日	地方政府规章	暂行办法	
《天津市网络预约出租汽车经营服务管理暂行办法》	2016年12月22日	地方规范性文件	暂行办法，有效期5年	

[38]《国务院办公厅关于深化改革推进出租汽车行业健康发展的指导意见》，“基本原则”部分。

续表

名称	公布 / 施行日期	规范层级	时效期限	备注
《南京市网络预约出租汽车管理暂行办法》	2017年1月19日	地方规范性文件	暂行办法	
《杭州市网络预约出租汽车和私人小客车合乘管理实施细则（试行）》	2016年10月29日 / 2016年11月1日	地方规范性文件	试行，试行期1年	至2017年2月28日为过渡期
《重庆市网络预约出租汽车经营服务管理暂行办法》	2016年12月21日	地方政府规章	暂行办法	
《武汉市网络预约出租汽车经营服务管理暂行实施细则》	2017年3月30日 / 2017年4月15日	地方政府规章	暂行	
《成都市网络预约出租汽车经营服务管理实施细则（暂行）》	2016年11月5日	地方规范性文件	暂行，有效期5年	
《青岛市网络预约出租汽车经营服务管理暂行办法》	2016年11月1日 / 2017年1月1日	地方政府规章	暂行办法，有效期5年	
《厦门市网络预约出租汽车经营服务管理实施细则》	2016年11月20日	地方规范性文件	有效期5年	
《沈阳市网络预约出租汽车经营服务管理实施细则（暂行）》	2017年2月12日	地方规范性文件	暂行	至2017年6月30日为过渡期
《西安市网络预约出租汽车经营服务管理暂行办法（征求意见稿）》	（征求意见稿）	地方规范性文件	暂行	
《郑州市网络预约出租汽车经营服务管理细则（暂行）》	2017年1月22日	地方规范性文件	暂行	

从规范层级上看，仅有6市采用地方政府规章制定细则，占比40%；其余9市均以地方规范性文件形式颁布细则。从时效期限上看，11部实施细则在名称上明确了“暂行”或“试行”属性，占比73%；而11部“暂行细则”中，仅有3部规定了确切的“有效期”或“试用期”，其余8部皆为“无限期暂行”。另需一提的是，厦门市的实施细则虽未在名称上宣明“暂行”，但又具体规定了“有效期五年”，因而可归入“暂行”类域。此外，杭州和沈阳两市设置了过渡期。

（二）关于平台公司的地方规制概况

《暂行办法》对网约车平台公司申请经营权的条件设定，可归纳为六个方面：(1) 具有企业法人资格；(2) 具备互联网平台和相应的信息数据交互及处理能力；(3) 与银行或非银行支付机构签订提供支付结算服务的协议；(4) 有健全的经营管理制度、安全生产管理制度和服务质量保障制度；(5) 在服务所在地有相应服务机构及服务能力；(6) 其他条件。值得一议的是第5项。互联网经济的一大——甚至首要——优势特征即在于利用信息技术打破地域和国别限制，促进资源高效、精准、跨界流通。长期以来，我国经济建设的主体是地方政府。各地政府基于本行政区的资源禀赋，利用各种政策、资源、税收甚至价格手段，展开“地方竞争”，吸引资本、技术和人力流入，推动经济发展。[39] 在改革开放的前半程，这一模式伴随“GDP竞赛”、官员升迁奖励，产生了巨大的激励效应和经济成果；但同时，也人为制造了市场割裂、地区封锁和利益樊篱，降低经济增长质量，妨害市场公平竞争，甚至催生出相当严重的寻租腐败行为。

“建设统一开放、竞争有序的市场体系，是使市场在资源配置中起决定性作用的基础。”[40] 全面深化改革时期，全国统一、公平竞争、规范有序的市场体系的真正形成应是改革议程的重要内容。互联网正是推动去地方化、形成全国统一市场的关键要素。相较于传统服务业，互联网企业的优势即在于能够“立足一点、服务全球”，利用信息平台的广泛辐射力为用户提供服务。若要求互联网企业按行政区划一一设立“服务机构”，不仅与这类企业的本质属性相悖，亦大大提高了相关

㊴ 相关文献可参见陶然、陆曦、苏福兵、汪晖：《地区竞争格局演变下的中国转轨：财政激励和发展模式反思》，载《经济研究》2009年第7期；汪伟全：《地方政府竞争模式选择：制度竞争胜于资源竞争》，载《现代经济探讨》2010年第4期；冯兴元：《地方政府竞争》，译林出版社2010年版；郁建兴、高翔：《地方发展型政府的行为逻辑及制度基础》，载《中国社会科学》2012年第5期。

㊵ 《中共中央关于全面深化改革若干重大问题的决定》。

交易成本。进言之，这一规定实际上暴露出监管者尚未真正认识和认同互联网经济及互联网企业的运营模式，依然停留在“服务能力必然靠实体服务机构来证明、支撑和体现”的落后观念上。

按《暂行办法》的规定，网约车平台公司要在任一城市或县开展服务，首先须在当地设立“服务机构”，其次按经营区域向当地出租汽车行政主管部门提出申请，并提交相应材料。其中，“投资人、负责人身份、资信证明及其复印件”与“企业法人营业执照”这两种材料每个企业仅有一份，而这一份材料须辗转全国各个市或县作为证明。截至 2015 年，我国地级及以上城市[41]就已达 295 个，县级市更多达 361 个。证明材料要在如此众多的城市之间流转，成本何其高昂，不难想象。更麻烦的是，每次申请的审核期限为 20 日，20 日内不能作出决定，还可延长 10 日。[42]庞大的空间成本乘以冗长的时间成本，乘积何其巨大，一目了然。党的十八大以来，中央政府不断强调简政放权，为企业“减负”，削减不必要成本。而《暂行办法》这一规定实与中央精神相悖矣！

以《暂行办法》为据，部分地区的实施细则进一步提高标准，将“服务机构”升格为“分支机构”；[43]有些城市还将“具有企业法人资格”纳入作为选择性要求，[44]另有城市要求提供“在本市的经营场所面积材料、土地使用权及产权证明复印件”。[45]商事实践中，“服务机构”的形式非常灵活，可以是办事处、联络点，不必赴工商管理部门申领营业执照。“分支机构”一般指分公司。分公司无须为法人，但亦需申领营业执照。[46]而“法人资格”的申请成本最高，令其作为选择性条件，显然得以遵循的概率最低。这充分反映出部分地方监管者罔顾互联网经济特

---

[41] 包括所有地级市和直辖市。

[42]《暂行办法》第 7 条。

[43] 如《上海市网络预约出租汽车经营服务管理若干规定》第 6 条第 1 项；《深圳市网络预约出租汽车经营服务管理暂行办法》第 7 条第 1 款第 1 项；《南京市网络预约出租汽车管理暂行办法》第 5 条；《武汉市网络预约出租汽车经营服务管理暂行实施细则》第 5 条第 1 款第 1 项。

[44] 如《沈阳市网络预约出租汽车经营服务管理实施细则（暂行）》第 8 条第 1 款；《杭州市网络预约出租汽车和私人小客车合乘管理实施细则（试行）》第 5 项；《厦门市网络预约出租汽车经营服务管理实施细则》第 7 条第 1 款第 1 项。

[45]《郑州市网络预约出租汽车经营服务管理细则（暂行）》第 6 条第 1 款第 4 项。另有《青岛市网络预约出租汽车经营服务管理暂行办法》第 10 条第 1 款第 3 项亦有类似规定。

[46] 我国《公司法》第 14 条第 1 款规定，“公司可以设立分公司。设立分公司，应当向公司登记机关申请登记，领取营业执照。分公司不具有法人资格，其民事责任由公司承担”。

征，无视经济效率，无谓抬高申请成本，甚至刻意打压网约车平台公司的规制逻辑。

（三）关于车辆的地方规制概况

出租车服务涉及公共安全，各国政府均设置若干技术标准，以划定最基本的安全底线。但综观目前我国巡游车规范体系，没有一部部门规章或地方性法规、地方政府规章对技术标准的具体内容作出规定。相反，相关表述非常笼统，很难说具备清晰的规范意涵。[47]这些条款多属于指向性质，大致要求参考公安机关交通管理部门给出的具体标准。因此，巡游车的技术参数和安全标准，目前在法律法规层面，尚为空白。反观网约车，《暂行办法》对网约车车辆初步规定了三项技术指标：第一，7 座及以下乘用车；第二，安装具有行驶记录功能的车辆卫星定位装置、应急报警装置；第三，车辆技术性能符合运营安全相关标准要求。三项条件的设定比较简单，第三项更显笼统。此外，第 2 款进一步规定，“车辆的具体标准和营运要求，由相应的出租汽车行政主管部门，按照高品质服务、差异化经营的发展原则，结合本地实际情况确定”。[48]这就将车辆的“具体标准”和“营运要求”的规定权授予各地主管部门。根据样本反馈，各地对网约车车辆具体标准的“细化”，主要体现在牌照、车龄、轴距、排量[49]等几个方面。详见表 2。

表 2　样本城市对车辆技术标准的细化规定

城市	牌照	初次登记与申请之间隔时长	轴距 / 毫米	排量 / 升	其他指标
北京	本市号牌	—	5 座 2650、7 座 3000	5 座 1.8L、7 座 2.0L	—

---

[47] 如已失效的《城市出租汽车管理办法》规定车辆应“技术性能、设施完好，车容整洁”（第 18 条第 1 项）；新修订的《巡游出租汽车经营服务管理规定》要求经营者“保证营运车辆性能良好”（第 21 条第 2 项），然后对车容车貌、设施设备作了简单规定，如“车身外观整洁完好，车厢内整洁、卫生，无异味”“车门功能正常，车窗玻璃密闭良好”“座椅牢固无塌陷”“安全带和锁扣齐全、有效”等五项（第 22 条）；《北京市出租汽车管理条例》规定营运车辆“经公安、公安交通管理机关检验合格”“符合本市规定的车型……和使用年限”（第 13 条）。

[48]《暂行办法》第 12 条。

[49] 为统计方便，且由于新能源或混合动力汽车目前尚未广泛普及，目前仅归纳普通燃油小客车。

续表

城市	牌照	初次登记与申请之间隔时长	轴距／毫米	排量／升	其他指标
上海	本市注册登记	—	2600	—	—
广州	本市核发行驶证	未满 1 年	—	1.75L	车身长宽高 4600mm × 1700mm × 1420mm
深圳	本市登记注册	未满 2 年	2700	1.75L	—
天津	本市登记	—	2650	1.8L	—
南京	本市注册登记	—	2700	—	发动机功率 100KW 以上
杭州	本市号牌	不超过 5 年	2700	—	车辆计税价格 12 万元以上
重庆	本市核发行驶证	不超过 2 年	2650	增压 1.5T、自吸 1.8L	车辆计税价格应当高于同期巡游车价格
武汉	本市登记注册	未满 3 年	2650	—	车辆购置的计税价格在 12 万元以上；投保营业性交强险、营业性第三者责任险、乘客意外伤害险和承运人责任险
成都	本市号牌	—	—	1.6L 或 1.4T	—
青岛	本市注册登记	未满 1 年	—	—	车辆购置价格不低于巡游出租汽车礼宾型同期购置价格；轿车车型长宽高 4800mm × 1800mm × 1450mm，发动机功率不小于 100KW，综合工况油耗不高于 8 升每百公里

续表

城市	牌照	初次登记与申请之间隔时长	轴距／毫米	排量／升	其他指标
厦门	本市机动车牌照	未超过 3 年	2700	1.95L	车型档次应不低于本市现有主流巡游出租汽车；车身颜色应使用出厂原色，不得定制专有颜色
沈阳	本市核发行驶证	未满 3 年	2700	1.8L	车辆购置税的计税价格在 12 万元以上
西安	本市注册登记	未满 2 年	2700	2.0L 或 1.8T 以上	整车尺寸 4850mm × 1810 mm × 1450mm 以上
郑州	本市注册登记	不超过 2 年	2650	—	发动机功率不小于 90KW；车身颜色不得与巡游出租汽车的外观颜色和车辆标识相同或者相近似

从样本上看，所有城市无一例外要求车辆须本市注册本市牌照，绝大多数城市明确要求新车平均 2675 毫米的轴距、1.8L 以上排量。部分城市还对价格、车身长宽高、发动机功率等作出限定。

（四）关于驾驶员的地方规制概况

《暂行办法》对网约车驾驶员的基本要求，聚焦于驾驶经验与安全记录三方面：一是“取得相应准驾车型机动车驾驶证并具有 3 年以上驾驶经历”；二是“无交通肇事犯罪、危险驾驶犯罪记录，无吸毒记录，无饮酒后驾驶记录，最近连续 3 个记分周期内没有记满 12 分记录”；三是“无暴力犯罪记录”。其他条件，便交由城市人民政府自行规定。[50] 循此“授权”，各市对网约车驾驶员增设了诸多硬性条件，包括户籍、驾照核发地、网约车驾驶员证期限、考试、交通违法记录等。详见表 3。

---

⑩《暂行办法》第 14 条。

表 3　样本城市对网约车驾驶员的增设条件

城市	户籍	驾照核发地	网约车驾驶员证有效期	是否考试／考核	交通违法记录
北京	本市户籍	本市	3 年	是	申请之日前 1 年内，无 5 次以上交通违法行为
上海	本市户籍	—	3 年	否	申请之日前 1 年内，无 5 次以上交通违法行为；截至申请之日，无 5 起以上交通违法行为逾期尚未处理的情形
广州	本市户籍或居住证	本市	3 年	是	—
深圳	本市户籍或居住证	—	—	是	—
天津	本市户籍	本市	3 年	是	—
南京	本市户籍或居住证	—	3 年	是	—
杭州	本市户籍，或在本市取得浙江省居住证 6 个月以上或临时居住证 12 个月以上	—	—	是	—
重庆	—	—	6 年	是	—
武汉	本市户籍或居住证	—	3 年	是	—
成都	本市户籍或居住证	—	—	是	最近 5 年内在我市没有被查处从事仿冒巡游车营运及其他非法客运经营的记录
青岛	本市户籍或居住证	—	—	是	—

续表

城市	户籍	驾照核发地	网约车驾驶员证有效期	是否考试／考核	交通违法记录
厦门	本市户籍或居住证，或暂住证满 6 个月	—	—	是	未列入交通、公安部门不良记录；承诺在同一时间内只在一家网约车平台公司从事网约车服务
沈阳	本市户籍或居住证	—	3 年	是	—
西安	本市户籍或居住证	—	—	是	—
郑州	本市常住户籍或居住证	—	—	是	—

可见，除重庆外，其余城市皆要求驾驶员须拥有“本市户籍或居住证”；北京、广州和天津还要求驾照亦由本市核发。除上海外，其余城市都要求驾驶员通过考试方能上岗。

六、网约车地方规制的“依据”难题

（一）许可设定依据的“先天缺陷”

一个颇为明显且尴尬的事实是，我国网约车的立法规制本身，从一开始就陷入合法性疑难。目前规范网约车的最高层级规范是由国务院下属七部、局联合发布的部门规章《暂行办法》。尽管该办法第 1 条即宣明“根据国家有关法律、行政法规”而“制定本办法”，但并不容易马上确定其所“根据”的“有关法律、行政法规”究竟为何。[51] 回溯历史，我国关于出租车的规制历程比较曲折。至少在国家层面，直到 1988 年 6 月才由当时的建设部、公安部和国家旅游局联合制定了首部《城市出租汽车管理暂行办法》。1997 年 12 月，建设部与公安部又制定《城市出租汽车管理办法》以替代前者。随着 2003 年《行政许可法》的出台，《城市出租汽车管理办法》因部门规章不再拥有行政许可设定权而处于“违法”状态，并于 2016 年 3 月 16 日被实际废止。为修补《行政许可法》实施后出租车经营许可权于法无据的空白，国务院于 2004 年 6 月 29 日通过第 412 号令公布《国务院对确需保留的行政审批项目设定行政许可的决定》（以下简称国务院第 412 号令《决定》），其中第 112 项将出租汽车经营资格证、车辆运营证和驾驶员客运资格证的核发事宜交由县级以上地方人民政府出租汽车行政主管部门实施。[52] 换言之，出租车经营许可由国务院设定，县级以上地方人民政府出租汽车行政主管部门是其实施机关。时隔 13 年，国务院始终未有“及时”提请全国人大及其常委会制定法律，或自行制定行政法规。我国巡游车行业至今依据的许可权渊源仍是这一国务院决定。[53]

显而易见，这一许可权渊源几乎完全不具备规范性意涵，其仅规定了三类资格证的核发主体，而对核发条件、审查标准、许可期限、许可范围等其他必备要素未置一词。《行政许可法》要求：“设定行政许可，应当规定行政许可的实施机

---

[51] 如果其以国务院办公厅同时下发的《关于深化改革推进出租汽车行业健康发展的指导意见》为“根据”，则显然不对——《指导意见》是规范性文件，不能作为部门规章的“依据”。若按照网约车乃出租汽车之子类型的逻辑，以之前制定、并于 2016 年 7 月同时修订的《巡游出租汽车经营服务管理规定》（以下简称《规定》）为“根据”，也显然不当。因为《规定》同为交通部的部门规章，不能作为另一部门规章的制定“依据”。

[52] 根据《行政许可法》第 14 条的规定，国务院在“必要时”，“可以采用发布决定的方式设定行政许可”。这一变通规定是为了便于国务院根据情势变迁，在紧急而来不及制定法律、行政法规或临时性需要的情况下通过“决定”的形式设定行政许可。显然，何谓“必要”，存在相当大的主观认定空间。由于“决定”在制定程序及合法性上毕竟逊于行政法规，也缺乏有效的监督审查机制，该条第 2 款后半段又规定“实施后，除临时性行政许可事项外，国务院应当及时提请全国人民代表大会及其常务委员会制定法律，或者自行制定行政法规”。但这一补足性条款再次暴露术语模糊问题，“及时”的具体时限究竟多长，无法确定。可以说，第 14 条滋生了大量“历史遗留问题”。

[53] 有学者直言批评，出租车经营行政许可的法律基础迄今为止仍具有临时性，在权威性、严肃性上是有欠缺的。参见王军：《出租汽车经营行政许可之合宪性分析》，载《行政法学研究》2016 年第 2 期，第 40 页。

关、条件、程序、期限。”[54]“应当”表明这是一项强制性规定，不容变通。具体列举的若干要素后并无“等”字，说明这并非开放性条款，设定人不得自主增减要素。[55]换言之，许可设定主体“应当”在设定之际明确规定基本的“实施机关、条件、程序、期限”，该四项内容是一项新设行政许可的基本要素。国务院第412号令《决定》仅明确了“实施机关”，其余三项全缺。从严格解释出发，这一行政许可由于缺乏必要要件，理应归于无效。但虑及该令出台的时代背景，本文暂予以宽松解读，姑且认为这一设定依据依然有效，只是由于相当笼统而不具备可操作性。即便如此，一项极端笼统的许可设定使后续的具体规定和实施无法不带有“先天缺陷”，不可避免地造成不少混乱纠缠与自行其是。

（二）“构成要件”与“具体规定”之混淆

首先带来的疑难，是交通运输部等部委制定的《巡游出租汽车经营服务管理规定》《出租汽车驾驶员从业资格管理规定》《网络预约出租汽车经营服务管理暂行办法》这三部部门（联合）规章，在许可依据模糊、上位法阙如的情况下，[56]行使的究竟是行政许可设定权，还是规定权？有学者主张上述规章其实就是对国务院第412号令《决定》的实施性具体规定，因为“《行政许可法》也并没有要求对许可的具体规定必须在设定许可的同一法规范当中作出”。[57]这一说法看似有理，实则混淆了设定的“构成要件”与“具体规定”两个不同范畴。“构成要件”是一项行政许可被创制之际必须厘定的基本内容要素，包括实施机关、条件、程序和

---

[54]《行政许可法》第18条。

[55]无论“等内等”还是“等外等”皆然。若出现“等内等”情形，则可在列举要素中任意选择一项或几项进行规定；若按“等外等”理解，则可额外增加其他要素。可是，无“等”字，意味着这两种情形均不成立。

[56]有学者将《道路运输条例》作为网约车经营的许可依据，似乎值得商榷。《道路运输条例》于其附则第81条明文规定，“出租车客运和城市公共汽车客运的管理办法由国务院另行规定”，表明出租车行业不受该条例调整，更遑论网约车这一与传统出租车不无区别的新兴业态。作者显然受当时《网络预约出租汽车经营服务管理暂行办法（征求意见稿）》第8条及第15条表述的误导，从《道路运输经营许可证》和《道路运输从业人员从业资格证》反溯至《道路运输条例》。《网络预约出租汽车经营服务管理暂行办法》正式出台后，相应许可证已更名为《网络预约出租汽车经营许可证》和《网络预约出租汽车驾驶员证》，以彰显其独立性。参见张效羽：《互联网租约车规章立法中若干法律问题分析》，载《行政法学研究》2016年第2期，第61—65页。

[57]陈越峰：《“互联网+”的规制结构——以“网约车”规制为例》，载《法学家》2017年第1期，第30页。

期限。“具体规定”乃是在“构成要件”给定的基本范围内作出细化，包括规定具体程序、提升可操作性、加入地方因素等，且必须于设定的逻辑范围内进行。“构成要件”是“具体规定”的前提和根基，后者是前者的细化落实。“构成要件”欠缺，“具体规定”便成为无源之水、无本之木，要么无从施展，要么自行“创造”基础，即往往导致僭越设定权。

“构成要件”的缺陷为患尤烈。实施机关不确定，必然导致相关机构争权诿责、避重就轻、趋利避害，随意委托实施或恣意授权其他组织。部门之间管辖权范围交叉重叠，“令”出多门，权责关系混乱纠缠，多头管理、重复许可现象无法避免。[58]为获审批，申请人不得不奔走于多个部门，被“踢皮球”成了家常便饭，时间、金钱成本居高不下，致使整个社会成本无谓高企。

行政许可是对一般性禁止领域的有条件准入，准入条件的设计是否科学合法合理，决定着行政管理的预期目的能否有效达成。可以说，条件是行政许可最核心的要素。条件设定不明确，或直接交由实施机关决定，实际上沦入“执法者造法”之境地。实施机关凭借所谓“自由裁量权”，自行拟定审查标准，任意增减取舍，甚至明目加入歧视性条款，令申请人无所适从；而或一地一策、一时一策，人为构筑地方壁垒，割裂统一市场。

程序是规范行政行为的重要手段，依法行政在很大程度上是依程序行政。行政许可权是强大的资源配置权，对社会利益格局产生重大影响，这一权力的运行更应受到严格的程序性控制。许可程序不预定，实施机关随意打乱、增减流程；程序公开不足，难免诱致暗箱操作、权力寻租；听证、答复程序被轻忽，申请人的诉求无从表达，更遑论对整个审批流程进行监督。

期限设定亦是行政许可作为资源有限度放开机制之必然特征，包括审核时限与获批后的经营期限。审核时限不明或过长，实施机关可能无故拖延、搁置；过长的审核时间也会加重申请人的负担，甚或令其错失市场机遇。经营期限决定许可目的和经济社会发展目标的实现程度，能否续期亦客观影响着资源的稀缺程度。经营时间过短，重新申请频繁，社会成本升高；经营时间过长，特许人长期独占资源，亦易形成垄断。因此，合理的经营期限设定对资源配置效率有较大影响。

---

[58] 在某些地方，巡游车运营曾出现交通与城建两个部门同时监管的现象。出租车在市区运营，需向城建主管部门申领许可证；出了市区，又需要向交通主管部门再申领一个证。

可见，实施机关、条件、程序和期限之基本内容的设定于一项新设许可而言至关重要，是不可或缺的必备要素。这不仅是依法行政、预防滥权的要求，更是许可实施有依据、可操作、成本合理并产生良好社会效益的前提。正因此故，《行政许可法》专辟独立条文（第 18 条）规定许可设定的必备要件，对实施机关冗赘、职权混乱交叠、随意增减条件、罔顾法定程序、审批效率低下、期限设置不当等种种痼疾预先埋下防线。此强制性要求理应获得严格遵循，并尽量予以具体、清晰的表述。[59]

此故，问题的关键绝非“设定”与“具体规定”是否在同一规范中一并给出，而是“具体规定”至少须有基本的“设定”内容作为前提。既然是“具体”规定，必然因于上位法已作出较一般的、宽泛的设定之故。实施性“具体规定”是在“上位法设定的行政许可事项范围内”进行，[60]而非凭空臆造。因此，当作为上位法依据的国务院第 412 号令《决定》仅就实施主体进行设定，从法理上言，三部部门规章亦只能就“实施主体”一项作“具体规定”——尽管这对实际操作来说无甚意义，但从规范分析角度看，这是必然结论。

（三）许可设定依据的“后天弥补”

超越“上位法设定的行政许可事项范围”而对巡游车、网约车经营的申请条件、提交材料、审核流程、经营协议内容、经营期限、续签考核、驾驶员考试、注册、继续教育等方方面面作出规定的三部部门规章，实际上已僭越行政许可设定权。这一忤逆“部门规章不得设定行政许可”之禁令的情状虽属违法，但在上位法依据如此模糊、现实规制需求又如此强烈的情势下，实则具有积极意义——它们至少为出租车行业确立了基本的规制框架，在监管实践中也发挥着必不可少之功用。

但是，部门规章规定的事项毕竟“应当属于执行法律或者国务院的行政法规、

---

[59] 学界、立法实务界对《行政许可法》第 18 条之积极意义已多有阐释，可参见姜明安主编：《行政许可法：条文精释与案例解析》，人民法院出版社 2003 年版，第 61—63 页；马怀德主编：《中华人民共和国行政许可法释解》，中国法制出版社 2003 年版，第 83—86 页；乔晓阳主编：《中华人民共和国行政许可法及释解》，中国致公出版社 2003 年版，第 92 页；全国人大法工委国家法行政法室编：《中华人民共和国行政许可法释义与实施指南》，中国物价出版社 2003 年版，第 76—79 页；许安标等著：《〈中华人民共和国行政许可法〉释义及实用指南》，中国民主法制出版社 2013 年版，第 89—92 页。

[60]《行政许可法》第 16 条第 3 款。

决定、命令的事项”，[61]执行性乃其核心属性。网约车作为新兴业态，被径行纳入国务院第412号令的许可范围，理由本不充分。一项由移动信息终端普及促生的新兴产业，涵盖若干技术、商业模式乃至出行理念等颠覆性创新要素，事实上竟由执行性为主的部门规章进行规制，规范性基础难言稳固。[62]我国出租车行业的健康发展亟须改革创新，网约车正是打破利益固化僵局、促进巡游车转型升级的“鲶鱼”。[63]这样一项重大改革契机竟由部门规章“引领”，实与四中全会《中共中央关于全面推进依法治国若干重大问题的决定》提出的“立法和改革决策相衔接”，“重大改革于法有据、立法主动适应改革和经济社会发展需要”之要求不符。鉴于此，目前应致力的，是尽快完善许可设定依据，通过制定法律或行政法规，实现由立法而非规章引领、保障、推动改革，为出租车行业奠定坚实的上位法基础。

（四）地方“具体规定”的规范性隐患

从样本上看，各市主要通过地方政府规章和地方规范性文件两类载体规定本地网约车监管方案。其中，采用地方规范性文件的有9市，占比60%；采用地方政府规章的仅上海、广州、深圳、重庆、武汉、青岛6市，占比40%。规范层级不同，规制属性有异，合法性研判标准亦有别。对此，必须分别判断。

与上述部门规章遭遇的合法性疑难一样，地方采取的规范形式暴露出更复杂的合法性困境。若仍遵循严格解释路径，地方政府规章仅能在“上位法设定的行政许可事项范围内”，对实施性问题作具体规定。那么，采用地方政府规章形式的5市只能就“实施主体”作进一步细化。[64]即便宽泛解释，地方政府规章对国务院第412号令《决定》第112项许可保留事项的方方面面作“具体规定”，但“不得增设行政许可”，“不得增设违反上位法的其他条件”；[65]而极度笼统的依据表述令这两项限制的判断几乎无法进行。另外，享有许可规定权的最低规范层级为规章，

---

[61]《立法法》第80条第2款。

[62] 有学者即指出，由部门规章引领创新存在“逻辑悖论”。参见顾大松：《“专车”立法刍议》，载《行政法学研究》2016年第2期，第74—75页。

[63] 参见《国务院办公厅关于深化改革推进出租汽车行业健康发展的指导意见》之“基本原则”之二。

[64] 而另一种解读是，地方政府规章不是对上位法的具体规定，而是根据《行政许可法》第15条设定的临时性行政许可。临时性许可只有省级政府有权设定，因此，样本城市中仅上海和重庆符合要求。由于其临时性，规章通常应明确规定“暂行”或“试行”，并应于实施满一年后取消或提请本级人大及其常委会制定地方性法规。这种解读因绝大多数样本城市并不符合层级要求而暂不予考虑。

[65]《行政许可法》第16条第4款。

地方规范性文件无权作具体规定。[66]目前，绝大多数城市采用政府规范性文件对网约车许可进行“细化”的做法，令整个地方规制体系在合法性上存在重大的根源性隐患。

要在许可设定依据如此缺乏规范指向性前提下解决地方细化的合法性疑难，较佳途径除了完善上位法，还可通过地方性法规自主规制。由于其民意基础更坚实，制定程序更公开透明，评估论证机制相对完善，且非以执行上位法为鹄的，地方性法规有权在法律、行政法规皆未设定行政许可的情况下自主设定许可。各市可根据本地城市规模、出行需求、道路资源、交通供给量等因素，选择各种宽严有别的规制工具，转化为地方性法规直接对网约车进行监管。其完全可超越——而不必“依据”——交通部等发布的规章，就本地特殊偏好充分创新。“互联网 +”产业内蕴打破地域区隔的倾向，但并不妨碍各地先行展开规制试验，为全国统一市场的成熟提供经验。加之，公共交通的地方性色彩较浓，城市规模、人口数量、对外开放水平、旅游业发达程度等皆会对出行需求产生较大影响。作为公共交通的重要补充，网约车监管完全可因地制宜，通过地方性法规先行先试。

七、网约车地方规制的具体措施检视

（一）针对平台公司的具体规制措施

1. 妨害企业自主经营

针对平台公司的地方细化措施，除上述在本地设置分支机构甚至企业法人的增设要求有违互联网企业促进信息、资源跨地域高效流通之特性外，部分城市要求平台公司 24 小时不间断经营的规定显然缺乏上位法依据，亦违背企业自主经营原则。[67]交通部等联合发布的《暂行办法》中并无日常运营时间的要求。[68]部分城市“借鉴”《暂行办法》之“征求意见稿”第 19 条，或“比附”《巡游出租汽车经

---

[66]《行政许可法》第 16 条。

[67] 如《厦门市网络预约出租汽车经营服务管理实施细则》第 24 条第 1 项规定，网约车平台公司“应保证网络服务平台运行的可靠性，提供 24 小时不间断运营服务”；《青岛市网络预约出租汽车经营服务管理暂行办法》第 29 条亦要求服务平台“安全可靠运行，提供 24 小时不间断运营服务”。

[68] 但之前的“征求意见稿”第 19 条却有“24 小时不间断运营服务”的规定，后正式文本中被删去。

营服务管理规定》关于巡游车电召服务平台的规定，[69]对平台日常服务时间作出强制性要求，完全不具备合法性。首先，从消极视角看，无论丝毫不具法律效力的“征求意见稿”还是无许可设定权的部门规章，皆不能成为地方规制的规范“依据”。而没有法律、行政法规、地方性法规的依据，地方政府规章——更遑论地方规范性文件——“不得设定减损公民、法人和其他组织权利或者增加其义务的规范”。[70]强行要求一家企业24小时不间断经营，显然属于不当加诸义务。其次，从积极视角看，排除部分公益性较强的企、事业单位——如医院、水电供网和其他能源企业等——可要求全天候经营，其他企业的经营时间完全属于自决事项范围，政府不应恣意指定。

2. 无谓增加企业负担

各市按《暂行办法》的部署，[71]亦对本地平台公司的经营期限作了设定。其中，样本城市的情况如表4所示。

表4　样本城市对平台公司经营期限的设置

城市	经营期限（单位／年）
北京	4
上海	3
广州	5
深圳	5
天津	4
南京	4
杭州	1
重庆	4
武汉	6

[69]《巡游出租汽车经营服务管理规定》第28条第2项规定：“巡游出租汽车电召服务平台应当提供24小时不间断服务。”

[70]《立法法》第82条第6款。

[71]《暂行办法》第8条规定，“出租汽车行政主管部门对于网约车经营申请作出行政许可决定的，应当明确经营范围、经营区域、经营期限等……”最后一个“等”字，亦为地方任意增设条件提供了土壤。

续表

城市	经营期限（单位 / 年）
成都	5
青岛	8
厦门	4
沈阳	4
西安	4
郑州	4

城市样本中，经营期限最长的为青岛，8 年；最短的为杭州，1 年。杭州的设定与其细则试行一年有关。排除最长和最短期限，其余城市的平均期限设定为 4.3 年。期限届满，符合一定条件，可再次申请延期。但准予续期的条件为何，《暂行办法》并未着墨；各地“细化”也不甚了了，大都语焉不详[72]或参考首次申请条件进行。[73]经营时限设置会对社会成本带来一定影响：期限过短，企业重复申请成本升高；期限过长，则易形成垄断。在各地细则已对经营行为设置事前审查、事后监督和惩罚条款的前提下，取消经营期限或许是更好的选择——尽管《暂行办法》要求各地“应当”明确经营期限。经营期限设置通常因为有限自然资源或公共资源的稀缺性，需要定期检验经营者对资源的利用是否有效率，便于规制者决定是否需要更换经营者。网约车凭借卫星定位系统精准服务，无须巡游，对公共道路资源的占用率较小。这令经营期限规制并不具备充分的正当性理据（justification）。

（二）针对车辆的具体规制措施

各地对网约车车辆技术指标的增设，其上位法依据与合法性基础甚为贫乏。尚不足以作为上位法依据的《暂行办法》对车辆作出的技术要求有三点——“7 座及以下乘用车”“安装具有行驶记录功能的车辆卫星定位装置、应急报警装置”以及“性能符合运营安全相关标准要求”。此外，车辆的“具体标准”和“营运要求”，“由相应的出租汽车行政主管部门，按照高品质服务、差异化经营的发展原

[72] 如厦门市要求根据经营许可期内的“经营行为”和“质量信誉考核情况”进行判断，青岛市规定根据该市《办法》的“相关规定”作出决定。

[73] 上海、杭州、南京、成都等城市对此甚至全无规定。

则，结合本地实际情况确定”。[74]正如有学者指出的那样，此处“结合本地实际情况确定”应指“具体规定”而非“另行规定”。[75]首先，该款并无像《暂行办法》第13条第2款之城市人民政府“另有规定”或第14条第4项之“其他条件”那样的表述，因此至少在技术标准方面，排除了“另行规定”之可能。其次，车辆的“具体”标准理应相对于“不甚具体”的上位法规定而言，意即对应于上述三项基本要求。最后，针对表述最笼统的第三项“性能符合运营安全相关标准要求”的细化，亦应限于“运营安全相关标准”界域；换言之，对车辆技术标准的具体规定，须着眼于“安全”，而非其他。

但是，陆续出台的地方细则不仅远远超越上述范围而“另立门槛”，不少增设要求于常识判断亦相当不合理甚至令人匪夷所思。其中，对车辆轴距和排量的无理要求早在各地征求意见阶段便引致学界、媒体的广泛批评。抨击矛头主要指向四点：其一，对轴距和排量增设要求与“运营安全”无必然联系，车辆安全性并不取决于轴距或排量；[76]其二，虑及环保政策，排量限制的通行做法是设置最高标准。目前各地却反其道行之，设置最低标准，实与环保要求不符；[77]其三，涉嫌车型歧视，部分豪车车型亦被排除在外；[78]其四，对车型大小、服务质量、规格高低的选择应交由市场自主决定，而非由政府作“一刀切”式限制。[79]鉴于学界对此的批评已较为充分，本文不再赘言，将分析重点放在车辆牌照方面。

从样本上看，所有城市皆要求网约车牌照为本市核发，外地车辆无权进入本

---

⑭《暂行办法》第12条。

⑮ 张效羽：《明显违反〈行政许可法〉的网约车地方立法》，载 http://yuanchuang.caijing.com.cn/2016/1009/4183963.shtml，访问日期：2017年1月1日。

⑯ 大货车轴距远长于小轿车，但显然不能说前者的安全性就一定优于后者。相反，大货车因其质量庞大、制动性差、保养失当等原因，往往被视为“马路杀手”。另可参见张效羽：《明显违反〈行政许可法〉的网约车地方立法》，载 http://yuanchuang.caijing.com.cn/2016/1009/4183963.shtml，访问日期：2017年1月1日。

⑰ 朱巍：《立法歧视？网约车立法需思量》，载《中国法律评论》微信公众号2016年10月9日，访问日期：2016年10月10日。

⑱ 朱巍：《立法歧视？网约车立法需思量》，载《中国法律评论》微信公众号2016年10月9日，访问日期：2016年10月10日。

⑲ 万学忠、王开广：《法学界首次对网约车细则集体发声》，载《法制日报》2016年11月12日，第6版；张维：《京沪网约车新政落地依旧限人限车》，载《法制日报》2016年12月22日，第6版；沈岿：《地方网约车新政涉嫌五大违法》，载 http://www.fxcxw.org/index.php/Home/So/artIndex/id/14296.html，访问日期：2016年11月3日。

地市场。

首先，违反《行政许可法》第 15 条第 2 款的规定。地方性法规和省级政府规章设定的许可，尚“不得限制其他地区的个人或者企业到本地区从事生产经营和提供服务，不得限制其他地区的商品进入本地区市场”；不仅无权设定，亦无权作具体规定的地方规范性文件[80]反而明文阻止其他地区的服务进入本地市场，合法性缺陷太过明显。

其次，牌照排斥属于《国务院关于禁止在市场经济活动中实行地区封锁的规定》所禁止的“采取专门针对外地产品或者服务的专营、专卖、审批、许可等手段，实行歧视性待遇，限制外地产品或者服务进入本地市场”的地区封锁行为。[81]违反此禁令的具体行政行为，“由省、自治区、直辖市人民政府组织经济贸易管理部门、工商行政管理部门、质量技术监督部门和其他有关主管部门查处，撤销歧视性待遇”；[82]涉嫌地区封锁的抽象行政行为，如上述规范性文件的部分内容，“由本级人民政府改变或者撤销”“本级人民政府不予改变或者撤销的，由上一级人民政府改变或者撤销”。[83]

最后，若言《暂行办法》第 12 条对车辆技术指标作出规定，第 13 条第 2 款又“留有余地”地“允许”城市人民政府“另有规定”，那么这一“另有规定”的范围应指技术标准以外的事项，如身份标准。各地或许即以此款为“据”，对车牌作出限制。但这一限定明显抵触作为行政法规的《国务院关于禁止在市场经济活动中实行地区封锁的规定》，不仅本身应予撤销，其“赖以为据”的“国务院所属部门不适当的规定”——《暂行办法》的相应不当规定——亦应“由国务院改变或者撤销”。[84]

---

⑧⓪ 上海、重庆两市属于省级地方政府规章情形。

⑧① 《国务院关于禁止在市场经济活动中实行地区封锁的规定》（国务院令第 303 号）第 4 条第 5 项。

⑧② 《国务院关于禁止在市场经济活动中实行地区封锁的规定》（国务院令第 303 号）第 14 条。

⑧③ 《国务院关于禁止在市场经济活动中实行地区封锁的规定》（国务院令第 303 号）第 6 条。上海、重庆两个直辖市颁布的政府规章中涉嫌地区封锁的规定，“由国务院改变或者撤销”，见第 8 条。

⑧④ 《国务院关于禁止在市场经济活动中实行地区封锁的规定》（国务院令第 303 号）第 9 条规定：“地方各级人民政府或者其所属部门设置地区封锁的规定或者含有地区封锁内容的规定，是以国务院所属部门不适当的规定为依据的，由国务院改变或者撤销该部门不适当的规定。”

（三）针对驾驶员的具体规制措施

1. 户籍歧视

各市针对网约车驾驶员的规制，最显著且引人诟病的莫过于户籍限制。从样本上看，除重庆未作要求外，其余 14 市皆规定驾驶员须具备“本市户籍或居住证”。部分城市，如杭州，还要求取得居住证 6 个月以上。小到网约车驾驶员的户籍门槛，大至整个户籍制度的不公正结构，这一中国难题已引发长久争论与呼吁。[85] 其实，放眼国外，在执业许可中附加“本地居民”的条件亦非我国独有。在推崇自由市场、迁徙自由、就业自由的美国，限制外地劳动力进入和挤压本地就业市场的“排斥行动”也时有发生。很多州要求唯美国公民才有资格从事诸如药剂师、足科医生、骨疗师这样的医学职业；一些州将定居未达一定年限的本州居民和全体州外居民排除在眼科验光师、会计师、按摩师或牙医职业之外——尽管“并未发现事先的定居经历与职业资质究竟有何关系”。[86] 这皆因地方保护主义作祟。而此次网约车《暂行办法》本身并未作户籍限制，但其第 14 条第 4 项允许城市人民政府规定“其他条件”，为地方户籍歧视提供了便利。

2. 驾照门槛

第二个从样本中反映出的问题，关于驾照的核发地。城市样本中，北京、广州、天津三市要求驾照应由本市核发，实在令人存疑。机动车驾驶证核发属于《行政许可法》第 12 条第 3 项的“资格、资质”事项，其法律依据为《道路交通安全法》第 19 条，[87] 具体申请条件由公安部规章《机动车驾驶证申领和使用规定》统一规定。换言之，驾照申领条件、考试标准全国统一，地方仅为颁发机关。但在上述

---

[85] 针对网约车驾驶员户籍限制的评论，可参见陈越峰：《“互联网 +”的规制结构——以“网约车”规制为例》，载《法学家》2017 年第 1 期，第 26 页；万静：《户籍牌照等受限引发专家质疑》，载《法制日报》2016 年 10 月 10 日，第 6 版；万学忠、王开广：《法学界首次对网约车细则集体发声》，载《法制日报》2016 年 11 月 12 日，第 6 版；张维：《京沪网约车新政落地依旧限人限车》，载《法制日报》2016 年 12 月 22 日，第 6 版；沈岿：《地方网约车新政涉嫌五大违法》，载 http://www.fxcxw.org/index.php/Home/So/artIndex/id/14296.html，访问日期：2016 年 11 月 3 日；张效羽：《明显违反〈行政许可法〉的网约车地方立法》，载 http://yuanchuang.caijing.com.cn/2016/1009/4183963.shtml，访问日期：2017 年 1 月 1 日。

[86] Walter Gellhorn, The Abuse of Occupational Licensing, The University of Chicago Law Review, 44, 1976，p.15.

[87]《道路交通安全法》第 19 条第 1 款、第 2 款规定：“驾驶机动车，应当依法取得机动车驾驶证。申请机动车驾驶证，应当符合国务院公安部门规定的驾驶许可条件；经考试合格后，由公安机关交通管理部门发给相应类别的机动车驾驶证。”

四市，颁发机关竟也成为一道门槛。这无疑毫无依据、极不妥当。

3. 考核争议

第三个值得一议的问题是，网约车驾驶员是否应与巡游车驾驶员一样，通过考试方能上岗？城市样本中，除上海外，其余城市皆要求考试或考核。《暂行办法》第 15 条的确规定，设区的市级出租汽车行政主管部门按第 14 条规定的条件核查并按规定考核后，为符合条件且考核合格的驾驶员发放《网络预约出租汽车驾驶员证》。但考核能否等同于考试，能否等同于巡游车驾驶员历来必经的考试，有待商榷。"考核"指"考查审核"，[88]其范畴较宽泛，考试仅是其中形式之一。考核的方式灵活多样，不一定非为笔试、机考。我们认为，《暂行办法》规定的"考核"应作广义理解，且实施主体宜待调整。首先，大部分网约车驾驶员为兼职运营，不少还属于民事互助性质的顺风车、拼车活动，专业性不高，真正在路上行驶的时间并不长。要求这部分分享经济主体事先通过考试，未免成本较高、必要性不足，亦与分享经济的即时性、灵活性、便捷性相悖。其次，电子导航技术的发达不仅令传统巡游车司机熟悉道路的优势几近沉没，亦使事先通过考试熟悉路线的必要性大大降低。再次，巡游车服务质量堪忧的一大症结即在于准入门槛高、事前审查严而日常监管不足甚至缺位。网约车若因循陈例，强调事先审查和考试，恐再次落入疏于日常监管的窠臼。须知，知法不等于懂法，懂法不等于认同，更不等于将认同付诸实践、切实遵守。监管者即便事先进行了法制教育，设置了考试，也不可放松日常监督。实际上，政府监管体制改革的主线即在于从热衷事前审批转变为注重事中事后监督，在进一步削减审批事项、简政放权的同时"加快构建事中事后监管体系"。[89]网约车监管理应遵循这一趋势。最后，《暂行办法》既已对驾驶员条件作了基本规定，亦要求"平台公司应当保证提供服务的驾驶员具有合法从业资格"并"开展有关法律法规、职业道德、服务规范、安全运营等方面的岗前培训和日常教育"，[90]将考核实施权授予平台公司，或许是更好的选择。原因在于：其一，平台公司既负责保证驾驶员具有合法从业资格，若该资格因主管部门的考核机制漏洞而存在瑕疵，却由平台公司担责，恐有违权责一致原则。其二，平台公司既已负责开展岗前培训和日常教育，将考核事宜一并交予平台，岂

---

[88] 中国社会科学院语言研究所词典编辑室编：《现代汉语词典》（第 6 版），商务印书馆 2012 年版，第 728 页。

[89]《国务院 2016 年推进简政放权放管结合优化服务改革工作要点》第 2 条第 8 项。

[90]《暂行办法》第 18 条。

不更方便高效？其三，“监管部门管平台、平台管车辆和司机”早已是网约车发达国家的监管通例，并被证明行之有效。我国监管者或应借鉴其中的合理经验。可见，由平台公司通过多种方式灵活组织考核，无论在法理还是经济层面，皆是更可取之安排。

4. 就业限制

第四个问题来自个别样本，关于对公民自主就业权和经营权的不当限制。《厦门市网络预约出租汽车经营服务管理实施细则》出人意料地对平台公司、车辆和驾驶员作出三重限制，要求车辆在接入协议中“承诺……在同一时间内只接入一家网约车平台公司提供网约车运营服务”，[91]驾驶员须“承诺在同一时间内只在一家网约车平台公司从事网约车服务”，[92]平台公司还必须“确保车辆和驾驶员没有接入其他网约车平台公司”。[93]这一系列限制不仅让人啼笑皆非，更暴露出监管者的任性恣意——恰如强令电商只能在淘宝而不能同时在京东或当当平台开店经营的逻辑一样荒谬。

我国公民享有就业权，享有“使自己劳动力与生产资料结合实现职业劳动的权利”。[94]作为一项复合权利，就业权包含就业竞争权、自由择业权、平等就业权、职业安定权、公共就业保障权等若干子权利。作为其中核心，自由择业权允许公民自由选择从事或不从事某一合法职业，在法定条件下自由进入或退出某特定行业。在不违反《劳动法》和《劳动合同法》前提下，公民可自主与用人单位签订多种形式的劳动合同或其他用工协议，包括劳务派遣、非全日制用工等。[95]而在“互联网＋”产业，就业形式因技术条件的成熟可更加灵活。具体到网约车，网约车的运营时间、接单与否皆非常灵活自主，所需要的不过是事前检查、上线、接单和安全运送。车辆所有人当然有权在符合法定条件下携车接入一家或多家平台，只要其有能力按约、保质、保量完成订单。平台公司亦可经由日常服务章程和定

---

[91]《厦门市网络预约出租汽车经营服务管理实施细则》第11条第8项。

[92]《厦门市网络预约出租汽车经营服务管理实施细则》第17条第7项。

[93]《厦门市网络预约出租汽车经营服务管理实施细则》第24条第6项。

[94] 参见关怀：《劳动法》，中国人民大学出版社2001年版，第60—61页、第102页；王全兴教授亦给出相似界定，他认为就业权是指“有就业资格的公民能够获得从事有报酬或收入的职业性劳动的机会的权利，也就是有机会将其劳动力与生产资料相结合的权利”。参见王全兴：《劳动法》（第2版），法律出版社2004年版，第288页。

[95] 参见《劳动合同法》第57—67条、第68—72条。

期评价制度对服务质量进行监督。[96]更重要的是，强令驾驶员只接入一家平台，客观上极易催生垄断。大多数兼职司机与平台建立民事合同关系，小部分专职司机与平台签订劳动合同，形成隶属性劳动关系。无论何种形式，平台公司皆非绝对的市场支配者，它既是管理方，亦是信息服务提供商和承运人，担负着信息整合、即时通信、拟订合理计价方案、购买保险、信息披露、数据采集和保护、路线导航及其他辅助功能等种种义务。不仅平台有权管理驾驶员，驾驶员亦有权选择平台。各大平台在资金、技术、管理模式、费用分配等方面的差异，必然导致在市场占有率和整体服务质量上之良莠。驾驶员理应有权自主评价并选择收益最佳之合作者。如果人为限制一时一地只能接入一家平台，一方面，会使实力最雄厚者放大资源“虹吸”效应，形成垄断；另一方面，更换平台等于退出并重新申请，这无谓增加了驾驶员的经营成本，让灵活根据服务质量、订单数量和收益率随时切换平台遭遇人为壁垒。退一万步而言，厦门市监管者或会援引《劳动合同法》第 39 条第 4 项规定，佐证驾驶员不能同时与两家平台签订劳动合同，但这一理据同样不成立。因为有权要求“脚踏两只船”的劳动者专事其一或解除劳动合同的主体是用人单位而非政府。换言之，劳动合同领域的“脚踏两只船”是一个私法问题，权利主体是用人单位，政府无权强令劳动者一时只能“专事一主”。是否接受“共事二主”，如何兼顾工作、发放工资，种种事宜皆由用人单位与劳动者自行商议；[97]政府不能越俎代庖，在公法层面妄下禁令。可见，从“互联网 +”产业特性、市场竞争需要和法律依据解读三方面皆证明上述规制措施明显违背私法自治原则和市场竞争原理，完全不具备合法性基础。

（四）针对运价的具体规制措施

之所以对巡游车实行政府定价，一是源于其公共交通的公益性质，二是其巡游揽客和“一次性交易”模式决定临时、重复不断的议价成本较高，不仅加重交通拥堵、降低客运效率，还容易催生“乘人之危”式的坐地起价甚至漫天要价。

---

[96] 如驾驶员同时开启两个平台的 APP 应用，同时在线揽客却无法兼顾，造成一方平台上的按时接客率下降。平台公司可有针对性地设定一系列指标，未达标司机将受到评级下调、补贴奖金扣减、服务时长限制、现场说明情况直至取消运营资格等不同程度的处罚。

[97] 见《劳动合同法》第 39 条，“劳动者有下列情形之一的，用人单位可以解除劳动合同：……（四）劳动者同时与其他用人单位建立劳动关系，对完成本单位的工作任务造成严重影响，或者经用人单位提出，拒不改正的……”

因此，各国政府皆对巡游车运价严格管制。网约车虽属“城市公共交通的补充”，但其公益性较弱，技术手段和计价方式更为先进、透明，因而更适宜于市场调节价。地方监管部门也意识到此一特性，普遍支持网约车实行市场定价。但这一支持并不彻底而且留有较大余地，详见表 5。

表 5　样本城市的运价规制措施

城市	运价规制措施
北京	市场调节价
上海	市场调节价
广州	市场调节价，必要时实行政府指导价
深圳	市场调节价，必要时实行政府指导价
天津	市场调节价，必要时实行政府指导价
南京	市场调节价
杭州	市场调节价，为保障公共秩序和群众合法权益，必要时可对价格实行临时管控
重庆	市场调节价，根据道路客运市场发展需要或者出现突发情况时，可对价格等实施临时调控
武汉	市场调节价
成都	市场调节价
青岛	市场调节价，必要时实行政府指导价
厦门	市场调节价
沈阳	市场调节价，必要时实行政府指导价
西安	市场调节价，必要时实行政府指导价
郑州	市场调节价，必要时实行政府指导价 临时加价，应提前公布

从样本上看，各市对网约车的运价规制由宽至严可分为三阶：其一，完全的市场调节价；其二，以市场调节价为主、“必要时”采政府指导价；其三，市场调节价基础上的政府临时调控或管控。客观而言，监管者的确意识到传统巡游车的

定价机制不宜挪用于网约车，但其态度并不坚定，市场导向落实得并不彻底。这主要表现在两个方面：其一，“必要时”的主观判断空间太大，难免被政府操纵；其二，价格“调控”或“管控”呈现过多计划经济色彩，在无须政府定价的领域，不宜采行。从目前网约车的技术先进性和定价透明度来看，实行完全的市场定价是可行的。但需注意的是，市场份额最高、线上用户最多的平台可能出现垄断定价的倾向，但只要其他平台持续保持竞争态势，高价垄断的可能性并不大。

八、网约车的地方规制逻辑

（一）规制理念上的因循守旧

中央与地方在网约车规范合法性上的“集体沦陷”和规制措施上的种种疑难，在很大程度上肇因于监管者，尤其是地方监管者的规制理念落后。理念上的因循守旧表现为监管者深入了解、把握互联网共享经济规律与特性的意愿不足，故步自封于规制“舒适区”。在尚未充分论证其负外部性、信息不对称等市场失灵程度的情况下，[98]监管者将传统规制逻辑直接挪用于网约车，体现出理念上的“惰性”。回顾历史，面对新兴业态，监管者往往沿循“全有或全无”策略，要么将新产业径行纳入旧有规制框架，要么任其发展、自生自灭。[99]两种极端皆不可取。

若我们进一步深究规制理念误区，会发现监管者在认识上混淆了分享经济与职业经济。通常意义上，“职业”（occupation）指“个人在社会中所从事的作为主要生活来源的工作”，[100]意即赖以谋生的行当；而社会分工意义上的“职业”近似于英语中的 profession（行业 / 职业），指经过专门训练（尤指需要较高教育水平），

---

[98] 可参见北京市交通委员会：《〈北京市关于深化改革推进出租汽车行业健康发展的实施意见〉等政策文件解读问答》，载 http://www.bjjtw.gov.cn/xxgk/tzgg/201612/t20161221_165380.html，访问日期：2017 年 4 月 16 日。

[99] Gillian K.Hadfield, Legal Barriers to Innovation:The Growing Economic Cost of Professional Control over Corporate Legal Markets, Stanford Law Review,Vol.60, No.6(Apr., 2008), p.1692.

[100] 中国社会科学院语言研究所词典编辑室编：《现代汉语词典》（第 6 版），商务印书馆 2012 年版，第 1672 页。

拥有专业知识、技能和素养，能持续性地从事高度专门化工作的行业集合体。[101] 所谓“职业经济”，正是在后一种意义上，指受过专门训练的“职业人士”以其专业知识和技能服务于交易对象而形成的经济活动。

由于特定职业“在某些攸关社会及个体客户的知识和技能类型上拥有独专性能力，专门的集中化教育和必要的纪律又催生出强烈的内部团结和排外倾向。每一种职业，基于对相关知识、技能的垄断，以及维护行业名誉和确保行业存续的责任，倾向于认为依靠自身便足以构建行业伦理并对其成果质量进行评价。因而行业团体往往拒斥来自公众或服务对象的控制”。[102] 但是，对那些处于天然优势地位、密切关涉公民人身财产安全、外部性较强的行业，显然不能任其发展。政府会将“提供公众服务并且直接关系公共利益的职业、行业”[103] 纳入行政监管，通过考核、审查、许可、认证等各种方式，控制职业准入、服务质量与行业发展。从经济学角度言，职业规制主要致力于三类目标：其一，降低交易费用，尤其是信息成本，提高交易效率；其二，减轻天然优势、信息不对称带来的负面影响；其三，维护公共利益，包括公共安全、良善风俗等。因此，职业经济往往与职业许可联系紧密。[104]

鉴于制衡供给方优势、消除信息不对称、降低交易费用、维护公共交通安全等考量，[105] 传统巡游出租车作为一类“行业”被纳入政府规制。历来的监管惯性培养起监管者在认识上的“条件反射”，本能般地将行业准入与职业许可加诸网约车之上，从而混淆分享经济与职业经济的若干重大差异。

---

[101] 有社会学家将 profession 定义为“由受过高级训练的专家组成的、履行非常专业的社会职能的地位较高的职业（high-status occupation）”。参见 George A.Theodorson, Achilles G.Theodorson, A Modern Dictionary of Sociology, Thomas Y.Crowell Company, 1970，p.316。

[102] George A.Theodorson, Achilles G.Theodorson, A Modern Dictionary of Sociology, Thomas Y.Crowell Company, 1970，p.316.

[103]《行政许可法》第 12 条第 3 项。

[104] 相关论述，可参见李锦辉：《我国职业资格考试的行政许可规制问题探析》，载《行政与法》2011 年第 4 期。

[105] 有能力竞拍获得经营权或购买牌照的出租车公司必须拥有相当经济实力，对于消费者而言处于优势地位。若非计程打表和统一定价，出租车司机难免利用信息不对称漏洞漫天要价或恶意绕路。若非统一定价，不断地重复询价、议价会抬高交易成本，亦可能加重交通拥堵。作为公共交通的重要组成部分，出租车的安全行驶和服务质量不仅关涉道路安全，亦表征着所属城市的交通基础设施状况。因此，我国将巡游出租车行业准入纳入《行政许可法》第 12 条第 2 项，将出租车司机准入纳入同条第 3 项予以规制。

分享经济不是职业经济，其实质乃是“利用网络信息技术，通过互联网平台将分散资源进行优化配置，提高利用效率的新型经济形态”。[106]

首先，分享经济对专业化的要求较低。无论私家车、私人住宅还是闲置工具的分享，无外乎两种方式：第一，由所有权人操作或控制，分享人附带获取用益；第二，由分享人自行操作或控制，自行享受用益。无论何种形式，均很少逾越日常使用经验，不要求使用者拥有较高的专业知识或技能。

其次，分享经济不具备自我封闭化倾向。相反，分享经济尤为强调规模效应，其效益取决于在线用户及资源数量、信息匹配效率和评价信息的扩延。作为信息密集型产业，分享平台致力于尽可能多地吸引资源分享者。[107]开放——而非封闭——与信息的高效整合才是分享经济的追求。

最后，平台的信息技术创新能较好地解决职业经济曾面临的若干市场失灵难题。就网约车而言，供需结合可通过目的地检索和定位技术快速实现；路线和费用的预估预显，使利用信息不对称优势恶意绕路、漫天要价的企图难以实现；驾驶员资质、技能水平及其服务质量，亦能经由评价体系得以大致了解。

可以说，分享经济是平民经济。普通人借助信息平台，有偿或无偿让渡闲置资源的使用权，实现资源的高效利用，使分享经济诞生之初便带有浓厚的“草根”色彩。从目前若干具体形态来看，除了分享金融类（众筹平台）较为专业，其余皆属日常生活领域，并不要求参与者具备多少专业素养。通常而言，经济活动越专业，便越可能需要政府规制。分享经济的非专业性令政府监管的必要性大大降低。

当然，分享平台在大大降低市场准入门槛，使进入（上线）和退出（下线）更加灵活的同时，近乎必然地模糊了“职业”与“非职业”的界限。[108]用户既可利用闲暇“挣外快”，亦可全时段运营或服务。尽管大多数网约车司机都有主业，开网约车仅是兼职，但显然并不排除部分司机将之作为谋生主业的可能。但是，这种“职业”仅是上述“生计”意义上的“职业”，并非“专业”意义上的“职业”。这并非政府规制的理由之一。

---

[106] 中华人民共和国国家发展和改革委员会高技术产业司：《分享经济发展指南（第二次征求意见稿）》，载 http://gjss.ndrc.gov.cn/gjsgz/201704/t20170428_846368.html，访问日期：2017 年 8 月 13 日。

[107] Molly Cohen, Arun Sundararajan, Self-Regulation and Innovation in the Peer-to-Peer Sharing Economy, The University of Chicago Law Review Dialogue, 82, 2015，p.119.

[108] 可参见 Molly Cohen, Arun Sundararajan, Self-Regulation and Innovation in the Peer-to-Peer Sharing Economy, The University of Chicago Law Review Dialogue, 82, 2015，p.116。

可见，观念上的“因循守旧”在很大程度上表现为监管者对分享经济与职业经济的混同。网约车被误认为与巡游车一样，是专业性较强并存在大量市场失范的“行业”。由于将市场参与者划分为各个“行业”的思维惯性，监管者忽略分享经济的“非专业”“跨行业”特性，将之整体打包入职业经济规制体系。进言之，机动车驾驶员已是一种“资质”，[109]监管机构又对网约车驾驶员施以类似于出租车司机的“职业准入”，实际上实施了双重审批。但是，从促进经济发展的角度看，职业资格的专业划分不宜过细。“专业过细、人数太少，既不利于行业管理，也不利于宏观调控，易造成管理上的失控与混乱。”[110]

（二）规制手段上的“路径依赖”

观念的落后必然导致手段上的“路径依赖”（path dependence），表现为监管者援用传统手段规制新兴产业，而怠于探索、尝试更科学有效的新方法。如要求平台在服务所在地设立服务机构、分支机构甚至企业法人，[111]无谓加重企业申请负担。在经营时间上，一些城市“借鉴”《暂行办法》之“征求意见稿”第19条内容，[112]或“比附”《巡游出租汽车经营服务管理规定》关于巡游车电召服务平台的规定，[113]强令要求平台24小时不间断经营，[114]不当干涉企业自主经营权。地方监管者普

---

[109] 即《行政许可法》第12条第3项规定的“资质、资格”。

[110] 周光明：《职业资格许可制度研究》，载《湖南社会科学》2006年第2期。

[111] 《暂行办法》对网约车平台公司的经营权申请，规定了六项条件，其中第五项即“在服务所在地有相应服务机构及服务能力”。以此为“据”，不少城市进一步提高标准，将“服务机构”升格为“分支机构”（如上海、深圳、南京、武汉），甚至还将“企业法人资格”纳入作为选择性要求（如沈阳、杭州和厦门）。还有城市要求提供“在本市的经营场所面积材料、土地使用权及产权证明复印件”（如郑州和青岛）。

[112] 2015年10月公布的《暂行办法（征求意见稿）》第19条曾有“网络预约出租汽车经营者应当提供24小时不间断运营服务”的规定，后在正式文本中被删去，但仍被一些地方监管者“沿用”。

[113] 《巡游出租汽车经营服务管理规定》第28条第2项规定：“巡游出租汽车电召服务平台应当提供24小时不间断服务。”

[114] 如《厦门市网络预约出租汽车经营服务管理实施细则》第24条第1项，《青岛市网络预约出租汽车经营服务管理暂行办法》第29条。

遍援用最简单粗暴的户籍[115]、牌照[116]甚至驾照[117]限制措施，阻止其他地区的驾驶员和车辆进入本地市场。[118]不少城市照搬巡游车事前考试制度，[119]将《暂行办法》第15条规定的“考核”限缩细化为巡游车驾驶员历来必经之“考试”，人为取消考核形式的多样性、灵活性。照搬考试制度不仅表明监管者并未意识到技术革新——尤其是电子导航技术普及——已使经由事先考试熟悉相关知识的必要性大大降低，更无谓提高准入成本，与分享经济的即时性、灵活性、便捷性相悖。小部分城市还保留对运价的指导或管控权。[120]更有个别城市出人意料地对平台、车辆和驾驶员作出三重限制，要求车辆在接入协议中“承诺……在同一时间内只接入一家网约车平台公司”，[121]驾驶员须“承诺在同一时间内只在一家网约车平台公司从事……服务”，[122]平台公司还必须“确保车辆和驾驶员没有接入其他网约车平台公司”，[123]这一系列略显荒唐的要求严重妨害企业自主经营权和公民自主就业权。这些措施生动反映出地方规制者在手段选取上未考虑整个产业的“遵守成本”，并呈现鲜明的“路径依赖”特征。

（三）规制策略上的重事前审批、轻事中事后监管

手段的陈旧往往伴随规制策略上的重事前审批。可以看到，绝大多数旧有监管手段都属于“事前审批”型，若干新设措施亦难逃此窠臼——甚至变本加厉、

---

[115] 15个样本城市中，除重庆外，其余城市皆要求驾驶员须有“本市户籍或居住证”。

[116] 15个样本城市无一例外要求车辆须本市注册、本市牌照。

[117] 北京、广州和天津要求驾照亦由本市核发，实在令人困惑。机动车驾驶证核发属于《行政许可法》第12条第3项的“资格、资质”事项，其法律依据为《道路交通安全法》第19条，具体申请条件由公安部规章《机动车驾驶证申领和使用规定》统一规定。换言之，驾照申领条件、考试标准全国统一，地方仅为颁发机关。但在上述三市，颁发机关竟也成为一道门槛，毫无理据。

[118] 如北京市交通管理委员会在其《实施细则》的官方解读中即指出，由于《北京市出租汽车管理条例》明确规定“出租汽车驾驶员须有本市常住户口”，所以网约车驾驶员也应拥有本市户籍。参见 http://www.bjjtw.gov.cn/xxgk/tzgg/201612/t20161221_165380.html，访问日期：2017年5月19日。

[119] 15个样本城市中，除上海外，其余城市皆要求考试或考核。

[120] 从样本上看，各市对网约车的运价规制由宽至严可分为三阶：其一，完全的市场调节价，占40%；其二，以市场调节价为主、“必要时”采政府指导价，占47%；其三，市场调节价基础上的政府临时调控或管控，占13%。

[121]《厦门市网络预约出租汽车经营服务管理实施细则》第11条第8项。

[122]《厦门市网络预约出租汽车经营服务管理实施细则》第17条第7项。

[123]《厦门市网络预约出租汽车经营服务管理实施细则》第24条第6项。

毫无理据。尽管《暂行办法》第5章已对事中事后的“监督检查”作出一些部署，但重心主要集中于信息数据采集和国家网络安全两个领域，网约车服务质量、驾驶员信用等方面的持续性监督仍显笼统和不足。相反，限制轴距和排量的最低标准似乎就能确保行车安全和服务质量；驾驶员上岗前只要通过考试，此后的服务态度仿佛便有所保障——这种依靠事前审批“毕其功于一役”的逻辑仍明晰可见。须知，巡游车服务质量堪忧的一大症结即在于准入门槛高、事前审查严而日常监管不足甚至缺位。网约车若因循陈例，强调事前准入审批，恐亦难免疏于日常监管的痼疾。

（四）规制意图中的地方保护主义

理念、手段与策略上的一系列弊端由于规制意图中的“本地优先”而被进一步放大，形成种种不合理甚至令人匪夷所思的局面。无论要求本地牌照、本市户籍甚至本市驾照，大量具体措施指向对本地既得利益的维护和本地监管的便利性，呈现鲜明的地方保护主义特征。人为构筑的市场樊篱与地区封锁，与“互联网+”产业要旨相悖，已成为分享经济发展的重要障碍之一。

（五）规制效果上的失灵与失范

规制设计尚非科学合理，规制效果必然不尽如人意。首先，新政规定和地方细则并未获得良好执行。就笔者的亲身体察看，北京、上海这两大一线城市的监管执行相对严格，而一些二线城市——如重庆、福州和海口——便或多或少有所松懈甚至搁置。相当一部分司机并未取得网约车《驾驶员证》便上路，亦未受到严格排查。即便车辆、驾驶员均不合规，也不妨碍平台注册和照常载客。平台公司对资质审查的动力严重不足——严格清查必然导致用户量锐减，影响规模收益，何苦为之？主管部门的日常监督和路面筛查成本较高，只能选择机场、火车站等重点领域进行抽查，往往力有不逮。其次，被监管者很快发展出新的规避策略，“创造性服从”（creative compliance）再次凸显。所谓“创造性服从”，指采取规避措施，免予触犯法律的字面规定，却实际上严重违背立法精神（legislative spirit）和规制意图（regulatory intention）的行为。[124] 在笔者所在城市，已有不少私家车轴

---

⑫④ Robert Baldwin, Martin Cave, Martin Lodge, Understanding Regulation: Theory, Strategy, and Practice (2nd Edition), Oxford University Press, 2012，pp.70, 110, 232.

距、排量不达标的车主，重新从汽车租赁公司承包达标车辆投入营运。可是，颁布《暂行办法》的目的之一就是打破网约车灰色时期的“四方协议”规避框架，简化、厘清法律关系：允许私家车车主直接与平台订立劳动合同，取消汽车租赁公司和劳务派遣公司的不必要介入。而对车辆指标的限制再次将私家车主推向新的“三方协议”，不可不谓适得其反（self-defeating）。更有甚者，一些无良汽车租赁公司利用信息不对称，谎称新政后依然需要携车挂靠才能办理车辆《运输证》，骗取私家车车主的挂靠费。

网约车规制在规范框架、规制理念、手段、策略、意图和效果上的种种弊端，可归结为监管者采用与传统巡游车同质化的规制模式，加之地方保护主义贯穿其间，而造成过度监管（over-inclusive）局面。被规制者的“遵守成本”（compliance costs，亦称“合规成本”）过于高昂，[125] 不利于产业健康发展，亦有悖于激发市场活力、减轻企业负担的政策导向。

九、网约车地方规制的修正路径

（一）重建规范体系

目前，网约车的规范框架尤其许可体系在形式合法性上可谓“千疮百孔”，重建规范体系乃首要任务。中央层面，较可取方案是通过制定行政法规，为网约车设定独立的行政许可框架，采用一般许可而非特许形式即可。基于网约车与传统巡游车在业态上的重要差别，两者宜分别监管。尽管两者各有相对独立的规范文本，但规制逻辑和手段还有大量混同之处。既然国务院改革意见已明确网约车和巡游车实行“错位发展和差异化经营”，[126] 便不应同质化管理。

如果中央层面的规范重建短期内难以实现，那么地方层面的规制创新便无由拖延。各地应尽快通过地方性法规因地制宜，为本地网约车监管设置独立的行政许可或其他对行业发展更少阻碍的管理措施。经济、环境等领域内的绝大多数政府规制，均被作为专业性较强的行政事务，由特定部门制定和执行规制方

---

[125] 关于“遵守成本”，参见 Anthony Ogus, Regulation: Legal Form and Economic Theory, Hart Publishing, 2004，p.155。

[126]《国务院办公厅关于深化改革推进出租汽车行业健康发展的指导意见》第二部分。

案。行政管理立法及相关抽象行政行为，被赋予浓厚的专业性色彩，其民主内涵和民意基础便或多或少受到忽视。这既是立法权与行政权分立之结果，亦有民主审议专业性不足为促因。但是，分权制衡体系往往“加重而非解决帮派主义(factionalism)问题”。[127]由此导致，专业性越强的规制方案，越可能闭门造“法”；规制者包揽拟制与执行整个流程，民主监督渠道匮乏；具体措施设计主要考虑成本收益和监管便利性，经济理性泛滥而公益价值受挫；其内在利益博弈、妥协过程，也往往秘而不宣。因而，一些美国学者直言政府规制不过是“不同利益集团相互冲突之产物”；规制体系“由经济权力主导者建立并操作”，“无法实现与公共利益相符的结果”。[128]的确，社会分工的纵深对专业知识的要求越发苛严，“知识—权力”日益集中于技术官僚之手。民主审议在处理专业问题上往往捉襟见肘。但在涉及公民基本权利的规制事项上，技术官僚的主导应获得民主机制的制衡。行政机关对基本权利的限制，必须经过充分论证、权衡、考量，按照合法性与合理性原则——尤其比例原则和辅助原则——进行详尽研判，方能确定。而在这一过程中，规制机构往往假借公共利益之名，并不对限制基本权利的理由给予充分说明。因此，必须以民主之力制约规制设定中的恣意任性，以慎议和商谈程序“刺破”公共利益之面纱，保证规制措施对基本权利的限制是合理且必要的。[129]

通过地方性法规这一民意基础更坚实的载体规制网约车这一关涉公民基本权利的新兴产业，无论在许可设定权限抑或权利保障方面，皆是相当可取的。不仅如此，地方性法规的规制创新功能亦不容忽视，其可就多种规制手段先行先试，经由“试错”为规制体系的成熟提供经验。总之，行政规制对专业性的垄断只有受到民主程序的检视和制衡，政治进程才“并非纯粹私利的结合过程，而是促进共同善的商谈努力(deliberative effort)”。[130]我们必须重申关于政府过程(governmental process)的原初理念，即这一过程乃是“以共同善为目标的审慎商

---

[127] Cass R.Sunstein, After Rights Revolution: Reconceiving the Regulatory State, Harvard University Press, 1993, p.23.

[128] Robert Baldwin, Colin Scott, Christopher Hood ed. A Reader on Regulation, Oxford University Press, 1998，p.9.

[129] 参见 Mike Feintuck, 'The Public Interest' in Regulation, Oxford University Press, 2004. chapter 2。

[130] Cass R.Sunstein, After Rights Revolution: Reconceiving the Regulatory State, Harvard University Press, 1993, p.12.

议，而非一系列利益集团交易”。[131]

（二）转变规制理念

目前的规制模式和具体措施背后隐现的，仍主要是一体化和管制型理念。所谓“一体化”，指规制者对传统巡游车与新兴网约车不作切实区分地合并监管，甚至直接挪用旧有手段于新生业态。整个规制框架中，管制型措施仍位居主流，尤见于对车辆、驾驶员设定若干不甚科学的硬性指标。鉴于此，规制理念可向三个方面转变。其一，区别化监管。监管者须理解并认同互联网共享经济的运营模式，把握网约车的全新特性，因“病”施策、对“症”下药，提出有针对性、适切的规制措施。其二，合作式监管。社会共治时代下的“互联网 +”产业，尤需政府、行业、个体多元参与，公法措施与私法手段合作治理。政府“一元监管”模式在面对这种信息密集型、高流动性、轻资产化产业时弊病较多，不可持续。必须秉持“共治”理念，强化行业自治地位。其三，回应性监管（responsive regulation）。回应性并非意指具体措施，而是一种较抽象的理念类型。它部分借鉴了诺内特（Philippe Nonet）和塞尔兹尼克（Philip Selznick）提出的“回应型法”理论，[132]在引发规制回应的促因和规制回应的内容两方面均有别于其他市场规制措施。[133]回应性规制者从不预设最优规制措施，亦不谋求普适性方案；相反，最佳规制策略取决于情势背景、规制文化和历史时期。准确地说，回应性（responsiveness）更多是一种“态度”（attitude），令相当广泛的规制手段被纳入考量。[134]回应性规制兼有强制、惩罚与说服、诱致两类规制策略，分别构成干预——强制梯度和适用频率梯度。强制性越高、对市场和公民权益的侵入性（intrusiveness）越强，适用频率应越低。[135]尽管很难精确界定“回应性规制”的内涵，但可通过其主要特征而

---

[131] Cass R.Sunstein, After Rights Revolution: Reconceiving the Regulatory State, Harvard University Press, 1993, p.12.

[132] 参见［美］P. 诺内特、［美］P. 塞尔兹尼克：《转变中的法律与社会：迈向回应型法》，张志铭译，中国政法大学出版社 2004 年版，第四章。

[133] Ian Ayres, John Braithwaite, Responsive Regulation: Transcending the Deregulation Debate, Oxford University Press, 1992， p.4.

[134] Ian Ayres, John Braithwaite, Responsive Regulation: Transcending the Deregulation Debate, Oxford University Press.p.5.

[135] Ian Ayres, John Braithwaite, Responsive Regulation: Transcending the Deregulation Debate, Oxford University Press.p.6.

大致把握其外延。具体而言，回应性规制有九大特征：第一，情境化思维（Think in context），从不预设指导理论；第二，积极倾听被规制者的意见，创造对话环境；第三，充分尊重反对意见，将之作为完善规制设计的契机；第四，奖励富有责任感的被规制对象；第五，规制者表明更愿意通过旨在培养能力的支持和教育手段来达成目的；第六，表明一系列严厉程度递增的惩罚措施，但并不以此为威胁；表明终极制裁是令人敬畏的，将于必要时使用，但仅作为最后诉诸；第七，网络化一梯队型治理（Network pyramidal governance），随着梯度升高，构建更广泛的合作网络；第八，引导、促生不断提升规制结果的积极责任感（active responsibility）；当积极责任感激发失败时，诉诸对过去不良行为负责的消极责任感（passive responsibility）；第九，学习评估结果达成的完善程度和成本支出，围绕教训展开交流。[136]

（三）创新规制模式

互联网共享经济糅合了互联网技术与共享经济的消费理念，前者促进资源——尤其是信息资源——跨地域高效流通，极大降低信息成本，促进信息规模经济（information economies of scale）的形成。技术更新令交易过程更加透明，对交易过程的监督也更为便利。尤其通过建立一套可广泛延展的评价机制，消费者的自主监督能力获得较大提升。后者深刻改变了人们的消费理念，实现从“所有权本位”向“使用权本位”的转变。分享经济下，需求方更愿租用而非购买资源，供给方也愿意将闲置资源的一部分使用权有偿或无偿地让渡出来。这一模式使资源利用率大大提升，也引致诸多疑难。例如，网约车平台是否应与驾驶员签订劳动合同，是否应承担承运人责任？签订劳动合同有助于平台对驾驶员集中管理，但是否有碍于共享经济特有的临时性、便捷性，则不无疑问；平台承担承运人责任，对乘客和第三人的权益保障更加完善，但是否过多加重平台负担，亦有待商榷。可见，当务之急是为以网约车为代表的互联网共享经济创立新的规制模式。其中，分层分类规制乃必备要义。[137]

所谓“分层”，即纵向划分中央、地方、行业三层规制主体，综合采用政府监

---

⑬⑥ John Braithwaite, The Essence of Responsive Regulation, University of Berkley California Law Review. 2011. Vol.44. p.476.

⑬⑦ 陈越峰教授率先提出对网约车的分层分类规制结构，但或需进一步细化。参见陈越峰：《“互联网 +”的规制结构——以“网约车”规制为例》，载《法学家》2017 年第 1 期，第 28—31 页。

管、行业自治多种措施，构建网络化共治框架。所谓“分类”，即根据不同具体标准对规制对象分门别类，力求“因材施策”；在权衡规制目的与规制手段、行业自治与政府干预、市场活力与公共利益等相互冲突之考量的基础上，展开有针对性的“靶向”规制。

在分层规制上，首先，需降低许可级别，由目前的“特许”降格为一般许可。其次，合理划分中央与地方在网约车许可设定尤其重要指标（条件）设置上的权力。目前，网约车许可框架存在的主要问题，是中央不当“下放”若干关键准入条件的设定权，并默许地方以“具体规定”的名义僭用。随着监管实践经验的积累，亟须尽快厘清网约车运营中的哪些环节、要素宜由中央统一规制，哪些适于地方因地制宜。互联网的跨地域特性，要求核心指标应尽可能全国统一。但公共交通毕竟又是一项地方事务，掺杂大量地方诉求和利益博弈，这就需要在互联网产业特性与地方规制需求之间寻求平衡点。最后，分层规制要求实行“政府管平台、平台管驾驶员和车辆”方案。该方案不仅在网约车监管较成熟的国家被证明行之有效，亦是行业自治的前提。方案之核心在于厘定“政府管平台”的具体范围。目前可明确的是，平台的经营资质（准入条件）、信息储存和使用（信息安全）、服务质量年度评估三项当纳入其间。

分类规制的具体构想更为复杂。简言之，可依据驾驶员在线时长、单日里程长短、接单数量综合判断，区分专职运营和兼职运营；可根据职业经济与共享经济的渐进程度区分专车、快车、顺风车，设定不同的责任分配机制和保险方案。共享经济平台主要是信息整合平台，其中可容纳多种交易形态。规制者应根据不同交易特性，将各具体形态“涵摄”入相应法律关系，综合考量法律现状和社会、经济、政治背景，提出有针对性的规制措施。

互联网共享经济昭示着交易模式、就业形态、法律框架、责任机制等方面的深远变革，对政府规制创新提出了较高要求。正如国务院相关意见所指出的，“对看得准的基于‘互联网+’和分享经济的新业态，要量身定制监管模式；对一时看不准的，可先监测分析、包容发展，不能一下子管得过严过死”。[138] 对互联网共享经济的规制，重在“量体裁衣”、宽松规制环境、保持密切观察、适时调整策略、允许先行先试、重视行业自治。试验性规制和回应性规制，理应成为核心要义。

---

[138]《国务院2016年推进简政放权放管结合优化服务改革工作要点》第2条第10项。

矿产资源开发生态补偿地方立法比较研究报告

夏永梅

（西南交通大学　重庆　401120）

摘要：我国生态补偿法律法规建设滞后。全国人大目前没有针对生态补偿的专门立法，现有涉及矿产资源开发生态补偿的规定也散见于多部法律法规之中，立法缺乏系统性和可操作性。我国矿产资源的分布各地差异较大，致使生态补偿实践工作存在客观的地域差异。上位法的缺失和生态补偿实践的地域差异对我国矿产资源开发生态补偿的地方立法提出了迫切要求。本研究以我国既有的生态补偿地方性法规为样本，对矿产资源开发生态补偿地方立法展开比较分析。研究发现，我国矿产资源管理地方立法相较于环境保护立法普遍滞后；法定的矿产资源开发生态补偿方式单一，补偿标准参差不齐；地方立法中原则性规定较多，可操作性不强，不利于实现立法目的；地方立法的公众参与度较低。本研究为重庆市矿产资源开发生态补偿地方立法提供了参考借鉴，并对《重庆市矿产资源管理条例》的修订提出立法建议。

关键词：矿产资源开发　生态补偿　地方立法

近年来，西方国家关于矿产资源开发生态补偿的研究已经不局限于对矿产资源开发所造成的生态环境破坏进行补偿，而是更加注重对矿区生态系统服务功能的补偿。就国内而言，相关的研究主要是从管理学、环境科学或经济学视角出发，对矿区生态补偿的标准或模式等展开讨论，而从法学视角出发对矿产资源开发生态补偿法律规制研究的成果较少，主要分为以下三个脉络：(1) 宏观视野下对我国矿产资源生态补偿法律规制进行研究。此类研究侧重于对我国矿产资源开发生态补偿法律制度的体系构建。(2) 从微观视角出发对某一区域矿产资源开发生态补偿法律规制进行针对性研究。(3) 在地方矿产资源生态补偿机制研究中（非法学视域）对立法规制的简单提及。值得一提的是，四川理工学院中国盐文化中心李启宇博士对国内外学者在构建矿产资源开发生态补偿机制方面的文献进行了梳理，该成果为本课题研究提供了有力支撑。截至目前，在中国知网上，以“矿产资源开发生态补偿地方立法比较”作为研究对象的成果尚未检索到，以重庆市地方性法规作为研究样本探讨矿产资源开发生态补偿法律规制的研究成果亦未检索到。

综上所述，我国对该课题的研究存在以下不足：(1) 法学视野下对该课题的研究不足。已有的研究主要是在管理学和经济学等范域中展开，如何从法学视角出发评价和借鉴已有的成果，是本研究需要重点解决的问题。(2) 以重庆市矿产资源开发生态补偿法律规制为研究对象的成果匮乏。我国已有部分地区如青海、湖南、湖北、贵州、河南、山东、宁夏回族自治区、内蒙古自治区等，均已有关于地方矿产资源开发生态补偿机制的研究，重庆市在该领域的研究明显滞后。(3) 对矿产资源开发生态补偿的地方立法缺乏系统的比较分析。部分学者虽在探讨生态补偿机制时也曾对地方的政策作过一些梳理和列举，但这很难构成严格意义上的地方立法比较研究，研究结果也很难被地方立法机关和行政机关采纳及推广。基于上述分析，本课题以我国生态补偿地方性法规为样本，对矿产资源开发生态补偿地方立法展开比较研究，为重庆市矿产资源开发生态补偿地方立法提供理论支撑和参考借鉴。

一、矿产资源开发生态补偿地方立法的必要性

（一）上位法缺失

《国务院办公厅关于健全生态保护补偿机制的意见》(国办发〔2016〕31号) 明确指出，我国生态补偿法律法规建设滞后。目前，我国还没有针对生态补偿的专门立法，现有涉及矿产资源开发生态补偿的规定也散见于多部法律法规之中，主要体现为资源税的征收，生态补偿形式单一，立法缺乏系统性和可操作性。由于缺乏有效的矿产资源开发生态补偿的法律规定，矿区的生态恢复治理工作缺少法律依据，以至于无法对拒绝执行生态补偿的企业追究相应的法律责任，也无法有效保障当地群众的生存权和发展权，最终承担环境破坏成本的仍然是国家和人民。《国务院办公厅关于健全生态保护补偿机制的意见》还强调，要鼓励各地出台

相关法规或规范性文件，研究制定地方生态保护补偿条例。在上位法缺失的背景下，地方的实践工作迫切需要地方立法机关制定生态补偿的专门性法规，为矿区生态环境的保护和恢复，以及相关利益主体的权利保护和救济提供依据。

（二）地域差异大

鉴于中国地域辽阔，生态资源分布在各地差异较大，矿产资源的分布亦存在这一因素，致使生态补偿实践工作也存在一定的地域差异。生态补偿的补偿类型、补偿形式、补偿标准以及补偿渠道等均存在地域差异。以补偿类型为例，涉及综合型、森林生态补偿、湿地生态补偿、矿产资源开发生态补偿、垃圾处理生态补偿、流域生态补偿等多种类型。基于我国矿产资源分布的差异，目前主要是山西、陕西、甘肃、云南、贵州、四川、青海、新疆等地开展了较为丰富的矿产资源开发生态补偿实践，而且各省之间又有差异。地域之间会存在生态补偿的差异性，不仅与生态资源的禀赋及地域分布有关，还与区域经济发展水平、面临的生态环境问题、公众对生态资源价值的认识、生态环境保护的积极性等因素密切相关。生态补偿实践的地域差异对矿产资源开发生态补偿的地方立法提出了迫切要求。

二、我国矿产资源开发生态补偿地方立法

（一）各省地方立法

1. 山西

山西面临因煤炭等矿产开发所遗留的生态环境问题，其生态补偿工作的重点是煤炭开采及污染的生态补偿。作为矿产资源开发大省，其矿产等资源开发者对生态环境的补偿（由政府组织）占据很大比例。《山西省矿产资源管理条例》[①] 第 4 条第 3 款规定：“矿产资源勘查、开采必须与环境保护、土地复垦和防治地质灾害，防止水土流失工作统一设计，同步实施。”第 19 条第 5 项规定：“环境保护、土地复垦及地质灾害防治措施应符合国家有关规定，并与矿山建设同时进行”。第 28 条规定：“矿山建成后，有关部门应当按照批准的矿山设计或者矿产开发利用方案

① 1998 年 9 月 29 日山西省第九届人民代表大会常务委员会第五次会议通过。

组织验收。矿山建设规模、资源综合利用、环境保护、土地复垦及地质灾害防治措施达不到规定要求的，有关部门不得验收，不准其投产。采矿权人应当合理开发利用和保护矿产资源，严格按照设计的开采顺序、采矿方法和选矿工艺组织施工。开采回采率、选矿回收率和采矿贫化率在省地质矿产主管部门规定的期限内达不到设计要求的，或者环境保护、土地复垦和防治地质灾害、防止水土流失工作达不到设计要求的，应当停产整顿。”第 31 条规定：“开采矿产资源应当采取措施节约用地，保护环境，防治地质灾害。因开采矿产资源造成地质环境破坏或者引发地质灾害的，应当及时向当地地质矿产主管部门报告，并采取必要的措施进行恢复和治理，防止灾害扩大。给他人造成损害的，应当赔偿损失，并采取必要的补救措施。”

为保障矿区环境得到有效治理，山西还建立了保证金制度。采矿权人除了缴纳资源补偿费等，还要缴纳保证金。《山西省地质灾害防治条例》② 第 20 条规定了地质灾害防治保证金制度，其具体办法和实施步骤由省人民政府规定。《太原市矿山地质环境治理恢复保证金管理办法》③ 规定了矿山地质环境治理恢复保证金制度。矿山地质环境治理恢复保证金，是指为保证采矿权人履行矿山地质环境治理恢复义务而由其缴存的资金。《太原市矿山地质环境治理恢复保证金管理办法》第 14 条规定：“采矿权人应当履行矿山地质环境治理恢复义务，在采矿过程中边开采，边治理恢复。矿山停办、关闭或者闭坑时，采矿权人必须完成矿山地质环境治理恢复工作，达到治理恢复要求。”第 17 条规定：“采矿权人一次性治理恢复完毕或者分期治理恢复完毕经验收合格的，国土资源主管部门应当相应将其保证金的百分之八十返还采矿权人。自验收合格之日起三年内，为质量观察期。质量观察期满没有出现质量问题的，保证金余额及其利息全额返还采矿权人。”第 18 条规定：“采矿权人未履行矿山地质环境治理恢复义务或者未达到治理恢复要求的，由国土资源主管部门责令限期治理恢复；逾期未治理恢复或者经验收未达到治理恢复要求的，其缴存的保证金及利息不予返还，由国土资源主管部门统筹用于治理恢复。保证金及利息不足以支付治理恢复费用的，差额部分由采矿权人补足。”

---

② 2007 年 6 月 1 日根据《山西省人民代表大会常务委员会关于修改山西省地质灾害防治条例的决定》修订。

③ 2010 年 10 月 21 日太原市第十二届人民代表大会常务委员会第二十六次会议通过，2011 年 1 月 14 日山西省第十一届人民代表大会常务委员会第二十一次会议批准。

2. 陕西

《陕西省矿产资源管理条例》[④] 第 3 条第 4 款规定，“开采矿产资源，必须依法缴纳资源税和资源补偿费”。第 8 条规定：“勘查、开采矿产资源应当遵守国家有关矿山安全、水土保持、防洪、森林、草原、土地管理、自然保护区、文物保护和环境保护的法律、法规的规定。勘查、开采石油、天然气、煤等矿产资源，法律、行政法规另有规定的，从其规定。”第 27 条规定：“矿权申请人申请办理采矿许可证时，应当向地质矿产主管部门提交下列资料：（一）申请登记书和划定的矿区范围图；（二）采矿权申请人资质条件的证明；（三）矿产资源开发利用方案；（四）依法设立矿山企业的批准文件和营业执照；（五）开采矿产资源的环境影响评价报告；（六）矿区范围位于地质灾害易发区的，应当提供地质灾害危险性评估报告；（七）国务院地质矿产主管部门规定提交的其他资料……”第 45 条第 3 款规定：“停办、关闭矿山的，应当完成矿山安全、水土保持、土地复垦和环境保护工作。”第 47 条第 1 款和第 3 款规定：“探矿权人、采矿权人勘查、开采矿产资源，造成地质灾害隐患的，地质矿产主管部门应当责令其采取措施进行治理。因探矿权人、采矿权人自身过错诱发地质灾害给他人造成损失的，应当依法予以赔偿。”“探矿权人、采矿权人勘查、开采矿产资源，应当按照有关法律、法规的规定，处理废水、废气、废碴、废石，防止造成环境污染和生态环境破坏，造成污染和破坏的，应当采取措施进行治理。”关于资源补偿费的标准，《陕西省矿产资源补偿费征收管理实施办法》[⑤] 第 3 条规定：“征收矿产资源补偿费的矿种和费率，按照国务院制定的《矿产资源补偿费费率表》执行。”

3. 甘肃

《甘肃省矿产资源管理条例》[⑥] 确立了生态补偿的原则，其第 5 条规定：“矿产资源的勘查、开发实行统一规划、合理布局、综合勘查、合理开采、综合利用和安全生产的方针。省人民政府在制定矿产资源开发利用规划中，应兼顾矿区所在地的利益。勘查、开发矿产资源必须遵守国家和省有关环保、土地等法律、法规，坚持谁开发，谁保护；谁破坏、谁赔偿；谁污染、谁治理的原则。”第 35 条规定：

④ 2010 年 3 月 26 日修正版。

⑤ 1994 年 12 月 27 日通过。

⑥ 1997 年 11 月 25 日甘肃省第八届人民代表大会常务委员会第三十次会议通过，根据 2004 年 6 月 4 日甘肃省第十届人民代表大会常务委员会第十次会议《关于修改〈甘肃省矿产资源管理条例〉的决定》修正。

"勘查、开采矿产资源应当加强尾矿、废石、废气、废水的处理和综合回收利用。在勘查作业区和开采矿区范围内，按设计要求堆放尾矿和废石等物质，不准任意埋弃或排放。应回填采坑，因地制宜地复垦。勘查、开采矿产资源造成地质环境破坏或引发地质灾害的，应及时向当地地质矿产主管部门报告，采取必要的措施，防止灾害的扩大，并负责恢复或治理；给他人造成损失的，应当依法赔偿损失。勘查、开采矿产资源，给矿区群众生产、生活造成损失的，应依法予以补偿，并采取必要的补救措施……"《甘肃省实施〈矿产资源补偿费征收管理规定〉办法》⑦第2条规定："凡在本省行政区域内开采矿产资源，除法律、行政法规另有规定的，必须依照《矿产资源补偿费征收管理规定》和本办法缴纳矿产资源补偿费。"

4. 云南

《云南省矿产资源管理条例》⑧第3条规定："……省、州（市）人民政府和地区行政公署根据国家和上一级人民政府的矿产资源勘查、开发规划，制定本行政区的矿产资源勘查、开发规划。在制定矿产资源规划时，对可以由民族自治地方开发利用的矿产资源，应当优先安排民族自治地方合理开发利用。在民族自治地方开采矿产资源，应当照顾民族自治地方的利益，作出有利于民族自治地方经济建设的安排，照顾当地少数民族群众的生产和生活。"第5条规定："勘查、开采矿产资源应当加强地质环境保护、地质灾害防治、水土保持、土地复垦和矿山安全工作。"第23条规定："需要停办或者闭坑的矿山企业，必须完成土地复垦和环境治理工作，并按国家关于停办或者闭坑的规定，办理手续，经有关部门审查、验收后，持批准文件和证明材料向原采矿许可证颁发机关提出申请，注销采矿许可证。"第39条规定："勘查、开采矿产资源造成矿山地质环境破坏或地质灾害的，责令限期治理，并处1万元以上10万元以下罚款；情节严重的，吊销勘查许可证、采矿许可证。"

云南省自治地方关于矿产资源管理的规定体现出了民族自治的特色。《云南省新平彝族傣族自治县矿产资源开发利用和矿山地质环境保护条例》⑨第9条规定："自治县实行探矿权、采矿权有偿取得制度。勘查、开采矿产资源应当依法缴纳探矿权价款和采矿权价款、探矿权使用费和采矿权使用费、矿产资源补偿费等相关

⑦ 1995年1月19日通过。

⑧ 1998年1月1日起施行。

⑨ 2013年2月19日云南省新平彝族傣族自治县第十六届人民代表大会常务委员会公告第2号公布，自2013年5月1日起施行。

规费。以上收取的各项矿产资源规费，自治县享受上级国家机关给予的高于非民族自治地方的返还或者留成比例照顾。自治县的各项矿产资源规费，应当用于改善矿区及其周边基础设施条件和矿山地质环境恢复治理。”第31条规定：“自治县人民政府国土资源主管部门应当认真组织实施矿山地质环境保护规划，并会同环境保护、发展和改革、财政、住房和城乡建设、林业、水利等部门开展矿山地质环境调查评价，共同做好矿山地质环境保护工作。”第34条规定：“采矿权人申请办理采矿许可证时，可以统一编制包括环境影响评价、水土保持、矿山地质环境保护和恢复治理等内容的矿山地质环境保护与恢复治理方案，报批后实施。编制的土地复垦方案，报国土资源主管部门审批。矿山地质环境保护与恢复治理工程的设计和实施，应当与矿产资源的开采同步进行。”第36条和第37条规定“自治县实行矿山地质环境恢复治理保证金制度”，并规定“自治县有关行政机关不得以采矿权人已交存矿山地质环境恢复治理保证金为由，免除其矿山地质环境保护与恢复治理的义务”。与之相似，《云南省玉龙纳西族自治县矿产资源保护管理条例》⑩也规定了矿山地质环境恢复治理保证金制度。

5. 贵州

贵州是国家首批生态文明实验区之一。《贵州省矿产资源条例》⑪也规定了开采矿产资源必须依法缴纳采矿权使用费和矿产资料补偿费。第23条还规定：“开采矿产资源，必须按照采矿登记管理机关批准的开发利用方案施工，采取合理的开采顺序、开采方法和选矿工艺。开采回采率、采矿贫化率和选矿回收率均应达到设计要求。在开采主要矿产的同时，对具有工业价值的共生、伴生矿产，在技术可行的条件下，应当综合回收利用；对暂不能综合回收的矿产，应采取有效的保护措施……”对于矿产资源补偿费的减免，第24条作出了具体的规定：“矿山企业开采矿产资源，符合下列条件的，经有关部门批准，可按规定享受以下优惠：（一）采用国际先进技术开采矿产资源的，可执行固定资产加速折旧的办法；（二）采用国际先进技术开采低品位、难选冶矿产资源的，可减缴矿产资源补偿费；（三）在开采主要矿产资源的同时，综合开采回收共生、伴生矿产资源的，可减缴

⑩ 2012年6月29日云南省玉龙纳西族自治县第十四届人民代表大会常务委员会公告第23号公布，自2012年9月1日起施行。

⑪ 2000年3月24日贵州省第九届人民代表大会常务委员会第十五次会议通过，根据2004年5月28日贵州省第十届人民代表大会常务委员会第八次会议通过的《贵州省部分地方性法规条款修改案》修正。

综合回收的共生、伴生矿产的矿产资源补偿费；（四）从尾矿、废石（矸石）中回收矿产品，开采未达到工业品位或者未计算储量的低品位矿产资源，可以减、免矿产资源补偿费。”第 31 条规定：“采矿权人必须对被污染、破坏的矿区环境进行治理、恢复。开采矿产资源必须妥善处置开采活动中产生的废气、废水、废渣、废石和尾矿。排放污染物的，必须符合国家和省规定的排放要求。以露天方式开采矿产资源的，必须采取措施保持边坡稳定。”

6. 四川

《四川省矿产资源管理条例》⑫关于资源税和资源补偿费的规定与其他省份的规定相似，详见附件 1，此处不再赘述。值得一提的是《四川省地质环境管理条例》⑬，不仅明确了地址环境管理“保护和利用相结合的方针”和“谁利用谁保护、谁破坏谁治理的原则”，还在第三章专章规定了“矿山地质环境保护”。其第 13 条规定：“勘查、开采矿产资源应当保护矿山地质环境，防治地质灾害、环境污染和生态破坏，依法做好水土保持、植被恢复和土地复垦。”第 14 条规定：“开采矿产资源应当进行矿山地质环境影响评价。采矿权人应当缴纳矿山地质环境保证金，具体办法由省人民政府制定。”第 15 条规定：“采矿权人应当严格按照批准的矿山建设设计方案和施工规范，进行建设、施工，修筑尾矿场、拦渣坝等工程设施，防止因采矿造成疏干、地面塌陷、滑坡、泥石流等地质灾害。”第 17 条规定：“勘查、开采矿产资源造成地质环境破坏或引发地质灾害的，应及时向当地地质矿产行政主管部门报告，并采取必要的恢复和治理措施，防止灾害扩大。”

四川同样是多民族地区，自治地方的立法也带有民族色彩。《凉山彝族自治州矿产资源管理条例》⑭第 4 条第 1 款和第 5 款规定：“自治州根据国家的统一规划，实行合理开发、综合利用和有效保护矿产资源的方针，对可以由本地方开发的矿产资源优先开发利用。”“在自治州行政区域内从事矿产资源勘查、开发利用的组织和个人，应当照顾地方的经济利益，有利于当地经济建设，有利于当地群众的生产和生活。”第 5 条规定：“勘查、开采矿产资源必须保护地质环境，防治地质

⑫ 1997 年 10 月 17 日四川省第八届人民代表大会常务委员会第二十九次会议通过。

⑬ 2009 年 3 月 27 日根据《四川省人民代表大会常务委员会关于修改四川省地质环境管理条例的决定》修正。

⑭ 2005 年 2 月 26 日凉山彝族自治州第八届人民代表大会第六次会议通过，2005 年 5 月 26 日四川省第十届人民代表大会常务委员会第十五次会议批准的《凉山彝族自治州人民代表大会关于修改的决定》第二次修正。

灾害、环境污染和生态破坏，搞好水土保持、植被恢复和土地复垦。”《凉山彝族自治州矿产资源管理条例》也确立了矿山地质环境保证金制度，并在第29条中规定：“对在勘查、采矿活动中，违反环境保护法、森林法、土地管理法、水土保持法、水法、矿山安全法等有关法律法规的行为，由有关部门依法处理。”

7. 青海

《青海省矿产资源管理条例》[15]第8条第1款、第2款规定：“在民族自治地区开采矿产资源，应当照顾民族自治地区的利益，作出有利于民族自治地区经济建设的安排，照顾当地少数民族群众的生产和生活。省地质矿产主管部门在负责组织制订全省矿产资源勘查、开发规划时，应当优先安排民族自治地区矿产资源的勘查、开采。”第10条规定：“勘查、开采矿产资源，应当加强矿山环境和生态环境保护，坚持谁开发，谁保护；谁破坏，谁赔偿；谁污染，谁治理的原则，防止环境污染、植被破坏和水土流失。”第52条规定：“勘查、开采矿产资源应当依法办理用地手续，节约用地。耕地、草场、林地、公路和防洪、水利设施因矿业活动受到破坏的，矿业权人应当采取整治措施，恢复原状。”《海西蒙古族藏族自治州矿产资源管理条例》[16]第1条规定：“为了加强矿产资源的勘查、开发利用和保护工作，根据《中华人民共和国民族区域自治法》、《中华人民共和国矿产资源法》和有关法律、法规的规定，结合自治州实际，制定本条例。”揭示了民族自治地方矿产资源管理的特色。第7条还规定：“自治州鼓励各类经济组织和个人勘查、开采矿产资源和从事矿产品深加工及科技攻关，并按有关规定给予优惠。在勘查、开采、保护矿产资源和科学技术研究、推广先进技术等方面成绩显著的单位和个人，由自治州各级人民政府给予表彰和奖励。”

8. 新疆

《新疆维吾尔自治区矿产资源管理条例》[17]除与其他省份相似的规定外，还专章规定了采矿监督。第四章第35条明确规定：“开采矿产资源，必须遵守国家、自治区土地、草原、森林、环保、文物保护、水法等法律、法规。开采矿产资源造成矿山地质环境、生态环境破坏的，应当治理恢复；给他人生产、生活造成损害的，依法予以补偿，并采取必要的补救措施。”还有《新疆维吾尔自治区地质环境

⑮ 1999年11月25日青海省第九届人民代表大会常务委员会第十二次会议通过。

⑯ 2002年11月1日海西蒙古族藏族自治州第十一届人民代表大会第三次会议修订，2003年9月26日青海省第十届人民代表大会常务委员会第五次会议批准。

⑰ 1995年1月13日新疆维吾尔自治区第八届人民代表大会常务委员会第十二次会议通过。

保护条例》[18]，第三章专章规定矿产勘查开采地质环境保护。第13条规定："探矿权人对勘查矿产资源遗留的钻孔、探井、探槽、巷道应当进行回填或封闭，对形成的危岩、危坡，必须采取措施消除危险，使其达到安全状态。"第14条规定："申请采矿权，申请人必须提交地质环境保护方案。采矿权人采矿时，应当按照批准的地质环境保护方案建设必要的地质环境保护设施，对因采矿活动破坏的地质环境及时进行治理恢复，终止采矿活动时必须完成地质环境的治理恢复。地质环境的治理恢复实行保证金制度，具体办法由自治区人民政府另行制定。"第16条还规定："采矿权人必须对存放有毒、有害物质的场地采取永久性的防护措施，完成地质环境的治理恢复。"

（二）重庆市关于矿产资源开发生态补偿的现状

1. 重庆矿产资源开发与生态环境现状

重庆是全国大中城市中矿产资源最富集的地区之一。现有矿产68种，其中查明储量的矿产44种，共有矿产地415处，累计保有资源储量的潜在总价值位列全国第25位，其优势矿产资源主要是锰矿、汞矿、铝土矿、锶矿、石灰石和煤炭。矿产资源是工农业生产和社会经济发展必不可少的物质基础，是社会财富的重要源泉。矿产资源的开发和利用，既对经济的发展起到了巨大的推动作用，同时也对生态环境产生了巨大的负面影响，尤其固体废弃物的污染最为严重，是造成水体、土壤和大气污染的二次污染源，并且占用土地，恶化景观，甚至引发矿渣泥石流灾害。近年来重庆水污染问题频发，如果不尽快出台矿产资源开发生态补偿的地方性法规，不但矿区的社会经济可持续发展难以实现，而且会危及整个长江流域的可持续发展。

2. 重庆市关于矿产资源开发生态补偿的现有规定

（1）矿产资源管理地方立法中的规定

《重庆市矿产资源管理条例》[19]第3条规定："矿产资源属于国家所有。开发利用矿产资源应当贯彻可持续发展战略，正确处理发展经济与保护资源和环境的关系，兼顾当前和长远、局部和全局的利益。矿产资源勘查、开发实行统一规划、综合

---

⑱ 新疆维吾尔自治区第九届人民代表大会常务委员会第二十六次会议于2002年1月10日审议通过，自2002年5月1日起施行。

⑲ 2012年11月29日重庆市第三届人民代表大会常务委员会第三十八次会议《关于修改部分地方性法规的决定》第二次修正。

勘查、综合开采、综合利用的方针，坚持开发利用与保护并重的原则……”第5条第3款规定：“开采矿产资源必须依法缴纳资源税和资源补偿费。”第6条规定：“勘查、开发矿产资源应当加强地质环境保护，地质灾害防治，水土保持、植被恢复、土地复垦和矿山安全工作。勘查、开采矿产资源不得侵犯他人合法权益。”第55条规定：“勘查作业完毕和矿山关闭，必须及时汇交勘查报告和矿山关闭报告，并对勘查作业和开采活动中遗留的井、硐、采掘工程、不安全隐患、土地复垦利用、环境保护采取积极有效措施。矿山关闭应密闭井口。”

本市民族自治地方亦有相关规定。《秀山土家族苗族自治县锰矿资源管理条例》[20]第9条规定：“开采锰矿资源必须依法缴纳采矿权使用费、采矿权价款、资源税和矿产资源补偿费。矿产资源补偿费和采矿权价款除上缴中央财政以外的部分以及采矿权使用费，金额用于自治县的矿产资源勘查、保护和生态恢复管理。”《彭水苗族土家族自治县矿产资源管理条例》[21]第4条第1款、第2款对矿产资源管理的监督与协作作了规定：“自治县人民政府国土资源和房屋管理主管部门（以下简称自治县国土资源主管部门）依法负责本行政区域内矿产资源勘查、开采、利用与保护的监督管理工作。自治县人民政府环保、公安、安监、煤炭、林业、水利、交通等部门按照各自的职责，共同做好矿产资源的保护管理工作。”依据该规定，采矿权人办理采矿登记手续时，除应当向自治县国土资源主管部门提交“环境影响评价报告或者环境保护方案”外，还应当提交“矿山地质环境保护与治理恢复方案及审查意见”以及“经审查备案的土地复垦方案”。第15条第1款、第2款规定：“勘查、开采矿产资源应当加强生态环境保护，必须遵守森林、土地、水土保持、水资源管理和环境保护等法律、法规，防止环境污染、水土流失、地面塌陷、水源枯竭等灾害发生。采矿权人应当依法缴纳矿山地质环境保护与治理恢复保证金，依法履行矿山地质环境恢复治理的义务。矿山企业在期限内未履行前述义务或达不到恢复方案要求的，由自治县国土资源主管部门通过公开招标等程序，使用该矿山企业缴存的保证金实施恢复治理。不足部分由矿山企业承担。”

（2）重庆市其他地方性法规中关于矿产资源开发生态补偿的相关规定

与矿产资源开发生态补偿最为相关的地方立法当属《重庆市环境保护条例》[22]。

---

⑳ 2012年12月27日重庆市第三届人民代表大会常务委员会第三十九次会议批准。

㉑ 2013年11月30日重庆市第四届人民代表大会常务委员会第六次会议批准。

㉒ 2017年3月29日重庆市第四届人民代表大会常务委员会第三十五次会议修订。

2017年最新修正的《重庆市环境保护条例》规定了环境监察制度、环境保护工作督查制度和考核制度、约谈制度以及环境保护问责制度和生态环境损害责任终身追究制度。主要体现在第6条中："市人民政府应当建立环境监察制度，对区县（自治县）人民政府和市人民政府有关部门执行环境保护法律法规情况、环境质量改善情况等进行监察。市、区县（自治县）人民政府应当建立环境保护工作督查制度和考核制度，将年度环境保护目标完成情况纳入对本级人民政府负有环境保护监督管理职责的部门及其负责人和下级人民政府及其负责人的督查和考核内容。考核结果应当向社会公开。环境保护主管部门对未履行环境保护职责或者履行职责不到位的下级人民政府、本级人民政府派出机构及本级有关部门负责人，应当进行约谈。约谈可以由环境保护主管部门单独实施，也可以邀请监察等有关部门和机构共同实施。市、区县（自治县）人民政府应当建立环境保护问责制度和生态环境损害责任终身追究制度，实施自然资源资产和生态环境保护责任审计。"

《重庆市水资源管理条例》[㉓] 也对矿产资源开发的环境保护问题作出了相关规定。其第22条规定："开采（勘查）煤、石油、天然气、页岩气以及其他矿产资源，修建隧道（洞）等地下工程，建设单位在依法进行环境影响评价时，应当对水环境进行科学评价，并根据评价结果采取相应的工程、非工程防治措施或者搬迁措施。因开采（勘查）煤、石油、天然气、页岩气以及其他矿产资源，修建隧道（洞）等地下工程，导致水工程原有功能丧失的，建设单位应当采取措施恢复原有功能或者修建与原工程效益相当的替代工程，无法恢复原有功能或者修建替代工程的，建设单位应当按照工程重置价格进行补偿。"

《重庆市绿化条例》[㉔] 第23条规定："任何单位和个人不得擅自占用林地、园林绿地和苗圃。确需占用的，须经有关主管机关同意，依法办理占地手续，并按规定给予补偿。因用地造成树木损毁的，应向树木所有者赔偿损失。经批准在绿地内取土、采石、开挖、堆积物品等需要临时占用绿地的，占用期满后，用地单位应恢复林业生产条件，或者缴纳森林植被恢复费，由绿地主管部门组织恢复。"第32条规定："违反本条例规定，不缴纳森林植被恢复费、育林费的，责令限期缴纳。逾期缴纳的，每日加收千分之二的滞纳金。"

㉓ 2015年5月28日重庆市第四届人民代表大会常务委员会第十八次会议第二次修订。

㉔ 2001年6月26日重庆市第一届人民代表大会常务委员会第三十三次会议《关于修改〈重庆市绿化条例〉的决定》修正。

《重庆市林地保护管理条例》[25]第20条规定："禁止毁林开垦和毁林采石、采砂、采矿、取土以及其他破坏林地资源的行为。依法批准征用林地进行采石、采砂、采矿、取土以及修筑临时设施的单位或个人，不得造成水土流失。用后的林地，应当限期由用地单位或个人造林恢复；难以恢复的，应在当地林业主管部门指定的地点营造相应面积的新林或缴纳森林植被恢复费，用于异地造林。"第28条规定，"经批准征收、征用林地的单位和个人，应当向林地所有权单位、森林经营权单位或个人依法支付林地补偿费、林木及附着物补偿费和安置补助费，并向县级以上林业行政主管部门缴纳森林植被恢复费"。

《重庆市森林建设促进条例》[26]第43条规定："在林地、绿地内取土、采石、开挖、堆积需要毁坏植被的，应当经有关主管部门批准，并由毁坏单位或个人负责恢复，或者交纳相应的植被恢复费或绿化费，由相关主管部门组织恢复。"

《重庆市实施〈中华人民共和国水土保持法〉办法》[27]第14条规定："有关基础设施建设、矿产资源开发、城镇建设、公共服务设施建设等方面的规划，在实施过程中可能造成水土流失的，规划的组织编制机关应当在规划中提出水土流失预防和治理的对策和措施，并在规划报请审批前征求本级人民政府水行政主管部门的意见。"第21条规定："在山区、丘陵区以及水土保持规划确定的容易发生水土流失的其他区域开办下列生产建设项目，可能造成水土流失的，生产建设单位应当在项目可行性研究阶段或者环境影响评价编制阶段编制水土保持方案，报县级以上人民政府水行政主管部门审批，并按照经批准的水土保持方案，采取水土流失预防和治理措施：（一）铁路、公路、机场、港口、码头、桥梁、通信、市政、水工程等基础设施项目；（二）煤炭、电力、石油、天然气等能源设施项目；（三）矿产、冶炼、建材等工业项目；（四）城镇新区、开发区、工业园区等园区建设项目；（五）房地产开发、土地开发等开发项目。生产建设单位没有能力编制水土保持方案的，应当委托具备相应技术条件的机构编制。"第29条第2款规定："修建公路、铁路、电站，开采石油、天然气、煤炭以及非煤矿山等地下工程造成地表水土保持功能降低的，生产建设单位应当恢复水源和地表水土保持功能；对他人生活和生产造成损失的，依法给予补偿。"

㉕ 2010年7月23日重庆市第三届人民代表大会常务委员会第十八次会议《关于修改部分地方性法规的决定》第三次修正。

㉖ 2010年7月23日重庆市第三届人民代表大会常务委员会第十八次会议通过。

㉗ 2016年9月29日重庆市第四届人民代表大会常务委员会第二十八次会议修改。

三、矿产资源开发生态补偿地方立法之不足

（一）矿产资源管理地方立法相较于环境保护立法普遍滞后

党的十八大报告把生态文明建设纳入中国特色社会主义事业“五位一体”总体布局，提出建设美丽中国的宏伟目标。十八届三中全会提出必须建立系统完整的生态文明制度体系，用制度保护生态环境。2014 年 4 月 24 日，十二届全国人大常委会第八次会议通过修订的《环境保护法》，自 2015 年 1 月 1 日起施行。继此之后，各地纷纷修订地方环境保护条例以遵循上位法。而《矿产资源管理法》自 1986 年 10 月 1 日起施行至今，其内容已有许多不合时宜的地方，有待修正。各省关于矿产资源管理的条例也多为 20 世纪 90 年代制定的地方性法规。矿产资源管理地方立法相较于环境保护立法普遍滞后。重庆市 2012 年修正了《重庆市矿产资源管理条例》，但由于上位法的缺失，对矿产资源开发生态补偿的规定并无突破，仍然无法满足实践的需求。鉴于矿产资源开发和生态补偿存在省域差异，为了加快推进我市生态补偿制度的建设，需要因地制宜，总结经验，对比借鉴，对现行《重庆市矿产资源管理条例》中不适宜的内容进行修改、对不适应工作需要的条款进行调整，并将我市近年来矿产资源管理工作中探索创新的做法以及积累的工作经验用立法加以确认。

（二）法定的生态补偿方式单一，补偿标准亦有差异

矿产资源开发的生态补偿主要体现在矿产资源税的征收等方面。1994 年国家开征了矿产资源补偿费，但在政策设计上未考虑到矿产资源开发的生态补偿机制。1997 年实施的《矿产资源法实施细则》提出了矿山开发的押金制度，明确了矿产开发的生态补偿机制。在山西等矿产资源开发大省的实际操作过程中，多是按照矿产资源销售量或销售额的一定比例征收生态补偿费，用于矿产资源开发后的生态环境治理。福建、陕西、甘肃、青海、新疆等要求生态资源开发者对政府交纳生态保证金。在补偿标准上，经济发展水平较高的北京、广东等省的补偿水平相对较高，而新疆、西藏、甘肃、贵州等经济相对落后地区的生态补偿标准较低。

目前我国法定的矿产资源开发生态补偿的手段无非两种，一是矿产资源补偿费的征收，二是保证金的缴纳。而且这两种方式均只调整了采矿企业和政府之间的关系，无法纳入和调整矿产资源开发中多方主体之间的利益博弈关系。并且，由于存在省域差异，在云贵川等地区，有时矿产资源开发的生态补偿会涉及森林生态补偿、湿地生态补偿、垃圾处理生态补偿和流域生态补偿等多个方面，即综合型生态补偿。因此地方立法中单一的补偿方式不足以满足现实的需要。有专家指出，应当通过扩大资源税的征收范围来解决生态问题。但对于经济发展水平低的地方而言，这一措施既不能促进矿产资源的合理开发，也无法有效实现矿区生态补偿。笔者认为，因地制宜，创新多元化的生态补偿方式才是解决实际问题的出路。

（三）可操作性不强，不利于实现立法目的

既有的矿产资源开发生态补偿的地方立法中有很多是原则性的规定，不具有可操作性。而在实践中，矿产资源开发带来的问题可能涉及森林、土地、水土保持、水资源管理和环境保护等诸多领域，问题的交叉性意味着监管主体的分工和解决机制的复杂性。而现有的法规连监管主体和责任主体都无法明确下来，更无法平衡和面对多方主体协同执法的困境。比如说，矿区的生态恢复问题可能涉及土地、草原、森林、环保、水法等法律、法规，需要国土资源厅、环境保护厅、交通运输厅、水利厅、农业厅、林业厅、质量技术监督局等部门的联合执法，但行政机关的联合执法机制并未确立，可能导致各部门的冲突或推诿，最终导致执法效率低下。此外，监督检查机制的缺失也是阻碍立法目的实现的一个因素。矿产资源开发管理应当加强绩效评价，建立健全生态保护成效与资金分配挂钩的激励约束机制，并强化监督检查，确保资金安全有效的使用。完善生态区域补偿机制，还应当研究制定生态保护红线管理办法。分区分类制定生态保护红线产业准入负面清单，建立生态补偿、绩效考核、产业退出机制，建立生态保护红线统一监管平台，强化生态状况监测，定期发布红线绩效考核结果，确保矿区生态的保护与恢复。

（四）公众参与度较低

生态补偿利益主体主要涉及补偿主体和受偿客体两个方面，主要类型有：(1) 中央政府—地方政府，即中央政府通过财政转移支付的形式向地方政府拨付的生态

补偿经费；(2) 地方政府一农户，主要是指地方政府为落实中央政府在生态建设工程中的任务，需要向农户的生态保护行为支付一定的生态补偿金；(3) 企业一农户，主要是指由于企业对当地生态环境资源的占用、破坏，向当地农户支付的生态赔偿金；(4) 企业一地方政府，指企业在对矿产等生态资源的开发利用中，为保证资源开采后的生态修复与生态建设费用，向地方政府交纳的生态保证金；(5) 地方政府一地方政府，包括同省不同市域之间的生态补偿、相关周边省域之间的生态补偿，典型的如流域上下游之间的生态补偿。目前，山西、陕西、甘肃、青海、新疆等矿产资源开发大省的地方立法中主要体现的生态补偿利益关系类型是“企业一地方政府”类型，在利益关系格局中忽略了地方公众这一重要的利益主体。

我国矿产资源大省多在西部地区，公众的生态环境觉悟对生态补偿实现的影响很大。比如青海，宁愿牺牲 GDP 也不牺牲生态；又如云南和贵州，少数民族地区的生态补偿工作是从民间开始的；还有一些牧区、林区居民主动保护生态资源的实际行动，也体现了公众参与环境保护的重要性。因此，矿产资源开发生态补偿机制应当健全利益分享机制，在补偿类型中，应当纳入“地方政府一农户”和“企业一农户”两种类型，积极调动和发挥公众的主体性。相关部门应当注重宣传引导，加强生态保护补偿政策解读、宣讲，回应社会关切，争取认同支持，减少影响干扰，引导社会公众强化环境保护、生态补偿意识，营造保护生态环境、支持生态补偿的良好社会氛围。

四、重庆市矿产资源开发生态补偿立法思路与建议

（一）立法思路

为贯彻落实《国务院办公厅关于健全生态保护补偿机制的意见》(国办发〔2016〕31 号）精神，进一步健全我市生态保护补偿机制，推进绿色发展，建设美丽重庆，建议在总结我市矿产资源管理实践经验的基础上，广泛合理地吸取相关市级部门、区县（自治县）及部分乡镇以及专家的意见，借鉴兄弟省市的经验，对《重庆市矿产资源管理条例》作出修订。以改革创新为动力，进一步充实、弥补我市现行矿产资源管理地方性法规的不足，推动地方立法由立权向立责转变，明确主管部门的法律责任，建立和完善多元化的生态保护补偿机制，有效调动全

社会参与生态环境保护的积极性，制定充分体现科学立法、民主立法，针对性、适用性和可操作性强，具有我市地方特色的矿产资源管理条例。

（二）立法建议

1. 明确监管机构、监管体制和监管职责

地方立法应当实现由立权向立责的转变，明确监管机构、监管体制和监管职责。政府要在生态补偿工作中起主导作用，有效调动社会各方面利益主体参与生态保护恢复的积极性，探索建立多元化的生态补偿方式。遵循“谁开发、谁保护，谁受益、谁补偿”原则，理顺生态补偿的纵向、横向权利义务关系，厘清利益相关方的责任、权利、义务。建议参考《重庆市环境保护条例》的规定，由市人民政府建立生态补偿监察制度，对区县（自治县）人民政府和市人民政府有关部门执行生态补偿法律法规情况、生态环境治理情况等进行监察。市、区县（自治县）人民政府还应当建立生态补偿工作督查制度和考核制度，将年度治理目标完成情况纳入对本级人民政府负有生态保护监督管理职责的部门及其负责人和下级人民政府及其负责人的督查和考核内容。完善监管体制，明确矿产资源开发生态保护补偿任务的分工，规定具体措施，列出牵头单位和参加单位。建立约谈制度，由主管部门对未履行职责或者履行职责不到位的下级人民政府、本级人民政府派出机构及本级有关部门负责人，进行约谈。建立生态补偿问责制度，实施对矿产资源开发生态环境治理与恢复责任的审计。

2. 制度创新

如前所述，目前我国法定的矿产资源开发生态补偿的手段有两种，一是矿产资源补偿费的征收，二是保证金的缴纳。而且这两种方式均只调整了采矿企业和政府之间的关系，无法纳入和调整矿产资源开发中多方主体之间的利益博弈关系。地方立法中单一的补偿方式不足以满足现实的需要。因地制宜，创新多元化的生态补偿方式才是解决实际问题的出路。建议借鉴实验区贵州省人民政府的做法，推进制度创新，把生态保护补偿与精准脱贫等相结合，探索建立多元化生态保护补偿机制。

以资源环境承载力为前提，走资源节约型、环境友好型脱贫发展道路，开展生态保护建设，推进生态资源可持续利用。探索生态脱贫有效途径，发展生态旅游等产业，切实拓宽贫困群众增收渠道。加大生态保护补偿资金、国家重大生态工程项目对贫困地区的倾斜。创新生态资金使用方式，利用生态补偿和生态保护工程资金，将部分有劳动能力的贫困人口转为护林员等生态保护人员。坚持先行先试、逐步推开。在正确把握方向、有效管控风险的基础上，广泛借鉴、科学论证、积极创新、大胆试点，注重总结经验，适时将条件成熟、效果明显的做法、措施推广运用到相关领域，初步形成多元化生态补偿机制，建立符合我市市情的生态补偿制度体系。

3. 建立协同机制，增强可操作性

矿区的生态恢复问题可能涉及土地、草原、森林、环保、水法等法律、法规，需要国土资源厅、环境保护厅、交通运输厅、水利厅、农业厅、林业厅、质量技术监督局等部门的联合执法。建议借鉴兄弟省份四川省人民政府的做法，建立生态保护补偿工作联席会议制度，建立协同机制，避免执法部门的冲突和推诿，增强可操作性，提高执法效率。联席会议可以由发展和改革委员会（含能源局）、经济和信息化委员会、科学技术厅、财政厅、国土资源厅、环境保护厅、水利厅、农业厅、林业厅、质量技术监督局、扶贫和移民工作局等组成。以发展和改革委员会（含能源局）、财政厅、环境保护厅为牵头单位。联席会议的主要职责是在市政府领导下，研究完善重庆市生态保护补偿政策法规；统筹推进和落实生态保护补偿各项工作任务；编制年度工作计划，总结交流推广试点经验；指导各市（州）加强生态保护补偿机制建设，研究解决我市生态保护补偿机制建设中的重大问题；组织开展生态补偿工作任务督查和政策实施效果评估。

市人民政府还应当建立矿区生态环境监测预警体系和环境执法监督体系，加强监测预警和环境执法监管。生态环境监测机构应当按照国家规定开展标准化建设，根据国家和本市环境监测技术规范开展生态环境监测，为生态环境治理和恢复提供监测报告或者证明。建立生态保护现场检查制度，对采矿权人的污染物排放情况、污染防治情况、土地复垦情况以及生态恢复情况进行检查。被检查者应当予以配合，如实反映情况和提供有关资料，不得拒绝、阻挠和拖延检查。现场检查可以采取采样、监测、摄影、摄像、文字记录和查阅、复制有关资料等方式。检查记录由当事人签字确认；当事人拒绝签字的，应当在检查记录中予以注明。

4. 促进信息公开，加大公众参与力度

《重庆市环境保护条例》第 10 条规定："单位和个人都有保护环境的义务，不得干扰、损害他人正常生活、工作和学习环境，并对其行为所产生的环境污染和生态损害承担相应责任。公民、法人和其他组织依法享有获取环境信息、参与和监督环境保护的权利，有权检举、控告违反环境保护法律法规的行为。企业事业单位和其他生产经营者应当遵守环境保护相关法律、法规，防止、减少环境污染和生态破坏，依法主动公开环境信息，接受社会监督，对所造成的损害依法承担责任。各级人民政府应当对保护和改善环境作出突出贡献的单位和个人，给予表彰和奖励。”第 11 条规定：“各级环境保护主管部门和其他负有环境保护监督管理职责的部门应当依法公开环境信息、完善公众参与程序，为公民、法人和其他组织参与和监督环境保护提供便利。”第 47 条第 1 款规定：“公民、法人和其他组织可以通过公开举报电话等方式向环境保护主管部门或者其他负有环境保护监督管理职责的部门对环境违法行为进行举报。”

目前，我国矿区企业和公众自主达成生态补偿协议的情况比较少见，主要有三个原因：一是法律规则的缺失，无法可依；二是信息不对称，矿区信息不公开；三是公众参与度低，主体意识不强。矿产资源开发规划编制机关对可能造成不良环境影响并直接涉及公众环境权益的专项规划，除依法需要保密的外，应当在规划草案报送审批前，采取问卷调查、座谈会、论证会、听证会等形式，公开征求有关单位、专家和公众对环境影响报告书草案的意见。市环境保护主管部门在收到环境影响报告书后，应当召集有关部门代表和专家组成审查小组，对环境影响报告书进行审查。地方人民政府、教育部门和新闻媒体应当开展环境保护法律法规和生态补偿知识的宣传，鼓励基层群众性自治组织、社会组织、环境保护志愿者开展环境保护法律法规和生态补偿知识的宣传普及，营造保护环境的良好风气。尤其在已产生环境污染后果的矿区，更需要加强生态补偿的宣传教育，并且在制定生态补偿政策措施时，鼓励社区公众积极参与，夯实生态补偿的社区公众基础。

古代“天人合一”思想对现代生态立法的启示

王俊涵

（西南政法大学行政法学院　重庆　401120）

摘要：现代工业文明最先是在西方资本主义国家出现的，从而以环境污染为主要特征的现代环境问题也首先出现在西方，在我国古代立法中基本没有出现过现代意义上的环境立法，但这并不意味着古代立法者没有保护环境的意识，相反，古代立法者们十分重视对自然环境的保护，重视自然对人的作用。中国古代并没有专门的一部法律是有关环境生态立法的，但有关生态环境立法的诏令、禁令等是存在的，“天人合一”作为重要的生态指导思想体现在我国古代的相关生态立法的各个方面。同现代生态立法一样，我国古代相关的生态立法也体现在土地资源、水资源、生物物种等方面。“天人合一”的思想是中国古代“天人关系”的基础观点，这一思想在中国古代自然生态思想中占据着重要地位。该思想强调人们的行为应顺应天意而为，不可逆天而行，关键是人与自然的和谐性，这种人与自然和谐相处的关系，对当代生态立法依旧有着重要的影响。

关键词：天人合一　环境保护　生态立法

引言

“天人合一”的思想在中国历史已久，其最早可以追溯到夏商的“天命”“天罚”和周的“以德配天”“明德慎罚”的天命观，随后“天人合一”的思想也出现在董仲舒的《春秋繁露》中，其中提到“以类合之，天人一也”[①]。而“天人合一”该词真正出现在北宋张载的《正蒙·乾称》中，其在该书中写道：“儒者则因明致

① 《春秋繁露》。

诚，因诚至明，故天人合一。”[②] 因此可见，“天人合一”的思想在我国由来已久。所谓“天人合一”，就是天道与人道合一，这一学说在我国古代文化中有着深厚的思想传统，可以说从殷周以来此学说就长期在思想文化史上占据统治地位，其所蕴含的思想内涵，对我国古代自然环境的保护和生态环境平衡的维系起到了积极的作用。与此同时，许多古代思想家对“天人合一”这一思想给予了多视角、多层次的理解与阐述，从而在生态环境层面上表现出了一些对解决现代人类面临着的日益严重的生态环境危机有启示性的思想观念。

孟子曾言：“不违农时，谷不可胜食也：数罟不入洿池，鱼鳖不可胜食；斧斤以时入山林，材木不可胜用也。”[③] 孟子对于自然的认识是建立在实用主义的基础上的，其重点放在了社会、自然的可持续发展上，体现出古人朴素的环保意识。汉儒首先提出了“天人合一”这一概念，董仲舒有言：“物各顺于名，名各顺于天，天人之际，合而为一。”[④] 但此处的“天人合一”仅限于政治、法律等方面，仍未成为一种普世的价值观念。宋代是“天人合一”思想发展的巅峰，张载在《正蒙·乾称》中写道：“儒者则因明至诚，因诚至明，故天人合一”，强调认识客观规律的重要性，强调人与自然的统一。由此，“天人合一”一词真正成为古代社会核心价值体系的一部分。宋儒“仁爱万物”又对“天人合一”有了进一步发展，即有了一种博爱的观念，不仅是对人，更是对物。这样的想法即使在现代也是十分超前的。无论“天人合一”如何发展，总是遵循着一条不变的规律，即以追求人与自然的和谐为目的。从爱人到爱物的发展，正是把天人作为一个整体来看的宇宙观的体现。儒家“天人合一”的基本理念，体现的是人伦道德向自然道德的扩展，实现天道与人伦的贯通。“天人合一”的理念强调对自然秩序的遵守，对于人来说，天，也就是自然，构成了甚至高于王权的第一位的秩序，人生而需要遵守，而“天人合一”就是最好的状态。

当代社会受工业化的影响较大，工业机器的大生产和以农耕为主的生产方式是有很大不同的，它虽然提高了生产率，但同时也带来了许多的环境问题。中国传统的农业文明对自然的依赖性很大，“天”对于人们不仅是物质依靠亦是精神依靠，因此中国古代在许多方面都重视“人”和“天”的关系。“天人合一”的思想

---

② 《正蒙·乾称》。

③ 《孟子·梁惠王上》。

④ 《春秋繁露·深察名号》。

便是中国古代“天人关系”的基础观点，这一思想在中国古代自然生态思想中占据着重要地位。“天人合一”的思想强调了人们的行为应顺应天意而为，不可逆天而行，关键是人与自然的和谐性，这种人与自然和谐相处的关系，对当代生态立法依旧有着重要的影响。

一、“天人合一”思想与环境保护的内在契合

（一）“天人合一”思想对现代生态立法的意义

“天人合一”是中国古代生态立法基本的指导思想，我认为其对当代的生态立法依旧有着指导的意义。这种将人类命运和天的意志相连接的生态观，是极其具有中国本土特色的价值信仰。当然这种价值信仰和中国古代的政治、经济、环境等是具有紧密联系的，农耕使得人们极其依赖自然，因此遵从天的意志来行事，是天人关系和谐存在的基础。其实在历史上人和天的关系是在不断地发展和变化的过程中的，早期人类对于自然绝对服从，然后通过人类对于自然的探索和了解，从而利用和征服自然成了人们的愿望，一直到当代的人类和自然的和谐共处。其实在中国的历史上，也存在着人类破坏自然从而受到自然惩罚的现象，中国古代“天人合一”的生态伦理思想便为当代的生态立法提供了合理借鉴。当代社会生态立法需要重新关注中国古代“天人合一”的生态伦理思想，这是因为“天人合一”的生态观是建立在人类对自然和自然规律固有价值的认识、尊重的基础上的，它的最终目标是使人类整体在自然界持久地生存和更好地生活，从而达到人类和自然界的双赢和共生。这一切就要求人类在实践上按照人类持久生存的生态利益来处理人与自然的关系。这也是中国当今社会提倡的全面、协调、可持续的“科学发展观”的一部分。中国古代“天人合一”生态伦理思想，就为当今社会的这种发展趋势提供了很好的范式。其实任何一种制度的存在都与当时的政治、经济、文化是分不开的，生态环境的问题在中国古代就已经有着重要的地位，对于我国当代社会的发展更是有着举足轻重的位置。

首先，我们从生态环境的伦理角度看，对于环境，我们人类常常喜欢自我凌驾于自然环境之上，环境对于我们人类来说只有被改造的角色，但恰恰相反的是，环境之于我们人类也有一定的反作用，人类的价值绝不体现在对自然的征服和战胜

上，人类注定只能改造自然，而非战胜自然。这种相互依存的关系是相辅相成的，如若我们将其置于不平等的关系，那么其结果只能是毁灭自然，毁灭人类的本身。

其次，从人的社会生产的能动性上看，人类对于社会的能动性我们确实承认，但是在"天人关系"中，一定要把握好人和自然关系之间的度，人类过分强调人类自身的作用，会在社会生产的过程中导致社会生产的无度，这种无度可能在一定程度上超过自然本身的承受能力。中国本身就是人口大国，人口压力本身就给社会环境造成巨大负担，因此对于人的社会能动性控制也是对当代环境保护的巨大挑战。

最后，从环境自身的发展机理上看，地球于我们人类而言，在 50 亿年前便已经存在了。但人类文明却只有 8000 年。也就是说，相对于人类文明而言，地球自身已经完全形成了一个自身的生态平衡，这种生态平衡的维持才得以让地球长久稳定存在，因此在人与地球相处的过程中，一味地强调对地球环境的改变，与当代社会环境保护是相对立的。

但我国的生态立法也依旧面临着许多问题和挑战，我国面临的问题和挑战主要有以下几个方面：一是生态立法仍然难以遏制继续恶化的环境质量；二是生态环境立法实施难；三是环境执法机构难以严格执法；四是环境公益诉讼难以起诉和执行；五是维护污染受害者的环境权益困难重重。这些问题的存在，使得我们不得不努力推动生态环境法的进一步完善，并着力推动环境法的实施。这不得不使我们从古代的生态立法之中汲取经验，其实生态环境的相关立法在中国的历史由来已久，在夏商周时期就有生态环境相关的规定，"天人合一"在那时便有早期的萌芽现象，对当代也更有着相应的立法指导意义。

（二）古代"天人合一"思想的特点

"天人合一"的思想便是中国古代"天人关系"的基础观点，这一思想在中国古代自然生态思想中占据着重要地位。"天人合一"的思想强调了人们的行为应顺应天意而为，不可逆天而行，关键是人与自然的和谐性，笔者认为其主要有以下三个特点：

1. 以儒家"天人观"为主脉

"天人合一"思想的来源主要有三个方面：第一，夏商的"天命天罚"观，夏商时期的神权主义思想，人民的行为受到上天，也就是"神的意志"的主宰，"天命观"相信神灵经常关心并干预包括自然进程和社会人事在内的世界事务，相信神灵具有必要的智慧，知道通过什么样的方式显示其意愿，相信神灵具有实现其安排和意图的超自然力量和权能。这在一定程度上使人敬畏于天命，服从于天的意志。第二，道家的老子思想。道家倡导无为，万物的祸福早已注定，顺天而为。老子曾提出“道生一,一生二,二生三,三生万物，万物抱阴而负阳，冲气以为和”[⑤]。在老子看来，世界的一切万物起源于“道”，它也是所有的物质生存发展的规律，而这种基本的规律起源于“天”，与此同时这些规律早已注定，不以人的意志为转移。第三，儒家的天人观。儒家的创始人孔子、孟子将“天”理解为冥冥中主宰人的命运的个体，虽然没有明确的“天人合一”主张，但是有许多的主张体现了该思想，如孟子的“不违农时，谷不可胜食也；数罟不入洿池，鱼鳖不可胜食也；斧斤以时入山林，材木不可胜用也。谷与鱼鳖不可胜食，材木不可胜用，是使民养生丧死无憾也。养生丧死无憾，王道之始也”[⑥]；孟子的“养民”“爱物”“尊重农时”都是“天人合一”思想早期的体现。荀子的“制天命而用之”的遵循自然规律的思想。其中荀子对“天”的认识更为客观、自然，他认为“天”是万事万物乃至整个自然界及其运动变化，天便是自然界万物变化的规律。例如，荀子曾说过：“列星随旋，日月递炤，四时代御，阴阳大化，风雨博施，万物各得其和以生，各得其养以成，不见其事而见其功，夫是之谓神。”[⑦]从中我们可以看出，荀子认为“自然之天”是按照固有规律变化运动的。再如《荀子·天论》中说：“天行有常，不为尧存，不为桀亡”“天有常道矣，地有常数矣”。从中可见自然的规律时时处处存在于我们的身边，如其“常道”“常数”都可作为自然规律，人只有尊重自然规律才行。儒家荀子的“天人观”发展至此是有一定进步的，在荀子的思想中已经开始强调人的关键性，突出人的作用和地位，人对于这些万事万物生存发展的规律要尊重，这是人与自然关系和谐的基础。“天人合一”的思想来源可见其吸收了各家学说和思想，但在其发展过程中，儒家思想成为“天人合一”的主脉思想。

2. 尊重自然价值和自然权利

中国古代“天人合一”的自然观，首先，关键将“天人合一”的理念作为人和自然关系的基础，中国古代以农耕为主，农耕社会对于“天”的依赖性较强，只有服从于“天”，人才可以生存和发展；其次，我国古人通过长期对天地万物运

⑤《道德经》第四十二章。

⑥《孟子·梁惠王上》。

⑦《荀子·天论》。

动变化的观察体验，概括出了天地自然运转的基本法则与运转周期及周期规律，进而归纳了人体生命与世间万物在天地运转周期节律影响作用下，所形成的生灭法则、运转变化法则和动态平衡的趋向与潜在约束，从而要求人体生命与人类社会的行为都要自觉遵循天地运转的自然法则，适应天地运转的周期节律，维护大自然有机结合的动态平衡，这就是“天人合一”的实质；最后，将“天人合一”放在人与社会的关系中思考，其要求是人在自己的本真生存状态中感悟到他融身其中的这个世界的无限性和整体性，并在这种与天地世界的交融共在中达到其本质的实现。将“天人合一”放在人与自然环境的关系中思考，其实质是要求人类遵从自然法则，自觉维护大自然的动态平衡。“天人合一”指导思想要求的是人对大自然的绝对服从，否则将会受到上天的惩罚。

3. 天人关系中忽视“人”的作用

“天人合一”中天和人的关系并不是平等的，人对于天的意志是绝对的服从。这与中国早期夏商“天命天罚”观是分不开的，虽然在发展的过程中出现了“以德配天”“惟德是辅”等重人的思想，但人的意志依旧被忽视。从这一基本含义出发，便可以将“天人合一”的内涵概括为以下三层：第一，人是自然界的一部分，人和自然界本来在一定程度上就存在着内在的联系，这种关系是普遍的，体现在生活的方方面面；第二，在人与自然的关系之中，人应该与自然界保持一致，不是对立的关系而是相互统一的关系，人的行为应当符合天的意志；第三，在中国古代“天人合一”的关系中，偏重强调的是人对自然的顺从。人在这个关系中处于一个相对被动的地位，而人的主观能动性发挥得较弱，在此行为中人的意志是相对薄弱的。这种薄弱是体现在许多方面的，人只能将“顺应天时”作为基础，中国古代这种“天人合一”的自然观，虽然比较重视天的意志，忽视人的行为，但不得不承认古代的自然生态观念十分尊重自然的规律来进行生存发展，确实是难能可贵的。

二、古代的生态立法中“天人合一”思想的具体体现

（一）中国古代“天人合一”思想在古代立法思想中的体现

1. 注重人与自然的内在统一

中国古代的“天人合一”思想是古代生态立法的指导思想，同时这也是中国

古人关键的生态观。这种生态观最关键的一部分就是注重人和自然的内在统一性，将“天”和“人”有机地联系在了一起，从中更加肯定人也是大自然的一部分，所以在我国古代其实人类就已经树立了一种保护环境就是保护人类自己的价值观念，这种价值观念在我国古代的立法思想中也是早有体现的，如《逸周书》早有记载：“禹之禁，春三月，山林不登斧，以成草木之长；夏三月，川泽不入网罟，以成鱼鳖之长。[⑧]”这种类似的诏令还有很多，所谓的人与自然的统一，我们也提到这是一种内在的统一而非外在，这就可以看出在中国古代我们对于环境的保护是发自内在的，而非流于一种表象，其不仅是一种原则上的、大体规范性的一些东西，更是一种具体的措施性的体现和规定。

2. 肯定自然的内在价值

“天人合一”的指导思想在很大程度上是十分肯定自然的内在价值的。因为在中国古代，中国是以农耕经济为主，社会生产力低下，从而导致人们对大自然的依赖性较大。因此在中国古代相关环境立法的过程中，是对自然的内在价值进行充分的肯定。罗尔斯顿认为：“自然内在价值是指某些自然情景中所固有的价值，不需要以人类作为参照。”当然如果我们从自然角度来看的话，我们会发现自然价值其实是客观的，是不依赖于人的意志而存在的，从这种意义上来说，其实自然价值是早已经决定好了的，它是自然界一种自己的生成，表现为物质和能量的积聚状态、物质的有序化程度的提高以及信息量的增加等[⑨]。正如荀子所说：“天地者，生之本也”[⑩]“水火有气而无生，草木有生而无知，禽兽有知而无义，人有气有生有知，亦且有义，故最为天下贵也”[⑪]。即是说，天地自然化生、长养万物，但自然万物的价值有高低之分，人具有最高的价值。

3. “无为”“节俭”观

“无为”和“节俭”观是中国古代生态立法在生态思想中的具体的体现，其“无为”观可能在当代的社会已经无法适应，因为当代社会可能会相对强调人的能动性，但在中国古代无为观念是根深蒂固的，所谓许多顺应天时的环境生态观念在很大程度上所体现的就是一种无为的观念，这种观念以老子的思想为其代表性

---

⑧《逸周书・大聚解》。

⑨ 金荣、陈恩：《中国古代立法中的环境保护意识及其对当代的启示》，载《法制与社会》2014 年第 7 期，第 3—4 页。

⑩《荀子・礼论》。

⑪《荀子・王制》。

观念，但在当今的社会，它也并非完全不适应，我们在对于环境生态的许多方面，应当做到“见素抱扑，少私寡欲”[12]。而“节俭”观在中国古代的生态环境立法中也是十分普遍的，在水资源、土地资源等方面其体现得十分明显，如对水资源的循环利用就十分具有特色，同时也体现这种“节俭”观念，节俭观念在中国当今的社会依旧是十分实用的。

（二）中国古代“天人合一”思想在古代立法中的体现

中国的古代并没有专门的一部法律是有关环境生态立法的，但有关生态环境立法的诏令、禁令等存在的，“天人合一”作为重要的生态指导思想体现在我国古代相关生态立法的各个方面。同现代生态立法一样，我国古代相关的生态立法也体现在土地资源、水资源、生物物种等方面。

1. 中国古代水资源的相关生态立法

水为中国古代生态万物之根本。《管子·水地篇》中便有“水者，何也？万物之本原也”，从中可见水在生态环境中的重要性。中国古代最早的环境立法可以追溯到西周《伐崇令》，“毋坏屋，毋填井，毋伐树木，毋动六畜，有不如令者，死无赦”。可见其中最严重的要判死刑，水井是古人取水的重要的来源，对水井的保护也是间接地对水资源的保护。《礼记·月令》中也提出仲春之月“毋竭川泽，毋漉陂池”，就是说在春天的时候人们不能用干流水，不能放干蓄水，要按“分寸”利用水资源，顺应天时，从中我们可以看出先人们遵从天意，尊重自然规律，尽最大的努力去合理利用水资源。与此同时，也对水利设施进行保护，加强对水利设施的维护和管理。《礼记·月令》中要求人们应当加强对水位和汛期的关注，我国在夏季时节，雨水较多以“修利堤防，道达沟续，开通道路，毋有障塞”。[13]为防止秋错，要“命百官始收敛，完堤障，谨壅塞以备水潦”[14]，同时，还要求经常淘井，修护和加固好井壁，以防“井泥不食，旧井无禽”的情况，因为井水混浊如泥无法饮用。这在《史记·秦始皇本纪》中也有体现，秦始皇统一了中国后，则“堕坏城郭，决通川防，夷去险阻”。建立了河川堤防的严格制度，从全局观念的考虑出发，来开发水利工程，这一直影响到后代以至今天。中国古代法律最完善

---

⑫ 方明星：《中国古代环境立法略论——从儒道环保思想出发》，载《苏州大学学报（哲学社会科学版）》2012 年第 5 期，第 23—27 页。

⑬《续汉志·礼仪志上》。

⑭《礼记·月令》。

的唐代的《唐律》中也对水利设施进行保护，如“诸不修堤防及修而失时者，主司杖七十，毁害人家漂失财物者坐赃论减五等处罚，以故杀伤人者减斗杀伤罪三等……诸盗决堤防者杖一百，若毁害人家及漂失财物赃重者坐赃论，故决堤防者徒三年，漂失赃重者准盗论，以故杀伤人者，以故杀伤论”。这种相关的惩罚措施已经十分完备，尤其在隋唐时期，运河的修建等也在一定程度上更好地利用了水资源。可见，在那时中国古代对于水资源的保护已经涉及方方面面，除了水资源，也涉及水利设施，甚至各个季节、各个时令都有着不同的要求。

2. 中国古代土地资源的相关生态立法

中国古代农耕社会，不同于当代的机器化大生产的工业社会，土地对于人们来说是很重要的资源，因此在中国的古代，人们对于土地资源的保护也有许多相关的立法。对于土地资源的保护在中国古代主要是两个方面：一是对土地资源合理有效地利用，二是对土地资源的保护。这两个方面大都是要求人们顺应天时，尊重自然规律地利用土地。一是有效合理地利用土地。《礼记・月令》中根据春夏秋冬季节的变化，规定了人们利用土地的时令，春耕秋收，春天是利于耕种的季节，秋天是收获的季节，而夏季和冬季两个时节不利于土地资源的利用，所以禁止在夏、冬两季利用土地资源，如果不按照季节节律使用土地就会造成“地气沮泄”，致使“诸蜜则死”“土敝则草木不长”，更为严重的是，还会带来“民多流亡”“民心疾疫，又随以丧”的严重后果，破坏社会的和谐稳定。二是反对人们乱垦、乱用土地。坚决禁止和反对乱垦乱伐的行为，并把这种行为加以重刑处罚，如果发现人们乱垦乱伐，是会受到严厉处罚的。孟子说：“善战者服上刑，连诸侯者次之，辟草莱、任土地者次之。”这句话的主张将土地的运用放在了很重要的位置上，无疑是当时土地保护的重要措施，同时中评古代的土地使用制度也在经历着不断的变化，周朝为土化之法，周朝的生产力还是相对落后的，当时生产力和生产工具的不发达，使得运用最原始的保护土地的土化之法，指的是运用施肥将土壤熟化，以改良土壤。《周礼・地官・草人》中记载：“草人掌土化之法，以物地，相其宜而为之种。”从中可见人们不仅使用土化之法使得土地肥沃，同时也采用相对应的适宜该土地生长的农作物。春秋为爰田制，一般认为爰田即易田。贾逵注渭爰田即辕田：“辕，易也，为易田之法，赏众以田，易者，易疆界也。”[15]古代注疏家多认为，爰田制就是三年一易田，以使民众所耕种的田地可以好坏更转

⑮《国语・晋语》。

流换，不仅使人民可以充分利用土地资源，取得好的收成，同时也可以保护土地资源，使其得以充分反复利用。由于田地种植三年之后，地力损耗竭尽，需要抛弃荒置若干年，所以农民便易地迁徙到别处，另外去开垦生荒地或经过休闲的田地。到了战国时期，随着生产力的发展，爰田制逐渐消亡。战国时期采用深耕易耨，这出自孟子的“王如施仁政于民，省刑罚，薄税敛，深耕易耨，壮者以暇日，修其孝悌忠信”[16]，要求人们勤于除草，及时除草。深耕易作，精心耕种土地，这种主张在中国古代已经很先进了。它已经明确并且准确地提出土地使用的方法。从这些土地的使用方法可以看出，古代人们对土地的使用，大多建立在对土地本身的基础上，尊重土地本身，并且在其发展的过程中也可以看出人们对于土地资源保护意识的加深。

3. 中国古代生物物种的相关生态立法

在中国古代对于生物物种的保护，最早的《秦律·田律》中记载：“春二月，毋敢伐材木山林及雍堤水。不夏月，毋敢夜草为灰……。百姓犬人禁苑中而不追兽及捕兽者，勿敢杀；其追兽及捕兽者，杀之。”可见在秦朝对于违反相关对于生物物种的保护措施，最严重的便是处以死刑。但其实在我国早在夏商周时期就已经存在一些具有相关动物资源生态观的禁令。夏朝时期规定：“夏三月，川泽不入网罟，以成鱼鳖之长。”《伐崇令》的规定也更为严格：“毋动六畜”“有不如令者，死无赦”。周朝的规定比之前者更加详细和具体，《逸周书文传解》中记载：“川泽非时不入网罟，以成鱼鳖之长，不麋不卵，以成鸟兽之长。”这些规定无疑对保护动物资源都具有非常重要的作用，但是提出关于保护动物资源最为典型的思想主张当属孔子的“钓而不纲、弋不射宿”，孔子提倡应当用鱼钩钓鱼，不要用渔网捕鱼；只射飞的鸟，不要捕捉夜宿的鸟，可见孔子对于生物也具有仁爱爱护之心。先秦时期保护动物的措施对其后代也有影响，如汉代的相关诏令：汉武帝“朕，巡于北边，见群鹤留止”，[17]金朝是中国古代一个少数民族的部落，其相关法律中有禁止捕杀怀孕的动物和大雪中的动物的规定，这在很大程度上使得动物可以更好地繁衍后代，在动物孕育、哺乳时，严禁人们捕措、宰杀，只能在秋冬两季动物成熟的季节时，才能行猎、行渔，但也要有所节制，不能一味地乱捕滥杀，此外，对于动物的捕杀工具也有相关要求，禁止使用易导致动物种群灭绝的捕获工具。

---

⑯《孟子·梁惠王上》。

⑰《太平御览》卷六百五十二。

4. 中国古代对于植树造林的相关生态立法

中国当代植树造林在很大程度上是为了保护土地，防止水土流失，但这种理念，其实在中国的古代早已产生，在中国的古代，人们其实也很重视对土地植被、植树造林的保护。秦汉时重视对植物的保护，体现在对破坏植物行为的严惩上。正如在《秦律》中也规定了对于破坏植物植被“或盗采人桑叶，赃不盈一钱，何论？赀徭三旬。”在这句话中可以看出在秦朝偷盗了桑叶一钱，却要受到三十日的徭役，可见处罚还是很重的。其实在中国古代的早期，树木繁茂，农业发展的同时，随即就开始了逐渐开展植树造林的活动，这在当时的世界都是十分先进的。秦汉时对植物的保护，主要是对森林等资源的保护。汉代对林木的保护也同样严格，如汉律《贼律》载“贼伐树木禾稼……准盗论”，唐代时期反对伐树毁林。《唐律》规定砍伐树木的人，要按照盗窃罪的处罚方式论处，哪怕是在无心当中毁坏，也要受到惩罚，不过比故意毁伐轻三等。另有《杂律》规定：“诸占固山野破湖之利者，杖六十……诸于山陵兆域内失火者，徒二年，延烧林木者，流二千里。”这在一定程度上保证了山林不受侵犯。少数民族自古对自然的依赖性更大，布依族习惯法常称为“榔团盟约”，其中属于保护环境的规定有“不准放火烧山”“不准乱伐林木，违者罚银洋五元”等。

三、“天人合一”的思想在现代生态立法的启示

（一）我国环境立法指导思想的完善

“天人合一”思想是我国古代相关环境立法的最基本的指导思想，在我国古代，它不仅仅是中国古人对于天和人之间相互关系的思考和研究，这种思考和研究在很大程度上也为人类形成了一种重要的和谐和伦理观念。这两种观念对于我国当代的生态环境的保护提供了理论价值，同时对立法的指导思想进行了充分的完善。

1.“和谐”价值对环境立法的完善

所谓的“和谐”价值便是一种人和自然两个独立的个体可以形成一种最好的共存状态。“天人合一”思想划分了人和自然在整体的发展过程中其各自的相应功能，明确了双方所应承担的责任，从而使人和自然在发展的过程中得到更加长久

和永续的发展。

中国的环境法大部分都是在中国的计划经济时期制定的，那时的中国的立法指导思想是很难考虑到和谐这一点的。然而随着当代中国经济的迅速发展，中国的经济不可只追求速度而忽略质量，在环境立法中要求和谐的观念便显得尤为重要。所谓的“和谐”，就是“量力而行”，人们的生存和发展都在一个“度”内，维持社会生态自然所能承受的范围，这是因为，只有这样的发展模式才可能创造出一个良性生态循环，实现一种“可持续”的发展模式。人类的发展也就是环境的保护，这从来都不是当代时期的任务，相反的是不仅要考虑当代的利益，也要考虑到下一代的利益。我们没有西方社会中将“天”和“人”两者相互对立的伦理观，我国古代所秉持的便是“天人合一”的伦理观，这种观念将天人之间的命运联系在了一起，成为一种发展的共同体，这种理念在当代社会生态环境的立法中也是十分地难得。因此，我们将“和谐”的观念融入当代生态环境的立法当中，这将形成一种更加健康的发展模式，从而促进我国经济更加健康的发展。

2.“伦理”观念对生态立法观念的影响

在当代社会我们倡导法治建设，因此，有人认为在当代的法治社会并不需要伦理道德观念，然而却是恰恰相反的。中国古代的伦理道德观念在当今社会依旧有着重要的作用，这种重要的地位和作用是要看体现在何种方面和位置上的，对于我国当代生态环境立法主要体现在以下两个方面：

第一，对环境立法之中环境执法的相关道德伦理，道德观念不仅存在于我们日常的社会秩序的形成和发展，它还有着极关键和重要的一点，那就是法律职业道德伦理。由于执法主体势必不只是简单的工具和冰冷的机器，而更多的是人参与到相关的执法活动中去。那么这种职业道德的伦理观将会对执法结果产生直接的影响，这些职业群体有他们自己特有的职业操守和道德，如公正廉明、秉公执法、刚正不阿、远离腐化等，这些与自身的道德伦理便密不可分了。其实，这与当代中国建设法治社会并不矛盾，反而是契合的。一个社会的建设绝不可依靠法律，即便是立法的本身也是如此，一部好的实施有效的法律绝不可能仅仅是教条化的和规则化、原则化的。这种道德上的软性化的伦理规定才是一部法律根本的保障。

第二，对环境立法的漏洞的补充。法律的本身是规则化的、条文化的和普遍化的。这从而使法律拥有了其不同于其他规范的优点，即统一化和公平化。它不会因为对象和时间条件的不同而产生和适应出不同的效果。但法律是有局限性的，换句话说，法律是无法调整和调控到社会的方方面面的。因此，在环境立法的过程中我们要同时依靠相应的道德观念来进行分析、判断和处理。这便是填补法律本身的漏洞，可是在这个方面前提是法律在有漏洞的情况下才可以实施。同时我们针对的问题又是环境保护，环境保护因其自身的特殊性，更加需要我们每个人在道德层面进行规范，这种我们依靠日常伦理的道德观念才更能促进法治化建设的进程。

（二）环境立法执法过程中执法手段的创新

我国相关的环境立法中所体现的中国传统的环境执法手段，主要是“命令—控制”型模式。这种模式的主要特点是其依靠行政执法机关的行政权威开展的，所依据的是各种行政强制措施等。这种执法手段确实在一定程度上、一定的时期有着相应的执法效果。但是这种传统的单一的执法手段已经不能适应当今的新社会模式，其主要方面是社会基础发生了一定的变化。现如今环境执法不仅仅要求效率性，同时更追求其良好性，并且这种固定的单一的执法方式已经无法应对现如今社会日益多元的环境违法的案件。在这种情况下，我们的环境执法方式和执法理念必须得到相应的变动，如相应的兼具灵活性和人性化的非强制性措施便是当代环境执法的优先选择。中国古代的许多相关生态立法在很大程度上肯定了生态自然的内在价值，“天人合一”的思想所要求的本质思想就有“和谐”，我们要达到“和谐”的思想，就必须保持其执法手段的灵活性，这在少数民族生态保护的立法上有着更加明显的体现，少数民族在生存和发展上更加依赖于自然界，因此在日常生产、生活过程中形成了许多有利于环境保护的习俗，虽然习俗的执行过程中带有浓烈的宗教色彩，但其在保护草原、保护自然方面却发挥着积极的作用，有些村规民约对现在的人们仍有借鉴意义。

因此，如今的环境执法手段应当基于我国环境的复杂性、地域性等特点，进行相关的灵活性的手段。在这个过程中，执法机关应当被赋予相应的自由裁量权。这在中国古代环境立法中也是有相应体现的，发挥行政执法自由裁量权是促进环境立法执行的重要举措，只要它的存在是合理的、必要的。但是笔者认为其关键是在两个方面：第一，我国地大物博，这同时在很大程度上决定了我国社会关系的复杂性。这种复杂性也同时决定了法律不可能是面面俱到的，也就是它不可能对所有的关系都可以进行调节；第二，任何一种执法方式都是在不断变化和发展之中的，因此我们要对不同机关的不同功能进行相应的划分，但自由处置的空间也必须有，否则执法机关在执法的过程中难以对其滞后性进行恰当的弥补和调节。

（三）民众保护环境意识的培养

“天人合一”的生态理念在我国古代社会自然保护的相关举措中一直得到人们的认同，并得到继承和发展。这当然与自然环境在人们生活中的重要地位有关，当代的社会，工业化的大生产代替了古代的农业化生产，这种机器代替了农耕和手工的生产方式，古人虽然没有明确提到自然保护，但类似的事情早就开始去做了。近年来，不少学者已就此问题做过大量的探讨，但还有不少值得深入的地方。胡适在《中国哲学史大纲》一书中指出：礼在古代不但有规定伦理名分的作用，还有节制人们的欲望和涵养性情的作用。特别值得一提的是，有关保护生物资源的条文，不但在“经”书中宣讲，在农书和历书中也被反复强调，构成社会生活中重要的道德行为准则，如“非时伐木”非礼，为不孝，同时也违法。

这种用礼来使人养成道德的方式，即通过有效的教育灌输，影响是非常深远的[⑱]。除作为人们行为准则“礼”的规范作用外，古代的宗教也对自然保护产生过一定的影响。外来的佛教姑且不论，本土的道教中亦有：“……无不云欲求长生者，必欲积善立功，慈心于物，恕己及人，仁逮昆虫……手不伤生……”因此，宗教圣地一般都对自然生物进行良好的保护。它对一般民众的影响当然也是非同寻常的。由此可见在古代，生态环境的保护不仅在制度上，同时在人们平常的环境保护意识上，意识是上层建筑范畴，反作用于物质。如果人们没有环保的意识，那么哪怕法律制定得再完善，也是得不到很好的贯彻实施的。因此，在相关生态环境的立法之中我们提高全民环保意识是当前环境保护的重中之重。曾经重庆市的一个调查显示，90.33%的访问者表示，有环保的意识，8.31%的被访问者表示偶尔有环保的意识，其余的访问者没有环保的意识。此次调查发现，居民文化水平和知识层次越高，对环境问题的严峻形势认识就越清醒。而当被问及“是否会因为空气质量问题而减少户外活动”时，近半的人表示没有减少户外活动。环保意识是植入内心的态度，人类必须改变自己对自

⑱ 康建胜、卫霞：《中国古代的环境保护立法》，载《中国法学会环境资源法学研究会 2011 年年会论文集》，第1—4页。

然的观念，才能对环保付出行动，因此生态立法中对民众的环保意识也必须有所关注和提高。

四、结语

随着我国经济的发展，环境问题也逐渐在国家建设中占有更加重要的地位。

生态环境对于我们人类来说，一直至关重要，无论是在中国古代的农耕经济社会，还是在中国当代的工业社会，因此中国的生态环境保护需要法律的保障。我国当代的生态环境立法还是存在着很大的不足，这种不足主要体现在以下三个方面：第一，环境立法体系的不完善。我国的生态环境立法从整体上来看很不完善，其中随着我国经济的发展，环境立法发展成为我国当代一个新型的法律部门，但是在我国许多生态领域环境立法依旧是空白的，环境法所应保护的内容和范围没有得到相应的准确界定；第二，环境立法指导思想的改变。中国社会近 100 年来，从国家经济到国家性质都发生了巨大的变化，尤其是从计划经济到市场经济的发展。我国的环境立法很大一部分是在我国计划经济的环境体制下制定的，因此它的立法指导思想在很大程度上具有浓厚的历史色彩，这种相应的指导思想对于当代社会环境保护立法的指导是不适应的；第三，环境立法的相关可操作性差。我国现代出台颁布的许多环境立法的可操作性都普遍较弱，这与我国环境立法本身的内容是有关的，如我国环境立法中的原则性较强，具体的措施性等方面的规范和规章方面就较弱，这直接导致了我国环境立法的执行性差，同时令环境立法可操作性差的另一个原因是中国环境执法机构和机关以及综合决策机构都十分不完善，从而执法在多数情况下随意化，无体系化。

中国古代虽然没有一部完善的环境立法，但这并不意味着中国古代的环境立法对当代社会毫无借鉴之处。反之，中国古代环境立法指导思想的“天人合一”对当代中国生态立法依旧有着借鉴作用。所谓“天人合一”，是指天道和人道在一定程度上的和谐关系，人和自然是相互依存的，人对于自然环境的保护不仅仅是自己在道德义务的履行的主体，更是主动保护自然环境的主体。这种和谐的自然观念在很大程度上对我们保护自然环境、完善生态立法都有着重要的指导作用。

所有的立法问题都非一蹴而就的问题，生态环境立法亦是，同时环境保护的本身就是一个矛盾的问题，这种矛盾主要体现在经济的增长和对环境的保护上。

儒家思想在中国古代占有长时间的正统地位，是我国优秀的文化成果，正因为儒家思想总是在很大程度上影响着中国人的文化心理，因此我们借鉴中国古代的环境立法指导思想，就是希望得到心理的共鸣，为我国当代环境立法提供科学化的实践路径。

重庆自贸区立法模式选择研究

周淑梅

（西南政法大学行政法学院　重庆　401120）

摘要：立法模式是一个系统范畴，它是一国进行立法活动时的惯常套路、基本体制和运作程式等要素的有机整体，其中包括了立法主体与立法权限的相关内容。选择什么样的立法模式，受其国体、政体、国家结构形式、历史传统、民族构成以及经济、文化等一系列因素的影响。而自贸区是一个极具地方特色和经济属性的概念。因此，自贸区地方立法模式选择问题既要与地方特性一致，又要符合地方与中央立法权限的规定，保持法律体系的一致性，在合法合理的限度制定自贸区相关法律。

关键词：自贸区　立法模式　地方立法

一、课题研究缘由及意义

自2013年上海自贸区成立以来，迄今为止我国四大自贸区已经形成，它们对中国整个国家的发展都具有战略性意义。而重庆自贸区在2016年10月正式挂牌，总面积近120平方公里。虽然自贸区自成立以来，给重庆市的经济带来了高速增长，但在立法层面上，重庆自贸区立法滞后于自贸区的实践。一方面，重庆自贸区新建不久，重庆市还没来得及制定一套完备的法律作为自贸区运行的规范性工具；另一方面，重庆自贸区目前存在的是一些法律性文件，从严格意义上说它们不在法律体系之内。同时，这些相关的法律文件不仅散乱、内容重复，而且有的法律文件并不能有效调节自贸区运行。因而现存的法律文件作用微乎其微，而法律又处于缺位状态。

为此，重庆自贸区的立法可谓“一穷二白”“百废待兴”，不仅需要规范自贸区的法律，更加需要具备地方特色的法律体系作为自贸区的保证。放眼我国其他自贸区，都在不同程度上探究立法模式问题，通过比较这些自贸区的立法经验，或许能够为重庆自贸区的立法提供相关的思考。

在亟须探索出符合本地区发展的立法模式这一焦点问题上，重庆自贸区的立法模式探索不仅任务艰巨，而且有着模范性作用。一方面，法律是一切行为的规则，自贸区又是一个极具经济特色的特区，在极其复杂的经济行为面前，一套完备的法律体系是必不可少的，它关乎自贸区自身的规范化运转；另一方面，自贸区的成功探索，可以为后来者提供极其宝贵的经验。重庆自贸区一是地处内陆，是内陆地区的特殊经济区域；二是山城，又是直辖市，其在行政区划和地理位置上都极具特色。其立法模式的探索更具备特殊性和复杂性，不但能开拓出立法上的创新，也能挖掘出其他自贸区所不能挖掘的问题。

因此，探索重庆自贸区的立法模式选择问题，具有解决问题的根本性的意义。而且是立法实践和理论上的里程碑，对自贸区的立法而言，有着历史性和战略性的作用。

二、本文研究的主要内容和创新点

（一）国外研究现状

往外看，有美国对外贸易区的立法经验，美国自贸区已经形成了一个包括法律、行政法规、州与地方法律法规、判例法以及相关海关国际条约等在内的严密框架体系。其中，《1934 年对外贸易区法》是对外贸易区的基本法，发挥着不可替代的作用。从立法模式的角度看，它还呈现出了一条从“变革性立法”向“自治性立法”逐步转型的进路（周阳，2014）。不仅如此，伍贻康在《一种社会发展新模式的探索实践——欧洲一体化新论》中，研究了欧盟一体化过程中立法模式的成功之处，由此解释社会发展过程中法律模式选择的多样化可以因地制宜。

而在日本，以日本特区为试验区，推行结构改革和制度缓和政策，打破了国家政策法规的枷锁，为各地区充分发挥地区特性、活用地区资源注入了活力。该制度让各地区根据自身情况，自主地发展本地经济，从而调动地区积极性，促进发展。不仅解决了日本一贯以来对新制度的不信任传统，而且该创新在日本经济特区中扮演着重要角色，一方面突破传统，成为日本制度改革的先驱，鼓舞日本敢于尝试进行制度创新；另一方面终止政界对于新政策、新制度的模糊性讨论。这些制度给日本的特区带来了新的活力。经过 30 次的意见征集，有了 1197 个经过国家认证的结构改革特区计划，约有 352 个结构改革特区还在持续运行，约有 845 项正在整个日本推行的特区规制改革措施（刘松山，2015）。

国外关于自贸区等性质地区的立法探索，以日本、美国、北美自由贸易区、韩国自贸区为代表的国家或地区，因地制宜地进行了制度创新，并且体现在立法中。它们都共同地体现出国家对地区特色的尊重，并且展示出立法模式创新对地区发展所起到的重大作用。合适的立法模式，不但可以为特殊区域的整体发展起到保驾护航、填注活血的作用，而且作为一种立法模式创新的模范，为其他地方的立法创新起到先驱的作用。国外的这些实践已经经历过了相当长时间的探索，到现在已经完成了自我的完善与新一轮的创新。它们的立法经验，刚好可以为我国自贸区目前的立法探索需要提供非常宝贵的经验。

（二）国内研究现状

自自贸区设立以来，理论界的不少眼光放在了自贸区立法模式研究上。通过分析我国目前已经出台的相关政策和法律文件，比较研究《中国（上海）自由贸易试验区条例》的制度创新。比较其与《中国（天津）自由贸易试验区条例》《中国（福建）自由贸易试验区条例》的异同之处，针对我国自贸试验区建设遭遇的各类问题与困境，提出法治建设的展望。其中包括建立国家层面的统一管理机构、尽快颁布中国自贸区法以及更好地发挥自贸区作用，对接国际投资贸易服务新规则（胡婉茜，2016）。除此之外，还有丁伟关于《中国（ 上海）自由贸易试验区法制保障的探索与实践》等文章，着重分析上海自贸区法治保障问题，强调在自贸试验区建设中，应该强化国家法治统一原则，进一步解放思想、更新观念，创新立法方式，妥善处理好法律的阶段性、稳定性、普适性与改革开放的前瞻性、多变性、特殊性的关系，努力形成自贸试验区法律制度上可复制、可推广的经验。

这些研究，主要集中在已经建好的四大自贸区中，除去上文所提及的研究成果，还有一大批研究成果放在研究自贸区的微观立法和经济行为的探讨上。这些研究的焦点或多或少地囊括了自贸区的重点领域。而对于重庆自贸区立法模式的探索几乎没有，原因在于重庆自贸区建区不久，同时这也体现出研究重庆自贸区立法模式的重要性。通过比较，现有的关于自贸区立法模式研究中，主要有以下几种模式：先行先试模式、先建区后立法模式、立法先行模式、试错先行模式等。先建区后立法是上海的模式，错试先行是深圳经济特区的模式，这些模式都极具地区特色。

在关于立法模式探索中，一方面要着眼于相关主题的研究成果；另一方面更要拓展视野，跳出自贸区立法限制，借鉴其他经济特区、经济区、保税区以及国家和地方的立法模式而不必一定是自贸区的。

（三）理论内容

在有关立法模式理论的研究中，以立法权限为划分依据，包括横向划分、纵向划分，主要分出以下几大类型的模式：立法机关优越、三机关平列制约、行政机关优越、立法机关至上等类型。

1. 议会至上模式。这种模式的代表国家是英国，在英国的立法体制中，最重要的原则首推"议会至上"。根据这一原则，制定或不制定任何法律的权力属于英国议会，法律不承认任何人或机构有权超越或废除议会制定的法律。①

2. 以行政机关为中心模式。在这种模式下，行政机关拥有了立法权，成为国家的权力中心，而议会不再是唯一的立法机构，只拥有有限的立法权。1938 年任法国部长会议主席的达拉第在其第四部授权法中，加入第 36 条的法律修改②，意味着基于行政法令的立法程序被引入法国的立法程序中。1938—1940 年共和国战争时期，内阁成为法国真正的唯一的法律源头。在共和国的最后几年里，内阁完全取代了议会成为法国政府的立法机构③。这种以行政机关为中心的立法模式，有其政体的原因。法国有内阁的传统，内阁权力的扩大会直接导致行政权力的强硬，入侵议会的立法权。其好处在于灵活开展措施，提高行政效率。弊端在于将立法权重心交由行政机关，容易导致权力的滥用、国家权力的失衡。

3. 三机关分权制衡模式。三机关分权制衡的提出就是为了避免国家机器运行过程中出现倾斜，导致侵犯公民权利。追溯其思想根源，三权分立来源于洛克的

① 法言：《符合中国国情和实际的立法体制——话说中国特色社会主义法律体系的形成（六）》，载《中国人大》2011 年第 16 期，第 19—26 页。

② 达拉第第四部授权法第 36 条法律的内容：但是，在急切必要的背景下，政府可以根据部长会议审议批准的法令得到授权，以采取国防紧急状态所要求的各种措施。

③［美］罗斯托著：《宪法专政：现代民主国家中的危机政府》，孟涛译，华夏出版社 2015 年版，第 144 页。

分权思想。洛克在其《政府论》中说为了避免大多数人的暴政，三权分立是不坏的制度设计，而美国就是洛克的代表和践行者。 美国以1787年宪法确立的“三权分立”制度，奠定了美国后来两三百年的宪政国家。在这种模式下，三机关相互制衡分工合作。把1787年宪法前三条的各自的第1款第一句话连接起来，便可以看到三权分立的运作模式。第1条：“本宪法所规定的立法权，全属合众国的国会。”第2条：“行政权力赋予美利坚合众国总统。”第3条：“合众国的司法权属于一个最高法院以及由国会随时下令设立的低级法院。”这三条分别将立法权、行政权和司法权交给了三机关，而且这三机关之间的权力互相交错。

4. 我国的集权一分权模式。我国采取这种中央与地方分权模式，总体分为中央立法权与地方立法权，地方立法权中又分一般地方立法权和特殊地方立法权。中央有主要立法权，然后根据地方特点有限度地授权立法以及地方分权立法。我国在《立法法》中，第7条规定了立法权限问题，由全国人大及其常委会行使立法权。第72条中规定纵向地方性立法，包括地方性法规、自治条例和单行条例。而第74条则规定纵向授权性立法，主要是经济特区所在地的省、市的人民代表大会及其常务委员会根据全国人民代表大会的授权决定制定法规，在经济特区范围内实施。我国的这种即统一又分层的立法模式，有利于法律秩序的稳定，同时又不失地方灵活性。

而我国《立法法》在遵循1982年宪法确立的立法体制框架不变的基础上，使我国立法体制在立法事项、授权立法和法律渊源等方面得到具体化、明晰化和定型化。其运行的总趋势将是：横向立法权限将从行政机关向权力机关集中，纵向立法权限将从地方向中央集中（朱力宇，2001）。这样的中国特色立法模式，对重庆自贸区立法模式研究具有重要的指导意义。本文在前人的理论基础和实践经验上，试图站在巨人的肩膀上做一些对重庆自贸区立法模式的尝试。

（四）创新点

首先在研究上，对自贸区的研究也多以经济视角为切入点。而本文立足重庆本土，从法律视角出发，剖析重庆自贸区取得重大发展的原因——制度创新，法律护航；以及未来自贸区的展望——完善自贸区立法，增强现在法律的薄弱环节，破解自贸区的困境。此外，以往研究自贸区的法律问题，多以微观层面研究，如保税区的海关监管、外汇管理、税收管理等，甚至多以关税问题为主。而本文从宏观角度研究重庆自贸区立法模式问题，在亟须一套完整法律体系的当下，具有非常重要的意义。

三、研究方法

结合法学、政治学以及经济学等学科的知识对本课题进行分析探讨。并且采用文献分析法，对重庆自贸区的法律法规以及政策性文件进行整理和归纳，以分析当前重庆自贸区法律体系架构；采用社会调查法，通过访谈等形式，分析各项法律法规在实践中的可行性；采用比较研究法，比较重庆自贸区与国内外其他地区的自由贸易区的相关法律制度。因此本文的研究路径主要是通过梳理国内外自贸区的立法模式实践经验，提炼出适用于重庆自贸区立法的几种模式，然后从理论上去剖析主要的几种立法模式理论，并结合重庆本土特色阐明在立法模式问题的处理上，提出重庆应当如何因地制宜。最后再通过对实践的梳理和对理论的剖析，给出重庆自贸区立法模式选择的建议。

四、重庆自贸区立法现状与需求

重庆自贸区的经济发展已经有了前所未有的繁华景象，但是却没有一套体系完整的法律来指导和规范自贸区的运行。当下需要立法为这强大的经济引擎制定规范的法律制度，使自贸区的发展可以规范且持续发展。

（一）重庆自贸区立法现状

1. 重庆目前有关自贸区的法律规定

由于重庆自贸区的立法是在建区的刺激下才推动的，重庆走的是先建区再立法的模式，这样的发展路径也注定了重庆自贸区立法上的滞后和空白。就目前而言，重庆没有一套具体的关于自贸区的规定，也没有建成自贸区法律体系。

因此，重庆自贸区目前可用的法律法规极少，而且零散。

第一，在现有的关于自贸区的规定中，重庆引用了世界贸易组织的相关规定，对世界贸易组织的规定的引用，主要是引用贸易部分的内容，如对贸易壁垒的规定，根据大体上不得高于或严于未建立自由贸易区时各组成国家和地区对未参加自由贸易区的各成员所实施的关税和贸易规章的一般限制水平。

第二，主要适用我国关于自贸区的规定《中国自贸区条例》，这是目前我国关于自贸区规定的主要法规，其前身是为上海自贸区的发展而制定的《中国（上海）自贸区条例》。所以这个条例本身就带有地区性，但就现在而言，由于重庆自贸区还没有完善的法律法规体系，在很大程度上还是要引用国家的相关规定以及参照其他自贸区的做法。

第三，重庆的行政规章以及地方性法规关于自贸区的一些零散规定。但是由于重庆自贸区刚成立不久，有关行政规章也是少之又少甚至是没有，所以在总体上，自贸区存在无法可依或者是规定不符合的现象。最新一部关于重庆自贸区的部门规章是 2017 年 3 月 31 号国务院正式印发的《中国（重庆）自由贸易试验区总体方案》。在这一方案中，指导性地规定了重庆自贸区的相关内容，相当于重庆自贸区目前的“基本法”。

2. 重庆自贸区立法现存问题

首先，我国目前缺少对自贸区的相关规定。由于我国建设自贸区的时间很短，第一个是 2013 年建立的上海自贸区，我国在这方面的立法实践尚且缺少成熟的理论和经验。我们国家目前也没有制定关于自贸区的“基本法”，导致各个自贸区没有一个最高权力的正式的法律参照物。因此，也很难为重庆自贸区的立法作出很完整的示范。重庆自贸区的立法需要自身的创新以及借鉴其他自贸区的经验，摸索出适合自己的一套法律制度，因此就需要在立法模式上作出合适选择。

其次，没有形成完整的体系。由于自贸区刚成立不久，重庆市还来不及立法，也没有形成完整的法律体系。只能依靠以往的相关贸易规定来维持自贸区的发展。

最后，虽然自贸区存在一系列与自贸区相关的法律文件，但是它们在实质上并不在法律体系之中。然而，立法却是需要关注法律体系这个系统本身的。所以虽然有一些法律文件，但是却没具备法律的权威性和普适性，这些零散的法律文件的去留、修改和调整，都成为立法过程中需要考虑的因素，因此也加剧了自贸区立法过程中的难度。立法模式的出路，不仅要考虑重庆的自身特色，还要补充和完善法律体系。

由此可见，重庆自贸区法律没有成型的法律体系，既零散又不确定。在此情况下，制定一套完整的法律体系也就显得非常紧迫。

（二）重庆自贸区在立法模式问题上需要处理的几个问题

1. 处理好中央与地方立法权限问题。首先，前文引言部分已述，在现有的立法模式理论中，可以大体分为两种：一种是从横向角度去看，另一种是从纵向角度去看。我国的立法模式总体上是以全国人民代表大会及其常务委员会作为立法机关的集权—分权模式，立法机关是全国人大及其常委，立法权主要集中在中央。在这种模式之下，重庆作为直辖市，其辖下的自贸区首先会遵循我国立法模式的基调。

2. 要考虑地方特殊性。一方面，作为中西部地区唯一的直辖市，重庆实现了从保税区到自贸区的成功转型。重庆不仅是“一带一路”倡议和长江经济带交汇点、中新互联互通建设的运营中心，同时还拥有铁、空、水三个保税区，优势十分突出。且在保税港区产业扶持政策中，涵盖了制造业、贸易、结算、文化、物流、金融、服务七大行业，凡是符合保税港区产业发展方向的新兴企业，港区按照企业年度缴纳的增值税、企业所得税、营业税的港区留成，从 1—5 年按照累进计算原则，进行相应的补贴扶持。在这种高速增长的情况下，处理重庆自贸区立法模式问题时，必须要解决地区战略性问题。不仅不能直接照抄东部海港城市的做法，而且不能直接借鉴欧美等国家的做法。另一方面，不同于东部沿海自贸区的多海关和多海港，重庆自贸区多山地，河港沿长江经济带分布。其一，河港与海港在法律问题上的重心不同，河港主要是国内的河运问题，海港是国际间的货物运输以及进出口等问题；其二，山城库区与东部沿海平原库区所发生的法律纠纷也不同，不仅是主体不同，法律适用的客体也不同。以朝天门等为主要的货物库区，货物运输主要发生在重庆市内以及周边城市，而货物风险、所有权转移、法律适用主体等法律问题也主要是在中国公民之间。所以在立法模式的处理上需要考虑细节性问题，区别对待。

3. 在关税问题上的特殊性处理。重庆进出口货物主要是借助“一带一路”，尤其是与中亚和东欧的经济活动中，最多涉及的是内陆关口问题，不只是税收问题，还有陆上货物运输等物流和管理问题。这也是与我国东部甚至美国、韩国等自贸区的不同之处，也决定了重庆自贸区在处理立法模式问题上必须具备地区特色，符合本土需要。

因此，（1）在关于中央与地方分权问题上，重庆要处理好中央与地方的立法权限问题，在《立法法》的规定范围内行驶立法权或者是被委托的立法权，和授权立法的权限。遵循法律保留原则，同时发挥地区灵活性。(2) 在立法范围上，由于重庆自贸区涉及的经济领域大多都是新兴企业和新兴产业，所以要有所变通地将法律所要规范的范围覆盖。尤其是要处理好河港、库区和内陆关卡问题，不能直接复制东部沿海地区的自贸区的做法，要作细节性调整。立法细节处理上的重心涵盖内陆关税、企业税收、河港运输等地区特色，做到既有法可依，又张弛有度。(3) 在立法战略性目标上，由于重庆自贸区经济构成多元与复杂，又是“一带一路”战略性交汇点，所以立法上不仅要关注出口企业和本土企业，还要处理好出口的相关问题。同时要具备国际视野，尤其是与中东、欧洲等地区或国家的接洽等法律问题。要求立法上尽量既能融合新形势下的新经济体的经济发展，又有国际视野上的开阔。

五、国内自贸区立法模式经验

立法模式是一个系统范畴，它是一国进行立法活动时的惯常套路、基本体制和运作程式等要素的有机整体。而其中，又包括了立法主体与立法权限的相关内容。一个国家或者地区选择什么样的立法模式，如维科所主张的那样，一国法律受其国体、政体、国家结构形式、历史传统、民族构成以及经济、文化等一系列因素的影响。重庆自贸区立法模式应当如何选择这一焦点问题，与国内已有自贸区的实践息息相关。

目前，中国自贸园区建设和管理的现有立法主要有人大的授权决定、国务院的规范性文件和部委规章、地方自贸园区立法和规章。2015 年 4 月 20 日，国务院出台了 6 份自贸区重要政策文件：《中国（广东）自由贸易试验区总体方案》《中国（天津）自由贸易试验区总体方案》《中国（福建）自由贸易试验区总体方案》《进一步深化中国（上海）自由贸易试验区改革开放方案》《自由贸易试验区外商投资准入特别管理措施（2015 版负面清单）》《自由贸易试验区外商投资国家安全审查试行办法》。④

---

④ 陈立虎：《中国自由贸易园区立法的新思考》，载《法治研究》2016 年第 2 期，第 132—140 页。

（一）上海自贸区立法经验

上海自贸区的立法主要是依据《国务院关于印发中国（上海）自由贸易试验区总体方案的通知》以及上海市政府出台的《中国（上海）自由贸易试验区管理办法》。从上海自贸区目前的立法实践来看，它在立法模式的选择上有以下几个特点：

1. 以人大授权行政机构的方式产生设置

前文已述，在我国立法层次上，主要有人大立法、人大授权立法、部门立法。而上海自贸区在立法过程中，主要以人大授权行政机构的方式产生。该授权决定只涉及行政审批，授权内容主要是：在上海自贸试验区内，除国家明确规定需实施准入特别管理措施的投资外，对于一般性的外商投资，暂时调整《外资企业法》《中外合资经营企业法》和《中外合作经营企业法》中关于行政审批的规定。⑤

可见，人大授权的立法主要集中在自贸区外资活动中，主要规制自贸区外商投资活动的行政审批行为。虽然该项授权范围有限，但是其作用却对整个上海自贸试验区的法制建设进程产生了极大的影响。在上海自贸区的法治建设过程中，从一开始的根据临时需要出台的各种法律文件，到后来制定自贸区相关的行政法规等，以及根据人大授权行政机构立法，一步步完善自贸区的法律体系。这种方式会使得立法活动更加灵活和贴近自贸区需要，同时又不失法律的权威性和稳定性，与临时性的法律文件相比，更加具备法律属性。

人大授权行政机构立法的重要性不言而喻。在我国这种中央与地方都有立法权的立法体制之下，地方立法受到《立法法》和《宪法》的规范，立法权限要明确。如果自贸区的功能没有通过国家立法加以明确界定，可能会产生发展偏离政策初衷的后果。 造成自贸区在制定行政措施时，特别是当自贸区条例与现行其他法律相悖时，只能通过特批的方式给予自贸区相应的权利。这种多次特殊授权的方式产生了时间成本，降低了效率，不利于自贸区的推广。

2.“先设区后立法、自下而上”的立法模式

国务院批准设立上海自贸区后，陆续出台了全国人大常委会决定、国务院规范性文件、部门规范性文件、地方政府规章和规范性文件等。其立法模式采取总

⑤ 胡婉茜：《中国自由贸易试验区法制建设探析》，载《苏州大学》2016 年。

分结构，自上而下层层推进，同时注重中央与地方的相互协调。[⑥] 有关上海自贸区的相关规定，主要是以部门规范性文件和上海市政府规范性文件的形式展现出来。这些文件并不属于广义上的“法律”。可见，上海自贸区在立法实践过程中，也存在普遍性的问题：没有严格意义上的法律，法律文件零散，法律体系没有完备。特别是国务院各部门以规范性文件表达对自贸区改革措施的支持，却并未对其部门规章中的相应规定进行修改。可见，我国在关于自贸区立法上，并没有成熟的统领性的法律作为地方立法的基本法，并且存在立法缺位的问题。

这反映出，上海自贸区在法律的改革上采取的也是试验和探索的策略，其本身没有国家统领性法律的引导，在散乱的法律框架中渐行渐试。也可以看出当时我国采取的是先在上海自贸区内调整法律适用，待上海自贸区运行并取得成功后再通过立法予以确认的模式。而之后就有了自贸区基本法的出台，在名称上也还是以《国务院关于印发中国（上海）自由贸易试验区总体方案的通知》命名。可以看出我国在自贸区的建设和立法上，总体上都是持着摸索的态度，步步推进，以自贸区的发展来倒逼立法的完善。

3.“暂时调整”变通式立法

2014 年 1 月 6 日发布了《国务院关于在中国（上海）自由贸易试验区内暂时调整有关行政法规和国务院文件规定的行政审批或者准入特别管理措施的决定》，之后上海自贸区就针对《外资企业法实施细则》《中外合资经营企业法实施条例》以及《中外合作经营企业法实施细则》等规定的有关行政审批进行暂时调整。通过并开始实施的《中国（上海）自由贸易试验区条例》包括总则、管理体制、投资开放、贸易便利、金融服务、税收管理、综合监管、法治环境和附则等九章 57 个条文。[⑦]

可见，这是在当下我国面对自贸区问题时的一种特殊立法举措，也许会是今后自贸区面临立法问题时的解决方式。自贸区设立之后会面临诸多意想不到的在制定法律、行政法规时未曾遇过的新问题和新情况，法律不能及时作出反应 。而通过在自贸区这些局部区域“试行”暂时调整实施有关法律的规定，这是介于有法与无法之间的第三条道路，是妥善处理改革与法治关系的一种战略安排。

---

⑥ 马光：《中韩自贸区法制比较研究》，载《华东理工大学学报（社会科学版）》2015 年第 3 期，第 89—98 页。

⑦ 陈立虎：《自由贸易试验区的特点和立法问题》，载《法治研究》2014 年第 10 期，第 23—27 页。

（二）天津自贸区的立法实践

天津自贸试验区涵盖天津港片区、天津机场片区和滨海新区中心商务片区三个片区，总实施范围119.9平方公里，立足于服务京津冀一体化，国务院出台了《中国（天津）自由贸易试验区总体方案》作为规制自贸区的规章。

1. 立法框架及主要制度

在国务院公布《中国（天津）自由贸易试验区总体方案》8个月后，天津市人大常委会全票通过了《中国（天津）自由贸易试验区条例》（以下简称《案例》），响应了国务院"天津市要通过地方立法，建立与试点要求相适应的自贸试验区管理制度"的要求。条例一共八章58条，就天津自贸试验区的建设围绕各方面作出了整体规范，通过"地方性法规"这一载体给予自贸试验区后续运行发展以强有力的法律保障。⑧自此，天津自贸试验区的运行有了基本的法律框架，同时滨海新区法院早已设立了自贸试验区法庭，成立了自贸试验区国际仲裁中心，发挥了司法裁判对金融创新的规范保障引领作用。

综观该条例，可以看出天津自贸区的侧重点在管理体制创新、企业名称登记制度改革、金融开放创新上。比如，《条例》规定：自贸试验区简化企业名称登记程序，除涉及前置审批事项或者企业名称核准与企业设立登记不在同一机关的以外，企业名称不再实行预先核准，实行企业名称自主申报。这样就放松了企业登记的审批核准手续，有利于提高商主体的效力。

2. 注重知识产权立法保护

天津自贸区的定位是京津冀服务一体化，以制度创新为核心任务，力争引领经济发展转型，努力成为京津冀协同发展的高水平对外开放平台。在立法层面，着重自贸区知识产权保护与提升新开放经济效率的制度平衡与国际最新相关规则的制度平衡。天津自贸区在知识产权立法保护上也作出了相应的努力，不只是注重链接TRIPs、ACTA、TPP等规则，还引入某些最新国际规则，如谨慎采用"推定计算法"等，率先在自贸区进行制度试验，把天津打造成为世界高水平的开放平台。

---

⑧ 胡婉茜：《中国自由贸易试验区法制建设探析》，苏州大学2016年硕士学位论文。

（三）福建自贸区立法经验

福建自贸试验区涵盖平潭片区、厦门片区、福州片区三个片区，总实施范围118.04平方公里，目前颁布的中央级别规范主要是国务院级的《中国（福建）自由贸易试验区总体方案》（以下简称《福建自贸区总体方案》）。福建自贸试验区立足于改革创新试验田、推进与台湾地区投资贸易自由化进程、建设21世纪海上丝绸之路核心区。这也是《福建自贸区总体方案》中指出的福建自贸区特色。

1. 福建自由贸易试验区立法框架及主要制度

2016年4月1日，福建省人大常委会通过《中国（福建）自由贸易试验区条例》。在这部条例里可以看到福建自贸区立法框架的雏形，同时也体现出厦门自贸区的特色和商业投资侧重点。从条例可以看出，自贸区依然是针对管理创新、金融财税创新、监管等方面作出规定，相比较上文所提到的天津自贸区条例，其不同之处在于对闽台交流与合作的规定。这是福建自贸区立法中的特色，也是制度创新的体现。福建利用地缘优势，促进与台湾地区的合作，在全国人大之下，有福建省人大常委制定地区条例，不仅符合《立法法》和《宪法》关于立法权限的规定，更能充分发挥地方自主性与地方特色。而在2015年福建省发改委、福建省外办、福建省商务厅经福建省人民政府授权发布的福建省21世纪海上丝绸之路核心区建设方案。

2. 适用台商投资负面清单之特殊规定

在福建自贸区中关于负面清单的规定更能体现地方性立法的差异与特点。研读《福建自贸区总体方案》，不难发现其总体精神是减少和取消对外商投资包括台商投资的准入限制，放宽投资持股比例。降低对台商的投资门槛，在航运服务、商贸服务、文化服务、社会服务及先进制造业等领域，给予台商投资更加宽松的政策，以吸引台资。恰好这些领域是台湾地区与福建的地缘优势所带来的。而立法上刚好结合了地方优势与特色，这正是将来重庆出台重庆自贸区总体方案或者条例时可以借鉴的地方。此外，与国家《自贸区负面清单》规定比较，《福建自贸区总体方案》在通信服务方面给予台商更加优惠的投资政策。总体优惠政策是对符合条件的台商，投资自贸区内服务行业的资质、门槛要求比照大陆企业执行。

六、域外经验

由上文可以看出，我国自贸区在立法模式上偏向先设区后立法、先行先试。但是域外的做法也有几种模式，如韩国的立法先行于设区、欧盟的机构立法以及美国变革性立法到自主立法的转变。

（一）韩国自贸区立法实践

韩国自贸区主要在釜山，政府在 1999 年年底出台《关税自由贸易区专门法》作为本国自贸区管理法案。这种先立法后设区的模式，以严密的法律法规保障自由贸易园区的健康发展，明确自由贸易园区的各项基本政策，使其经济政策更具法律保障。而在 2000 年通过将之前的《出口自由区设置法》修改为《关于自由贸易区指定等的法律》，正式引入自贸区制度。从那时起，韩国的自贸区建设得到了长足的发展。韩国在立法上有以下几点可以让我们借鉴：

1. 立法先于设区、自上而下的立法模式

从韩国自贸区法律的发展历程来看，可以归纳出以下几点：(1) 韩国自贸区的长足发展是从 2000 年年初修改《关于自由贸易区指定等的法律》开始的。在自贸区的发展中，韩国先是出台《关税自由贸易区专门法》作为本国自贸区管理法案，然后通过合并《关于为培育国际物流基地的关税自由区的指定及运营的法律》与《出口自由区设置法》为《关于自由贸易区的指定及运营的法律》。(2) 之后引进自贸区制度，把以物流业为中心的关税自由区与以制造业为中心的出口自由区整合成为包容性的自贸区。

由此制定的《关于自由贸易区的指定及运营的法律》和其施行令、施行规则自成体系，为自贸区的运行提供稳定的法律支持。总结起来就是先立法再设区、自上而下。

韩国的做法与我国的实践有非常大的区别，我国基本都是先批准设立自贸区，然后再立法。而上海自贸区是先成立，然后国务院才通过的上海自贸区试行的《国务院关于印发中国（上海）自由贸易试验区总体方案的通知》，自下而上不断完善立法。显然韩国不是如此。韩国先是在 1999 年年底出台《关税自由贸易区专门法》作为基本的管理法，之后又在 2000 年年初修改《关于自由贸易区指定等的法律》引进自贸区制度，然后开始设区，并由此发展出近十个自贸区。通过对比可以知道，在韩国自贸区的法律体系中，立法项最多的是部门规章，几乎没有地方性法规和地方政府规章。而我国立法项最多的是地方政府规章，就上海而言，总共 38 项以上。这一系列的操作无不得益于立法模式的恰当选择。

2. 简明的负面清单制度

我国四大自贸区也使用了清单制度，如前文提到的福建针对台商的特殊负面清单，相比较之下，韩国的清单相对简明，而且不像福建针对台商投资放低准入门槛，相反，韩国对外商投资有严明的规定，而其外商投资审查或审批制度被普遍认为相对高效。如在《外国人投资促进法》第 4 条和其施行令第 5 条明确规定了限制外国人投资的部门，包括给维持国家安全和公共秩序带来阻碍的；不利于国民的保健卫生或环境保护，或显著违反善良风俗的；违反韩国法令的。在《韩国标准产业分类》所规定的 1121 个行业中，明确区分了禁止清单和限制性清单，如在公共行政、外交事务、国防等 60 个行业属于禁止性行业，30 个行业则属于限制性行业。总体而言，韩国的负面清单简明，我国的清单虽然经过一次瘦身，但总体上体积还是显得较为庞大（目前为 139 个），特别是在服务贸易领域限制较多，而且负面清单的规定相比较而言也混杂琐碎。当然，这种瘦身需要循序渐进，而且需要逐步科学化。

（二）美国对外贸易区的立法模式转型

1．早期对外贸易区“变革性立法”

美国对外贸易区早期的立法具有非常典型的“变革性立法”特点。以《1934 年对外贸易区法》为代表的涉及贸易的立法不仅被视为发展转口贸易与促进经济复苏的重要推进器，而且是在社会剧烈动荡的巨大压力下被迫作出的变革之举。

在 1934 年之前，对外贸易区的立法动议早已有之，国会却搁置在一旁，是经济大萧条迫使立法不得不出台调整贸易领域。1934 年 5 月 29 日，国会投票通过《1934 年对外贸易区法》，并于 1936 年 1 月 30 日，对外贸易区委员会主席签署第 2 号命令，授权在纽约市成立第 1 个对外贸易区。之后当发展远不如预期时，国会又出台“博格斯修正案”弥补原先法案中的缺陷，作为保护主义的落幕和双边自由主义《1934 年互惠贸易法》在 1934 年出台后 30 年间经过多次修改，但始终是指导美国贸易政策的纲领性法案。这充分反映出了变革性立法在积极推动与顺应情势变化方面的重要功能，美国也借此一系列立法完成了对当时其他国家自由贸易区制度的追赶，从而实现了对外贸易区的立法跨越式发展。

2. 对外贸易区“自治性立法”的逐步转型

美国在经历过初期“变革性立法”后，不断演变与积累，逐步转变为“自治性立法”的立法良性状态，并首先体现在“立法内容”的转变上。比如，1952 年 6 月 5 日，对外贸易区委员会授权在原法律创设的“对外贸易区”的基础上增加“特别对外贸易区”。[9] 对外贸易区“自治性立法”的转型还体现在立法主体的自我拓展上。如 1972 年成立的全国对外贸易区协会，它是一个非营利性的组织，也是一个典型的利益集团。它主张，海关不应按照货物增值后的价值征收关税，而应排除那些被认为是在对外贸易区内发生的加工成本及所实现的利润。[10]

除去这些法律、法规、规章及判例代表的对外贸易区立法，体现美国向自主性立法转变的还有那个时期的各种文件、方案，如对外贸易区的以自发协商的方式达成的对外贸易区方案。这种方案本身并不属于立法，只是对外贸易区内形成的一种有效解决问题的自治规则。但是它也具有约束力，根据方案，无论出于什么原因、进入对外贸易区的所有人员都必须予以遵守。方案应各提交一份给委员会执行秘书和口岸海关关长，从它的程序性也可以看出方案虽然不是硬性立法，但是也具有法律意义。这些立法创新与转变，正是美国对外贸易区自治性立法的标志。

3. 对重庆自贸区的启示

美国对外贸易区的立法实践已经充分验证了一部基本法在法律框架中是绝对不可或缺的，而我国恰好是缺少一部关于自贸区的“基本法”。这是重庆自贸区立法中面临的首要难题。也许重庆在这一方面可以考虑先自治性立法，充分利用地方立法权。协调好各方权力主体和利益主体，不仅从法律层面，更需政治层面的协调，在我国还没有制定出一部自贸区“基本法”之前，充分发挥地方自治性，如充分利用授权立法与地方立法，同时又不违反《立法法》关于地方立法权限的规定。

关于自治性立法中，还有一点值得注意，如何在变法模式下引入自发模式，鼓励自发的制度变迁。不仅要充分尊重自贸区发展中市场主体的选择，放松政府管制，充分利用市场导向在市场中达成的某些规则，可以适时地上升为地方性法

---

⑨ *U.S.Foreign-Trade Zones Board Order No.29*, June 5, 1952.

⑩ 周阳：《论美国对外贸易区的立法及其对我国的启示》，载《社会科学》2014 年第 10 期，第 90—100 页。

规，成为自贸区法律的一部分。同时充分利用方案制度，尊重立法中各方主体的关注点与利益诉求，增加立法维度与空间，使得立法更加科学化。

（三）欧盟——现行先试立法模式的典范

欧盟采取了先个别产业后综合领域，先核心国家后逐步延伸至其他国家的做法，使其实现了从几个国家的联盟到现在几十个国家的联盟的扩展。在这一体化进程中，通过法律手段逐步实现，其立法模式也值得重庆自贸区借鉴。

1. 立法先行

在欧盟的法律体系中，有基础性法律也有派生性法律。基础性法律包括欧盟的基础条约及后续条约、欧洲法院通过司法实践形成的一般法律原则。而欧盟部长理事会和欧盟委员会的条例、指令、决定以及建议与意见则是派生性法律的主要成分。欧盟通过先行先试的做法，制定法律法规，协调各成员国与共同体之间的关系，固化了特定领域乃至综合领域的沟通合作，推进欧盟一体化进程。

在这种变通式的立法模式中，欧盟先是在 1951 年“6 国”签订了《建立欧洲煤钢共同体条约》，开始在钢铁、煤炭等领域加强合作。然后1957年又签署了《欧洲经济共同体条约》和《欧洲原子能共同体条约》，不仅实现原子能的共同开发、利用和研究，更促成了欧盟的逐步建立。1986 年各成员国签订了《单一欧洲法令》，打破了关税壁垒。直到 1992 年各成员国又签订了《欧洲联盟条约》，在此基础上宣布欧盟正式成立。可以看出，欧盟在一体化进程中，先是制定法律或签订条约，然后再成立共同体。从某一个领域的共同体扩大到各个领域的共同体，最后实现全方位的一体化，同时也完成了法律体系的构建。

2. 机构立法

欧盟的组织机构在欧盟一体化中起到了动力引擎的作用，这里面包括法律制度化。在欧盟要有欧盟理事会和部长理事会，决策权是其主要权力，欧盟委员会享有执行权和倡议权。由欧盟委员会和欧盟理事会制定的各种规范性的法律文件，其中主要包括条例、指令、决定、建议与意见等。而条例、指令、决定三者具有法律拘束力，又是属于硬法。[11] 欧盟的机构拥有立法功能，通过机构立法实现法律

---

⑪ 伍贻康：《一种社会发展新模式的探索实践——欧洲一体化新论》，载《世界经济研究》2004 年第 6 期。

一体化，最后实现共同体的一体化。在此过程中，机构立法相当于国家机构形式立法功能，其好处是使得共同体的法律具有约束力，尤其是属于硬法部门的法更具有法律威力。欧盟法律地位相当于成员国的国内法。但是当欧盟法与成员国的国内法发生冲突时，欧盟法具有绝对的优先效力。这也是一种借鉴，当重庆自贸区法律与重庆市有关的法律法规相冲突时，优先选择自贸区的相关规定。这种做法与法理上特别法优先于一般法的理论很相似，同时也比较契合实际操作的运用。

因此，关于自贸区立法模式选择问题，主要考虑以下几点：立法主体、立法性质、自贸区的地方立法的调整范围。根据已有的立法经验，现有的几种做法主要包括以下两种：

1. 我国其他自贸区已有经验，先设区后立法，暂时调整变通立法。

2. 在国外经验中，美国式的是由变革性立法逐步转变为自主立法，韩国的做法是运用负面清单制度，立法先行于设区。但是欧盟的做法，主要是机构立法。

所以，由于重庆自贸区已经建立，只能是先设区后立法。保证重庆自贸区立法合法合理，借鉴中外已有成功经验结合本土实际情况趋利避害，这是本文在关于立法模式选择问题上的重点。

七、重庆自贸区的立法模式选择

就目前我国而言，自贸园区建设和管理的现有立法主要有人大的授权决定、国务院的规范性文件和部委规章、地方自贸园区立法和规章。同时，自贸区不同于经济特区，可以有《立法法》第 74 条的授权立法职能。因而自贸区内的立法依然要靠常规的立法机关以及政府部门的协作来完成。

（一）中央立法机关进行自贸区基本立法

1. 统一立法的正向作用

就目前而言，我国中央立法机关还没有正式出台一部关于统辖全国自贸区的基本法，这样就会导致各自贸区的法律法规失去向导，只能东拼西凑或者借鉴别的自贸区的做法。导致的结果便是全国自贸区的有关法律法规、规章、条例都有点类似。如上文提到的我国现有四大自贸区，都先后出台了有关自贸区的《中国（××）自由贸易试验区总体方案》，或者是名称不尽相同但是内容基本相似。因此，在中央立法层面，可以普遍性立法，根据自贸区的共性和出现的问题，给予统一立法向导。这样地方自贸区的立法便可以在此基础上进行因地制宜，具体立法或者出台相关政策、决定、条例以及地方性法规。这样便能在法统问题上取得合法性地位，同时又不会因为没有中央基本法而导致地方立法的混乱，以及摘抄其他地区立法的尴尬局面。

2. 统一立法的困境及解决对策

首先，就目前的趋势而言，我国偏向采取自下而上的立法，这与韩国自上而下的自贸区立法有所不同。基本法的出台建立在地方各自贸区的部门规章、地方性法规、条例、决定、规范性文件等的基础上。在这期间，中央立法机关的立法作用不明显，会出现一定时期内的各地方自贸区立法的混乱。

其次，在自贸区各项先行先试举措推进过程中，中央提出自贸试验区要先试先行，尽快形成一批可复制、可推广的新制度。结果便是我国四大自贸区的立法和制度都类似，甚至出台的法律法规和文件也相同。一方面，中央期许地方先试先行，那么地方立法有可能不走常规；另一方面，不走常规有可能会触及合法性问题，如何妥当处理创新制度和守法变得异常微妙。

因此，要实现统一立法，既要处理地方特色，鼓励创新，又要遵从法律。这就要求中央给地方一个指向性的框架，同时把创新制度与守法放到一个维度上，让两者相辅相成而不是互相对立，在总体框架下可以进行具体的制度创新。同时，在还没有正式出台基本法时，可以先学习美国对外贸易区的自治性立法，引入自主模式，在遵循程序和《立法法》以及《宪法》关于立法权限的范围内自治立法。这里面就需要重庆地方立法机关和相关政府互相协调，发挥相关市场主体的自主意识的作用，拓宽立法视角。

（二）自贸区所在地立法机关实施性立法

1. 发挥地方立法机关自主性

如前所述，美国在推进变革性立法到自治性立法的过程中，耗费长达 20 年的时间来完成。它实现了从“硬约束力”到灵活立法的转变，从国会的正式立法到方案式提案、备案。重庆自贸区在促进地方立法的过程中，要多维度考虑所涉主体的诉求，充分发挥会议市场的自我选择机制，调动各方的积极性，协商立法。同时，由于自贸区的特殊性，它目前并不像经济特区那样拥有《立法法》的授权立法。因而更加需要重庆地方立法机关关注个性，发挥自主立法，及时有效地实现自贸区实践与立法的衔接，避免自贸区经济发展过程中的法律断裂。可以在变法模式下引入自发模式，鼓励自发的制度变迁，以自发模式消除成文的法律与现实的法律的冲突根源。在这一过程中，可采取双轨制，两者处于平行状态，各自独立发展。同时也可以采取交叉模式，以变法模式来推动自发制度变迁的形成，或以自发的制度推进变法进程。⑫ 需要注意的一点是，在发挥自主性时，要严格遵守《立法法》和《宪法》的规定，遵循有关程序，在权限内充分立法，创新立法，兼顾程序正义和实质正义。

另外，在这一立法环节，解决地区特殊性问题，合法又合理地立法。充分考虑重庆自贸区特殊的地理位置和经济地位，针对库区、河港、内陆关税等问题作特殊处理，符合当地的实际需求。协调好自贸区与对外经济贸易的国内外接洽问题，必要时可以报请上级，在遵守我国中央集权—地方分权模式下，不触动宪法和法律的保留性规定，灵活调整，符合地方特色的同时又保证立法的合法性。

此外，在发挥地方自主性的过程中，应当注意立法过程中立法规范化问题。制定法律就要涉及法律规范这些法理性问题，同时还要考虑制定出来之后条文的适用和产生的效果问题。应当注意以下三点：一是在设计法律阶段要考虑自贸区自由贸易的发展需要，确保自贸区能够实现预期的目标，否则设立自贸区的意义将不复存在；二是自贸区法律的内容必须拥有严格执行标准、监督检查机制、责任追究制度，确保每个环节都有人负责，落实责任主体，增强负责人的责任意识；三是加强自贸区本身的自我约束，建立定期的自我审查制度，以避免自贸区因为过度自由化而产生风险。

2. 协调好中央与地方立法机关的关系

我国在立法层次上，通常都是先有中央立法，然后有地方立法；先有立法机关的立法，然后有政府的部门规章、条例等实施性立法和补充性立法，中央立法机关统领着全国的立法。重庆地方最高立法机关地位特殊，起着承上启下的作用。重庆市人民代表大会及其常委会是重庆辖区内的最高立法机关，但是它又要接受全国人大及其常委会的指导。

因此，一方面，它要协调全国人大及其常委会的立法，尤其是在自贸区立法过程中，重庆市人大及其常委会要明确中央立法机关的立法宗旨和立法方向，并且厘清在自贸区立法过程中所遇到的难题，上达全国人大及其常委会。另一方面，

---

⑫ 周汉华：《变法模式与中国立法法》，载《中国社会科学》2000 年第 1 期。

重庆市地方立法机关又要指导重庆市所辖各个区的基层的立法工作，为重庆市自贸区的立法作出表率和指导，为自贸区的具体立法明确方向，并且及时提供帮助。因此，重庆市人大及其常委会要熟悉并且精准掌握整个立法流程，掌握国家关于自贸区的基本方向，提高自己的立法能力和水平。

（三）行政机关对自贸区进行细化性和补充性立法

1. 转变行政机关职能

行政机关职能转变也是立法模式选择中重要的一环，因为自贸区的发展势必带来市场准入门槛的降低以及减弱政府管理约束力，为此要求政府职能转变为事中事后监管制度。简化审批程序，以综合监管和法制化管理为主，提高行政透明度，积极探索建立与国际高标准投资和贸易规则体系相适应的行政管理体系。例如，上海就曾两次废止多项审批，2013 年 12 月就在上海自贸区内取消 32 项审批制度。重庆自贸区在行政机关这一环节中，不妨也效仿成功经验简化行政审批，精化政府职能，为自贸区经济发展打通各种行政审批关卡，为经济发展保驾护航。

2. 国务院和重庆市规章制度的保障

在我国现行法律体系中，中央政府对自贸区立法有局限性，主要来源于《宪法》与《立法法》的限制，行政法规不能突破宪法、法律的现有规定，无法充分保障自贸区建设所需要的创新性规范，能够做的是在现有的法律制度框架下进行相应的实施性立法、细化性立法和补充性立法，这也为地方立法提供依据。因此，我国自贸区的改革创新探索，仅靠一些法律的原则规定，显然是不够的；行政法规对法律的细化，行政法规对自贸区发展的支持和保障，是必不可少的。鉴于此：一方面加强国务院层面的立法保障。我国的实情是立法机关还没有立自贸区基本法。在本文前面所提到的我国四大自贸区中，它们采取的是先制定政府规章以及条例，后制定地方性法规，同时在法规规章的授权范围内制定各类规范性文件的模式。为此，需要将《中国（上海）自由贸易试验区总体方案》等自贸区总体方案的一部分要求，适时转化为国务院行政法规的相关规定。或者，修改不符合各自贸区《总体方案》要求的一些行政法规的滞后规定，使得行政法规能够发挥保障支持作用。另一方面发挥市政府的实施性立法作用。就上海经验来看，为了发挥政府作用，上海市在国务院颁布《国务院关于印发〈中国（上海）自由贸易试验区总体方案〉的通知》后，上海市政府就出台《中国（上海）

自由贸易试验区管理办法》，充分调动地方自主性。重庆市政府在自贸区改革的过程中，也可以效仿上海的这一做法，充分发挥重庆市政府的自主性，在国家大框架下制定实施性规章，还可以分条块制定规范性文件。此外，还可先出台关于重庆自贸试验区行政管理事项的决定，以有效填补政府规章、地方性法规出台前的空档。

3. 充分利用负面清单制度

负面清单制度在法理上可以理解为禁止性或者限制规定，是指一个国家在引进外资投资的过程中，对某些与国民待遇不相符的管理措施以“清单”形式加以公开列明，外资只能投资清单禁止或限制以外的项目。而在2015年4月8日，国务院在总结上海自贸区负面清单经验的基础上，公布《自由贸易试验区外商投资准入特别管理措施（负面清单)》，至此，各地自贸区在负面清单这一层面有了中央行政机构的规章统辖，各自贸区在推进制度化和完善法律体系的过程中也充分利用了这一做法。如福建省针对台商投资而出台的负面清单，与国家《自贸区负面清单》比较，《福建自贸区总体方案》关于台商投资主体在福建自贸区可享有的优惠措施具有特殊性，降低台商的准入门槛。

同理，重庆也可以借鉴这一做法，虽然负面清单制度不是一种部门规章，只是一种规范性文件，但是在自贸区的实施与管理过程中，可以更加灵活地根据本地特色，针对不同商业主体作出具体的特殊规定，有利于商业投资的流通。

八、结语

自贸区发展模式选择问题作为一种新的探讨，存在立法权限分配问题。不但需要结合地区特性，而且要与国家整体保持一致。在国家没有关于自贸区的相关法律规定时，探究地方立法模式就更加艰巨。由于自贸区本身又是前卫的，其在立法上不但没有可以借鉴的全国性的法律，而且国内外可借鉴的实践经验也只局限在已有的一些案例中。因此，要探讨此问题，在比较研究已有经验的基础上，制度的创新是解决该问题的关键。不但要总结经验，遵守《立法法》关于立法权限的规定，同时也要发挥地区自主性，结合当地特色。立足于自贸区本身，在国家框架下进行多维度的尝试和大胆突破陈规，先行先试。此外，研究自贸区立法模式选择问题，不仅要考虑宏观协调性，在诸如关税、企业制度等微观方面，也是深入探讨立法模式的关键，让立法在地区发展过程中成为稳定方面的力量。

上海自由贸易试验区与广东自由贸易试验区立法比较研究

侯嘉淳

（西南政法大学行政法学院　重庆　401120）

摘要： 自由贸易试验区制度是国家在新世纪下开展“一带一路”对外开放政策的重要经济制度。在“一带一路”对外经济开放背景下，需要找准中国自由贸易试验区的定位。以上海与广东自由贸易试验区的立法状况及实践效果为蓝本，上海自贸区当前立法具有特色鲜明的负面清单制度、重点建设金融领域的法律制度、更加开放的海关政策制度；广东自贸区拥有对接“一国两制”分功能片区立法、珠海横琴片区双重政策优惠等特色制度。分析和对比两大自贸试验区的立法制度，总结出我国自贸试验区存在缺乏核心上位法律的制定、多元化完善配套省级立法不足以及“自贸试验区管委会”组织法上之定位模糊等问题，亟待立法完善。

关键词： 自由贸易试验区　地方经济立法　立法比较研究　地方立法问题

2015 年 9 月 15 日，习近平总书记在中央全面深化改革领导小组第十六次会议上指出，“以开放促改革、促发展，是我国改革发展的成功实践。改革和开放相辅相成、相互促进，改革必然要求开放，开放也必然要求改革”。[①] 从 20 世纪 80 年代开始，改革开放成为我国的基本国策，在新的时代背景之下，国家主席习近平提出建设“丝绸之路经济带”和“21 世纪海上丝绸之路”。“一带一路”是对外开放政策新渠道，而中国自由贸易试验区（以下简称中国自贸试验区）的设立则是“一带一路”对外开放政策的重要举措。党的十八大之后，以上海自贸试验区

①《中央全面深化改革领导小组第十六次会议召开》，载中国政府网，http://www.gov.cn/xinwen/2015-09/15/content_2932105.htm，访问日期：2017 年 2 月 14 日。

为首的中国四大自贸试验区已经确立，自贸试验区制度在地方发展势如破竹，尤以广东自贸试验区与上海自贸试验区发展为世人瞩目。以此二者之立法内容为蓝本研究自贸试验区法治建设，在总结立法现状的基础上，从立法比较研究之中分析和归纳出我国自贸试验区立法特点、法制特色以及存在的问题，从而为重庆等新一批自贸试验区的设立，在地方经济立法上提供理论和经验的参考。第三批自贸试验区已正式挂牌，包括重庆在内的第三批中国自贸试验区立法将吸收之前中国自贸区发展的优秀经验，结合地方特色，充分发挥后起之秀的优势，在新一轮的对外开放中赢得发展机遇。

一、中国关于自由贸易试验区的定位

（一）全球自由贸易区的发展变迁

英国在 18 世纪到 19 世纪完成工业革命，在全世界领域上建立了许多殖民地，成为“日不落帝国”时，为了更好地掠夺殖民地资源，提高贸易逆差，而奉行自由贸易零关税的政策。这种绝对化的贸易自由一方面可以极大扩张海外贸易发展，另一方面也给国家民族企业发展带来压力和冲击。在“开放—保护”权衡模式下，发展出国家划出特定区域进行自由贸易的制度。1574 年意大利热那亚自由港诞生了全球第一个自贸区，至今自贸区已有 440 多年的发展历史。[②] 自贸区是指在主权国家或地区的关境以外，划出特定的区域，准许外国商品豁免关税自由进出的关税隔离区。自贸区的概念和功能伴随世界贸易组织和各国双边及多边贸易协议等的签订和出台而被逐渐确定，自贸区已经成为世界各国参与国际竞争，促进国家贸易经济发展，提升国际影响力的重要领地。

世界各地的自贸区蓬勃发展，不同地域的自贸区都有自身特定的功能和定义。北美自由贸易区的宗旨是：“取消贸易壁垒，创造公平竞争的条件，增加投资机会，对知识产权提供适当的保护，建立执行办公室和解决争端的有效程序，以及促进三边地区的和多边的合作。”[③] 韩国的自由贸易区则是为了避免由于关税和复

---

② 马光：《中韩自贸区法制比较研究》，载《华东理工大学学报（社会科学版）》2015 年第 3 期，第 89 页。

③ 周文贵：《北美自由贸易区：特点、运行机制、借鉴与启示》，载《国际经济探索》2004 年第 1 期，第 17 页。

杂的海关手续所造成的贸易障碍，为出口商品提供接近终点市场的货物储存基地，发展转口贸易，从而促进海运和国际贸易的发展。[④]日本的自由贸易协定在一开始就是跨区域的，是从双边自由贸易协定谈判建立起来的。[⑤]

（二）中国自贸试验区的兴起

2013年7月3日，国务院总理李克强主持召开国务院常务会议，会议原则通过了《中国（上海）自由贸易试验区总体方案》（以下简称《上海总方案》），这是中国产生的第一个自贸试验区。上海自贸试验区根据先行先试推进情况以及产业发展和辐射带动需要，逐步拓展实施范围和试点政策范围，形成与上海国际经济、金融、贸易、航运中心建设的联动机制。

中国自贸试验区，是近年来拉动经济发展，扩大对外贸易发展的重要引擎。是党中央、国务院推进"一带一路"建设作出的重大决策，有力地加快了政府职能转变、增强了管理模式创新、促进了贸易和投资便利化、形成了深化改革新动力、扩大了开放新优势。中国自贸试验区，以上海自贸试验区为首，已经形成了试点推广，从沿海到内陆，从南方到北方，多点分布，全面散开，呈现蓬勃发展的局面。

特别是当前第三批自贸试验区获批挂牌，第三批自贸试验区共有7个，加上先前的四大自贸试验区，目前中国的自贸试验区总数已达到11个，自由贸易试验区制度在中国已由试点正式走向推广，成为推动我国对外贸易发展的重要经济制度。

（三）中国自贸试验区的发展与定位

中国自贸试验区的发展分布如表1所示：

表1　中国自贸试验区的设立分布

批次	决定时间	设定区域
第一批	2013年9月	中国（上海）自由贸易试验区

④ 参见苏珊珊：《中国（上海）自由贸易试验区政策分析——基于中国台湾基隆自由港区、韩国釜山自贸区的比较》，载《当代经济管理》2014年第9期，第45页。

⑤ 参见王宏军：《论自由贸易区建设中的跨区域模式——欧盟、美国及亚洲国家的比较研究》，载《云南民族大学学报（哲学社会科学版）》2012年第1期，第143页。

续表

批次	决定时间	设定区域
第二批	2014 年 12 月	中国（广东）自由贸易试验区、中国（福建）自由贸易试验区、中国（天津）自由贸易试验区
第三批	2016 年 8 月	中国（辽宁）自由贸易试验区、中国（浙江）自由贸易试验区、中国（河南）自由贸易试验区、中国（湖北）自由贸易试验区、中国（重庆）自由贸易试验区、中国（四川）自由贸易试验区、中国（陕西）自由贸易试验区

由表 1 可知，中国自贸试验区的发展特点有：第一，由单一试行到推广全国发展；第二，从沿海经济发达地区到深入中西部腹地；第三，从试验性到常态化。

中国自贸试验区，正处于探索的阶段。中国设立的自贸试验区跟国际法上各个国家对“自贸区”概念界定的范畴不一致。[⑥] 中国政府将其称为“自由贸易试验区”。但从试验区推广到全国后，若将“试验”二字去掉，则中国自贸区与世界自贸区在语义上相同，容易引起概念的混淆。因此，有学者建议中国自贸试验区不能简称为自贸区而应为自贸试验区，以此与自贸区的概念在语义上相分别。[⑦] 本文采用此观点。

二、上海自由贸易试验区的立法特点

（一）上海自贸试验区法律体系现状

上海自贸试验区的立法数据，经收集整理如表 2 所示：[⑧]

⑥ 主要是关贸总协定（GATT）1994 年第 24 条和服务贸易总协定（GATS）第 5 条的规定。

⑦ 马敏：《从美新自由贸易园区立法看中国自贸区立法的改进》，载《黑龙江省政法管理干部学院学报》2016 年第 3 期，第 113 页。

⑧ 数据来源参见中国（上海）自由贸易试验区，载 http://www.china-shftz.gov.cn/government.aspx?isF=0.，访问日期：2017 年 2 月 16 日。

表 2 上海自贸试验区政策法规数据表

全国人大常委会文件	行政法规	相关部委文件	地方法律规章	其他相关文件
3	18	44	53	11

上海自贸试验区自成立以来，展开了密集的立法活动，对区域内运行的诸多问题作出规定。全国人大常委会颁行了两部与上海自贸试验区直接相关的法律，但现在均已经失效。此外，上海自贸试验区内，已颁布 70 项与国务院及部委相关文件，75 项与上海市地方政府规章相关文件，7 项其他相关文件。还有诸多涉及工商贸易、规建环保、计划财政、劳动保障、海关、检验检疫、海事、外汇、税务、安全生产、应急保障以及其他类型的辅助类规定。⑨ 上海自贸试验区的政策法规已颁布的文件总量超过 400 项，仅海关这一类型的辅助性自贸试验区规定就高达 44 项，上海自贸试验区的政策法规在设立的短短几年时间内已经探索和设计出一套初具规模的中国自贸试验区法律体系。

（二）上海自贸试验区的特色立法制度

上海自贸试验区是我国新一轮对外开放的排头兵，拥有引领发展潮流，提供经验的龙头地位。其在自贸试验区创设的法律制度，特色鲜明，取得良好效果，在不同程度上推广到其他自贸试验区乃至全国范围之内。笔者总结选取下列三项制度以供考究：

1. 特色鲜明的负面清单制度

上海自贸试验区的法律制度最大的特点之一是负面清单制度。“管得少的政府才是管得好的政府。”⑩ 这句关于政府管理权力的经典名言，道出了在市场经济体制下，需要充分简政放权，发挥市场活力的要求。“负面清单管理模式”是指政府规定哪些经济领域不开放，除了清单上的禁区，其他行业、领域和经济活动都许可。负面清单管理模式适应了治理转型的趋势，主动运用法律引领行政审批制度改革，

---

⑨ 数据来源参见中国（上海）自由贸易试验区“政策法规”，载 http://www.china-shftz.gov.cn/government.aspx?isF=0.，访问日期：2017 年 2 月 16 日。

⑩ [美] 路易斯 · 亨金等：《宪政与权利》，郑戈译，生活 · 读书 · 新知三联书店 1996 年版，第 5 页。

坚持“重大改革于法有据”，重塑了法律与行政改革的关系。[11] 政府通过对外商投资企业禁止性事项进行清单式的列出，外资企业就可以经营运作没有在负面清单之内的事项。体现的是对公权力的控制和对私主体的放权。上海自贸试验区负面清单制度主要涉及的内容为外资企业的市场准入性事项，负面清单以目录的方式列举出外商投资中的禁止事项，这些事项清晰明确且无法作出扩大解释。

负面清单制度的推行，是中国进一步扩大对外开放，给予他国最惠国待遇的试验性尝试，准入前的国民待遇与负面清单制度相结合成为上海自贸试验区探索的有益尝试。负面清单制度在国外发展较为成熟，上海自贸试验区在制度设计上的借鉴与运用也取得了良好的效果，为中国其他地区试点的自贸试验区提供了有益的制度立法经验。负面清单制度在不断完善的同时，清单的项目也在不断地减少，表明国家对外开放的程度越来越高，国际贸易更加自由。

2. 重点建设金融领域的法律制度

在国务院办公厅出台的《上海总方案》中，将“金融服务”放在扩大投资领域中的首要位置，作为自贸试验区发展的主要任务和措施。金融领域的开放是上海自贸试验区的突破和尝试，上海市联合“一行三会”制定自贸试验区和上海国际金融中心联动的方案，收集和整理到有关上海自贸试验区关于金融领域方面的文件超过 20 项。可见金融领域服务贸易的开放和创新是上海自贸试验区的重点，是自贸试验区新型功能的重要组成部分。

金融领域上的对外开放，必须要在风险可控的前提之下，否则不能盲目扩张开放。在区域限定、风险控制之中，上海自贸试验区对金融领域制度进行了探索和建设。上海自贸试验区金融贸易服务的政策制度改革，从扩大人民币跨境使用、完善自由贸易账户外币服务功能、提高分账核算业务境外融资与跨境资金流动、完善银行业监管相关制度、简化行政审批、扩大全口径跨境融资宏观审慎管理、全面放开资本账户管制等方面进行试水改革。上海自贸试验区在此番改革之下，将逐渐确立起具有国际意义的外汇管理体制和更加便捷的国际货币结算制度，最终形成类似于英国伦敦、中国香港地区内外一体化、全面渗透型的金融中心，成为新一代的亚洲金融中心。

---

⑪ 喻少如:《负面清单管理模式与行政审批制度改革》，载《哈尔滨工业大学学报（社会科学版）》2016 年第 2 期，第 11 页。

3. 更加开放的海关政策制度

上海自贸试验区建立在四个海关特殊监管区域的基础之上，有发展成熟的海关管辖制度，保税片区“境内关外”的管理制度已经得到推广及认可。但上海自贸试验区并非保税区的加强升级版，而是一个新型经济发展模式。

上海自贸试验区在监管模式方面，奉行瘦上强下、简政放权、便捷高效、加强监管、公平公正和统筹兼顾六大原则。自贸试验区的海关政策满足“一线放开、二线安全高效管住”“二线监管模式与一线监管模式相衔接”等基本要求，创新了海关监管模式，加大风险分析，实施分类管理，减少人工干预，做到便捷高效。

上海自贸试验区在海关方面，在保证国家安全的前提下，不断简政放权，扩大外资经商企业贸易的自由程度，减少烦琐的行政审批，报关愈加便捷。其中“一次备案、多次使用”模式、“单一窗口”管理模式、仓储企业联网监管模式、“先进区、后报关”作业模式等多项创新模式的制度改革，降低了行政审批制的烦琐，经贸服务更加高效。

这些新型模式在效率上取得了良好效果。比如，启动实施国际贸易“单一窗口”管理制度，上海自贸试验区进口平均通关时间比区外减少 41%，出口平均通关时间比区外减少 36%；账册备案到核销操作环节由 34 项减少为 10 项，减少了 71%。⑫

（三）上海自贸试验区立法制度存在的问题

作为一个新型经济开发领域的开创者，上海自贸试验区既有成功的立法经验值得肯定，也存在因发展不够成熟而出现的法律制度缺陷。笔者认为上海自贸试验区至少存在以下五个方面的法律制度缺陷：

第一，上海自贸试验区负面清单制度缺乏立法层面的支撑。目前是以国务院办公厅出台的《国务院办公厅关于印发自由贸易试验区外商投资准入特别管理措施（负面清单）的通知》作为制度支撑，效力层级上尚属于行政法规。

第二，上海自贸试验区缺乏核心法律制度的构建。上海自贸试验区的核心政策法规文件只有国务院的行政法规和上海市政府地方性法规，全国人大层面的立法迟迟没有出台，之前关于授权国务院在中国（上海）自由贸易试验区暂时调整有关法律规定的行政审批的决定已经失效，且有学者认为此项法律在立法上也存

---

⑫ 陈勇鸣：《上海自贸区的若干可推广经验》，载《学习时报》2015 年 6 月 15 日，第 4 版。

在瑕疵。[13]随着制度的不断成熟，上海自贸试验区乃至中国各个地方的自贸试验区均迫切需要自贸试验区在人大常委会层面上的立法出台。

第三，上海自贸试验区内部立法体系尚未完善。尤其是大量授权立法的存在，其中既有全国人大常委会和国务院对上海市的授权，又有上海市人大常委会对上海市政府和自贸区管委会的授权；既有一般的授权立法形式，又有特殊类型的授权立法形式（授权暂时调整或暂停实施现行法律法规的部分规定），对这些授权立法效力等级的不同理解使得自贸区法律体系的内部关系更为复杂。[14]

第四，关于自贸试验区法规出现冲突时的解决方式无明确规定。虽然《立法法》对法律冲突的情形如何解决已予以明确，但由于自贸试验区的内部规则缺乏更为上位的法律制度对之进行统筹，出现政策法规冲突时诉诸司法将带来难以承受的司法压力。

第五，上海自贸试验区在立法上中央与地方任务分配不够精确。上海自贸试验区的立法方式，有学者认为是“自上而下”中央控制模式，[15]有学者却持相反意见，认为是“自下而上”的地方包围中央的立法方式。[16]两种截然相反的观点各有道理，不置可否的是，自贸试验区在立法上中央与地方任务分配不够精确，中央与地方立法繁重、重复致使上海自贸试验区所涉及法律设立秩序定位不清。

综上所述，中国上海自贸试验区制度，在立法和制度建设层面上还有较大的补足空间。一方面，对其优秀成功的经验，可结合各个地区的实际推广用之；另一方面，对其存在的法律制度问题，更需及时修缮，防止其给我国经济建设带来制度危机。

---

⑬ 蔡金荣：《授权国务院暂时调整法律实施的法理问题——以设立中国（上海）自由贸易试验区为例》，载《法学》2014 年第 12 期，第 61—67 页。

⑭ 李敏：《上海自贸区法律体系的现状反思与完善路向》，载《南都学坛（人文社会科学学报）》2016 年第 1 期，第 77 页。

⑮ 目前上海自贸试验区的法治建设主要遵循自上而下的立法进路，尤其是国务院及其部门的文件规定在自贸试验区法律规范中占有相当大的比重，这一立法进路在彰显上海自贸试验区的国家战略地位、提升自贸区改革权威性的同时，也加大了立法协调的成本，拖慢立法创新的步伐，难以满足自贸试验区“先行先试”的改革需要。参见李敏：《上海自贸区法律体系的现状反思与完善路向》，载《南都学坛（人文社会科学学报）》2016 年第 1 期。

⑯ 我国采取先在上海自贸试验区内调整法律适用，待上海自贸试验区运行三年并取得成功后再通过立法予以确认的模式。参见马光：《中韩自贸区法制比较研究》，载《华东理工大学学报（社会科学版）》2015 年第 3 期。

三、广东自由贸易试验区的立法特点

（一）广东自贸试验区的立法现状

广东自贸试验区的立法数据，经收集整理如表3所示：⑰

表3 广东自贸试验区政策法规数据表

全国人大常委会文件	行政法规	相关部委文件	地方法律规章	其他相关文件
1	18	23	42	14

2014年12月28日，全国人大常委会授权包括广东在内的第二批3个中国自贸试验区适用暂时调整有关法律规定的行政审批的决定，比上海自贸试验区设立迟了一年半有余。广东自贸试验区在制度设计和立法上，能有成功的蓝本予以借鉴，因此在立法上所走的弯路较少，立法更为成熟。在政策法规分布的领域上，贸易类依旧数量最多，其中综合类文件有41项，投资类有17项，贸易类有25项，金融类21项，财税17项。⑱单从广东自贸试验区的政策法规来看，其政策法规的数量较少，但结构体系完整，重点立法的领域依然是集中财经类服务贸易行业。总体而言，各部分立法与上海自贸试验区的法律体系相似，在中央层面上的法律制度基本上都实现了统一适用，很多制度是直接转达适用（如负面清单制度和先前的暂时调整有关法律规定的行政审批决定），部门规章则出台类似文件，唯有在地方层面上，广东自贸试验区在立法上更加强调毗邻港澳地区的地方区域特色制度。

广东自贸试验区有自身关于经济特区发展起来的一套成熟的政策法规经验，又有上海自贸试验区在先前关于自贸试验区立法的成功经验可以借鉴。广

⑰ 参见广东自由贸易试验区网站，载http://www.china-gdftz.gov.cn/zcfg/#zhuyao.，访问日期：2017年2月16日。

⑱ 此分类的政策法规有所交叉重合，且并非全部文件均针对自贸区的专项立法，数据来源参见广东自由贸易试验区网站“政策法规”板块，载http://www.china-gdftz.gov.cn/zcfg/#zhuyao.，访问日期：2017年2月16日。

东自贸试验区在法律制度的设立和经济贸易的发展上，具有“后来者居上”的可能性。

（二）广东自贸试验区的特色立法制度

广东自贸试验区，除保持自贸试验区的应有功能外，还结合地方特色，重点发展区域自由贸易制度。广东自贸试验区的地方特色鲜明，是“一国两制”实现的前沿阵地。因此，广东自贸试验区的区域战略定位为“依托港澳、服务内地、面向世界，将自贸试验区建设成为粤港澳深度合作示范区、‘21 世纪海上丝绸之路’重要枢纽和全国新一轮改革开放先行地”。其特色制度主要有以下几种：

1. 对接“一国两制”分功能片区立法

广东自贸试验区总共可分为广州南沙片区、深圳前海蛇口片区以及珠海横琴片区。每个自贸试验区都有分片区承担不同功能的制度设计，而广东自贸试验区的片区分布特征更具典范。广州南沙片区面积广阔，重点发展航海物流，特色金融、国际商贸，是建设以生产性服务为主导的现代产业新高地和具有时间先进水平的总和服务枢纽；前海蛇口片区，邻近香港，充分发挥香港作为“亚洲金融中心”的优势，重点建设金融服务贸易，发展跨境人民币业务、信息服务、科技服务等战略性新兴服务业建设我国金融业对外开放试验示范窗口，打造自贸试验区金融中心；珠海横琴片区，与澳门特区相连，着重发展旅游休闲健康业、文化科教和高端科技产业，建设国际都会，打造多元发展新载体，帮助澳门减少对博彩行业的依赖。

2. 珠海横琴片区双重政策优惠

广东自贸试验区跟其他自贸试验区不同，在经济立法和经济政策上已经有许多不同于其他地区的适用。在改革开放之初，就与港澳地区在经济上有合作，在中国加入世贸组织时，承担着打开东南亚市场的重要职能，在如此浸染下广东地区可谓深谙世界贸易的规则。改革开放三十几年来，广东地区在对外经济政策上，纷繁林立，出现重合。广东自贸试验区中的珠海横琴片区就是例证。珠海横琴片区是一个自贸试验区加财税优惠政策叠加的区域，拥有特殊的通关及财税政策，特殊的土地政策，开放的产业和信息化政策，创新的金融政策。[19]横琴片区的改革，制度创新突破了经济改革的局限，最引人注目的就是行政体制改革和司法综合改革，是“特区中的特区”。多项优惠政策的叠加使得某些外资企业在横琴片区能够获得比其他自贸试验区更加有利的政策优势。

（三）广东自贸试验区立法制度存在的问题

1. 自贸试验区优惠政策竞合

广东自贸试验区的政策核心是依托港澳，深度合作。如此一来，广东自贸试验区形成了一个政策重合的现状，容易造成地区在政策上适用的困难。例如，内地与香港地区建立过 CEPA（内地与香港关于建立更紧密经贸关系的安排），从某种意义上来说，自贸试验区政策与 CEPA 在广东自贸试验区地域上产生了“政策竞合”。通常而言，优惠政策发生竞合，其解决方式应是“两害相权取其轻，两利相权取其重”。但关乎政策性优惠的程度，政策辐射范围的广度，以及政策内容的多样性，其竞合判断的难度较大。在多种贸易协议优惠政策之中，若是找到两项内容规定相同的政策法规，其前者是否有被废止的必要？CEPA 在建立之后，还出台一项服务贸易协议，对政策法规发生冲突或竞合时的适用作了规定。[20]但关于区域内整个境外贸易体系的建构，平衡“一国两制”以及国外贸易协议的冲突，还未有明确的解决规则，这一点在广东自贸试验区表现尤为明显。

2. 政策法规推广性弱

自贸试验区是中国 21 世纪对外开放的重要战略措施，是国家层面上的战略计划，从上海自贸试验区开始，国家把自贸试验区作为“试验田”，上海自贸试验区的政策建设目标之一也是“可推广，可复制”。相比于全国层面上的自贸试验区，广东省在先前的粤港澳合作政策虽然也具有国家战略意义，但合作区域局限于广

---

⑲ 参见珠海横琴新区片区网站关于横琴片区功能定位介绍，数据来源于中国（广东）自由贸易试验区珠海横琴新区片区官网，载 http://ftz.hengqin.gov.cn/ftz/zcys/201501/c55fabbb1fb843d8afb15563abf1229e.shtml，访问日期：2017 年 3 月 4 日。

⑳《内地与香港关于建立更紧密经贸关系的安排》服务贸易协议，第 1 条第 2 款规定：“《安排》第四章第十一条、第十二条的有关内容按照本协议执行。本协议条款与《安排》及其所有补充协议、《广东协议》条款产生抵触时，以本协议条款为准。”协议文本内容来自中华人民共和国商务部台港澳司网站，载 http://tga.mofcom.gov.cn/article/zt_cepanew/subjectbb/200612/20061204080305.shtml，访问日期：2017 年 3 月 10 日。

东地区，更多意义上是区域性的跨境经济合作。广东自贸试验区的设置战略之一就是加强粤港澳深度合作，在地方特色法律制度建设中突出毗邻港澳地区的地理优势，突出服务港澳地区的宗旨，而这会造成广东自贸试验区对港澳地区企业与其他外资企业出现一个区别待遇的问题。其针对港澳地区的自贸试验区制度的建设，也难以实现如同上海自贸试验区般的普遍适用性，推广性较弱，对其他地区而言借鉴性不强。

四、广东与上海自贸试验区的立法比较

广东与上海自贸试验区的建设发展都是比较成功的，通过对比两个地方自贸试验区的立法制度，可以从中很好地得出共通的成功经验。从立法数据上，在总量和各个部分的数据对比中可推论出相关成因；从立法领域上，对比两个自贸试验区在出台相关法律法规时的侧重点，可了解和分析自贸试验区间的差异性；从地方法律规章内容上，查看和比较两个自贸试验区在地方自主性的制度设计上的特色，思考如何发挥地方优势。在三个方面的立法比较研究中，可以归纳和总结我国自贸试验区的发展经验，不同自贸试验区间的立法区位考量，从而探索出一些我国自贸试验区的法律制度建设规律。

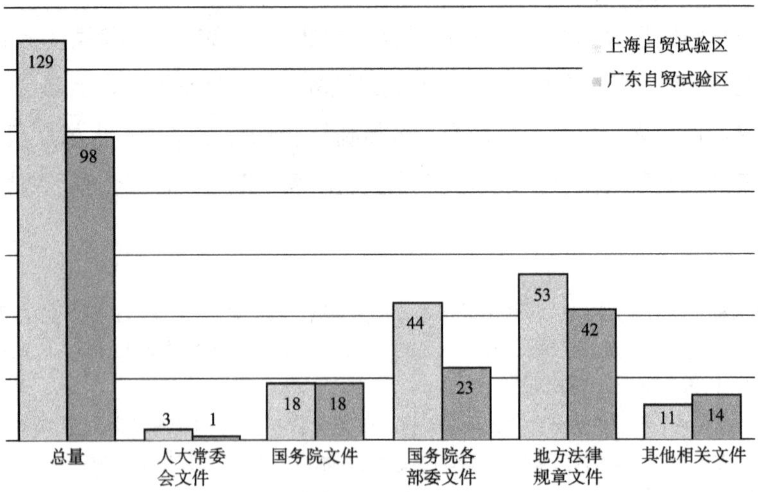

图 1　广东与上海自贸试验区立法比较图

（一）立法数据上的比较

对于立法数据上的比较，可从两个层面上分析：

第一个层面，立法总量上的比较。从图中可以清晰看出上海自贸试验区的政策法规出台的数量高于广东自贸试验区的政策法规数量。盖因上海自贸试验区乃我国第一个自贸试验区的试点区域，需要“摸着石头过河”，在制度和管理运行上需从无到有的摸索。立法上的空白领域较多，重复立法情况较多，有缺陷需要废止修改的政策法规较多，这三个方面的原因造成上海自贸试验区在整个自贸试验区发展过程中不得不先设立大量的法规来探索经验，促进自贸试验区的发展。而相比之下，广东自贸试验区因为有了上海自贸试验区的先前经验，避免了陷入重复立法的误区，可直接适用上海自贸试验区成功有效的法律制度，而对于其立法分散、各部门立法频繁的现状则可以作一个良好的梳理，出台一些完整、统一适用的制度法规，减少了文件的烦琐，故在立法总量上，广东自贸试验区的数量少于上海自贸试验区。

第二个层面，从各个部分的立法数据比较。在中央层面上，人大常委会文件与国务院文件相差无几。人大常委会关于自贸试验区的法律文件已失效，国务院颁发的文件数量都是 18 份，可见在中央立法层面上，尤其是在宏观上，国家对自贸试验区的战略部署具有高度的统一性，在国务院颁布的行政法规中，效力涵盖各个自贸试验区。在国务院各部委的文件中，呈现出国务院出台的核心法律性文件后，各个部委均发公文支持的特点，政策法律出台繁重、重复。广东自贸试验区的行政规章数量比上海自贸试验区少了一半，分析其文件内容，可知广东自贸试验区的规章文件更为简洁，系统性更强，数量少，内容全。地方层面上，地方性法律规章文件和其他相关文件从数据上看两者差异不大，仍是上海自贸试验区数量居多。

（二）立法领域上的比较

在立法领域上，两个地区都将重点放在了服务贸易领域，特别是金融服务领域。据统计，上海自贸试验区在政策法规上，金融领域的政策法规数量比重较大，专项规定金融政策的有 18 项相关文件，而广东自贸试验区也有 9 项专项文件。此外关于减少行政审批、税收政策以及海关政策等，两个自贸试验区都有涉及，上海自贸试验区已经初步完善了各个行政机关、各个立法领域的制度建设，文件虽繁复，但各领域上的规定均较为细致。而广东自贸试验区制度还不够精细，如电信业务、外商独资医疗机构管理等事项，还未有此专项规定。

（三）立法内容上的比较

广东与上海自贸试验区立法之内容，在中央层面上法律法规保持一致，从国务院及其各部委出台的文件名称中，可看出其制度规定只有名称之差别，而无实质内容之差别，但地方法律性文件其内容却大相径庭。

第一点，上海自贸试验区所制定的地方制度性法规规定更为详尽，而广东自贸试验区在地方上的法律法规制定，单项业务的立法较少，总体地区实施条例和部门机关依照上级文件而颁布的细则较多。原因在于，上海自贸试验区在地方上首次创设制度性法规，考虑政策推出的及时性，在单项业务成熟时即出台相应的单项规定，从而使单项立法较多，呈现出地方政策法规数量较多的现状。广东自贸试验区之立法因有前者成功经验，可将其单项有效的成熟制度系统化，出台一部汇总的条例取而代之，但也可发现广东自贸试验区在单项业务立法上也存在一定数量，从侧面反映出目前我国自贸试验区的法律法规建设还未真正实现体系化。作为后起之秀的广东自贸试验区在制度建设上也在不断探寻和推进，单项业务制度不断成熟、法制化，最终达到自贸试验区法律制度体系化。

第二点，上海自贸试验区的地方立法内容，绝大多数是针对“上海自贸试验区”这一整体对象，而广东自贸试验区在地方立法上，却常常是南沙、前海、横琴三大片区分头立法。上海自贸试验区总体规则的适用，让其政策法规具有较大的普遍性，顺应其作为中国自贸试验区“试验田”的地位，成功的经验政策在制定之初就拥有了先天的推广性。上海的成功经验上升到中央层面进而推广到全国与此不无关系。广东自贸试验区分区立法，与其功能划分片区的战略指导密切相关。广东自贸试验区的三个片区围绕着毗邻港澳地区的区位优势，有各自承载的主要功能，这体现在立法上就是各个片区分头制定政策法规，以“一带一路”为建设自贸试验区的目标，广东自贸试验区更像是三个独立的自贸片区组成，各个片区发挥地方特色，制定独特的政策法规。

第三点，上海自贸试验区强调“自贸试验区应有之义”，广东自贸试验区更着重“一国两制，港澳合作”的区位特色。在立法内容上，上海自贸试验区的各方面的制度都与自贸试验区本身的制度建设有关，而广东自贸试验区则是在自贸试验区的总体设计方案之下，各方面都突出其毗邻港澳的特色。例如，自贸试验区关于司法系统如何更好地为自贸试验区服务，法院如何培养人才等方面，上海法院出台了一个大方向的意见，而广州南沙法院则处处体现其地方特色，在语言要求上提出要精通“普通话、粤语和英语”。

五、新设立自贸试验区面临的立法困境

从上海与广东两大自贸试验区的立法现状、特色立法制度以及存在的问题来看，两者既有共性又有个性。中国自贸试验区的发展从点到面，随着第三批自贸试验区的设立，摆在自贸试验区从中央层面到地方层面的立法困境，亟待解决。

（一）缺乏核心上位法律的制定

我国把自贸试验区作为国家在21世纪“一带一路”对外开放战略实施的重要经济制度，但其最高层级授权仅停留在国务院的行政法规上，亟待全国人大在法律层级上对我国自贸试验区法律制度进行立法整合，在法律适用上调整其与各个现存法律规范之间可能存在的冲突。

1. 完善上位法的时间迫切

目前，自贸试验区制度处于从试验走向推广阶段，随着第三批自贸试验区获批挂牌，自贸试验区已成为国家全面对外发展的经济制度。但是，关于自贸区立法依旧处在地方立法林立的局面，中央层面仅以国务院出台的各个《总体方案》分头指导，自贸试验区制度无法律上的授权，立法工作亟须开展。

当前包括重庆在内的第三批自贸试验区已经确立，自贸试验区已不再是试点，而是在推广，新设立的自贸试验区数量大，涉及范围广，自贸试验区不只是个别地区的试验，而是全国范围的推广，此时亟待构建自贸试验区法律体系，而这体系的构建当以制定全国性自贸试验区法为首要目标。

2. 自贸试验区合法性需要

国务院出台的各个《总体方案》，属于行政法规，在效力位阶上高于一般部门规章和地方性法规，仅次于宪法和法律。毋庸置疑，行政法规在支撑地方性法规和规章的制定上，效力足矣。其居中协调作用能有效地化解自贸试验区地方立法与现行国家立法之冲突，当地方性法规出现新情况时，可通过修改自贸试验区《总体方案》的方式保证我国在社会总体稳定的前提下尽可能地实现自贸试验区制

度创新改革。[21]但自贸试验区制度已经基本探索成熟，积累的经验已开始普及应用，行政法规灵活性之优势抵不过效力性不足之劣势，自贸试验区需要人大立法为之确保制度创新的合法性效力。

自贸试验区本身承载着改革创新的价值期待，广东自贸试验区就在其地方性法规上作了明确规定。[22]在此种价值期待下，实践难免出现与现行法律规范相冲突之情形。唯有全国人大及其常委会出台自贸试验区的专项立法，方可保障我国自贸试验区有法可依，并借助“新法优于旧法、特殊法优于一般法”的一般性法律适用原则协调好与其他现行法律、行政法规间的关系，减少自贸试验区在战略实施过程中来自国家立法的制度障碍与法律适用冲突。[23]

3. 中央层面立法并未实现统一

当前自贸试验区最高位阶文件为各个《总体方案》，易言之，当前最高效力的法律文件并无对我国自由贸易试验区进行统一立法。各个《总体方案》内容雷同，但文本不一，不具备法律上的统一性。分头立法能有效发挥各个自贸试验区自身的区位优势，但作为国家级别的经济制度，无统一立法不利于法治建设体系化，不利于自贸试验区未来的发展。各个自贸试验区在制定地方法规和规章时，若没有统一的全国性法律进行指导和约束，很容易造成各个地区在立法上的恶性竞争。我国是属于单一制的国家，“下位法服从上位法”，地方立法必须服从中央立法，唯有出台全国人大层面上的自贸试验区立法，才能形成统一的自贸试验区法律体系。

（二）多元化完善配套省级立法不足

以广东自贸试验区为例，其在地方经济体制立法上，常常分片区多头立法，虽能有效地分配资源，发挥各个片区的地理优势，但分头立法也需要统一规范，在发挥片区灵活性与自主性的同时，应注重片区之间合作规则规范的制定。

完善省级地方性配套立法是一项系统工程。而当前广东自贸试验区在省级层面配套立法上较为薄弱，需要多元化配套立法，尤其加强综合性配套立法，发挥

---

[21] 李猛：《中国自贸区国家立法问题研究》，载《理论月刊》2017 年第 1 期，第 91 页。

[22]《中国（广东）自由贸易试验区条例》（广东省第十二届人民代表大会常务委员会公告第 60 号）第 4 条第 1 款规定：“鼓励自贸试验区先行先试，探索制度创新。对法律、法规和国家政策未明确禁止或者限制的事项，鼓励公民、法人和其他组织在自贸试验区开展创新活动。”

[23] 参见周旺生：《立法学》，法律出版社 2009 年版，第 22—23 页。

好省级立法规范“承上启下”的作用。[24]当前地方立法普遍存在一个不良现象，即立法“抄袭”，指的是除包括对上位法的不当重复外，还包括对同位法和下位法的照抄照搬。[25]

因此，新设立自贸试验区在省级立法构建上：第一，需要注意上位法的法律权限，既要避免立法上的越权，也要避免出现空白配套立法的情况；第二，在时间上需要紧跟上位法的要求及时做好配套性立法；第三，在内容上要避免重复上位法，做到“言之有物”。

（三）“自贸试验区管委会”组织法上之定位模糊

在自贸试验区立法上，广东自贸试验区横琴片区经其“自贸试验区管委会”出台若干行政规范性文件，其文件的行政是否可诉？自贸试验区管委会在法律上定性应为行政机关还是行政机构？派出机关和派出机构两者虽只有一字之差，但在行政法学上的定义却相去甚远，派出机关属于独立的行政主体，能够以自己的名义作出行政行为，承担行政责任，而派出机构则不是行政主体，其行为造成侵害只能由其设立的行政机关承担责任，不能以自己的名义行使权力，除非有法律法规的明确授权。自贸试验区管委会的属性在现存法律上还未有一个权威的解释，在未来司法实践上亟须考虑和解决。

自贸试验区管委会若是派出机关，其行政主体的资格设立应有组织法上的法律支撑。广东自贸试验区管委会的设立依据《中国（广东）自由贸易试验区条例》属于地方性法规，其机构设置被定性应为行政派出机构。[26]从我国《地方各级人民代表大会和地方各级人民政府组织法》及其相关法律规定上看，我国目前的派出机关有三类：行政公署、区公所和街道办事处，自贸试验区管委会显然不属于这三类，在理论上不属于派出机关。

自贸试验区管委会若是作为派出机构，在行政法学上，根据我国《行政诉讼

㉔ 参见王压非：《我国配套立法问题研究》，法律出版社 2014 年版，第 27—29 页。

㉕ 孙波：《试论地方立法“抄袭”》，载《法商研究》2007 年第 5 期，第 3 页。

㉖《中国（广东）自由贸易试验区条例》（广东省第十二届人民代表大会常务委员会公告第 60 号）第 6 条规定：“按照统筹管理、分级负责、精干高效的原则，设置省自贸试验区工作办公室和自贸试验区片区管理机构。”

法》第26条，[27]行政派出机构因没有行政主体资格，承担行政诉讼被告的只能是作出行政行为的行政机关，换言之，"自贸试验区管委会"若因其行政行为被提起行政诉讼，被告为设立该行政机构的人民政府。但事实上，"自贸试验区管委会"作为行政诉讼的被告已经出现在我国司法实务之中。[28]不过，也有学者指出，目前我国行政主体有两类：一类是行政机关，主要有国务院、国务院各部委、国务院直属机构和办事机构、国务院部委归口管理的国家局、地方各级人民政府、地方各级人民政府的派出机构、地方各级人民政府的职能部门；另一类是法律、法规授权组织，主要是行政性公司，事业单位，企业组织，社会团体，依照法律、法规的授权而直接设立的专门行政机构，行政机关的内部机构，政府职能部门的派出机构等。[29]按照此观点，自贸试验区管委会作为派出机构也可以成为行政诉讼的被告主体。最高人民法院的司法解释也承认了派出机构在法律授权的情况下可以充当行政诉讼的被告。[30]但这是否说明"自贸试验区管委会"就是派出机构呢？笔者认为此定性依旧值得商榷。

我国《立法法》对各级国家权力机关和政府部门制定规范性文件作了列举式的规定，此间并未包括行政派出机构，而诸如上文所述，仅横琴片区管委会就制定了数量众多的规范性文件，这就超越了派出机构的权限范围。而《中国（广东）自由贸易试验区条例》第1条便规定，自贸试验区管委会拥有在区域内制定规范性文件的权力。并且，自贸试验区管委会在实践中创立了若干内设机构负责具体事务，这种权力已超越行政派出机构之职权。

综上分析，无论将"自贸试验区管委会"定性为派出机关抑或是派出机构，在行政组织法理论上都无法周延。因经济发展设置专门的管理机构在我国已有先例，早前国家级开发区管理机构在行政法上的法律定性问题，亦存在争论。有学者认为，关于国家级开发区管理机构，首先至少承认其具有行政主体资格，然而不能将其归类于现有理论上的地方政府、行政派出机关、行政派出机构以及受委

㉗《行政诉讼法》第26条规定："公民、法人或者其他组织直接向人民法院提起诉讼的，作出行政行为的行政机关是被告……行政机关委托的组织所作的行政行为，委托的行政机关是被告……"

㉘ 上海市第一中级人民法院（2016）沪01行终252号行政判决书。

㉙ 参见杨解君：《行政法学》，中国方正出版社2002年版，第142—144页、第148—150页。

㉚《最高人民法院关于执行〈中华人民共和国行政诉讼法〉若干问题的解释》（法释〔2000〕8号）第20条第2款："行政机关的内设机构或者派出机构在没有法律、法规或者规章授权的情况下，以自己的名义作出具体行政行为，当事人不服提起诉讼的，应当以该行政机关为被告。"

托行政组织的分类之中，应定性为“法律、法规授权的组织”，但关于主体的适格性仍然面临诸如授权范围不周延、管辖区域不周延等问题，解决途径最终诉诸立法法和组织法的修订。[31]笔者以为，自贸试验区管委会法律上的定性与国家级开发区管理机构一致，拥有行政主体资格，但具体定性有待立法的完善解决。

六、结语

“一带一路”对外经济开发政策是增强我国经济增长的重要政策，加强推广自贸试验区制度是未来发展不可阻挡之趋势。自贸试验区不仅是对外开放的经济政策，其作为经济制度术语在法学内涵上有独立之概念范畴，自贸试验区不同于自贸区，其拥有独立的法律制度。自贸试验区的发展随之而来的是负面清单制度、行政审批制度等制度的改革，“自贸试验区”开创了行政法学和地方经济立法的新局面，而自贸试验区发展迅猛，当前我国已经确立的自贸试验区数量已达到 11 个，而立法滞后，带来诸多立法问题亟待总结和解决。

自贸试验区在中央立法上，应出台《中国自由贸易区法》使自贸试验区法律制度体系化，完善自贸试验区法治建设。而在地方经济立法上，需要发挥自身特色，同时兼顾好与上层立法间的关系。新一批的自贸试验区法治建设，首先需要梳理现行有效的法规制度，为新自贸试验区立法工作打下基础；其次需要适时配合国家层面作出授权决定，做好市级层面授权工作；最后应突出地区特色，适时制定自贸试验区管理办法等政府规章，为新一轮经济腾飞做好制度性保障。新自贸试验区的建设和发展，必将在前者的基础之上，迅速建立，而中国自贸试验区法律制度体系化也将指日可待。

㉛ 郭会文：《国家级开发区管理机构的行政主体资格》，载《法学》2004 年第 11 期，第 61 页。

设区市文物保护方面地方性法规立法状况实证研究

孙凯丽

（西南政法大学行政法学院　重庆　401120）

摘要：2015 年新修订的《立法法》赋予设区市人民代表大会及其常务委员会制定地方性法规的权力以及市政府制定地方政府规章的权力。立法权力的下放有利于激发地方的活力，但是设区市获得这一立法权之后，如何利用好这项立法权来服务地方建设是一个值得研究的问题，同时如何有效规避地方立法躲不开的重复立法、地方保护等问题，也对当前设区市立法提出了新的要求。并且对于明确处于设区市立法权限范围内的历史文化保护来说，如何突破地方立法先前存在的立法阻碍，突破重复立法的牢笼而将文物保护落实到实处等问题则是设区市立法不可忽略与亟待解决的难题之一。所以文章针对设区市文物保护立法的发展与桎梏进行了深入研究，希望能为推进文物保护进程发现新思路。对完善设区市立法的实践进程进行探索，且寄望于在设区市立法的具体操作活动中有所裨益，达致和谐社会的价值共识，并得到最大范围的认可和遵守。

关键词：文物保护　设区市立法　困境　出路

引言

2015 年 3 月 15 日修改的《立法法》赋予了所有设区的市（以下简称设区市）以立法权，从而使得我国享有立法权的设区市由原来的 49 个较大的市（以下简称较大市）扩充至所有的设区市。根据《立法法》之规定，除法律另有规定外，设区市制定地方性法规的事项范围限于“城乡建设与管理”“环境保护”“历史文化保护”三个方面。在《立法法》赋予设区市人大及其常委会的立法权之前，地方各级政府长期习惯于用红头文件的方式下达指令。这种习惯做法无益于对政府的监督，也不利于地方民主法治建设。设区市获得这一立法权之后，如何利用好这项立法权来服务地方建设是一个值得研究的问题。除此之外，在立法权下放的这两年多的时间里，综观各设区市立法状况可知，设区市制定的地方性法规在不同调整领域的分布并不均衡。就历史文化保护来说，在较多设区市立法中占比均处于最低，这一方面反映了一定时期内不同领域的立法需求在量的方面的差异性及设区市对不同领域立法的重视和需求程度，同时也说明了设区市立法在文物保护立法的道路上仍处于探索阶段。

文物保护工作是我国社会主义文化事业的一部分，在文物中有法可依的重要性是不言而喻的。但是文物保护地方立法长期以来存在的一些问题也使得文物保护立法之路障碍重重：一些地方官员缺乏法治思维，甚至与房地产利益集团相互勾结形成利益输送关系，致使文物保护地方立法形同虚设，严重损害了法律的权威和政府的形象；同时，文物保护地方立法法治建设不健全，一些地方显露出仅仅是为了立法而立法的弊端，而忽视文物保护立法的真正应有之义，导致文物的内在价值不能得到很好的延伸保护、有效传承与发展。因此，设区市在文物保护立法这一方面应如何在法律的框架里守住自己的原则与底线，又对我国文物保护立法提出了新的难题与挑战。

文章定位于设区市文物保护立法的现状以及前景分析，首先通过运用文献研究法，即查阅了各大资源网站以及借阅纸质书籍，通过阅读学习相关文献、著作来为本文提供理论及观点架构与支撑；其次使用了政策分析法，即仔细阅读了大量上位法与下位法以及梳理各法律体系之间的联系与区别；最后通过比较分析得出不同设区市的立法机关制定出的法律的趋同性与差异性，从而为设区市在文物保护立法方面寻求一条适宜之路。

一、设区市文物保护方面地方性法规立法现状

传承中华上下五千年的历史文化，正逐渐流失于岁月中。如散沙一般的文化不仅需要人类以语言、文字或口耳相传等形式加以保护，更需要国家和政府以硬性规定来发挥其最大的传承文化的价值。运用法律手段保护和管理文物，是文物管理的重要内容，也是以法制管理文物的必然途径。我国当前的文物保护法律体系主要包括国家制定的法律、地方人大制定的地方性法规、各级人民政府和国家

文物行政管理部门制定的保护管理文物的规范性文件，以及文物行政管理部门制定的重要规章、制度等。

（一）文物保护立法趋势渐增

文物保护工作的有效开展与施行离不开地方立法的辅助执行，国家将有关历史文化保护的立法权力下放给设区市人大及其常委会后，取得最显著的成绩之一是激发了地方的立法活力。就历史文化保护这一方面来说，首先立法数量较之2015年3月《立法法》修改之前明显上升。通过查阅各设区市人大网和北大法宝等网站得出以下数据：

年度	2016—2017年	2015年3月—2016年	2014—2015年3月
立法数量（包括修改）	23	6	4

图1　2015年3月《立法法》修改前后立法数量对比[①]

通过上述数据可得知，《立法法》修改以后，各设区市在取得立法权力之后，积极推进立法工作及促进立法势头大增，《立法法》修改之后的立法数量近乎修改之前的7倍。以广东省为例，广东省内各设区市立法主要有《广州市历史文化名城保护条例》（2015年）、《佛山市历史文化街区和历史建筑保护条例》（2015年）、《惠州市历史文化名城保护条例》（2016年）和《河源市恐龙地质遗迹保护条例》（2016年）以及为了协调推进文化生存的环境一体化发展而制定修改的《中山市水环境保护条例》（2016年）等相应地方性法规和不胜枚举的规范性文件等。从总体上看，与其他设区市相比较数量较多，同类立法也为下级人大和政府制定相关规范性文件奠定了基础。

同时，从另一个方面也反映出设区市在文物保护方面所注入的重视较之之前上升趋势明显，结合上文所提到的立法数量激增等均使得文物保护与地方立法在空间上进行更好的串联，将文物保护纳入法治的轨道中，通过运用法律手段实现有效保护文物文化的目的，从立法根源规避“有行动无制度”的状态，[②]最终实现文物保护工作的制度化和专门化。

① 资料来自北大法宝：www.pkulaw.cn，访问日期：2016年8月15日。

② 张邦铺：《文化遗产的法律保护研究——以四川为例》，中国政法大学出版社2015年版，第65页。

（二）文物保护立法范围愈广

由于各省市地理、人文等固有特征各不相同，因此各地所制定的有关文物保护地方性法规也呈现出不同的范围界定。通过查阅设区市 20 件文物保护的地方性法规可以得出如下数据：

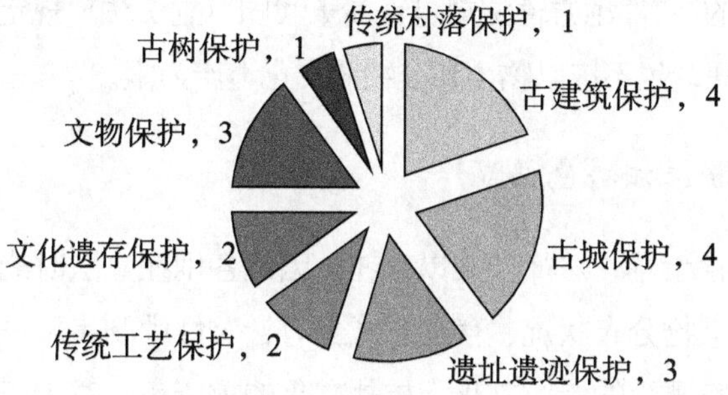

图 2　设区市文物保护立法范围[③]

从上图所列举的保护对象上看，这些地方性法规涉及古建筑、古城、古树、文物、文化遗存、遗址遗迹、传统村落、传统工艺等历史文化形态的保护。其中设区市地方性法规中涉及古建筑保护的有《佛山市历史文化街区和历史建筑保护条例》《襄阳古城墙保护条例》《咸宁市古民居保护条例》等。古城保护的地方性法规有《徽州古城保护条例》《商丘古城保护条例》《惠州市历史文化名城保护条例》等。遗址遗迹保护的地方性法规有《河源市恐龙地质遗迹保护条例》《赤峰市红山文化遗址群保护条例》《泉州市海上丝绸之路史迹保护条例》。文物保护的地方性法规有《潍坊市文物保护条例》《百色市百色起义文物保护条例》《安阳市林州红旗渠保护条例》。文化遗存保护的地方性法规有《黄石市工业遗产保护条例》和《桂林市石刻保护条例》。传统工艺保护的地方性法规有《镇江香醋保护条例》和《芜湖铁画保护和发展条例》。传统村落保护的地方性法规为《信阳市传统村落保护条例》。其中，古树保护的地方性法规为《临沧市古茶树保护条例》。

简言之，上述所列举文物保护范围除传统工艺属于非物质形态的历史文化外，其余均为具有物质形态的历史文化。由此可见，设区市制定的“历史文化保护”

③ 易有禄：《设区市立法权行使的实证分析——以立法权限的遵循为中心》，载《政治与法律》2017 年第 6 期。

方面的地方性法规，从数量上看仍以保护具有物质形态的历史文化者居多。

对于《立法法》中所提及的历史文化保护的外延究竟包括哪些内容，全国人大及其常委会并未对此作出说明，根据立法精神以及从客观目的的角度出发，我国《文物保护法》和《非物质文化遗产保护法》规定的文物和非物质文化遗产之外的具有保护价值的历史文化形态，也应当归入“历史文化”的范围。因此，判断上述设区市制定的20件地方性法规是否属于我国《立法法》规定的“历史文化方面”的地方性法规，也不应以物质和非物质文化遗产为限。

（三）文物保护立法特色凸显

离开一定的生存土壤，法律便难以存在。因此各地在立法时或多或少的都是根据本地区拥有的文物分布状况、存在方式上有针对性地制定了一些相应的文物保护法律。如承载着厚重的传统文化、抗战文化的重庆市，对重庆市特有的三峡工程库区搬迁后的不可移动文物、抗日战争时期与重庆开埠时期的近现代建筑物、遗存和世界遗产大足石刻等不可移动文物都纳入了重庆市的文物保护法律体系中；如为加强重庆市三峡工程淹没及迁建区的文物保护工作，制定了《三峡工程淹没及迁建区文物保护管理办法》；为加强对钓鱼城遗址的保护，重庆市制定了《钓鱼城遗址保护办法》等。对于民族特色浓厚的民族自治区文物的保护也体现出独具特色的地域特征，以西藏自治区为例，除了对宗教文物的重视之外，西藏还将革命文物、民族文物和流散文物列入馆藏文物的保护体系之中。在《西藏自治区文物保护管理条例》中，西藏分别对以上所提及文物进行了详细介绍与保护规划，一方面昭示出西藏对文物保护的创新性立法，以及依法推进西藏文物保护的进程，另一方面又确保了各类文物保护形式在法律体系中得到重视与保障。

除此之外，设区市人大及常委会和地方各级人民政府在上位法规定的权限范围内，结合本地实际创新文物保护方式，发挥出了文物保护的最大效能。首先上海市《实施〈文物保护法〉办法》对不可移动文物的评估、升级、降级和撤销等制度规定填补了《文物保护法》的制度空白，属于创制性规定；其次《金华市水环境保护条例》确立了责任人制度，将责任落实到个人，为国家依法建立追责制度和强化文物管理与保护系统提供了可循之径；再次《潍坊市文物保护条例》在本地条例中引入了专家咨询机制，促进文物保护的科学性立法；最后少数民族自治地区文物立法也对相关保护方式进行了不同的规定，如西藏自治区在2017年2月通过的《布达拉宫文化遗产保护条例》中完善对文物保护单位布达拉宫进行定期监测、对本体建筑采取技术监测措施和建立数据信息库以及建立健全保护管理制度，制定消防预案，配备各种设施设备等。另外，对于中央未作出或未详细作出规定的文物普查制度、文物安全责任制度和设立文物保护专项经费等内容，均可在各地文物相关立法中觅见其踪影。

简言之，在《立法法》修订之后，设区市立法呈现出两个特征：一是关于文物保护立法数量激增，有益于更好地推进文物保护有法可依工作的顺利进行，同时也不可忽略立法质量跟不上、执法力度疲软等问题；二是文物保护立法涵盖范围更加广泛，物质文化和非物质文化遗产均被纳入立法体系中，使得文物保护有一个乐观的前景，一方面有效防止地方政府及其个人滥用权力与有关利益集团相互勾结形成利益输送关系，进行地下文物交易等致使文物保护地方立法形同虚设的活动；另一方面也唤醒公众树立起文物保护意识，促使公众参与到文物保护工作中来。

二、设区市文物保护方面地方性法规立法困境分析

全国人大制定颁布的《文物保护法》在文物保护的法律制定上起着统领性、宣示性的作用，指导其下位法的制定与发展。但同时也需要考虑的问题是，仅仅依靠上位法来对文物进行具体保护作用是远远不够的，还需要地方立法制定可实行、可操作的措施来将中央制定的文物保护法进行具体化、实体化，从而达到文物保护的最佳效果。所以相对于中央立法来说，地方文物保护立法起着不可替代的补充作用。结合上文可知，设区市文物立法的优越性体现在践行中央号召及贯彻中央政策中，具体实现中央立法的有效性等方面所发挥的作用是不容忽视的。

在肯定设区市等地方立法对中央立法的弥补、辅助与细化规定等方面所发挥的作用时，也不能忽视设区市立法数量繁多、技术水平低、立法质量参差不齐等问题。考虑到各地历史、地理或环境等存在差异，设区市立法显露出保护效力低下、强制性差的弊端，甚至由于某些地方存在地方保护主义以及区域要求不统一，各地保护措施和处罚方式不同，出现了文物保护方式不同，造成区域规章制度的摩擦、冲突，这不系统的保护方法对文物保护的进程造成了一定的阻碍。

因此，综观关于设区市文物保护的立法特点及侧重点，立法质量的优劣在很大程度上取决于是否进行了科学合理的利益整合以及制定规范划一的法律保障体

系。通过对设区市文物保护的立法整体分析，显而易见的是各地立法状况仍然存在不足与阻碍，具体体现在立法质量参差不齐、立法特色性缺失、立法存在单一性与重复性和地方保护利益壁垒难突破等问题。

（一）立法质量参差不齐

地方或者局部利益保护主义在立法领域表现在设区市立法的“权力寻租”。“权力寻租”是从经济学的理论引申而来的，它指国家公务员以掌握的权力为筹码，向企业或者个人出租权力，索取高额回扣，获得暴利。[④]随着市场经济的发展，“权力寻租”开始向立法领域蔓延。地方“立法寻租”制定带有利益倾向性的地方性法规、规章的活动，导致的结果必然与科学立法、民主立法的原则相悖，从而也无法保障设区市立法质量。一些设区市立法机关为了保护地方利益，运用地方立法权力予以“寻租”，这些倾向在文物保护立法方面体现得更为明显，以下文所提及的利益博弈中的文化之争为例，即“观音之争”“李白之争”，一些立法政府为了本地的经济利益，以制定法律的形式掩盖其行地方保护主义之实，损害相邻或相关区域的正当权利。而且在立法领域，行政部门起草法规草案的比重较大，一些地方的法规起草权几乎全部掌握在部门手中，这就直接导致了更为严重的部门利益“合法化”倾向。正如现代美国著名的政治家乔万尼·萨托利在其《民主新论》中所说的，“当法制转变为立法者统治时，也就打开了通向最巧妙的压制形式的方便之门：以法律的名义，进行压制”。[⑤]所以立法者在立法时难免将利益置于首位，以法律的名义实现自己的利益，借法律之名实施地方保护主义之实。

再者，立法技术有待提高，立法人员专业性缺失。目前在我国境内，文物保护主要还是以行政规定为主，以行政手段为实施手段。这种现状反映出文物保护形式效力低下，强制性很差，加上地方保护主义和区域要求不统一，各地保护措施和处罚方式不同，出现了对于相同或者相似的文物保护方式不同，造成区域规章制度的摩擦甚至冲突。再一个是现实中，地方立法文本往往由地方人大或政府委托给相关行业或政府主管部门，这些被委托主体往往是一般的公务员，立法的专业知识和技能并不高，责任心也不强；地方人大代表也非专业人才，其审查文件时主观性较大，所以立法技术的缺陷影响着地方立法的“良性”发展。同时，

④ 周伟：《论我国地方立法存在的问题及解决》，载《河南财经政法大学学报》2013 年第 2 期。

⑤ 汪全胜：《行政立法的“部门利益”倾向及制度防范》，载《中国行政管理》2002 年第 5 期。

这种立法上的参差不齐给文物保护带来了极大的不利，亟待通过提高文物保护立法质量来予以加强，而提高立法质量又离不开加强立法技术，吸收专业立法人员以及建设高素质专业法律制定人员。因为立法人员作为立法的决策者、起草者、审议者，构成了一切立法活动中的主体因素。⑥

（二）立法的特色性缺失

设区市立法存在的问题之一是不能体现地方特色。地方特色是设区市立法的灵魂和生命，如果设区市立法不能体现地方特色，不能解决地方实际问题，只是作为中央立法的影子紧随其后，设区市立法就丧失了其存在的价值。体现地方特色，是衡量地方立法质量和价值的一个基本标准，设区市立法不是对中央立法的实施性立法，其核心应该是创制性立法、自主性立法，旨在制定富有地方特色、富有针对性和可操作性的地方性法规。⑦

比如，重庆市和成都市，分别属于不同的地形，成都大部分处于四川盆地中，重庆市是典型的山城、雾城。两个地区针对不同的地形在立法中将因地制宜作为保护文物的一个原则，即在不违背环境保护法律前提下，两地孕育着的各类文物形式都需要依据不同的环境制定不同的保护政策，在各自立法中注重体现出如何利用地形的优势来保护可移动和不可移动文物，并且进一步研究如何摆脱地形和气候的束缚，更好地为保护文物服务。在这一点上，笔者翻阅了重庆市和成都市关于文物保护的相关法律，都于此未有提及。又如，对于拉萨市来说，拉萨市位于青藏高原西南部，海拔高、气压低、昼夜温差大，变幻莫测的气候是对文物保护一个很大的挑战，不同形式的文物需要克服气候的挑战，采取不同的保护措施。比如，布达拉宫在西藏常年的辐射能影响下，如何进行保护与维修等问题都应该体现在文物保护措施中，这样才能得以实现运用法律手段对文物进行科学有效的保护。

（三）立法存在单一性与重复性

从立法状况看，中央立法出台之后的较短时间内，地方的实施细则就如雨后春笋般迫不及待地破土而出。但存在的问题是有些实施细则并没有联系本地的实

⑥ 黄文艺：《论立法质量——关于提高我国立法质量的思考》，载《河南省政法管理干部学院学报》2002 年第 3 期。

⑦ 田成有：《地方立法的理论与实践》，中国法制出版社 2004 年版，第 59 页。

际情况作出具体处理办法，而是照抄照搬上位法的相关条款和规定，这样在一定程度上造成了地方的人力、物力和财力的浪费。再者，这样也会肢解法律和行政法规，破坏其完整性，模糊上位法与下位法的界限，同时也是对法律的权威挑战。从各设区市立法来看，有很多的条款是在简单地重复《文物保护法》的内容，或者仅仅是在管理权限的分配和组织机构的设定方面进行了某些细化。例如，《文物保护法》中规定的“保护为主、抢救第一、合理利用、加强管理”文物工作方针在除法律之外的法规、规章和地方性文件中出现了534次，其中包括设区市法规在内的地方性法规出现了46次。在《桂林市石刻保护条例》《赤峰市红山文化遗址群保护条例》以及《泉州市海上丝绸之路史迹保护条例》等中都是直接重复。

对于不同形式的文物，对其保护应选择针对性强、高效的不同保护措施，而不是直接照抄照搬上位法。比如，对于井冈山、延安等红色文化浓厚的地方，首先考虑的是抢救还是保护，因为这种文化形式易于随着时间掺入杂质，并且本身比较脆弱难以护其周全，此时如果只强调保护而不重视抢救的话，难免会造成其所蕴含的历史价值和艺术价值等贬值；再如，对于部分设区市内存在的以经济价值为主的水下文物，其经济价值难免会随着时间的流逝而缩减，那么在不破坏其价值的前提下，应鼓励设区市内相应地对水下文物尽早打捞与开发利用，以实现其对人类的最大功用。⑧

整个《文物保护法》都是设区市立法的前提和限制，设区市必须在《文物保护法》划定的法律框架内制定地方性法规，完全没有必要在地方性法规中对文物工作方针等内容进行重复规定。⑨因此，设区市在立法时需要摆脱上位法的桎梏，因为地方立法很重要的一个方面就是结合当地的实际情况对上位法的有关规定作出细化补充，使得上位法与下位法相互联系，构成一个体系，而不是通过地方立法使下位法自成一个体系。⑩

（四）地方利益保护严重

在立法实践中，各设区市立法机关制定了大量反映地方特色和适应地方实际情况的地方性法规，如《泉州市海上丝绸之路史迹保护条例》《商丘古城保护条例》

---

⑧ 郭玉军、徐锦堂：《国际水下文化遗产若干法律问题研究》，载《中国法学》2004年第3期。

⑨ 崔卓兰、于立深等：《地方立法实证研究》，知识产权出版社2007年版，第65页。

⑩ 阮荣祥：《地方立法的理论与实践》，社会科学文献出版社2008年版，第8页。

《百色市百色起义文物保护条例》《布达拉宫文化遗产保护条例》等均体现了地方特色，因为其条例中所保护的客体就是人们对这个城市的认知与印象，也就是这个城市的名片。但是在市场经济背景条件下，行政区之间的竞争仍不可避免地大量存在，这种利益之争在文化中尤为明显。一般说来，名人文化或其精神遗产具有较强的共享性，但是文化总是根植于某个区域或地方，这就赋予了特定地区的独特的价值和文化地位。在旅游经济的发展过程中，这种潜在的价值越发明显。因此，名人故里作为地域文化遗产的重要代表就成了地方政府间竞相争夺的对象。例如，四川遂宁市与河南平顶山市的“观音”之争，四川绵阳市与湖北孝感市的“李白”之争。再看其他地区，湖北十堰、河北涉县、甘肃天水、山西长治、陕西临潼等地争抢“女娲”，河南、湖北、四川等地争抢“诸葛亮”。再如，山东阳谷县和临清市各自开发了《金瓶梅》文化旅游区；安徽人建起了《金瓶梅》遗址公园；对于《西游记》，山东教授考证出泰山是“花果山”的原型，福建学者发现孙悟空还了俗，还留有墓地等类似事件。[11]

从这些文化资源争夺战可以看出，经济利益博弈正是“名人故里”之争的原动力，“名人故里”之争实质上是利益驱动下资源经济的博弈，在区域一体化进程中的地方利益之争不可避免。面对这一客观存在的区域发展中的难题，各地不应回避，熟视无睹，助长地方利益之争愈演愈烈之势，也不应将各地的利益追求视为“贪得无厌”而压制各地的利益追求，把各地的一些正常利益诉求都堵掉、都压制掉。这样做于事无补，并没有化解利益矛盾和缓解利益之争。因此这就要求各设区市立法时首先应该准确界定公共利益，培育弱势利益集团，平衡利益集团间的发展，健全利益表达机制。[12]

三、设区市文物保护方面地方性法规完善路径

文物保护是一个延续性、长期性的工作。通过上文的研究分析我国设区市文物保护立法的现状表明了文物保护法研究的紧迫性和必要性。如今我国已然形成了以《文物保护法》为核心，以行政法规、部门规章和地方性法规为骨干的文物

---

⑪ 林红：《从“故里之争”现象透视区域旅游竞争》，华侨大学 2011 年硕士学位论文。

⑫ 曾祥华：《立法过程中的利益平衡》，知识产权出版社 2012 年版，第 33 页。

保护法律体系。尽管如此，我国文物保护设区市立法层面仍面临着诸多困境和严峻的挑战，主要表现在以下几个方面：立法流于形式，存在单一性和重复性，没有有效地体现出地方特色；另外设区市立法质量参差不齐，立法人员水平未达到相应的理想水平等问题，如何有效规避这些问题以便更好地推进中国法治事业的建设，是当前所有立法者都必须亟待解决的。

（一）提高设区市立法针对性和灵活性

霍尔巴赫[13]曾经说过："立法如果能够考虑并抓住下述因素的一切联系及其相互关系，就能达到完善地步。这些因素就是国家的地理位置，领土面积，土壤，气候，居民的气质、天赋、性格和信仰。"具体到我国，各地的特殊情况是地方立法存在的生命和基础。地方立法只有具有地方特色、针对性强又具有可操作性，才能真正地获得灵魂和生命。全国人大法律委员会主任委员乔晓阳对此提出地方立法的"不抵触、有特色、可操作"三大基本原则，并将维护国家法制统一提高到必须遵守的政治规矩之高度。[14]

因此在设区市立法时要充分考虑本地经济水平、地理资源、历史传统、法制环境、人文背景、民情风俗等状况，与本地客观实际相契合。地方性是设区市立法的灵魂，没有地方性的立法是无谓的立法，历史文化区域特质的地方性，使地方设区市立法的灵魂有了深厚和肥沃的土壤。所以针对设区市等区域性文物保护立法，首先可以明确其立法范围涵盖文物保护、历史文化名城名城镇名村、历史街区、历史建筑、非物质文化遗产等；其次各设区市制定相应的立法规划，采取与立法规划相对应的立法决策，分门别类地确定每个领域的立法重点、立法内容，并进行相应的立法调研，作出相应的立法决策，使得立法能够在充分掌握地情、民情、社情的基础上起草、制定并公布实施。这样从区域实际情况出发，以问题为导向、有的放矢的地方立法，就能够在一定程度上保证立法的科学性、客观性和现实针对性，使地方立法与区域性历史文化保护的客观性达到高度一致，使制定出来的地方法规反映客观规律、符合客观实际，成为促进区域性历史文化保护的良法善治。

---

⑬ 霍尔巴赫，18世纪法国启蒙思想家，哲学家。

⑭ 张璁：《"地方立法，法制统一是底线"——专访全国人大法律委员会主任委员乔晓阳》，载《人民日报》2015年9月30日，第17版。

（二）克服立法形式主义和重复立法

对于一个各地区发展不平衡的大国来说，因地制宜地立法才能够更好地处理各地的特殊情况。地方立法必须充分发挥其针对特殊情况的功能，否则，其存在就失去了基础。而对其他法律文件的大量重复和照搬照抄，使得地方立法与本地的实际情况相去甚远，使得该地方亟待解决的问题被掩盖起来，地方特色的优势不能得到充分发挥，统一的法律体系内出现了不和谐的因素。

因此，设区市立法应将注意力集中到地方的实际需要上，应需制定结合因地制宜，不求“大而全”，应利用有限的立法资源实现“少而精”或者“备而不繁”。比如，上海市有的地方性法规就只有七八条，但又具有很强的地方特色和可操作性。这对于国家机关和公众来说非常方便，不必在长篇累牍中苦苦寻找中央已有规定之外的特色条款。

此外，应正确认识“不抵触”原则。“不抵触”应是不与中央法律和行政法规的精神、原则和具体规定相冲突，而不是必须以法律和行政法规为依据。“不抵触”不是不顾本地具体情况和实际需要搞“一刀切”，更不是照抄照搬上位法。设区市立法时应当根据特殊情况对法律和行政法规作出具体规定，突出地方特色，解决实际问题。⑮

（三）提高立法专业性和建立专门立法队伍

立法是一门科学，立法质量也在一定程度上显示出立法者的素质，通过立法达到保障人权、提高效率、保障公平等目的，只有端正地方立法目的，才能解决地方立法存在的问题，制定出地方立法的“良法”。所以提高立法质量首先要做的就是提高立法工作人员的素质和专业化水平，同时注重引入立法专业人才。建立立法人员的更新机制，定期组织地方立法的人员参加法律知识专业讲座，坚持业务学习和研讨，使工作人员及时更新法律知识，了解相关领域前沿理论动态，关注最高人民检察院、最高人民法院的相关司法解释与释义，从各个途径提高立法水平。同时，加强对立法人才的培训与研修，通过在系统化的学习中坚持对法律的信仰和权威认可，只有将理论与实践结合起来才能达到提高立法者立法水平的事半功倍的效果。

---

⑮ 孙波：《试论地方立法“抄袭”》，载《法商研究》2007 年第 5 期。

再者探索建立立法助理制度，立法助理是协助立法机关及人民代表履行立法职责、完成立法工作的具有立法专门知识的人员。这些立法助理以专业化知识应对科技高速发展背景下的多元化和专业化的现代社会所面临的众多问题，提高了立法技术和质量，强化了立法的科学化和民主化程度。而在我国，针对地方立法质量不高、立法人员不能充分完成本职工作的情况，在专职立法人员制度建立之前，可以考虑建立立法助理制度，为人大各专门委员会和政府法制机构提供立法咨询、解决证券、期货、高新科技等领域专业性和技术性较强的问题，并协助其完成法规和规章的起草工作。即使未来我国建立了专职立法人员制度，立法人员的素质得到了较大提高，足以在技术上完成立法工作，立法助理制度也仍然具有存在的空间。⑯

（四）设置完善的立法监督制度

权力的制约和监督是保障权力良性运转的基础，缺乏监督与制约机制容易导致权力腐败与权力寻租。我国《宪法》《立法法》等均规定了通过撤销的方式行使宪法与法律的监督权，并增加了国务院，地方人大常务委员会，省、自治区的人民政府，授权机关的法规、规章的监督权。但遗憾的是，这些规定都只是写在纸上的规定，至今仍然没有一例上级国家机关撤销下级国家机关违法或者不适当的决定和命令。相应的国家机关怠于履行立法监督职责是设区市立法存在问题的重要原因之一。⑰

目前，我国文物保护管理体制相对比较僵化，保护责任难以确认，从而造成我国文物保护工作举步维艰。

首先，设区市立法在贯彻中央的号召下，在本地立法中加大对文物管理和执行的监管力度，建立完善的追责制度。地方政府对文物遗产保护缺乏责任意识，这是保护的最大软肋。所以，设区市文物保护责任要从宣传发动有效、财政经费保证、法律责任明确、执法力度到位几个方面加以落实。比如，政府性工程项目、公用建筑设施，可以根据破坏程度，参照重大事故的责任追究办法，将责任落实到位，严惩失职、渎职等现象。

其次，设区市应该进一步加大信息公开力度，在文物保护相关法律法规的制

---

⑯ 孙波：《试论地方立法“抄袭”》，载《法商研究》2007 年第 5 期。

⑰ 周伟：《论我国地方立法存在的问题及解决》，载《河南财经政法大学学报》2013 年第 2 期。

定、保护规划的编制过程以及其他重大事项的决策过程中引入公众参与，确保公众的知情权、参与权、监督权落实到位。因为法律保护的重中之重是完善法定督纠机制，特别是民意代表、新闻媒体、社会公众三者依法参与和监督的有关机制。最后设区市可以通过强化立法机关的监督责任，建立相应的地方立法审查制度，以及建立抽象行政行为审查制度，同时通过多方立法审查制度启动立法审查，确保地方立法“良法”的实现。

四、结语

现如今我国正在积极提升文化软实力，文物保护作为文化里浓墨重彩的组成部分，对每个人来说都肩负着文物保护的重任。文物保护是一个任重而道远的过程，文物保护的过程就是对传统文化、文化遗产的有效传承，是对祖国文化的尊重。文物立法是文物保护最重要的一环，它代表了国家对文物的态度，国家对文物的态度又直接影响公众的态度。所以文物立法作为文物保护必不可少的过程之一，对文物的原则性规定应当具有可操作性和明确性，这样才能使设区市人大与政府在结合本地实际情况立法时，既能够做到有效地贯彻中央的号召，又能在涉及区域发展的共性问题时，加强立法工作的协调推进与发展。法律从立开始，立法工作就需要精细和严谨的态度，设区市需要进一步构建与完善区域立法提案、起草、审议、公布的有效机制，搭建区域合作的法治平台，从根本上消除地区壁垒，创造和谐的区域法制环境，从而实现区域间共同利益的法制统一，最终为法律发展孕育出良好的环境，有效达到文物保护的实然状态。

重庆市水污染防治立法比较研究

苗玲君

（西南政法大学行政法学院　重庆　401120）

摘要： 水资源在我们生活中扮演着重要的角色，是人类赖以生存和发展的最为重要的物质资源之一。重庆市在水资源方面面临着严峻的形势。伴随着工业化、城镇化的发展、人口基数的膨胀、经济的迅速发展，重庆市水资源的污染每况愈下，不容乐观。因此，保护水环境、治理水污染成为重庆市当前亟待解决的问题之一。文章中针对重庆市水污染方面的地方特色和具体问题，结合域外水污染防治立法方面的经验和方法，找出重庆市当前水污染治理中存在的问题，提出完善水污染防治立法的建议和对策，以期为重庆市水污染防治立法作出微薄贡献。

关键词： 水污染　具体问题　对比分析　完善对策

我国存在很多水类问题，除了洪水等自然灾害之外，城市主要是以水污染为主。总体来看，我国水污染的问题已经处于一种非常严重的局面。根据《2014 中国环境状况公报》，2014 年在全国 202 个地级及以上城市的地下水水质监测情况中，水质为优良级的监测点比例仅为 10.8%，较差级的监测点占比达到 45.4%。

重庆市位于中国西南部，是中国重要的中心城市，也是中国的老工业地之一。伴随着西部大开发等一系列政策的支持，重庆获得了迅速发展，人口膨胀，加之 2003 年三峡大坝的下闸带来的一些问题，导致重庆市水污染日益严重。总体来说，重庆市水污染现状如下：

1. 污水排放量大，并且许多未经处理直接排放

由于重庆市是山城，地形崎岖复杂，受地形条件的限制，许多工矿企业大多都是沿河而建。故在横贯市区的长江、嘉陵江沿岸有许多企业和城镇，

两江既成为人们取水的源头，又成为排放废水、污水的通道。根据有关数据，重庆市每年约有 12.8 亿吨废水直接或间接排入两江，其中工业废水 8.4 亿吨，约有 6.4 亿吨达标排放，生活污水 4.4 亿吨，约 20% 未得到有效治理。由于约 30% 的工业废水和约 20% 的生活污水未经处理，携带着大量污染物直接或间接经岸边自然沟渠排入两江，造成了严重的水体污染，导致水质恶化。

2. 重庆市水体污染中，固体污染物污染严重

重庆市工业以及城镇固体污染物比较多，并且许多未经处理，便随意倾倒，乱堆乱放现象很严重，加之重庆阴雨天气较多，在雨水的冲刷下，大量污染物进入江河，严重污染水体。除此之外，还存在有毒污染物，这些均对水体造成了严重污染。

3. 次级河流水质污染严重

重庆市有大量的次级河流，而这些次级河流污染形势也十分严峻，1992 年，在对 19 条次级河流 51 个监测断面的监测结果中表明，属于轻度污染的断面 21 个，占总数的 41.2%；属于中度污染的断面 11 个，占总数的 21.6%；属于重度污染和严重污染的断面 14 个，占总数的 27.5%。有 16 条河流化学耗氧量和石油类超标，12 条河流挥发酚和非离子氨超标。这些河流携带大量的污染物注入两江成为一大污染源。据研究，目前次级河流的生化耗氧量对两江的负荷贡献已达 42.3%，氨氮 66.2%，石油类 71.4%，挥发酚 40.4%，氰化物 32.7%。[①] 例如，小安溪河、临江河、运河等，水体已变黑发臭，丧失了全部使用功能。

一、我国水污染防治立法沿革

我国水污染防治立法在不断地总结经验，在借鉴域外经验的基础上进行了一系列的修改，经过修改，我国形成了一个较为完善的水污染防治立法体系。1979 年，第五届全国人民代表大会常务委员会第十一次会议通过了《环境保护法（试行）》，在此之前就有许多关于水污染治理的措施。比如，第一个污染治理

① 郭沪杭、赵孝章：《重庆市次级河流污染分析与防治对策》，载《重庆环境科学》1992 年第 1 期。

工程——龙须沟治理，在1950年通过整治后环境有了明显的改善。在政策方面，国务院环保小组曾于1975年发出了《关于淮河污染情况和治理意见的报告》等，1973年颁布的《工业“三废”排放试行标准》中，规定了在环境或动植物体内蓄积，对人体健康产生长远影响的5类有害物质的最高容许排放浓度。这些文件的颁布只是一些标准，而没有被以法律条文的形式制定。所以，在之后的发展过程中水污染更加严重，一方面，人们基本上没有环境保护的意识，而只是沉醉于盲目的发展中；另一方面，是由于城市建设缺乏总体的规划，导致一些工厂随意建设，污染了城市的环境。在这种状况下，仅有的一些标准远远不足以保护我们赖以生存的环境和水资源。这些都迫切要求一部法律的颁布。故于1979年9月13日通过了《环境保护法（试行)》，在该部法律中规定了关于城市水污染防治的一些原则、制度、措施等。

1980年之后，受改革开放政策的影响，我国经济迅速发展，城市数量增多、人口增加，城市工业迅猛发展，导致城市的水资源消耗量越来越大，加之污染物排放量的增多，水污染仍然是人们面临的严峻问题。这些问题也推动了我国水污染防治立法的迅速发展。1984年《水污染防治法》便是中国第一部防治水污染的综合性法律。1989年国务院批准了国家环境保护局发布的《水污染防治法实施细则》，并以此细则来配合法律具体实施。这些法律法规的实施，使我国水污染防治工作取得了一定的成效。[②]20世纪90年代以后，我国水质量仍然在不断恶化，这段时间随着经济的高速增长，水污染又出现了许多新的问题。一方面，水污染从以前的点的污染扩展到了大面积的污染，以前一两个河流以及沿岸污染发展成了污染带；另一方面，水污染的问题也严重影响到了人们的工作生活，危害了人们的身体健康。这些问题的出现，都与我国水污染防治的立法滞后存在一定的关系。所以迫切要求对1984年的《水污染防治法》进行修改。故1996年通过了《全国人民代表大会常务委员会关于修改〈中华人民共和国水污染防治法〉的决定》；2000年对《水污染防治法实施细则》进行了全面修改；2008年又对《水污染防治法》进行了全面修改，并于2008年6月1日起实施。这一系列的修改，是在总结了我国实施水污染防治的经验上作出的，在此基础上借鉴国外的相关经验，形成了较为完善的水污染防治法律法规。这一系列法律制度的

② 李克国：《生态环境补偿机制政策的理论研究》，载《环境科学动态》2002年第2期。

健全，对防治水污染保护和改善环境，保障饮用水安全，促进经济社会全面协调可持续发展具有重要意义。[③]

二、重庆市水污染防治立法的现状与困境

（一）重庆市水污染防治立法现状

重庆市地处中国西南部、长江上游地区，重庆市地质地貌复杂，山地丘陵众多，市内江河纵横，水网密布。由于江河众多，重庆市水资源保护工作十分重要，因而水污染防治也成为亟须关注和解决的问题。

为治理水污染，保护水环境，重庆市在水污染防治立法方面进行了不断完善。截止到 2017 年 8 月 31 日，重庆市地方性法规、法规性决定共有 197 件，资源环境保护的有 19 件，其中，涉及水资源保护与污染防治的如《重庆市水资源管理条例》《重庆市环境保护条例》《重庆市水文条例》等，其余 178 件中有关于水污染防治与保护的，如《重庆市长江防护林体系管理条例》《重庆市水上交通安全管理条例》《重庆市河道管理条例》等。重庆市审查批准的自治条例和单行条例共有 12 件，涉及水污染防治与保护的，如《酉阳土家族苗族自治县饮用水水资源保护条例》《彭水苗族土家族自治县旅行条例》等。

到目前为止，重庆市水污染防治地方性法规制度已基本形成。为了进一步加强对重庆市水污染防治与保护，重庆市在水资源保护与防治立法方面仍在进行不断地探索与努力。

③《水污染防治法》，2008 年。

表 1 重庆市水污染防治与保护部分法规一览表

序号	法规名称	备注
1	重庆市环境保护条例	1998 年 5 月 29 日重庆市第一届人民代表大会常务委员会第九次会议通过 2007 年 5 月 18 日重庆市第二届人民代表大会常务委员会第三十一次会议修订 根据 2010 年 7 月 23 日重庆市第三届人民代表大会常务委员会第十八次会议《关于修改部分地方性法规的决定》修正 2017 年 3 月 29 日重庆市第四届人民代表大会常务委员会第三十五次会议修订 多数条款涉及水污染防治与保护
2	重庆市水资源管理条例	第 1 条 为了合理开发、利用、节约和保护水资源，防治水害，实现水资源的可持续利用，适应经济和社会可持续发展的需要，根据《中华人民共和国水法》和有关法律、行政法规，结合本市实际，制定本条例。 第 2 条 在本市行政区域内开发、利用、节约、保护和管理水资源，适用本条例。 多数条款涉及水污染防治
3	重庆市河道管理条例	第 16 条 河道治理应当以河道保护利用规划为依据，遵守国家防洪标准和有关技术要求，兼顾上下游、左右岸的关系，提高河道的防洪、供水、灌溉、航运等综合能力。 河道治理应当注重生态修复，将工程措施与生态措施相结合，综合采取水系连通、堤防绿化、水土保持、湿地保护、排污通道和排污口整治等治理措施。 城市规划区的河道治理工程，应当与城市景观、休闲娱乐、历史人文等功能相结合。 封盖集水面积两平方公里以下的河道，其防洪标准应当在所在城镇防洪标准基础上提高一个以上防护等级。
4	重庆市水上交通安全管理条例	第 10 条第 2 款第 4 项 按照《重庆市长江三峡水库库区及流域水污染防治条例》的规定防止污染通航水域水体。
5	重庆市长江三峡水库库区及流域水污染防治条例	第 1 条 为了防治长江三峡水利枢纽工程重庆库区及流域（以下简称库区流域）水污染，保护和改善水环境，保障饮用水质量，实现水资源持续利用，根据《中华人民共和国水污染防治法》等法律、行政法规，结合本市实际，制定本条例。 多数条款涉及水污染防治

续表

序号	法规名称	备注
6	重庆市实施《中华人民共和国渔业法》办法	第 13 条第 1 款 从事养殖生产应当保护水域生态环境，科学确定养殖密度，合理投饵和使用药物，不得造成水域的环境污染。 第 32 条 禁止任何单位和个人向渔业水域倾倒废渣。工业废水和城市生活污水排入渔业水域的，应当符合国家规定的标准。
7	酉阳土家族苗族自治县饮用水水源保护条例	2014 年 6 月 18 日酉阳土家族苗族自治县第十六届人民代表大会第五次会议通过 2014 年 8 月 1 日经重庆市第四届人民代表大会常务委员会第十二次会议批准 多数条款涉及水污染防治

（本表数据截止时间为 2017 年 8 月 31 日）

（二）重庆市水污染防治立法的困境

重庆市为保护水环境、治理水污染作出了努力，但是仍然存在一些问题。主要表现在以下几个方面：

1. 立法质量。重庆市关于水资源保护以及水污染防治方面的法规条例的制定，缺乏公众的参与。水污染防治最重要的是要具体问题具体分析，根据不同地方的特色，根据《水污染防治法》制定相关的地方实施条例，这样才能对症下药，有效地治理水污染问题。但是重庆市在水污染治理具体问题的立法上缺乏公众的参与，缺少实地调研，导致有些法律法规不能很好地适应重庆市水污染的治理，导致立法质量下降。

2. 重庆市水污染防治立法的条文在内容上可操作性较差。在现行的立法体系中，一些关于环境保护、水资源保护、水污染防治的立法指导原则规定得很空泛，在具体的条文内容方面缺乏可操作性，为了维护经济的增长，一些地区的地方保护主义严重，这样便更不利于水污染防治立法的实施。例如，在重庆市人民政府关于印发《贯彻落实国务院水污染防治行动计划实施方案》中提出狠抓工业污染防治，其中包括严格环境准入、依法淘汰落后产能、取缔环保设施差的企业、整治重点行业、集中治理工业集聚区水污染、推动污染企业退出、加强工业水循环利用等。这些规定只有大框架却没有具体操作方法，在如何落实这些措施上也没有细化，因而在治理重庆市水污染方面还必须细化具体的规划方案，在实施这些计划、方案的时才能有条文可依。

3. 水环境保护的立法不够完善。目前，根据重庆现行的法律体系可知，关于水环境保护的有《环境保护法》《水污染防治法》以及一些行政法规等，但是这些法律法规仅仅涉及水资源保护或者水污染防治，在流域污染的综合治理方面，立法还不是很完善；与此同时，在同一流域流经不同地区的河流治理上的规定也存在一定的漏洞。

4. 中央政府与重庆市地方政府之间存在利益矛盾。在保护水资源防治水污染的立法方面，中央政府和地方政府的出发点有时存在差异。中央政府更多的是基于我国的整体环境问题以及我国在国际上应当承担的环境保护的责任，而重庆市地方政府则主要关注地方经济的发展，或者希望既能保护和改善环境又能不影响经济的快速发展，所以，在《水污染防治法》方面，地方政府就不会认真落实，如县级以上人民政府对于一些排放污染物超标的企业负有限期改正并处以相应的罚款的责任，但是地方政府为了保障经济的发展，非但不会整改这些企业，反而会帮助他们隐报污染事件。由此，给法律的实施带来了很大的问题。在这种情况下，切合当地实际、充分贯彻中央立法意图的地方立法就可以补充中央立法的一些空白和遗漏之处，解决一些不宜由中央立法解决的问题。④ 所以，做好地方立法和中央立法的衔接，缓和二者之间的利益冲突，是重庆市水污染防治立法中存在的问题之一。

三、域外水污染防治立法经验之借鉴

在水污染防治立法方面，西方发达国家有较为完善的立法体系，其立法的技术和经验，值得我们借鉴，下面以美国、日本为例进行简要介绍：

（一）美国水污染防治立法

美国是水污染防治立法最早的国家之一，其水污染防治方面的立法最早可以追溯到 1899 年。早在 18 世纪至 19 世纪，由于工业革命和工业化的迅速发展，美

④ 陈蓝图：《我国城市水污染防治立法若干问题研究》，湖南师范大学 2002 年硕士学位论文。

国的工业迅速发展，导致美国产生了第一代环境污染，为治理此次由发展造成的污染，美国于1899年出台了《河川港湾法》，该法便是美国对水污染进行的最早的立法。第二次世界大战后，美国的水污染日趋恶化，为此美国于1848年制定了《联邦水污染控制法》，该部法律也是美国现行的《水污染法》的最初的形式。1972年国会以一项名为《清洁水法》的修正案对《联邦水污染控制法》作了大幅度修订，为美国的城市水污染控制提供了前所未有的法律保障。因而，该法与其他若干个修正案共同构成了美国水污染防治的主要法律文件并沿用至今。另外，美国的《国家环境政策法》作为一部反映美国国家环境政策以保护环境质量的重要立法，在美国城市水污染防治立法中具有最高基本法的地位。⑤

作为环境法治比较先进的国家，美国水污染防治的立法为美国水体的改善作出了很大的贡献。⑥而美国水污染防治立法之所以会取得如此之大的成效，主要有以下四个成功经验：

第一，在立法宗旨方面。没有一个明确、贯彻持续发展观的环保理念将会使水污染法律成为无本之木，成为徒有其表的文字条款。⑦长期以来，人们普遍缺乏环境保护意识，在人们的观念里资源是取之不尽、用之不竭的，这种狭隘的环境资源观念不仅造成了自然资源的浪费，还造成了严重的环境污染。因而，要想治理好环境污染，制定出一部行之有效的法律，首先就要纠正人们错误的资源环境观念。所以要把这种观念纳入法律形成一种具有原则性意义的指导，表现在法律中就是该法律的立法原则、立法宗旨。比如，美国的《联邦水污染控制法》的立法宗旨是恢复并保持国家水体的化学的、物理学的、生物学的完善性质。其宗旨是要保护水环境，目的非常明确；而我国的2008年《水污染防治法》第1条规定："为了防治水污染，保护和改善环境，保障饮用水安全，促进经济社会全面协调可持续发展，制定本法。"其目的是要保护水资源，在改善水环境的同时还要促进经济的发展，所以这在人们看来立法宗旨非常模糊，并且容易给人一种错觉即保护水资源的最终目的是促进经济的发展。

第二，采用经济刺激的机制体制。美国作为西方大国，其市场经济十分发达，正因如此，美国将其经济学的理念和思想运用到了水资源的保护与水污染的防治

---

⑤ 于博维：《中美水污染防治法比较研究》，中国地质大学2014年硕士学位论文。

⑥ 仇永胜：《美国水污染防治立法研究》，载《2005年全国环境资源法学研讨会论文集》（第1册）。

⑦ 周明玉：《我国水污染防治立法现状与创新研究》，中国地质大学2009年硕士学位论文。

方面，在环境法中确立了水污染防治的经济刺激体制。

以排污权交易制度为例。该制度是运用市场经济的手段来治理污染，即在排污总量控制的情况下，允许不同的工厂之间转让和交换排污削减量。这便给企业对于如何进行费用最小的污染削减提供了新的选择。这种选择不仅消除了企业之间过高的污染处理成本，充分利用低成本的污染处理，还提供了在时间上的合理调节以降低污染处理成本。另外，该交易政策规定：企业自己减少的排污量如果不出售，可以贮存在指定的信托机构里，以备日后再用，或者以后再出售给其他企业。这就给了企业充分的回旋余地。企业利用设备更新或技术改造减少污染物的排放，可以节约经费。如果没有排污权的信托贮存，企业可能没有积极性来利用设备更新的机会增加一些投资以减少排污量。[⑧]

综上所述，美国通过经济手段来治理水污染刺激了企业的积极性，并在水污染治理方面取得了较好的成效。

第三，协调利益冲突，加大政府财政支持。美国是典型的两党制国家，在美国水污染治理的过程中，由于不同利益团体有不同政见和不同的利益冲突，给水污染防治带来了很大的困难，因而协调不同利益主体之间的利益冲突是有效治理水污染的一个重要方面。所以在美国公众以及政府的努力之下，各方利益得到协调并取得了较好的结果。例如，1972 年《清洁水法》便是各方利益相互妥协的结果。对于立法机关而言，制定一部好的法律是其责任，但更为重大的责任恐怕是如何协调好各方的利益达到一种理想的平衡。[⑨]

在财政支持方面，正如我们所知，没有联邦政府的财政支持，州和地方政府不大可能实行充分的污染控制。[⑩]美国在治理水污染的历史上也是不断加大政府财政支持的力度，根据有关数据记载，自美国 1972 年《清洁水法》颁布以来，联邦、州、部落和地方政府为了成功控制水污染投资近 1000 亿美元，在 1972 年至 1996 年，在水污染控制上大概花费了 7000 亿美元。可见，在美国，政府财政对于水污染防治的投入是很大的，许多企业建设污水处理设施，创新水污染治理形式也是

---

⑧ 陈海宏：《美国水污染的法律控制机制及对我国的启示》，载《2008 年全国环境资源法学研讨会（年会）论文集》。

⑨ 李建勋、颜正魁：《美国水污染控制立法的经验与教训及对中国的启示》，载《广西政法管理干部学院学报》2007 年第 3 期。

⑩ 陈海宏：《美国水污染的法律控制机制及对我国的启示》，载《2008 年全国环境资源法学研讨会（年会）论文集》。

由于政府财政的支持，美国的水污染防治也才有现在如此好的成效。

第四，公众参与。公众的参与是美国水污染防治成功经验的一个重要方面。任何法律法规的出台都需要公众的配合实施，但是如果公众对此部法律不认同、不接纳，那么这部法律就不会有好的实施效果，故公众的参与是有效推进环境保护的关键因素。

在美国，公众有较强的权利意识，进入20世纪之后，美国工业的迅速发展使得环境日益恶化，而美国公众认为恶劣的环境严重地影响了自身的身体健康及生存权，故强烈要求维护自己的权利。一些公民通过个人表达自己对环境权益诉求，还有很多公民为此成立了环保组织，通过环保组织来发动更多的民众来维护自身的环境权益。一方面给政府和污染者施加了压力，督促政府制定法律政策保护环境，加大财政投入治理污染；另一方面也使公民本身增加环境保护意识，有效地保护环境，从个人做起。所以，公众参与是环境保护的重要内容，有利于改变环境保护的困境，这一机制在水污染防治中也有着非常明显的作用。

（二）日本水污染防治立法

1．立法背景。日本也是一个在水污染防治方面立法较早的国家之一。早在第二次世界大战之后，日本作为战败国急需恢复和发展国内的经济，为了追求经济的快速发展而一度忽视了环境保护的问题，造成了严重的环境污染，如在20世纪50—60年代相继发生了震惊世界的以四大公害事件为代表的一系列环境污染事件，这一系列的污染事件给日本的社会生活、农业生产、公民健康等方面造成了严重的危害。在此背景之下，日本开始着手治理环境污染。

2．立法沿革。为治理环境污染，日本于1967年制定了《公害对策基本法》，法律以保护人体健康与生活环境为目的，并制定了相关的环境保护标准。1970年，为了治理水质污染、恶臭污染等，对《公害对策基本法》进行了修订。为治理农村水污染问题，1977年日本实施了农村污水处理计划，在农村地区建设水污染处理厂，该厂的建设解决了农村水污染问题。1992年，为控制农村农药导致的水污染问题，日本颁布了《日本农药取缔法》和实施令，随后又制定了《农药取缔法实施细则》，对农药的生产、经销以及使用等各个环节都作了相当细致的规定。除此之外，日本在《刑法典》中还规定了水污染犯罪，通过将刑法与水污染防治相结合，将刑法作为了保护水污染的最后一道屏障，对造成水污染的个人以及企业都形成了很大的威慑力，这也是现在水污染防治方面的突出特点之一。

3．日本水污染防治立法特色

日本在水污染防治方面有其独特的成功经验，其独特的立法条文均根据日本的水资源以及水污染特点制定。

（1）水污染防治立法控制的对象明确。法律制定所针对的问题，要达到的目的是一部法律非常重要的组成部分，日本的《水质污染防治法》在这一方面规定得十分明确。在立法目的方面，首要目的即加强实施排放标准的措施，其次将权力下放至地方当局，最后建立公共水域的监测和评价系统。在控制对象方面，《水质污染防治法》对排水控制的对象作了严格的立法解释，即指“从设置特定设施的企业往公共水域排出的水”。所谓“特定设施”，是指在众多的排放设施中，排放的污水或废液含有政令规定的有害物质，或可能造成有关生活环境项目发生损害的设施。此外，法律还对“公共水域”“排出水”的定义作了详细的解释。[⑪]可见，日本水污染立法不仅全面，而且规定细致，解释详细，这样更有利于法律的适用和实施。

（2）水污染防治的污水排放标准严格。日本《水质污染防治法》中规定的排放标准分为两类，即统一标准和容许限度。统一标准是在日本全国统一适用的标准，该标准是根据国家环境标准的规定设立的。容许限度是比统一标准更加严格的一种标准，它是指在一定水域的流量比从企业排出的废水量少的自然、社会条件下，该水域在适用国家统一标准难以改善污染状况时，都道府县条例制定比统一标准更为严格的标准。

（3）管理体制层次分级鲜明。1971 年，日本设立环境厅，该环境厅的设立作为总理府的外设机构。在权限设置上，规定有关《水质污染防治法》实施的事务等属于环境厅长；但对于公害发生源具体的控制权限的行使，则属于地方一级所设的环境保护监督管理机构，主要通过都道府具知事和市町村长履行。[⑫]环境厅与上述机构之间相互独立，并无上下级的领导关系，但为了保证环保法律在地方的实施，环境厅可将部分权力交由都道府县，市町村长及其长官行使。在此情形下，

---

⑪ 汪劲:《从日本水污染防治立法，探讨我国〈水污染防治法〉的修改》，载《上海环境科学》1995 年第 7 期。

⑫ 陈泉生:《环境法原理》，法律出版社 1997 年版，第 144 页。

后者在法定规范内接受环境厅的领导和监督。⑬

（4）水污染犯罪。日本在法律中规定了水污染犯罪的相关条文，可见日本在水污染治理方面的打击力度是非常大的。通过将污染水资源的行为入刑，增加了对该行为的威慑力。从法经济学角度来看，不论是企业抑或是个人，在排放生活污水、工业废水时，都要冷静地考虑相关利弊。如果法律加大了对于水污染的惩戒力度，那么只有在水污染防治的成本非常高的情况下才会使人们冒险去作出污染水质的行为。所以，在这一方面，日本给水污染防治设置了一道最终的保护屏障。

综上所述，不论美国还是日本，在水污染防治方面的立法均有其独有特色的经验，这些成功经验可以为我们所借鉴，但是在借鉴的同时要结合本国的国情，结合地方特色，因地制宜地制定适合地方特色的法律法规。

四、重庆市水污染防治立法之路径

水污染造成的危害，严重威胁到了公众的健康，危害到了人们的社会生活，制约着重庆市的发展。所以要在未来实现可持续发展，必须要着手水污染防治的立法工作。针对重庆市水污染立法方面存在的不足与缺陷，笔者认为可以在以下几个方面完善：

（一）进行水污染防治立法评估

“立法评估”是指对立法效果的分析和评估。首先，评估是关于规范性法律文件以及间接依据这些法律文件作出的行政决定；其次，它的目的在于立法的效果，通过评估，考察立法在人们态度、行为等方面的实际变化或者可能产生的变化，以及这些变化可能出现的后果；最后，评估是以一种特定的方式方法来分析和评估地方立法。评估包括事前评估和事后的评估。

对于事前评估即在重庆市水污染防治立法制定之前针对重庆市水污染的现状和特点，具体问题具体分析，找出有效解决重庆市水污染治理的办法，通过对立法事前评估可以更好地洞察立法可能产生的后果。所谓事后评估，即在地方立法

⑬ 解振华：《国外环境保护机构建设实践分析》，载《中国环境报》1999年1月25日，第2版。

制定完成之后解决法律生效后所发生的情况和立法行为的真实效果。通过事前评估与事后评估相结合可以更好地预见和解决重庆市水污染防治立法方面存在的一些问题，做到更有效率地立法，提高立法质量。

（二）编制科学的水污染防治地方立法规划

编制水污染防治立法规划和计划是立法准备工作的重要组成部分，要加强地方立法的规划计划性。克服在立法中出现的大量的盲目立法的现象，盲目立法、照搬照抄不仅起不到立法所应有的效果，在严重不协调的情况下还会导致地方机关出现扯皮现象。例如，不同的地方水污染的原因不同，如果盲目轻率立法，照搬照抄其他地方的水污染防治立法，在重庆市水污染的现状下并不会起到成功治理水污染的作用。因此，在水污染防治立法方面，地方应当编制科学合理的立法规划、计划，有条理地进行立法，明确立法的目标、任务、方向等内容，按照轻重缓急合理安排立法的先后顺序，做到科学立法。

（三）适时修改法律、适时推进水资源保护单项地方立法

1．适时修改法律。不论美国还是日本，每当有相关的新措施出台，只要是涉及水污染防治的，立法机构就会对相关的法律进行修改。例如，日本设置的环境厅、实行无过失责任、实施总量控制制度抑或是制定的《环境基本法》，都对《水污染防治法》作了相应的修改。相应地，我国新政策、措施的出台，就要适时地修正法律以适应新政策的实施。因为随着经济的发展，人口的增多，环境治理成效的显现，水环境的状况是在不断变化着的，水资源污染的原因也是不断变化的，所以为了应对新出现的状况，就需要适时修改法律来适应水污染的变化以增强法律的适应性，即与时俱进。

但是从我国目前情况来看，要修改一部法律需要很长一段时间的准备工作，需要各个方面时机都成熟后才能进行法律修改，抑或是通过规章来应对新情况的出现。这样一来就会导致问题在出现后才出台一些治理的法律，而不是在问题的初期就将其控制住。另外，这样还会使得法律丧失其连续性，不利于法律的连贯实施。所以适时推进立法是非常重要的一方面。

2．适时推进水资源保护的单项地方立法。现阶段，重庆市环保单项立法，主要包括污染防治实施性立法和各种资源立法，鉴于目前我国正在修订完善各种污染防治法律的现状，因此，在这段时间，重庆市环保单项立法的主要精力应当放

在制定贯彻实施水污染防治法律上，如制定水污染防治条例等。

在制定水污染防治条例时，应当注意，要坚持问题导向原则，根据大方向的原则制定具体的条例措施，在此过程中，应当尽量做好以下几点：一是将水环境保护工作纳入国民经济和社会发展计划，合理规划产业布局和城市建设；二是加强科技创新，重庆市水污染问题有一个很重要的原因就是产业结构不合理，所以加强科技创新，改善产业结构，抓好源头治理；三是总结近些年来治理水污染防治工作成功的经验，并将其上升至法规，以便在日后的工作中能发挥更大的作用；四是严格执法，细化严格执法的相关措施，增强立法的可操作性。

（四）建立公众立法参与制度

当前水污染存在严重问题的一个原因即公众的环境保护意识非常薄弱。重庆市水污染问题的存在，很重要的一个原因就是人们缺乏环境保护意识，工厂随意排放未经处理的废水，人们在生活中随意排放污水。所以要增强《水污染防治法》的实施力度，就要让公众参与到水污染防治立法的制定过程中，一方面可以增强公众环境保护的意识，使人们意识到环境保护的重要性；另一方面也可以让公众意识到自己所享有的环境权益。现在存在一种普遍的现象，即许多人自身环境权在受到不法侵害时，或者选择忍气吞声或者根本不以为然，根本不懂得或者是不敢利用法律的武器来维护自己的权益，从而使得污染者变本加厉。所以，建立水污染防治立法的公众参与制度，不仅可以听取公众对于水污染防治的有效建议，采取公众的意见，因地制宜地治理水污染，还有效地促进了法律的实施，增强了人们的环境保护意识和法律维权意识，从而更有效地改善水污染。

要增加公众的参与度就应当建立健全立法听证制度。立法是人民的事业，地方立法既是地方立法机构意志的体现，也是地方人民意志的体现。在立法的过程中，要增加公众立法的参与度，地方立法要充分地发扬民主，扩大民主渠道，创新民众参与立法的方式和途径。民众是最了解地方特色和现状的人，充分听取民众的意见，集中民众的智慧，一方面，有利于地方立法的成功实施；另一方面，立法可以深得民心，获得民众的拥护支持，有利于立法的顺利实施。

综上所述，我国水污染状况严重，要加强国家对于水污染防治的相关法律法规体系的完善。在重庆市水污染防治方面，根据地方特色，因地制宜地应对地方水污染问题，创新水污染防治立法，对现行地方立法方面存在的瑕疵和漏洞进行补充和完善。本文通过对重庆水污染现状的研究，在借鉴国外水污染防治成功的立法经验的基础之上，力求完善重庆市水污染防治法律体系，为重庆市水污染防治法律体系提供新的思路。

五、结语

法治是水污染治理的最终出路，尽管重庆市也为水污染治理作出了许多努力，但不论是建立污水处理厂抑或是水资源保障机制等都难以从本源上处理重庆市水污染的问题，所以，在新时期要适应新的发展变化，最重要的就是从法治方面来解决国家、社会存在的各种问题。水污染防治也要从法治入手，通过立法、司法、执法将水污染防治规范化和程序化，这样才能实现对水污染行为的制裁和对水资源的保护，因而要完善重庆市水污染防治立法，治理水污染，关键在于法治化的施行。

地方立法前评估机制的“困境摆脱”

牟　倩

（西南政法大学行政法学院　重庆　401120）

摘要：地方立法前评估是增强地方立法科学性、提高立法质量的有效途径。与立法后评估相比，其将检验和提升立法质量的时间提至法规规章颁行之前，这有利于进一步保证所立之法的可操作性，节约立法资源。在地方立法前评估机制推行的过程中一些问题逐渐显现，主要表现在对立法认识存在偏颇、立法主体价值观异化、法律制定的规范依据缺失、公众参与不足等方面，这就需要通过前评估相关理论的引导，在总结和借鉴国内外有关经验的基础上探寻困境摆脱的路径，从而为地方立法前评估机制的有效构建和实施增添助力。

关键词：地方立法前评估　困境　制度化构建

地方立法前评估是指享有地方立法评估资格的主体按照一定的原则、标准和程序，对立法项目的通过、立法草案的选择及拟订草案预期影响作出的判断和预测。重点解决的是某一立法项目是否应当由法律调整、法规草案内容是否切实可行及颁行后的法规预期效果如何等源头性问题，对于加强立法的科学性、民主性，提高立法质量具有前瞻性意义。随着中国特色社会主义法律体系的形成，我国传统的“数量型立法”时代已经结束，新时期的立法正朝着更加注重质量的方向迈进。《法治政府建设实施纲要（2015—2020 年）》中指出：“完善立法项目向社会公开征集制度，通过开展立法前评估等方式，健全立法项目论证制度。”这使得立法前评估的价值进一步被挖掘并逐步得到重视。放眼当前我国立法评估机制建设的现状不难发现，重后评估轻前评估已成为一种较普遍存在的现象，在国家相关政策的倡导下，“后评估”如雨后春笋般迅速在大江南北蔓延，而“前评估”却鲜有人问津。从全国各地开展的立法评估的状况来看，评估完整性的缺失不仅给后评估工作带来了沉重的负担，而且重法规的“改、废”、轻源头的“立”本身就有悖于事物发展的内在逻辑。为寻求长足有效的发展，充分发挥立法评估对法治建设的助力价值，现阶段有必要在前评估相关理论的引导下，从意识形态、实践运行、制度构建等维度为前评估机制构建的现存困境寻求摆脱之道。

一、我国地方立法前评估机制构建的缘起

立法项目的确立是“良法”输出的基石，确保立法项目的科学性是提高立法质量的关键所在。从源头上抓立法质量是一些法治建设较完备的西方国家在长期探索和实践中总结出的有效方式，在美国这种机制被称为“监管分析”（Regulatory Analysis），英国则称为“影响性评估”（Impact Assessment），经合组织把它叫作“规制影响分析”（Regulations Impact Analysis），虽然称呼有所不同，但从内涵的定性上可以将它们概括地确定为立法前评估。近些年，我国的一些地区也逐渐开始了对这一机制的探索，部分地区还形成了自己的制度规范，立法前评估制度在我国的兴起与国家相关政策的引导密切相关，这一制度的构建也是推动我国法治建设的必然选择。

（一）中国特色社会主义法律体系的确立

中国特色社会主义法律体系的确立为地方立法前评估制度的确立和推行开设了前提。地方立法作为我国法律体系的重要组成部分，其质量的高低直接影响我国法治化的进程和高度。在第十一届全国人民代表大会第四次会议上，吴邦国同志在工作报告中宣布中国特色社会主义法律体系形成，这标志着“后立法”时代的到来。由传统“数量型立法”到现在“质量型立法”的转变是时代对立法提出的要求，这不仅意味着需要投入大量的人力、物力来促成现行法律法规的完善，更需要从立法项目的确立开始严格把关以保证所立之法真正“管用”。根据2003年法理年会上周旺生教授所做的相关数据统计显示，中国70%左右的法律、行政法规、地方性法规从未被法院的判案所使用。①《河南省高院关于地方性法规适用情况的调研报告》（2013年）中统计的河南省近五年的4573件行政案件和7658件民事案件的地方性法规适用情况显示，这么多案件的处理仅涉及30余部法规的适

① 刘作翔、冉井富：《立法后评估的理论与实践》，社会科学文献出版社2013年版，第42页。

用，而当时整个河南省现行有效的法规是179部。[②]上海市开展的立法后评估实践，将法规在法院当中的适用率设计为评价法规质量的一项重要指标，根据学者的相关统计，很多法规从来都没有或者很少在法院的判决文书中出现。[③]以上情况的出现可能在一定程度上会存有偶然性，但我们不能忽视现行法规规章的适用性不强这一突出问题的存在，而在这背后更应当引起足够重视的是一些地方性法规规章在立项之初把关不够严格的现实问题。要想彻底改变这一局面，提高地方性法规规章的适用性，就应当从源头上来对此问题加以重视并寻找解决的方法。

正如庞德所言，“法律的生命在于它的实行”，大量“休眠”法律法规的存在不仅是对立法资源的浪费，而且会降低法律的权威性，进而影响我国法治化的进程。这不禁让我们进一步去思考“绝对不是所有对人民有利的东西都是法”，法律的闲置再次向我们昭示了立法的盲目性所带来的尴尬困境。虽然在庞德看来法律是社会控制的最佳手段，通过法律可以实现社会文明，但这位伟大的法学家同样不否认血缘、道德、宗教等要素对社会发展的独有价值。立法者们在立法之初便应树立并不是所有的社会关系都需要用法律来调整的意识，杜绝立法的绝对偏好和法律迷信主义所带来的不利后果，对于那些没有必要依靠法律来规制的立法项目在立项通过前就应当将其拒之门外，而这一点恰是立法前评估所能做到的。

（二）新型政府职能的转变

新型政府职能的转变为地方立法前评估制度的确立和推行提供了助力。我国经历了从计划经济到市场经济的转轨，政府的职能也随着经济基础的转变而发生变化。政府职能转变的目标在于建立和完善宏观调控机制，建立和发展现代民主，培育市民（公民）社会。[④]这种转变主要体现在两个方面：

“全能型政府”向“有限型政府”的转变。计划经济时代，政府掌控市场活动的每一个环节，整个资源的配置充斥着行政化、集中化的特点。盲目将政府职能无限扩大甚至与社会功能相等同，而忽视了市场职能的有效发挥是导致这种现象的一个重要观念因素。政府权力理应有明确的边界，这个边界的界点体现在政府干预经济与市场规律发挥的平衡上，亦体现在国家与社会、政府与市场明确区分

---

② 王少禹等：《依法适用地方性法规努力提高审判质量》，载《人民法院报》2013年11月21日。

③ 刘作翔、冉井富：《立法后评估的理论与实践》，社会科学文献出版社2013年版，第42页。

④ 杨建顺：《论政府职能转变的目标和制度支撑》，载《中国法学》2006年第6期，第25—31页。

的基础上。“有限政府的核心问题是权力均衡，对政府权力的制衡成了有限政府的重要原则。”[⑤]在西方，政府规制理论的兴起大都源于政府职能的转变，为了防止政府对市场过度干预带来的不利影响而对政府的行为进行规制，这可以看作立法评估的雏形。政府的权力需要在法律的规制下实现合理配置，基于目前我国地方立法的草案通常是由各地政府提出的现状，在推行地方立法前评估的过程中严格审查政府权力运行的权限范围，保证所立之法的科学客观是必要且有意义的。

“管理型政府”向“服务型政府”的转变。传统权力本位的思想孵化出的是凌驾于社会之上的管理型政府，随着服务型政府的改革，社会本位的思想逐渐占据主流地位。这种转变使得政府行为的公开性逐渐增强，也吸引了越来越多的民众参与政府相关的立法活动，这不仅实现了行政机关权力运行的双向监督，而且为市民社会的建立打下了基础。与立法后评估相比，前评估是公众参与立法的重要环节，立法过程中积极广泛地听取公众的意见，是民主立法的需要亦是增强民众对所立之法的认可度、树立法律权威的重要举措。

（三）立法民主化理论的推进

立法民主化理论的推进为立法评估制度的确立和推行注入了活力。“应当使法律成为人民意志的自觉表现”，[⑥]人民直接参与立法是确保法律体现人民意志的最佳方式，立法民主化的一个重要表现是公众参与理论的兴起和发展。据美国政治学家罗伯特·达尔的相关理论研究表明，民主是利益集团间相互作用的结果，而公民的广泛参与则是民主的核心。[⑦]随着我国依法治国方略的确立，立法对民主化提出了更高的要求，民主原则在立法上的最理想的展现便是公众参与的常态化，这不仅是法律正当性的基础更是提高立法质量的保障。

公众参与立法是弥补代议制民主缺陷的一种有效措施。追溯代议制民主的兴起和发展，它是民族国家形成和发展的产物。随着人口数量的不断增长，直接民主赖以存在的基础逐渐消失，在市民社会意识形态等因素的影响下，代议制民主成为最理想的选择。在我国，代议制民主的最好体现便是人民代表大会制度，随着时代的发展，这一制度的一些缺陷也逐渐显现。例如，多阶层间接选举和代表

---

⑤ 陈国权：《论法治与有限政府》，载《浙江大学学报（人文社会科学版）》2002 年第 2 期，第 6—11 页。
⑥《马克思恩格斯全集》（第 1 卷），人民出版社 1995 年版，第 184 页。
⑦ 黄洪旺：《公众立法参与研究》，福建人民出版社 2015 年版，第 1 页。

结构不平衡导致民意表达的滞后和失真；由于分权制衡机制的缺失，理论上人大是享有无限权力的，这就很可能会招致"多数派的专制"和立法权恣意行使等问题。[⑧]而公众参与立法恰好可以弥补我国人民代表大会制度的缺陷，有效监督立法权的行使，进而保证立法的质量。

在澳大利亚，规制影响分析被视为具有公众参与通知作用的工具。[⑨]在我国，对立法民主化理论的研究和重视催生了地方立法前评估制度的产生。

（四）地方立法后评估制度的规范化发展

地方立法后评估制度的规范化发展要求确立相应的立法前评估制度与其对接。我国实践中的立法评估呈现出的多为一种后评估的模式，这种在法规颁行之后着手评估的模式因为缺乏相应的前置评估程序与之对应而使得其在推行的过程中阻力重重。这种立法评估之完整性缺失带来的不利后果主要体现在：在确定后评估的主体、设计后评估的标准、选择后评估的程序以及落实后评估的结果时屡遭"瓶颈"。例如，就评估指标的设计来说，因为指标设计的合理性将直接关涉到评估结果的科学性，因此其对于评估的成败而言显得至关重要。实践中，各地在评估指标的设计时都花费了很大的心思，但实际效果与预想中的还是有一定的差距。针对各地评估标准的设计情况，从中选取具有代表性的实践并作出如下统计：

表 1　我国各省市地方立法后评估标准统计

评估时间（年）	评估主体	评估对象	评估标准
2005	上海市人大常委会	《上海市历史文化风貌区和优秀历史建筑保护条例》	合法性、可操作性、针对性、绩效性
2005	北京市人大常委会	《城市规划条例》 《北京市实施〈中华人民共和国水污染防治法〉办法》	合法性、可操作性、时效性、可完善性
2005	福建省人大常委会法工委	《福建省青年志愿服务条例》	合法性、实用性、规范性

⑧ 黄洪旺：《公众立法参与研究》，福建人民出版社 2015 年版，第 41 页。

⑨ 李向东：《行政立法前评估制度研究》，中国法制出版社 2016 年版，第 27 页。

续表

评估时间（年）	评估主体	评估对象	评估标准
2006	浙江省人大常委会	《浙江省殡葬管理条例》	合法性、合理性、立法技术、实施效果
2008	上海市人大常委会	142件地方性法规	合法性、适应性、可操作性、绩效性、特色性、参与性
2010	银川市法制办	《银川市燃气管理条例》	合理性、针对性、可操作性、实施效果
2012	重庆市人大常委会	《重庆市产品质量监督管理条例》	法制统一性、地方特色、可操作性、技术规范性、责任义务的配置
2013	重庆市人大常委会	《重庆市技术市场条例》 《重庆市科学技术投入条例》 《重庆市促进科技成果转化条例》 《重庆市科技创新促进条例》	合法性、合理性、规范性、可操作性、协调性

就评估指标的设定而言，如表1所示，从各地展开的实践来看，虽然形式有所差别，但内涵基本相同，可概括为：合法性、合理性、可操作性、技术性和时效性五个方面。通过对以上指标的分析不难发现，这些指标的设计都比较抽象，在实际操作的过程中客观性很难把握。而且在实践中通常是采取打分的方式来完成，这种操作往往对评分者有极高的要求，同时很难避免个人主观色彩的影响，甚至很多情况下主观因素占了主导，进而使得评估结果的科学性难以保证。此外，后评估标准当中的合法性、合理性、可操作性等指标理应是法规规章颁行之前着重考量的因素，后评估只需针对上位法的改变及社会环境的影响适当地涉及即可。而在实际的操作中由于缺乏相应的前评估机制与其呼应，后评估“大包大揽”的做法往往超出自身的精力限度导致身心俱疲，不仅影响了后评估的效果，基于实践当中后评估通常是各地人大主导完成的，这还会进一步影响人大的日常工作，稍有不慎便会陷入“恶性立法”的怪圈之中，甚至有人一再质疑立法评估制度构建的必要性有多大。从后评估的主体来看，国外比较成熟的立法评估模式是由中立的第三方来担任，但基于我国目前的国情，尚不具备独立第三方担任的条件，由人大主导评估的方式的确不失为一种

可行的选择，但我们也应该认识到这种模式需要在一套比较完备的立法评估制度之上运行。因而，立法前评估机制的构建有助于进一步完善现有的立法后评估机制，有利于完整的立法评估制度的构建，有利于立法评估作用的实质发挥，真正为立法质量的提高增加助力。

二、我国地方立法前评估的现状及困境分析

（一）我国地方立法前评估的现状

广泛意义上的立法前评估可以说一直都存在，甚至是我国地方立法的一个必经程序，通常以立法前调研、立项论证等方式呈现。从我国地方性法规的运行情况来看，问题在很大程度上都是因立法前的准备工作缺乏严格的程序规范和标准依据而产生的。实践中，我们常见的立法状况是法规规章的制定单纯地依靠立法主体自身的力量来完成，主体的单一性虽然在某种程度上可以缩短法律出台的周期，但这种立法主体多元化的缺失势必也会对立法的科学性和全面性带来不利影响。单一的立法主体难免会对立法问题做出不够全面的把握，而加之相关立法论证程序的缺失势必又会使所立之法的可操作性大打折扣，这也是实践中出现法律问题的一个重要原因，那么我们目前所谓的已存在的这种“立法前评估”就并非真正意义上的立法前评估。随着法治化建设的进一步发展和中央相关政策的倡导，2010 年四川省政府法制办率先在全省范围内开展立法前评估的探索，这可以看作立法前评估在我国的真正起步。如表 2 所示，越来越多的地区纷纷展开相关的实践和探索并取得了不错的成效。

表 2　我国各地开展的地方立法前评估的实践情况

时间（年）	立法机关	前评估对象
2010	四川省人民政府	《雷电灾害防御管理规定》
2011	青岛市人民政府	《青岛市实施〈中华人民共和国标准化〉办法》
2011	青岛市人大常委会	《青岛市建筑废弃物资源化综合利用管理条例》

续表

时间（年）	立法机关	前评估对象
2012	山东省人大常委会	《山东省专利保护条例（修订）》 《山东省辐射污染防治条例》
2013	广东省人大常委会	《广东省安全生产条例（修订草案）》 《广东省建设工程质量管理条例（修订草案）》
2013	江苏省人大常委会	《江苏省爱国卫生条例（草案）》
2013	福州市人大常委会	《福州市法律援助条例》
2014	山西省人大常委会	《山西省土地治理条例（草案）》
2014	四川省人民政府	《四川省国家档案管理办法》
2014	大连市人大常委会	《大连民用机场条例》
2014	浙江省人大常委会	《浙江省电子商务条例》
2014	无锡市人大常委会	《无锡市城市照明条例（草案）》
2015	贵州省人大常委会	《贵州省重大建设项目稽查条例》
2015	广东省人大常委会	《广东省城乡生活垃圾处理条例（草案修改二稿）》 《广东省环境保护条例（建议稿）》
2016	广东省人大常委会	《广东省林木林地权属争议调解处理条例（草案修改二稿）》 《广东省农村集体资产管理条例（修订草案修改稿）》 《广东省岭南中药材保护条例（草案）》

2010 年，四川省在开展对《雷电灾害防御管理规定》的评估时进行了专门的事前调研，与以往立法前准备最大的不同在于其更加积极地推行开门立法、广泛征求社会意见，更加注重对立法相关成本的分析。在对《四川省气候资源开发利用与保护办法》的评估中加重了对立法的必要性和效益分析，并于 2014 年四川省政府第 67 次常委会议审议通过并颁行。2016 年开展了对《四川省公共文化服务保障条例》的立法前评估，主要以课题调研的形式委托第三方高校、科研院所、社团组织等机构进行。课题研究主要采用实地考察、现场调研、召开立法座谈会、论证会等方式进行，并进一步对《四川省公共文化服务保障条例》的可行性，可操作性，实施预期成本与产生的经济、社会效益情况，实施后可能对经济、社会、

文化等方面产生的影响进行了较为全面的评估。目前，《四川省〈农田水利条例〉实施办法》立法前评估工作正在进行，作为2017年立法规划的重点项目之一受到了更多的重视，四川省水利厅已经完成了前期的问卷调查工作。四川省的立法前评估正在如火如荼地开展，为了促进立法评估的科学性和民主性，四川省于2014年成立了地方立法评估协作基地，充分发挥高校、科研机构在地方当中的作用，为立法前评估制度的构建创造了更好的平台，为地方立法质量的提高提供了智识保证。

2012年陕西省第十一届人大常委会通过了《陕西省地方立法评估工作规定》，对前评估和后评估的相关内容作了必要说明，指出前评估工作主要是对立法选题的必要性、可行性、成本效益及存在的问题进行调查分析，但并没有就具体的操作标准作具体说明。2014年浙江省政府制定了《政府立法项目前评估规则》，明确提出将立法前评估结果作为立法计划项目选择的重要依据，原则上未经立法前评估的立法项目不得列为省政府一类立法计划项目。《政府立法项目前评估规则》中对前评估的内容作了相关的要求，需要从合法性、合理性、必要性和可操作性等方面进行论证，并指出根据需要可邀请第三方参与评估。《上海市制定地方性法规条例》第46条第2款指出，提交地方性法规案的同时应当提交相应的法规草案并附相关的资料说明。这是上海市首次从制度层面对立法前评估作出的相关规定。

（二）我国地方立法前评估的困境分析

地方立法前评估制度正在逐渐得到认可和重视，然而相较于立法后评估制度发展的完备程度，前评估在我国的起步相对较晚而且不够成熟，无论是在理论界还是在实务中都未能形成系统的机制。

1. 前评估的动力困境：对立法评估的认识不够全面

通常，对于某一理论的研究源起于对该理论的完整性认知。我国对于地方立法前评估机制构建的认识，主要存在两个方面的偏颇：

其一是对立法评估的完整性认识不足，这一点主要体现在对立法评估类型的划分上。周旺生教授认为，立法评估实质上就是指立法后评估，这两者之间没有什么区别。[⑩] 将立法评估等同于立法后评估是导致前评估机制缺失的一个重要原因。“理论是实践的先导”，一味地重视后评估的相关探究而忽视其他因素的影响反而达不到预期的效果。立法评估作为一个整体理应贯穿于一部法律的始终，

---

⑩ 周旺生、张建华：《立法技术手册》，中国法制出版社1999年版，第24—35页。

不能单纯地从时间纵轴上截取某一段而影响其完整性，这势必会影响立法评估效果的发挥。

其二是很多学者认同立法评估应当包含前评估和后评估两种类型，但认为前评估与我国目前存在的立项论证、立法调研是同一个概念，因此专门的研究没有太大的必要，甚至认为“前评估”这种称谓不恰当。在我国，立法调研是一个立法前的必经程序，一直被视作立法的一部分而存在。然而，我国现存的法律法规中几乎没有明确的制度规定和程序的要求，这也使得在实际的调研过程中从主体的确定、对象的选择到标准的设立等方面都具有一定的模糊性。部分现行法规规章的可操作性弱、适用性不强等特点与立法调研的规范性不强有很大关系。在西方法治建设比较发达的国家，立法前评估是普遍制度化的存在，无论是程序的设计还是标准的确定都有着明确的制度规定，而且前评估与后评估更是有着严格的界限区分，各自在法治化建设中发挥着独特的作用。所以说，我们实践中呈现出的这种过度重视后评估而缺乏对前评估的认识和定位是导致前评估发展动力不足的主要原因。

2. 前评估的实践困境：用来引导实践的理论研究相对薄弱

西方实用主义在中国的庸俗化导致了急功近利的管理主义产生，表现在法律制定时的速度优先和仓促出台。[11] 中国的学者在最初引进相关理论之时往往忽视了将其与中国的具体实践相结合，更有甚者将某一理论当作普适的方法论应用到各个领域之中，从而导致理论的异化，并进一步加速了价值观的异化。

地方立法评估是我国法治建设的重要一环，“法治的构建以价值、规范和事实之间的关系原理为基石”。[12] 从价值的方面来看，价值观念的异化势必会带来相关制度构建中凝聚力的缺失、利益冲突的激化，进而使得立法评估机制的构建流于形式。原因主要来自两个方面，其一是政治观念不端所致。受制于传统官本位思想的影响，在制度推行的过程中片面追求部门利益，抓绩效轻实效的做法让立法评估的效果很难得到应有的展现。在各地的实践当中，不少法律是以一种政治宣言的角色而存在，法律的存在似乎成了博取公众支持的一种工具。一个地方开展了后评估的实践，其他地方纷纷效仿，甚至对评估的内涵尚未明确就盲目地做

⑪ 李向东：《行政立法前评估制度研究》，中国法制出版社 2016 年版，第 27 页。

⑫ 田文利、张筱薏：《法治实践中价值、规法与事实关系初探》，载《法学论坛》2007 年第 5 期，第 20—30 页。

调研写报告，这样的后果往往是带来无谓的资源浪费和鲜有成效的评估结果。其二是权力观念认识不到位所致。就权力的来源来看，地方人大的立法权来自人民，地方政府规章的制定权也来自人民。很多人对这一问题存在模糊认识，想当然地以为权力来自上级机关的授予而非人民，因而在权力行使的时候没有把人民放置于首要的位置，这也带来了公共权力部门化、部门利益制度化等一系列问题。

异化的价值观念带来的是对人民本位、社会本位理念的挑战，公众参与立法的保证更无从谈起，民主化立法在地方立法前评估机制推行的过程中便成了一个赤裸的口号，而这种异化的价值观念又会反过来阻碍相应的理论发展，进一步增加了前评估机制运行的阻力。

3. 前评估的操作困境：作为评估推行依据的制度规范缺失

一项制度的构建是一个由理论到实践再到理论的不断往复、不断完善的过程，特别是一项新制度的构建难免会有曲折，但曲折之中常常蕴含光明的前景。立法评估机制作为一项全新的制度在我国确立，一方面，我们看到了在前期实践当中取得的不错成效，各地积极的探索实践为我国立法评估制度的构建积累了丰富的经验；另一方面，很多地方的立法评估呈现出一些问题，“形式化”的特点突出。法规的评估具有较强的独立化色彩，一旦立法项目在需要评估时常常临时招兵买马，难以形成长效机制。这种运动化评估产生的原因主要是缺乏明确的制度规范。

从中央层面上来看，新修订的《立法法》第 39 条规定：“拟提请常务委员会会议审议通过的法律案，在法律委员会提出审议结果报告前，常务委员会工作机构可以对法律草案中主要制度规范的可行性、法律出台时机、法律实施的社会效果和可能出现的问题等进行评估……”这是首次在国家层面上对立法前评估作出的规定。在各地的实践当中，针对立法前评估的制度设计也比较匮乏，仅浙江省《政府立法项目前评估规则》中对前评估的相关内容作出了比较系统和明确的规定。陕西省在《陕西省地方立法评估工作规定》中指出了立法评估包含前评估和后评估两个层次，但缺乏具体明确的规定。还有个别地方在其他的法规规章中简单地提到了立法前评估的部分内容，大都是简略地一笔带过，更多的地方是开展了前评估的具体实践。

4. 前评估的实效困境：公众参与评估的力度不足

在转型国家中，立法通常扮演着促进经济发展主动力的角色，法律实施的效果将直接影响国家发展的进程，而公众对法规的认可程度是影响法规的实施效果的重要因素。目前，我国一些地方性法规正处在难以推行的尴尬境地，究其根源，这与前评估阶段公众参与的力度不足有很大的关系。

立法参与（Legislative Democratization）是立法民主化的重要表现形式，从立法的价值出发，立法参与被视为实现“分配正义”的关键环节，它可以有效地协调各阶层之间的利益冲突，有助于社会秩序的有序生成。随着立法评估理论和实践的不断发展，越来越多的地区已逐渐意识到立法前评估机制构建的重要意义，但实践中的重心往往是放到评估主体的确定、评估对象的选择、评估成果的运用等方面，在各地的相关制度规定中很难找到跟公众参与相关的条款存在，确切地来说是对利益相关者参与评估环节有所轻视或忽视。例如，北京市的立法前评估强调保证人大立项论证的独立性：虽然实践中会采用发放调查问卷、实地调研、举行听证会等方式来扩大公众的参与，但缺乏明确的制度规定，其效果就不太容易保证。立法通常被看作是利益博弈的结果，有效的公众参与可以监督立法权的行使，满足价值多元化的需求，进而推动立法价值的实现。

三、地方立法前评估的制度化路径

推进我国地方立法前评估制度的构建和有效实施 ，可以通过科学的分析和论证对其有一个完整的认识，并通过树立正确的权力观来纠正异化的价值观念，从而推动立法前评估理论的发展。在立法前评估机制建立之后根据实际情况加以调整，形成规范的启动机制和完善的信息收集渠道，补充必要的规范保障，并通过相关规则的建立、利益驱动原理的运用等方式保证公众的最大化参与。

（一）正确认识立法前评估

立法前评估作为立法评估的组成部分，在很大程度上发挥着比后评估更重要的作用。沈国明教授认为，前评估是一个十分重要的环节，它会直接将一些立法项目排除在立法日程之外。而且，经过充分的评估论证制定出的法规应当是疏密有致的，既顾及未来的发展，又考虑到现实的可操作性，能够平衡和化解各类社会矛盾。[13] 这比单纯地花大量的时间和精力来修改和废除已存在的法规更具前瞻性意义。

---

⑬ 刘作翔、冉井富：《立法后评估的理论与实践》，社会科学文献出版社 2013 年版，第 49 页。

在西方很多国家，前评估在整个评估当中占据着重要地位，如美国，为了应对“罗斯福新政”后期行政法规迅速膨胀给市场经济带来的不利影响，福特总统在1974年签署的11821号行政命令中要求联邦行政机关在发布新法规之前，必须准备通货膨胀的说明（inflation impact statements），并由“薪酬和物价稳定委员会”审查，[14]这可以看作是美国立法前评估的雏形，从这之后美国一直致力于对前评估机制的探索和完善，并完成了制度化发展。英国的“新公共管理运动（New Public Management）”的兴起再次助推了英国政府的改革[15]，这种改革是由过去的政府管制到逐渐放松对经济社会领域的规制的转变，要求政府在出台相关规章制度时必须充分考虑企业的成本，并附相关说明。澳大利亚政府在1997年修订的《部级委员会和标准设定局关于设定国家标准和实施规制行为工作指南》中明确指出新法规的制定或旧法规的修改，如果会影响到相关企业的生存和发展，就必须提供相关的影响性说明。这些国家有一个共通的特点就是对立法前评估工作十分重视，并且相关实践开展的时间也比较早。我国与西方国家最大的不同在于我们构建立法前评估机制是转型国家发展的需要，而西方国家更多的是为应对经济领域的风险，对政府干预市场经济的一种规制。但西方国家对前评估重要性的认知和把握是值得我们学习和借鉴的，只有充分认识到前评估的价值所在，摒弃片面的主观性认识才能让其价值得到最大化展示并为我们所用。

对立法评估要有一个完整性的认识，首先要在意识形态上作出必要的调整，对立法评估有一个科学准确的定位。地方立法评估实践中反馈给我们的结果表明，由于评估完整性的缺失导致评估效果大打折扣，本应由前评估来承担的内容全部由后评估来承担，这不仅增加了后评估的负担，而且评估成本的无效使用带来了司法资源的浪费。因而，评估完整性意识的树立成为立法评估的客观要求。这就要求启动评估活动的主体明确区分立法评估的不同类型，充分发挥前评估的预测功能和后评估的检测功能。

（二）树立正确的价值观念

价值观是在人的思维感官的基础之上作出的判断和选择，它受一个人长期的

⑭ 李向东：《行政立法前评估制度研究》，中国法制出版社2016年版，第33页。

⑮ 汪全胜：《英国立法后评估制度探讨》，载《云南师范大学学报（哲学社会科学版）》2009年第5期，第110—115页。

思维模式和生活习惯的影响，具有一定的主观性。受中国两千多年封建专制文化的影响，“官本位”的思想在现代的政治社会中多少还有所残留。在这种观念的驱使之下，一些地方的立法评估工作盲目地与绩效挂钩，一味地看重个人利益与部门利益使得评估流于形式。第一，要从思想上进行深刻的反思和教育。积极响应上级的领导和号召，贯彻相应的政策精神。第二，建立常态化的监督机制。阳光是最好的养料，配合立法过程的公开，充分发挥社会力量的监督作用。第三，树立正确的权力观念。人大的权力是人民授予的，政府的权力也来自人民，立法主体在权力行使之时当以人民的利益为重。“在法律统治的地方，权力的自由行使受到了规则的阻碍，这些规则迫使掌权者按照一定的规则行事。”⑯法治社会的建设，作为掌权的人首先应当具有法治之思维，牢固树立依法治权、依法用权的观念。

（三）构建前评估的长效机制

一次性的评估往往很难保证评估的效果，而且往往还会因为评估的中断导致前功尽弃的风险。要想让立法前评估机制真正发挥效果，就要形成长效的评估机制，可以从以下几个方面来着手构建：

第一，形成常态化的评估启动模式。提案主体和评估主体的明确化是评估启动的重要保证。根据有关学者的统计，在我国，80% 的地方性法规规章的提案主体都是政府在充当。提案主体的多元化构建是为了满足不同利益群体的需求，在社会分化日益严重的今天，多元的价值构建是为了顺应时代发展的需要，可以起到规制风险的效用。第二，致力于立法评估信息库的建设。立法评估信息库的建设可以有效降低二次信息收集的难度，节省立法评估的成本。由于目前地方人大尚未建立立法评估信息收集渠道的长效机制，导致评估资料收集的完整性存在很大问题。从立法项目提议开始，创建立法信息的收集系统，并对其进行分类整理和定期更新，为立法工作积累必要的资料。同时，可以更加方便地将前评估和后评估的相关信息论进行对比研究，把握立法预期效果和实际效果之间的距离，有效促进对立法工作的完善。在整个立法过程完结之后，既可将完整的信息予以保存，又可为后期工作的回馈和其他法规评估工作的开展提供必要的资料支撑。第三，建立和完善现有的制度规范，从制度上对立法前评估加以保证。一方面需要

---

⑯ 杨根乔：《当前“官本位”对干部队伍的危害及治理》，载《当代世界与社会主义》2010 年第 6 期，第 162—165 页。

从国家的层面进行制度构建，中央出台相应的制度规范；另一方面立足于各地区的实践，部分地区在原有立法后评估相关制度规范的基础上增加前评估的相关内容，部分地区需要对已制定的相关法规规章加以完善，细化前评估制度的具体操作流程和标准等。

（四）扩大公众有序参与的力度

如果说利益驱动是市场经济体制下事物运行的常态，那么法治化的进程也需要利益化的驱动。这种驱动体现在公众参与立法的过程中，寻求一种什么样的方式来让公众积极主动地参与立法是立法组织者应该考虑的事情。在利益驱动的视角下，只有让公众认识到法律的制定跟自己有关、遵守法律跟自己有关、法治化建设跟自己有关才能有效调动公众参与立法的积极性。这具体表现在刚性的制度建设和参与的效力保证两个方面。

规则的建立是保证民主的有效方式。扩大公众在立法参与中的力度，首先要从制度上加以规范化，重视公众参与立法前评估的过程，扩大公众参与的场域。有序的公众参与一方面体现在“参与”上，另一方面体现在“有序”上。无论是从参与的形式还是参与的内容上都应当依法进行，即保证公众参与的制度化、规范化和程序化。哈马斯强调法律在协商民主和自由平等中的重要价值，用规则来约束民主，在规则中将公众参与的时间、方式、程度等细化，进而使协商民主法律化。

参与的效力保证即公众参与立法前评估的效力保证，主要是指公众参与对立法评估主体的约束力和影响力。立法是一个“考察和体现各种利益主体价值偏好与利益选择的博弈并将其在明确的法律规范下以赋予相关权利行使的动态活动过程”，[17] 一个过程当中要最大化地保证人民的利益，让立法评估的过程更加公开透明，让公众参与的渠道更加便捷多元。在美国，公众参与贯彻到立法前评估的每一个环节当中，无论是从理念上还是制度设计上都有很好的展现，相关的听证程序、通知评论程序的设置值得我们学习和借鉴。同时，良好的参与效果的取得也离不开相应的信息反馈机制的构建以及必要的物质保障，确保及时向公众回馈参与的效果。

---

⑰ 黄信瑜、王保民：《我国台湾地区立法听证制度》，载《经济与社会发展》2008 年第 3 期。

四、结语

地方立法前评估是增强地方立法科学性、提高立法质量的有效途径，地方立法前评估制度是完善中国特色社会主义法律体系、加快建设社会主义法治国家的应有之义，可以从以下四个方面着手有针对性地寻求解困之道。

其一，对地方立法前评估机制的正确认知有助于形成正确的理论引导，地方立法前评估不等于地方立法评估，亦非地方立法后评估所能涵盖，充分认识并发挥前评估的预测价值和后评估的评价价值是开展相关理论研究和制度确立的前提。其二，主体价值观念的异化不仅会致使地方立法前评估理论的研究偏离正确的轨道，而且畸形的权利观、政治观的存在会使该制度在推行的过程中缺失必要的凝聚力，克服这种异化的价值观是紧迫且必要的。其三，任何新兴制度的良好运作往往需要在一定时间内的持续性的调整和改进最终形成一种长效的运作机制，否则将带来事倍功半的效果。地方立法前评估呈现出的“一次性”的特点是长效机制构建的最大障碍所在。其四，公众参与的空间过于狭窄、模式过于单一，使得这一环节原本所必需的参与能力降低，理应在法规规章的项目拟定、项目论证、项目确定等环节拓宽公众参与的渠道，培育公民参与立法的责任意识，并运用相关的利益驱动机制和必要的物质保障来促进公众的有效参与。

地方立法质量评价标准研究

余 庆

（西南政法大学行政法学院 重庆 401120）

摘要：地方立法质量评价标准的构建具有重要意义。它是树立“顾客至上”观念、保障公民权益的内在要求；是规范地方立法活动的新途径；是衡量地方法治水平的重要尺度。目前，理论和实践中的评价标准比较混乱，有必要立足于地方立法发展的规律和内在逻辑，对地方立法质量进行顶层设计，按照一定的原则抽象成形式评价模式和实质评价模式。而在现代法治的背景下，这两种模式所能发挥的作用式微，无论注重的是形式还是本质，都存在很大的局限性，缺少活力和动力，难以发挥应有的作用，结果往往不尽如人意。有鉴于此，有必要在结构功能主义视角下，以动态评价模式为核心，从立法—执法—守法三个维度来重新构建新型的评价模式，打破主体垄断，维护公民权益和限制地方权力，摆脱形式化和运动化评估，提高地方法治水平。

关键词：评价标准模式 立法者维度 执法者维度 守法者维度 指标体系

改革开放以来，我国立法事业迅速发展，这一变化有利于弥补我国某些领域无法可依的空白，防止权力滥用，为法治事业的发展提供有力保障。然而片面地强调立法数量的增加，而忽视立法质量的提高，只会造成公民对法律的不信赖，使法律丧失权威。2015 年修改的《立法法》赋予了地方更大的立法权，因而提高地方立法质量事关全面依法治国，事关建设中国特色社会主义法治国家。近些年，山东、福建、上海等省市先后进行地方立法质量评估活动，并取得一些成就，但对于地方立法评价标准的研究尚不完善，因此构建完善、科学的评价标准体系就具有非常重大的理论与现实意义。

一、地方立法质量评价标准概念界定及其意义

（一）地方立法质量评价标准概念界定

地方立法是中国立法制度不可或缺的重要组成部分。中国幅员辽阔，经济、文化、社会情况极其复杂，仅仅由中央立法难以维持国家稳定的发展，因此必须赋予地方一定的立法权。目前，对地方立法的定义尚有争论，王盛林认为“地方立法是指地方权力机关依据宪法、法律的权限，根据本行政区的具体情况和实际需要，依据一定程序，运用一定技术，制定、认可、修改、补充和废止具有普遍性、明确性、肯定性的并以国家司法机关或地方行政机关保证实施的规范性文件的活动”①。周旺生认为,“地方立法是指特定地方国家机关，依法制定和变动效力不超过本行政领域范围内的规范性文件活动的总称”②。《立法法》第 82 条和《地方组织法》第 60 条都赋予省、自治区、直辖市的人民政府制定规章的权力。因而我们认为所谓的地方立法是指地方权力机关及人民政府依照宪法和法律规定的权限，制定、认可、修改或废除只在本区域范围内具有普遍效力的规范性文件的活动。

评价是指考察、分析或者判断某类事物的价值、质量意义、数量、程序或者情状等。③评价与评估词义相近，都是根据一定的标准判断某事物及其内部结构所呈现的状态，以及判断该事物产生出的质量水平及其与预期的差距情况从而得出特定结论的活动。标准一词是衡量事物的依据和准则，在语言学上，标准是合乎某种原则，可供同类事物比较、核对的准则和尺度。④

根据以上的概念分析我们这样认为，地方立法质量评价标准是指评价主体对地方性法规、规章的价值理念、实际效果进行解释、衡量和考察所依据的一系列规则的总称。依据一定指标，将地方立法质量分化为不同的更小的单元进行考量，每个单元的个体指标的综合构成了对地方立法的评价结果，也就是说它是地方立法成果分化的各个指标单元的单项指标结合的统一整体。基于这一体系，应建立起

① 王盛林主编:《地方立法概念》，山东人民出版社 1993 年版，第 19 页。

② 周旺生:《立法学》，法律出版社 2009 年版，第 277 页。

③ 王同亿:《中华字典》，三环出版社 1990 年版，第 777 页。

④ 任尔昕:《地方立法质量跟踪评估制度研究》，北京大学出版社 2011 年版，第 75 页。

一种对地方立法成果准确评价的科学框架，通过各种反馈机制和调节机制，以保证地方立法成果的科学性、有效性、合理性。如果没有一套科学的、有效的评价标准，就难以达到评估活动的目的，因为评价标准是评价活动所依据的准则，是评价活动顺利进行的基本前提。因此地方立法质量评价标准体系的构建至关重要。

（二）构建地方立法质量评价标准体系的重要意义

1. 树立“顾客至上”的理念、保障公民权益的内在要求

20 世纪中叶，以美国为首的各个国家开始了以“顾客至上”“公众满意”为标准的政府体制改革运动，并取得了显著效果。其基本的价值取向便是顾客至上。我国是人民主权国家，公众满意度是我国宪法所确定的人民主权原则的应有之义。《立法法》第 5 条规定，立法应当体现人民的意志，发扬社会主义民主，坚持立法公开，保障人民通过多种途径参与立法活动。法律是人民意志的集中体现和表达，立法的人民意志性无疑是一切法的精神支柱和生命之源。[⑤] 但在地方实践上，由于立法价值缺失或扭曲，以至于出现一些法条不仅不能体现人民意愿，甚至与民争利的现象。设置能够保障人民利益的立法质量评价标准就能很好地清除无意义的立法行为和损害行为，因而我们说地方立法质量评价标准的设置能很好地帮助政府树立顾客至上的观念、保障公民的权益。

2. 规范地方立法活动的新途径

21 世纪以来，地方立法权迅速扩张，2015 年修改的《立法法》规定设区市有一定的制定规章的权力，但是权力使人腐化，绝对的权力导致绝对的腐败，赋予地方权力机关和政府以巨大的权力是当代中国治理和转型所必需的，但同时也是危险的。而将公权力关进笼子里，让权力受到监督和制约已成为中国政治领域的强势话语。目前，对权力的制约多来自立法制约。对地方而言，就是地方性法规对地方权力的约束，这样的约束能够达到理想效果有个重要前提：地方性法规本身是优良的，是维护公民权益的，即限定了地方权力的范围、规定权力运行程序以及违反后果。而实现这一前提就需要客观的、科学的评价标准，依据这一标准使得地方性法规本身、运行环境、运行结果等都达到优良，从而更好、更有效地约束地方权力，防止地方腐败。评估工作需要一定的评估主体和其他参与人员的

⑤ 郭毅：《论立法意志及其保障——兼及〈立法法〉的“人民意志”条款》，载《山东大学学报（哲学社会科学版）》2001 年第 6 期。

通力合作才能很好地开展和完成。不同的标准决定评估工作由哪些主体主持，哪些主体参与。民主、科学的评价标准必然要求公众广泛参与，甚至成为主体，这样公众就可以很好地行使监督权，同时也能杜绝立法机关为提升政绩而搞观赏性立法。

3. 衡量地方法治水平的重要尺度

首先，法治要求具备完善的法制体系，立法是法治的前提，只有制定的法律本身是优良的，法治的实现才有现实基础。[⑥]而地方立法成果是否良好、是否适应中国的政体和现状，就需要对其进行评价。地方立法质量评价标准体系的构建是进行评价活动的逻辑起点，评价标准对结果的科学性、客观性有着直接性的决定作用。也就是说，评价标准构建的是否完善，直接影响地方立法质量，没有地方立法质量评价标准，就无法开展地方立法活动，也就无从知晓地方立法质量的实际情况。更进一步说，依据立体化法治逻辑，地方立法质量直接制约着地方法治水平。其次，依据国外的立法质量评价活动和人类的一般理性来看，对法律质量的评价往往以技术规范开始，之后才考虑法律的实效性。也就是说，较低质量的法律评价往往注重于技术规范，而较高质量的法律评价往往注重于实效性，评价内容不同，评价标准也就不一样。因而从地方立法质量评价标准体系中，可以看出该地方立法水平乃至法律文化之全貌。除此之外，对地方立法质量进行评价，不仅能引起社会对立法质量的关注，还会促进地方立法机关不断地完善立法、寻找问题并作出最科学的决策。有什么样的评价标准，往往立法机关就追求什么样的立法水平，抱有什么样的态度，履行什么样的职责。因而地方立法质量评价标准决定了地方立法机关的水平，也就反映了地方法治水平。同时，依据这一标准，具体分析立法成果是否符合我国法律体系、是否适应中国的发展模式，从而很好地修改、废止不适合当前形势的法律，以更好地完善我国法治体系，提高地方法治水平。所以我们可以说地方立法质量评价标准是衡量地方法治水平的重要尺度，是地方法治建设不可忽视的重要环节。

⑥ 陈雪平：《立法价值研究——以精益学理论为视域》，中国社会科学出版社 2009 年版，第 34 页。

二、地方立法质量评价标准的现状及其问题

地方立法质量评价标准是衡量地方立法工作和成果的重要准则，目前学界对立法质量评价标准的研究多而杂。有的学者从合目的性、合法性、技术性三个方面提出立法评价标准[⑦]；有的学者将地方立法评估的标准总结为合法性标准、比例性标准和技术合理性标准三个方面[⑧]；有的学者从价值、形式和事实三个维度提出立法质量检测标准的合理性、科学性、有效性[⑨]。

在实践中，山西省人大常委会于2012年启动了对《山西省农业综合开发条例》的立法后评估工作。本次活动主要从总体质量和实施效果两个方面对《山西省农业综合开发条例》进行评估，因而该评估是主要围绕《山西省农业综合开发条例》的法制统一性、可操作性、地方特色、社会效应等内容展开的。2013年，太原市启动了对《太原市行政审批管理办法》进行立法后评估，此次评估主要围绕着《太原市行政审批管理办法》的合法性、合理性、科学性、协调性、规范性、可操作性、实效性等方面展开。

2015年5月，云南省启动对云南省地方性法规的一次“全面体检”。在省内法学学者专门编制的《云南省地方性法规立法后评估指标体系》中，设置了“合法性”“合理性”“可操作性”“规范性”“实效性”5个一级指标，以及24个二级指标，力求客观、科学地衡量一部地方性法规。

四川省人大常委开展了对《四川省阆中古城保护条例》的立法效果评估活动，通过法理指标、技术指标、实践指标等3项指标对其进行量化。

福建省人大常委会认为对法规的评估很难采用技术评估工作中常用的一些可量化的、直观的数据标准，只能从价值判断入手，综合考量，因此制定了合法性标准、实用性标准和规范性标准，将三者结合起来进行评估。

武汉市随后进行立法评估活动，在实施方案中确立的评估重点落脚于合法性、合理性、可行性、技术性、特色创新性。

---

⑦ 卿泳：《立法评价对于提高地方立法质量的意义》，载《民主与法制》2005年第5期。

⑧ 石佑启、朱最新主编：《地方立法学》，广东教育出版社2015年版，第230页。

⑨ 任尔昕主编：《地方立法质量跟踪评估制度研究》，北京大学出版社2011年版，第112—113页。

《陕西省地方立法评估工作规定》第10条规定的立法后评估标准，主要包括：合法性、实效性、合理性、协调性、可操作性。

从上述可以看出立法后评估缺乏统一规范不仅表现在名称上，而且评估类型、对象选择等，在各地方人大也不尽相同。

无论在理论上还是在实践过程中，地方立法质量评价标准均比较散乱，而散乱的评价标准是时间和空间差异导致的必然结果。但是这样的评价标准不利于地方法治的横向比较以及纵向完善。因而有必要通过对已有的评价标准和地方实践的观察和分析，立足于地方立法的一般内在逻辑，对地方立法质量进行顶层设计，将混乱的标准按照一定的原则抽象为各种评价模式：(1) 外在形式的评价模式。这种评价模式的根基在于形式正义，其基本逻辑便是形式先于实质，如果法律给人最为直观的感受就是错误的、存在瑕疵的，那么去讨论法律的实质内容又有什么意义呢？如果法律在“纸上”就先天地缺少可行性，那么现实中的法律又怎么可能具有强制性呢？此模式运行路径主要是通过对外在的立法程序合法性问题和立法文本的技术性问题的审查来衡量立法成果如何。其关注的多是立法语言、立法协调和立法结构。因而这种模式基本特征在于：在主体上，多是立法机关本身，也可以委托第三方机构，多为高校；在对象上，多是立法文本；在标准设计上，以技术性标准为核心。但是这样的评价模式有许多弊端，如主体虽然比较开放，但很容易变异为纯学术评估，扭曲立法价值取向。评估对象仅仅局限在立法文本，往往会忽视现实性的考虑，容易造成重复立法或照搬立法，失去地方特色。(2) 内在本质的评价模式。利益是马克思主义哲学的逻辑起点，更重要的是利益关系的和谐是社会和谐的基础。法的利益只有当它是利益的法时才能说话。[⑩] 立法过程中的利益表达和有机整合是评价立法质量的重要标准，只有各个利益主体能够有效地表达自身需求，立法主体通过各种方式加以协调才能形成合理的利益共同体。衡量各个阶层的需求并在立法过程中整合便是该模式的核心所在。因而该模式的特征是：在主体上，多是立法机关主导，这是谋求其本身利益使然；在标准设计上，侧重于效益性标准，甚至具有一票否决权。其弊端在于，评价主体层级固化，形成利益集团，这种以功利为核心的评价模式，有些结果往往让人在价值观念上难以接受，特别是在中国素有“淡泊名利”的历史传统下，这一点不像西方有着新教伦理作为支撑。

---

⑩ [德] 马克思、恩格斯：《马克思恩格斯全集》(第1卷)，人民出版社1956年版，第178页。

但在现代法治的背景下，传统的评价模式发挥的作用式微，无论注重的是形式还是本质，都存在很大的局限性，缺少活力和动力。面对形而上学与法律形式主义，卡多佐认为真正的法律不过是司法过程，即维护法律秩序依照权威性的指令以决定各种案件和争端的过程。庞德也认为“法律就是公务所做的一切事情”⑪。因而我们所说的法律不是写在纸上的法条，而是“活法”，一种动态的法律。设置新的动态评价模式势在必行，而我们所说的动态的评价模式则是以法治为核心，不仅仅注重结果的评价，还强调过程评价，也就是说这种模式具有综合性，但这并不代表不同层次与类别的评价标准的杂糅，而是在结构功能主义视角下，以立法—执法—守法三个维度来重新构建新型的评价模式。

三、地方立法质量评价标准新架构

（一）新地方立法评价标准体系的优势

新型的评价标准体系主要表现在：第一，打破主体垄断，维护公民权益和限制地方权力，目前我国立法评估主体比较单一，多是立法机关本身启动立法评估，“要求公共组织对自己的行为作出客观公正的评价实非易事”。因而打破这种主体垄断确有必要。机关立法后评估主体的内部化是我国目前应当经历的一个过程，但它的最终目标是实现立法后评估主体的多元化⑫。评估主体的确定不仅关乎评价结果的公正性和客观性，而且评估主体的地位、角色不同，其评估结论的效力和评估工作的侧重点和运行的模式等方面也存在差异。⑬地方立法评估主体成员的素质、技能、工作经历、知识、利益背景等对地方立法评估结论的准确性、可靠性、客观性程度等都会产生一定影响。第二，摆脱形式化和运动化，提高地方法治水平。评估活动仅仅是立法机关的自我批评，其结果便是评估活动流于形式，不注重细化指标和公众参与，这样的活动没有任何意义，除此之外评估活动还呈现运动化趋势，即某段时间内迅速开展，随后便销声匿迹，这并不是我们的目的，“我们开展立法评估活动，是寻求法律立改废的科学基础，是建立法律制定、修改、

⑪ [美] 庞德：《通过法律的社会控制》，沈宗灵译，商务印书馆 2010 年版，第 24 页。

⑫ 汪全胜：《论立法后评估主体的构建》，载《政法论坛》2010 年第 28 卷第 5 期。

⑬ 陈伟斌：《地方立法模式与制度构建》，载《法学杂志》2016 年第 6 期。

废止的科学机制”。[14] 保持评估工作的常态化，有利于提高立法质量，发挥人民的监督功能。

（二）地方立法质量评价体系的层次

立足于国内现有的地方立法质量评估实践基础之上，在纵向和横向上吸收公共部门效绩评估及其他评估的有益理论后，初步构建一个新型的地方立法质量评价标准体系，主要包含三个层次：

1. 第一层次：维度

建立多维度的评价标准体系，可以使评估更加条理、更加缜密。并且多角度划分有利于弥补单个视野的缺陷，发挥各个角度的优势，促进评估活动不断地规范化、科学化。本文便是从法律制定、法律实施和法律遵守三个方面构建了横向的三个维度，即立法者维度—执法者维度—守法者维度。这三个维度是按着主体不同来划分的，这样才能打破评价主体单一所带来的评价标准不够严谨，才能让更多的公众参与，发挥不同主体的优势，如对法律的可操作性，执法者最有发言权。

2. 第二层次：具体标准

具体标准是在不同维度下，评估主体进行评估所依据的概括性、基础性标准。具体标准的设置反映了一部地方性法规、规章制定所追求的最基本的价值，因而三个维度下的具体标准大致相同，如三个维度都包含了合法性标准、合理性标准、科学性标准等。但是，这并不意味着这三个维度的划分毫无意义，通过法律来治理是个精细的活，法律评价标准设置同样也是，一些细枝末节的立法反而具有牵一发而动全身的效果，精细缜密的评价标准必然使得法规、规章更加科学民主，更有利于社会稳定和中国法治建设。

3. 第三层次：指标系数

纵向来说，所有的地方性法规、规章在价值层面上都具有一定的统一性，因而对其评估可以设置一个基础的评价标准。之后对基本指标进行细化，称为二级指标，二级指标之和应当为基础指标，再对二级指标进行细化，设置参考标准，使得指标系数的计算更加合理、科学。设置基础指标、二级指标和参考标准应当采用通俗易懂的话语表述方式，但要严谨且突出重点。横向来说，地方立法质量评价体系是由立法—执法—守法三个子体系构成。在实践中，应当将三个子体系

---

⑭ 汪全胜：《立法后评估研究》，人民出版社 2012 年版，第 65 页。

所得出的评分，按照一定的比例计算出该部法规、规章的总评分，同时作出定性评价，以及修改意见和理由。

四、新型地方立法质量评价指标体系的构建

近些年来，学界对地方立法质量评估做出了一些卓越的成果，实践中越来越多的地方开展立法评估活动，取得了一些有益的经验，但仍然存在一些尚未研究或尚未完善解决的问题。构建新型的指标体系要做到科学、合理，简单而全面。本指标体系由三个子体系构成，每个子体系 100 分，虽然三个子体系采取了大体相同的指标体系，但在权重分配上和指标系数上各有侧重。作为某一地方法规、规章的总分则是由三个子体系按一定权重计算出来的。

（一）立法者维度下指标体系的构建

目前，我国主要的评价形式是立法者进行评价。从理论上讲，作为立法主体的立法机关无法对自己制定的法律作出客观的评价，立法机关既当运动员又当裁判的局面影响评估活动的公正性。但是由立法机关启动评价活动、主动纠正错误，昭示着一种全新的立法观念在立法机关人员心中确立，只有这样才能使全面推进依法治国，建设法治国家成为可能。而且，就目前情况来看，立法机关有着其他主体无法比拟的优势。在中央地方权力二分的背景下，地方权力机关和政府几乎垄断了地方范围内的立法、行政、司法等重要的资源。首先，只有掌握充分而全面的信息，才有可能作出客观、科学的评价，而这些信息立法机关更容易获取，由他们启动立法评价活动往往能取得良好的开头。其次，立法评价本就是消耗财力的活动，立法机关主导立法评估活动有更好的资金保障。最后，这些部门往往能聚集地方精英，拥有着其他主体不拥有的立法技术、立法经验和评价权威性等。这一评价标准具有政治性、专业性的特点，为了更好地发挥这一主体优势，在这一维度中具体的评价指标体系构建应当如表 1 所示。

表 1

序号	基础标准	二级标准	评分参考
1	合法性 25 分	实体合法性 （15 分）	1. 主体合法（5 分）：授权 + 不越权得 5 分，授权 + 越权得 1—4 分，无授权得 0 分 2. 内容合法（5 分）：法规、规章的具体规定不违反相关的上位法，且与上位法宗旨精神一致，二者缺一项便在 1—4 分酌情给出，违反上位法具体规定及其精神的为 0 分 3. 依据合法（5 分）：法规、规章适格，具有明确的立法依据的 5 分，没有明确的立法依据的，但可以从上位法的宗旨和精神延伸出来 1—4 分，两者都无为 0 分
2		程序合法性 （10 分）	1. 程序是否完整，立法活动是个持续的动态过程，法律规定的一切必要的环节都不能缺少和遗漏 2. 程序是否完善，是否严格依照法律规定的程序来立法的。首先，程序中的每个环节都应该有自己的作用，没有作用的程序是毫无意义的。其次，任何立法环节都不能故意歪曲甚至违反法律规定。两者各 5 分，共计 10 分，两者都符合的为 10 分，程序完整但不完善的为 5—9 分，程序个别完善但总体不完善的为 1—4 分，既不完善也不完整的为 0 分

续表

序号	基础标准	二级标准	评分参考
3	合理性 20分	对公民法人和其他社会组织设置的权利义务是否合理、明晰。 (5分)	1. 权利利益分配合理，义务设置适当的得5分 2. 权利分配、义务设置不当，但较为轻微的得2—4分 3. 权利分配不合理，过多地设置义务的得0—1分
4		执法主体、权力分配以及责任的设置是否明确，权责是否一致。 (5分)	1. 主体明确，权责一致的为5分 2. 上述任意一项较为容易识别的为2—4分 3. 两者都不具体，不易识别的为0—1分
5		是否设置了明确且通畅的救济渠道来维护相对人权利，维权成本是否过高。 (5分)	1. 相对人可供选择的救济渠道多且通畅，能够正常维权，并且救济成本较低为5分 2. 相对人救济渠道存在一定瑕疵，成本较高为3—4分 3. 救济渠道存在较多瑕疵甚至没有渠道，成本过高为0—2分
6		是否符合最小比例原则。 (5分)	1. 自由裁量权得当，处罚与行为情节相当，完全符合最小比例原则为5分 2. 自由裁量权不适当，情节与处罚结果不够匹配，部分符合比例原则为2—4分 3. 自由裁量权过大，处罚与情节不匹配，完全不符合比例原则为0—1分

续表

序号	基础标准	二级标准	评分参考
7	技术性 25 分	语言表述是否具体和明确，是否体现地方性和民族性，立法语言中名称、标点符号和数字等是否符合法律规范。 (10 分)	1. 以上标准全部符合，适用完美为 10 分 2. 以上标准有一项至两项略有瑕疵为 5—9 分 3. 以上标准都存在瑕疵甚至严重缺陷为 0—5 分
8		逻辑结构的安排是否系统、完整，内在的逻辑关系是否合理和严谨。 (5 分)	1. 符合上述标准的 5 分 2. 与上述标准存在一定差异的 2—4 分 3. 和上述标准差异较大，甚至背离的 0—1 分
9		单个法规或规章内部是否协调，同位阶的法律法规是否协调，不同位阶之间是否协调，整个法律体系相互之间是否协调。 (10 分)	1. 以上标准皆符合的 10 分 2. 以上标准有一两项存在瑕疵的酌情 5—9 分 3. 以上标准多项存在瑕疵甚至违背上述标准的 0—4 分
10	科学性 10 分	条文的设定是否正确地反映其调整对象自身的发展规律和要求。 (5 分)	1. 条文充分地反映社会发展规律的 5 分 2. 条文基本符合社会发展规律的 1—4 分 3. 条文不符合社会发展规律的 0 分
11		条文是否平等地规范市场主体，有无限制、排斥市场主体的设置，是否赋予政府过多干涉市场的权力。 (5 分)	1. 条文对市场主体权利义务分配合理，政府没有过多地干预市场的 5 分 2. 条文有地方保护或者政府过多干预市场，但都不太严重的 2—4 分 3. 条文存在严重的歧视性条款的 0—1 分

续表

序号	基础标准	二级标准	评分参考
12	效益性 10 分	立法时机是否成熟，上位法或同位阶法的调整是否已经穷尽本地区的实际情况。 （5 分）	1. 立法时机已经成熟，且其他的法律法规、规章等尚未穷尽本地区实际情况的 5 分 2. 立法要求比较急迫，上位法及同位法的调整已略有涉及但不全面的 3—4 分 3. 立法时机不成熟，其他法律的调整已经穷尽的 0—2 分
13		立法是否具有前瞻性，对未来社会关系发展的方向是否具有预见和导向。 （5 分）	1. 立法具有前瞻性，开创了制度创新之先河的 5 分 2. 立法落后或立法前瞻性过度部分偏离实际的 3—4 分 3. 立法严重落后实践，立法不作为，或者前瞻性过度脱离实际的 0—2 分
14	地方特色性 10 分	立法是否充分反映和规范了本地的地理资源、历史传统、经济状况等。 （5 分）	1. 立法充分反映以上特征的 5 分 2. 立法未充分反映以上特征的 3—4 分 3. 立法没有反映地方状况的 0—2 分
15		与上位法及其他地方同位阶的地方法规、规章的重复率是否低于 30% 。 （5 分）	1. 与上位法及其他地方同位阶的地方性法规、规章的重复率低于 30% 的 5 分 2. 与上位法及其他地方同位阶的地方性法规、规章的重复率高于 30% 但是低于 50% 的 3—4 分 3. 与上位法及其他地方同位阶的地方性法规、规章的重复率高于 50% 的 0—2 分

（二）执法者维度下指标体系的构建

首先，必须强调的是，这里的执法者不仅仅指行政机关，还有司法机关，所以对执法者更准确的解释，应当为法律适用者和执行者。徒法不能以自行，法律的生命在于实施，如果是质量优良的法律，一般就会有良好的实施。但是当立法质量很低时，行政机关和司法机关就很难执行和适用法律，这样的法律形同虚设。法律是否难以执行和适用，作为法律的执行和适用的主体的执行者最具有发言权。他们处于法律的第一线，有着无可比拟的作用，也最容易发现立法的不足。因而，执法者作为地方性法规、规章的评价主体有着其他主体无法取代的优势。依据这一优势地位，执法者进行评价指标应该包含：

表 2

序号	基础标准	二级标准	评分参考
1	可操作性 30 分	立法后利益格局、政治社会等立法背景是否改变。 （10 分）	1. 立法背景没有变化，立法仍能够调整现有的社会关系的 10 分 2. 立法背景略有变化，但是该地方性法规、规章仍然具有一定调节作用的 5—9 分 3. 立法背景发生重大改变，该法规、规章已沦为观赏性法律的 0—4 分
2		法规、规章的职责规定是否清晰，是否存在管理真空状态。 （10 分）	1. 立法规定权责清晰，且立法全面无管理真空的 10 分 2. 上述标准一项或两项存在些许瑕疵但不严重的 5—9 分 3. 上述标准一项或两项存在严重缺陷的 0—4 分
3		立法是否具有具体的程序性规定，该程序是否烦琐。 （10 分）	1. 立法规定了完善程序，且程序简单易操作的 10 分 2. 立法规定了程序，但程序不完善或程序略微烦琐的 5—9 分 3. 立法无程序或有程序，但操作复杂的 0—4 分

续表

序号	基础标准	二级标准	评分参考
4	地方特色性 20 分	本地方的特殊管理事物是否得到很好的反映和合理的处理。(10 分)	1. 依照该法规、规章，本地方的特殊事务得到充分反映和合理处理的 10 分 2. 依照该法规、规章，本地方特殊事务有所反映，且能够部分很好解决的 5—9 分 3. 依照法规、规章，本地方事务未得到反映，也无法得到解决的 0—4 分
5		本地方的突出问题是否得到有效的解决。(10 分)	1. 法规、规章针对的突出问题得到有效解决的 10 分 2. 法规、规章针对的突出问题部分得到有效解决的 5—9 分 3. 法规、规章针对的突出问题未能得到有效解决的 0—4 分
6	技术性 20 分	立法语言是否准确，在实践中是否容易引发歧义。(10 分)	1. 立法语言准确，实务中不存在权力与责任不明确现象的 10 分 2. 立法语言存在一定瑕疵，但不影响实务中对法律适用的 5—9 分 3. 立法语言存在严重瑕疵，影响实践正常进行的 0—4 分
7		立法是否形成部分执法部门的利益化。(10 分)	1. 立法内容权力职责分配合理，不能形成庞大集团的 10 分 2. 立法内容存在瑕疵，实践中造成部分部门权力过大的 5—9 分 3. 立法内容存在严重瑕疵，实践中部分部门实现权力垄断的 0—4 分

续表

序号	基础标准	二级标准	评分参考
8	效益性 20 分	严格依法执政和司法成本及其收益的比率。 （10 分）	1. 依据该法规、规章执法司法其收益远远高于其成本的 10 分 2. 依据法规、规章执法司法其收益略高于或等于其成本的 5—9 分 3. 依据法规、规章执法司法其收益低于其成本的 0—4 分
9		在司法裁判、行政复议等过程中该法规、规章的引用率。 （10 分）	1. 在司法裁判、行政复议等过程中该法规、规章都曾引用过的 10 分 2. 在司法裁判、行政复议等过程中该法规、规章曾引用过的 5—9 分 3. 在司法裁判、行政复议等过程中该法规、规章未曾被引用过的 0—4 分
10	合理性 10 分	依据该法规、规章执法时是否能够选择对相对人损害最小的方式。 （10 分）	1. 在实践中，采用最小比例的案件占 60% 以上的 10 分 2. 在实践中，采用最小比例的案件占 30% 以上，60% 以下的 5—9 分 3. 在实践中，采用最小比例的案件不足 30% 的 0—4 分

（三）守法者维度下指标体系的构建

这里的守法者是相对立法者和执法者而言的，它包含了社会公众和社会机构。国家的一切权力来自人民，国家行使权力应接受人民监督，法律是人民意志的表达，让公民参与地方立法质量的评价，是人民行使监督权的体现。首先，盖伊彼得斯认为，参与是 20 世纪 90 年代的主要政治议题之一，没有公众的积极参与，政府很难使其行动合法化。[15] 其次，公民对法律的质量有着最真实的切身的感受，因为法律最终由公民来遵循，由他们来评价约束他们行为的法律最有说服力。最后，法律最终的落脚点在于保障公民的权利，地方立法是否真正有效地贯彻这

⑮ [美] 盖伊彼得斯：《政府未来的治理模式》，吴爱明等译，中国人民大学出版社 2001 年版，第 34 页。

一宗旨，公民享有发言权。评价立法不应该只关注立法者，更应该关注那些法规、规章规范和保护的影响立法活动的社会公众本身。法律必须被信仰，否则它将形同虚设。[16]法律只有被认知才能更好地被遵循，才能发挥法律的作用。亚里士多德认为，得到普遍服从的法律才可能是良法。因而，地方立法质量评价制度需要公众以主体身份参与其中，通过公众的认知度和满意度，分析地方性法规、规章的实施效果。美国在20世纪90年代进行了一次政府管理改革，此次改革运动的标准便是“顾客满意度”“公众参与度”。贯彻“强调公民权理念”“强调在公共服务过程中实现公民参与和维护公共责任”。[17]公众成为评估政府工作的主体，并且此次运动取得良好效果。“政府的工作效率提高了，提高了公众对政府的信任度，公众参与的积极性提高了，改变了政府的管理文化。”[18]具体来说可以从以下几个方面考察。

表3

序号	基础标准	二级标准	评分参考
1	合理性 30分	该法规、规章是否规定明确的权利救济渠道。 (10分)	1. 本法规、规章明确规定了救济渠道，且有成功救济案例的10分 2. 本法规、规章规定的救济渠道存在瑕疵，但不影响公民权利救济的5—9分 3. 本法规、规章所规定的救济渠道存在严重障碍或未规定救济渠道的0—4分
2		执法部门的自由裁量权是否过大，是否存在执法真空，损害公民权利。 (5分)	1. 执法部门的自由裁量权适当，无执法真空的5分 2. 以上特征存在一定瑕疵，但损害较小的3—4分 3. 以上标准存在严重瑕疵，给公民带来极大损害的0—2分

⑯ [美] 伯尔曼：《法律与宗教》，梁治平译，中国政法大学出版社2003年版，第19页。

⑰ [美] 约翰克莱顿托马斯：《公共决策中公民参与：公共管理者的新技能与新策略》，孙柏瑛译，中国人民大学出版社2005年版，第3页。

⑱ 汪全胜：《法律效绩评估机制论》，北京大学出版社2010年版，第65—66页。

续表

序号	基础标准	二级标准	评分参考
3	合理性 30 分	是否符合最小比例原则，在实践中是否存在更佳替代方式。 (5 分)	1. 符合最小比例原则，立法已穷尽所有方式的 5 分 2. 不太符合最小比例原则，尚有替代方式，但对公民损害不大的 3—4 分 3. 严重不符合最小比例原则，存在替代方式，对公民损害较大的 0—2 分
4		立法所规定的法律责任与违法行为是否相匹配。 (5 分)	1. 两者匹配的 5 分 2. 两者存在一定的不对等的 3—4 分 3. 两者存在严重不对等，损害他人或国家利益的 0—2 分
5		立法是否尊重个人宗教信仰和生活习俗。 (5 分)	1. 立法充分尊重和保护个人宗教信仰和生活习俗的 5 分 2. 立法未违背宗教信仰自由和生活习俗，或者对此未作规定的 3—4 分 3. 立法严重违背宗教信仰自由或生活习俗，给公民带来不便的 0—2 分
6	合法性 15 分	对法规、规章是否感到不公平。 (5 分)	1. 认为法规、规章公平的占 70% 以上的 5 分 2. 认为法规、规章公平的占 40%—70% 的 3—4 分 3. 认为法规、规章公平低于 40% 的 1—2 分
7		对公民的权利义务设置是否合理，是否限制公民权利或增设公民义务过多。 (5 分)	1. 对公民权利义务设置合理，未过多限制公民权利或增设公民义务的 5 分 2. 对公民权利义务分配不恰当，对公民权利有所限制，对公民义务设置有所增多的 3—4 分 3. 对公民权利义务分配严重不当，限制公民权利和增设公民义务过多的 0—2 分
8		法律规定的告知回避等制度是否在立法过程中得到落实。 (5 分)	1. 告知回避等制度得到充分落实的 5 分 2. 告知回避等制度得到一定落实的 3—4 分 3. 告知回避等制度未得到很好落实的 0—2 分

续表

序号	基础标准	二级标准	评分参考
9	认知度和满意度30分	公民对该法规、规章是否广泛知晓。（10分）	1. 问卷调查中认知度超过80%的10分 2. 问卷调查中认知度超过50%，低于80%的5—9分 3. 问卷调查中认知度低于50%的0—4分
10		公民对该法规、规章的接受度和满意度。（10分）	1. 问卷调查中接受度和满意度超过80%的5分 2. 问卷调查中接受度和满意度超过50%，低于80%的3—4分 3. 问卷调查中接受度和满意度低于50%的0—2分
11		立法过程中公民的参与度。（10分）	1. 立法中公民的参与方式和途径多，公民在立法过程中发挥举足轻重的作用的10分 2. 立法过程中，公民参与方式和途径较多，公民在立法中发挥一定作用的5—9分 3. 立法过程中，公民参与方式和途径相对较少，公民在立法中未能发挥作用的0—4分
12	实效性15分	立法是否能为自己带来利益。（5分）	1. 调查问卷中认为给自己带来好处超过80%的5分 2. 调查问卷中认为给自己带来好处超过50%低于80%的3—4分 3. 调查问卷中认为给自己带来好处低于50%的0—2分
		获利和自身牺牲成本如何。（5分）	1. 调查问卷中认为获利高于成本超过80%的5分 2. 调查问卷中认为获利高于成本超过50%低于80%的3—4分 3. 调查问卷中认为获利高于成本不足50%的0—2分
13		是否满足自己的立法需求。（5分）	1. 调查问卷中认为立法满足自己需求超过80%的5分 2. 调查问卷中认为立法满足自己需求超过50%低于80%的3—4分 3. 调查问卷中认为立法满足自己需求不足50%的0—2分

续表

序号	基础标准	二级标准	评分参考
14	地方特色性 10 分	是否体现本地方的政治、经济、文化、环境等实际情况。(5 分)	1. 立法涵盖了本地方政治、经济、文化、环境等实际情况的 5 分 2. 立法涵盖了本地方部分政治、经济、文化、环境等实际情况的 3—4 分 3. 立法未体现本地方政治、经济、文化、环境等实际情况的 0—2 分
15		本地方的突出问题是否得到有效解决。(5 分)	1. 调查问卷中认为本地方突出问题得到有效解决人数超过 80% 的 5 分 2. 调查问卷中认为本地方突出问题得到有效解决超过 50% 低于 80% 的 3—4 分 3. 调查问卷中认为本地方突出问题未得到有效解决低于 50% 的 0—2 分

表 4　总表

	立法者维度	执法者维度	守法者维度
初评平均分			
各维度占比	30%	30%	40%
最终得分			
各维度评价			
各维度建议			
总建议			

五、结语

我国的地方立法质量评价体制的发展仍然处于初级阶段，目前评价工作陷入一种困境，即主体的单一性。这也导致评价标准变得官方化，以至于现在不得不把评价工作交与第三方机构，如重庆市人大常委将法规的清理工作交于西南政法大学。这是我国完善立法评价机制的有益探索，但是如果构建的地方立法质量评价标准体系将公众排除在外，那么权力归属于人民便是句空话。由立法者垄断的评价标准体系往往流于形式，立法评价活动便演变为面子工程。由第三方机构如高校进行评价往往会变异为纯学术评估，忽视现实性，另外第三方机构的中立性也是值得商榷的问题。当然我们不可否认的是：由立法者或委托第三方进行评价有很多优势，立法者最清楚自己的意图，也最具有权威性；第三方机构既专业又省事。虽说目前地方公众的知识水平、理解能力有限，但不能因此将其排除在外，从法治建设的角度来看，由公民和社会主导地方立法质量评价标准更有利于提高公众的法律意识、有利于消除对地方权力机关和人民政府的信任危机、有利于推进法治建设。因此构建地方立法质量评价体系必须重视社会和公众的参与程度。

重庆市建立在线纠纷解决系统研究

——以浙江电子商务网上法庭为对照

周妍君

（西南政法大学行政法学院　重庆　401120）

摘要： 21世纪，互联网信息技术的发展引领社会生产新变革，改变了人们的生活与思维方式。目前，笔者发现，随着社会的发展，人们之间因交易频繁而引起的争议增多，就传统的纠纷解决方式在一定情况下不能满足人们解决纠纷的需求。笔者认为，在司法现代化体系中，运用互联网构建新型在线纠纷解决机制，能缓解传统纠纷解决机制中的局限性。

本文第一部分，探讨我国传统纠纷解决机制中存在的局限性；第二部分，介绍美国以及浙江法院电子商务法庭的先进经验，对美国在线纠纷解决机制中第三方机构平台、在线调解、电子法庭以及浙江法院电子商务法庭的做法进行评价和分析；第三部分，是根据论文第二部分的对比，提出研究重庆市建立在线纠纷解决系统的解决途径和法律建议，即完善在线协商、在线调解，建立在线仲裁和电子法庭等纠纷解决途径；提出建立规范统一、具体的在线纠纷解决机制并建立网络信用评价体系。通过以上论述，达到完善传统纠纷解决机制的局限性的目标，保障民事纠纷中当事人的救济权益，以促进救济机制健康有序发展。

关键词： 在线纠纷解决　电子法庭　民事纠纷

引言

在线纠纷解决机制ODR（Online Dispute Resolution）是从替代性纠纷解决机制ADR演化而来的，是在线替代纠纷解决机制的简称。目前，在线纠纷解决机制呈现出两种主要发展方向：其一，是把在线纠纷解决机制的方法和经验运用到全球电子商务环境中，以解决大量出现的在线纠纷的一种机制；其二，是在互联网思维与背景下对传统法院体系以及传统诉讼程序进行电子化、智慧化的改造①。

在线纠纷解决机制始于美国和加拿大，随后在欧洲国家、日本、韩国及我国台湾地区得到移植和发展，但在中国，在线纠纷解决机制的研究起步较晚。对重庆市在线纠纷解决机制的研究，笔者认为需要综合运用实证分析、规范分析等方法进行研究。理由如下：第一，关于重庆市在线纠纷解决机制研究的文献基本不存在。第二，关于官方在线纠纷解决途径方面的建立屈指可数。目前，我国仅仅在浙江法院电子商务法庭落实通过在线诉讼的方式进行民事纠纷的解决。第三，关于在线纠纷解决机制较新的著作类文献比较少。有高兰英所著的《在线争议解决机制（ODR）研究》（中国政法大学出版社出版）、高富平所著的《在线交易法律规制研究报告》（北京大学出版社出版）和郑世保所著的《在线解决纠纷机制（ODR）研究》（法律出版社出版）等。

与传统的纠纷解决机制相比，在线纠纷解决机制能弥补传统纠纷解决机制的局限性，同时，与传统的纠纷解决机制结合，以适应当事人解决纠纷的需要。因此，笔者认为，针对重庆市研究在线纠纷解决机制，在分析我国传统纠纷解决途径的局限性后，亟须借鉴美国等优秀的在线纠纷解决实践经验，结合我国国情和重庆市的具体情况，建立适合本土化的在线纠纷解决机制。

一、传统纠纷解决机制面对电子商务纠纷的局限性

随着社会的发展，纠纷呈现出多元性，根据《消费者权益保护法》第39条的规定，传统纠纷解决途径主要有与经营者协商和解、请求消费者协会或者依法成立的其他调解组织调解、向有关部门投诉、根据与经营者达成的仲裁协议提请仲裁机构仲裁和向人民法院提起诉讼。在上述五种纠纷解决途径中，诉讼是纠纷解决的最权威途径，但其管辖权争议以及高昂的诉讼成本使当事人望而却步，放弃诉讼权利。

---

① 龙飞：《中国在线纠纷解决机制的发展现状及未来前景》，载《法学适用》2016年第10期。

（一）“案多人少”是困扰司法机关已久的问题

我国司法总供给能力与司法需求配置缺口由来已久。2015 年 5 月 1 日，立案等机制实施以来，法院受案数量激增，根据重庆市高级人民法院相关数据统计，截至 2015 年 5 月 31 日，全市法院共登记立案 34195 件，同比增长 35.8%，环比增长 1.7%，当场登记立案率为 96.7%，有效保障了当事人的诉权。2015 年 5 月登记立案数量排在前三位的是渝北区人民法院、沙坪坝区人民法院和九龙坡区人民法院。从案件类型看，行政案件增幅较大，行政起诉登记立案 1190 件，同比增长 155%，环比增长 54.4%；民事案件所占比重最大，民事起诉 24924 件，占 72.9%，同比增长 21.8%，环比下降 9.8%②。

传统的庭审模式未能有效地提高审判效率、缓解审判压力。传统庭审方式难以满足人们的司法需求，无论从诉讼效率还是诉讼质量上，都无形中为法官增加了审判负担，社会对案件质量提出质疑，严重影响了司法公信力。对此，实行推行员额制、案件分流制度等措施，同时，建立在线纠纷解决机制，可以从人员配置、案件分类管理上为减轻“案多人少”的问题寻找突破口。

（二）救济过程中的成本问题

民事纠纷当事人在寻求救济过程中的成本问题，主要有三个方面：

第一，请求消费者协会或依法成立的其他调解组织进行调解成本高。因为民事纠纷的当事人所处的地理位置往往是不同的，甚至相去甚远，难以将两者聚集在一起进行调解，且网络交易的数额一般不会太大，民事纠纷当事人基本不愿意花费太多的时间或金钱成本来解决网络交易产生的纠纷。

第二，小额诉讼不适合网络交易纠纷的救济。例如，在网络交易模式中，是企业商家直接将产品或服务放在网络上推广的，一旦产生纠纷，纠纷的主体来自不同地区，将纠纷诉之于法院、出庭应诉等方面都存在一定的交通上等一系列不方便。而且网络交易模式的交易额往往不会太大，即使在法院诉讼中获胜，也难以获利，甚至是得不偿失。

第三，运费承担的问题。救济目的是督促经营者销售合格的产品，促进消费者在发现商品存在瑕疵时能积极维护自己的权利。例如，网络消费中的消费者退

② 刘洋：《重庆：改革首月当场立案率达 96.7%》，载中国法院信息网，http://www.chinacourt.org/article/detail/2015/06/id/1648402.shtml，访问日期：2017 年 3 月 2 日。

换货使用的快递运输是中通、圆通、申通等，根据这些快递公司官网上的运费标准，省内运费首重1公斤为10元左右，省外运费首重1公斤为15元左右。这部分退换货的运费往往由消费者承担。在网络交易中，交易额往往不大，由于经济、时间所带来的困扰，这使得有些消费者在救济的过程中，认为退货是一件不划算的事情，导致消费者抱着一种消极的心态，放弃这项权利。与网络消费者不同，网络经营者凭借其销售量的优势，往往会与一些快递公司合作，降低运费价格。

（三）诉讼管辖权的问题

诉讼是纠纷当事人通过向具有管辖权的法院起诉另一方当事人解决纠纷的形式。这是一个通过国家司法机关依法定程序解决纠纷的过程，具有规范性、国家强制性和纠纷解决的终局性，而进入诉讼程序的前提是受诉法院对该案件具有管辖权。受诉法院以被告住所地为主，《民事诉讼法》第34条规定："合同或者其他财产权益纠纷的当事人可以书面协议选择被告住所地、合同履行地、合同签订地、原告住所地、标的物所在地等与争议有实际联系的地点的人民法院管辖，但不得违反本法对级别管辖和专属管辖的规定。"对于因合同纠纷产生的诉讼，我国规定由被告住所地或者合同履行地的法院管辖，双方当事人可以协议确定管辖法院，但要求与合同有联系。因此，传统管辖权的理论是以人的直接隶属关系为支撑，而在线纠纷解决系统的建立，在确定管辖法院后，双方当事人可以直接在相关法院提交电子起诉状，进行纠纷解决，尤其对居住地是跨区的双方当事人，可减少在诉讼中的时间和交通成本。

从传统的纠纷解决机制来看，诉讼是保障当事人权益的最后一道防线，但传统的纠纷解决机制需要较高的诉讼成本和较低的诉讼效率。若将一国的司法资源看作常量，那么公正与效率呈现此消彼长的反比例运动，过分追求司法公正的实现，可能导致诉讼拖延和资源浪费，当事人投入诉讼的成本越来越多；过度追求效率则可能影响到公正价值的实现，有违诉讼程序的最初目标。若当事人会在提起诉讼前对该纠纷解决方式进行成本和收益分析，或许会放弃以传统诉讼方式寻求的救济途径。因此，考虑到诉讼成本，不得不考虑在现有的科技水平下，实现建立在线纠纷解决机制的目标。

（四）缺乏在线纠纷解决机制的法律

我国目前主要通过其他先前颁布的法律来规范电子商务。截至2015年，我国已制定的电子商务法律法规和准备制定的相关法律法规，如《网络交易管理办法》《消费者权益保护法》《电子签名法》《合同法》《第三方支付管理办法》《非金融机构支付服务管理办法》《网络商品交易及有关服务行为管理暂行办法》等，或者由较大的网络交易平台，如京东、淘宝等根据《消费者权益保护法》的规定再自行制定相关协议，这些协议通常是在网络消费者一经支付价款时即生效，但网络消费者通常对这些协议并不了解。现阶段，这些相关规定填补了我国电子商务法方面的空白，在我国网络交易尚处于初级阶段而发展却十分迅速和广泛的情况下，完善网络消费者救济途径的法律法规十分必要，需要根据不同的细分领域逐步完善，使与网络交易密不可分的基本问题有法可依。

二、在线纠纷解决机制先进经验之借鉴

美国著名法学家霍姆斯法官曾言：法律的生命在于经验而不在于逻辑[③]。笔者认为，我国现存的线下救济方面还存在着一些不足，需要与之相适应的法律法规来规范这些问题，而法律的完善，不仅要结合社会存在的现实问题，还要向外国先进的法律学习。目前，外国关于线下救济的途径主要分为两个方面：一方面是法院外 ODR（Online Dispute Resolution），包括在线协商、在线调解、在线仲裁；另一方面，是法院诉讼。ODR 是指由信息技术特别是因特网技术支持的争议解决程序，包括了在线协商、在线调解、在线仲裁等在线法院外 ADR 形式[④]。笔者认为，以上网络救济途径值得借鉴的主要有在线调解、在线仲裁、电子法庭。

（一）美国在线纠纷解决机制先进经验借鉴

美国，作为互联网兴起较早的国家，关于在线纠纷解决方法的法律法规比较全面且详细，且美国属于英美法系国家，除了成文法外，还有许多与网络交易相关的案例，是美国网络交易法律体系中的重要组成部分。与网络交易法律体系相照应的有美国已建立的第三方机构平台、在线调解网站以及电子法庭等值得借鉴的网络交易救济途径：

③ 和静钧：《境外拍卖法律规范与启示》，载《检察风云》2007 年第 2 期。

④ 高兰英：《在线争议解决机制（ODR）研究》，中国政法大学出版社 2011 年版，第 31 页。

第一，第三方机构平台，处理消费者在线投诉。一般来讲，第三方机构大多是协会或公益组织，因而在线企业的内部处理消费者投诉的机制不同，由第三方建立的投诉平台与消费者之间既无交易关系也没有服务协议⑤。以美国一个国际级的 ODR 机构 ClickNSettle 为例，一项网络纠纷发生后，只要双方当事人在 ClickNSettle 的网站上有注册账号，就可以进入该网站的系统进行自主协商。具体程序是：首先，投诉方进入程序输入自己的请求数额和投诉方的相关信息，系统会自动发出电子邮件给被投诉方；其次，被投诉方收到投诉邮件后，根据自己的判断就纠纷表明是否认可责任以及愿意赔偿的数额；最后，整个在线协商需要在 60 日内完成。这种解决机制是以不公开的方式进行的，不需要第三人参与调解且价格比较低廉。

第二，在线调解。在线调解，是指利用电子邮件、聊天室、网络视频等网络技术，在不同地区的当事人通过在线方式在调解员的主持下达成解决协议的一种非诉讼解决方式。以美国第一个在线调解网站 SquareTrade 为例，为了让销售商愿意通过 SquareTrade 的程序解决与消费者的争议，SquareTrade 采用“商誉标记”（Trustmark, Seal）或“网站证明”（SiteCertification）的方法扩大案源，即商家如愿受制于 SquareTrade 的在线程序，就可将 SquareTrade 的徽章标示在自己的网页上，以期与消费者之间建立信赖，表明一旦发生争议，将按照 SquareTrade 的程序和规则，快速、及时、有效地予以解决；为保证处理结果能够获得遵守和执行，企业若不信守承诺，SquareTrade 可收回徽章⑥。SquareTrade 的前身是由马萨诸塞州大学信息技术与争议解决中心建立的美国第一个在线调解网站 Online Ombuds Office，后改成商业运作，成立 SquareTrade 公司，提供在线和解、调解和仲裁服务⑦。

第三，电子法庭。在程序运作流程方面，如果当事人想进入网上法院，首先必须与法院签订一个承诺遵守虚拟法院有关电子安全的协议，从而获得一个“已授权电子参与人”（Authorized Electronic Filer）的身份；如果双方都已获得这种身份，则原告、被告、网上法庭的书记员之间，即可就任何司法文书的送达采取电子形式进行传输，包括动议、意见、证据等；审前会议、听审与其他法院程序全部通过视频或者网络会议的形式进行，法官可以不在法院，但必须出现在适当

---

⑤ 高富平：《在线交易法律规制研究报告》，北京大学出版社 2005 年版，第 83 页。

⑥ 李琰玮：《B2C 网络购物纠纷在线解决机制研究》，上海师范大学出版社 2012 年版。

⑦ 郭玉军、肖芳：《网上仲裁的现状与未来》，载《法学评论》2003 年第 2 期。

的能够上网的场所，以便通过卫星传输的方式接受异地的当事人、律师与证人的“出庭”；在所有听审过程结束后，法官的判决以电子方式公开在网站上；公众可以进入网站，查询案件相关情况，阅读法庭资料，“旁听”听审过程，查看最后判决等[⑧]。美国“21 世纪法庭”项目和密歇根州电子法院就是一个典型的代表。

（二）浙江法院电子商务法庭经验借鉴

电子商务网上庭审，是指法院以网络为服务平台所构建的，将电子商务平台存留的订单、聊天记录、物流信息、宝贝快照、借款合同等网络交易数据直接转化为证据采用，诉讼当事人在线陈述和辩解、质证，进行视频庭审的审理方式。

2015 年 5 月 28 日，浙江法院电子商务网上法庭第一案在杭州余杭区法院开庭。浙江作为全国电子商务企业集中地，2015 年 1—9 月余杭区法院收到案件 23885 件，同比增长 39.2%。同期，西湖区、滨江区法院收到案件 14168 件和 6437 件，同比增长 15.14% 和 27.92%，电子商务纠纷也不断上升，跨地域性特点显著，案多人少的问题突出，浙江省高级人民法院将杭州市中院、滨江区法院、余杭区法院、西湖区法院作为电子商务网上法庭试点，审理网络支付纠纷、著作权纠纷、网上交易纠纷及其上诉案件[⑨]。电子商务网上法庭诉讼流程严格按照民事诉讼法的规定进行，对当事人诉讼权利的保障与传统线下诉讼并无差异。首先，原告需要在线填写、提交起诉状，提交相应的证据材料，勾选需要依据的法律条文。其次，被告通过各种通信方式的提醒获知被诉信息，提出抗辩。再次，双方将传统纸质文本转换成电子数据提交网上法庭，在电子商务交易平台自然存留的订单、聊天记录、物流信息、宝贝快照、借款合同、借款数据，可以自动带入诉讼程序转换为证据。最后，各方在线发表意见，进行视频。同时，浙江成立杭州市电子商务网上诉讼指导中心，保障网上庭审，提供业务指导，同时能借力第三方平台对接，实现数据共享，服务司法。

（三）先进经验的评析和启示

笔者认为，建立在线纠纷解决机制，弥补传统纠纷解决机制的局限性，作为

---

⑧ Lucille M.Ponte, *The Michigan Cyber Court: A Bold Experiment in the Development of the First Public Virtual Courthouse*, North Carolina Journal of Law and Technology, 2002.

⑨ 宋伟锋：《“互联网 + 审判”的实证研究——以“微信庭审”PK“电子商务法庭”为视角》，载《司法审判研究》2016 年第 4 期。

诉讼途径的可代替性选择，不仅需要学习先进经验，还需要进行分析，总结适合建立重庆市本地的在线纠纷解决机制的途径。对上述美国、浙江法院电子商务法庭的先进经验，可以总结为电子法庭、在线调解和第三方机构三个方面。

第一，第三方机构平台。根据中国电子商务研究中心（100EC.CN）发布的《2015 年（上）中国电子商务用户体验与投诉监测报告》投诉案例、数据等，均来源于中心举办的中国电子商务投诉与维权公共服务平台，通过在线、邮件、微信、微博等多种渠道受理用户关于电子商务的投诉[⑩]。这一数据可见，对网络交易产生的纠纷，网络消费者更倾向于通过在线、邮件、微信、微博等非诉讼途径获得救济。根据上述对美国第三方机构平台的介绍，笔者认为，第三方机构平台的建立需要的资源比较多，比建立电子法庭和在线调解难度大。比如，需要各协会和公益组织发展到一定阶段，拥有足够物质支撑才能建立。同时，若第三方机构平台建立，其运行也需要进行完善，如需要通过市场化、竞争化的方式来保障第三方机构平台的有效运行等。笔者认为，对第三方机构平台的建立仍需进一步研究。

第二，在线调解。根据上述美国在线调解网站 SquareTrade 在线调解的方式，法院附属的在线调解不属于在线调解的一部分，因为不是在法院的权威下进行的，而是通过法院以外的平台。与传统的民诉法上的调解方式相比，在线调解，具有高效率、低成本的特点，使当事人不必长途跋涉集中到现实中的地点面对面解决争议，与网络交易方便快捷的特点相适应。笔者认为，重庆市在建立在线调解模式时，可以向美国学习利用现有资源进行在线调解，即通过由消费者团体、商业协会或一些中立机构或组织来进行调解。这一调解机制常具有案件管理程序，可让当事人方便地进行提交争议、追踪案件进展、与调解员及其他当事人沟通等活动，可充分地利用现有的社会资源，在高效、低成本的条件下快速解决网络交易纠纷。一方面可以提高消费者维护自己合法权益的主动性，促使消费者运用这种快捷的方式救济纠纷；另一方面可以减少经营者轻易侵犯消费者合法权益的可能性。

第三，电子法庭。电子法庭，实际上就是将传统法院诉讼采用现在的网络技术，虚拟一个法庭环境进行纠纷解决，由法官、律师、当事人以及证人利用视频

---

⑩ 姚建芳：《2015 年（上）中国电子商务用户体验与投诉监测报告》，载中国电子商务研究中心，http://b2b.toocle.com/zt/2015ndyhty/，访问日期：2017 年 3 月 5 日。

会议等网络技术进行。从美国电子法庭和浙江法院电子商务网上法庭审理被普遍接受和运行有效的情况上看，笔者认为，重庆市进行电子法庭的技术，建立电子法庭，可以弥补传统纠纷解决中的局限性，原因如下：其一，建立电子法庭，可破解纠纷“跨地域性”特点难题，节约当事人诉讼成本，当事人通过在线提交诉讼材料和证据，隔空诉讼，避免异地往返成本；其二，可减轻当事人的举证压力，解决法官审核电子数据真实性的困惑，法官根据电子商务平台存留的订单、聊天记录、物流信息等网络交易数据直接转化为诉讼证据，当事人节约了电子数据鉴定等费用成本，法官省去证据真实性判断烦恼；其三，符合司法审判亲历性要求，规范法官自由裁量权，庭审全程在线视频审理，不影响当事人直接陈述辩解的互动性与法庭质证，审理全程留痕，规范法官庭审行为，让庭审处于阳光之下；其四，符合民事诉讼程序要求，有法律依据支撑。《最高人民法院关于适用〈中华人民共和国民事诉讼法〉的解释》第259条规定，“经当事人双方同意，可以采用试听传输技术等方式开庭”。

三、建立重庆市在线纠纷解决机制的构想

根据上述对美国第三方机构平台、在线调解、电子法庭和浙江电子商务法庭的分析，笔者提出一些基于重庆市现有的技术可以完善的看法：一方面，要建立适合重庆市的在线纠纷解决机制和制定在线纠纷解决途径的法律规范；另一方面，需要重庆市政府各部门的管理和监督以促进在线纠纷解决机制的运行。

（一）建立在线解决途径

在线解决途径具有灵活性、解决方便、成本低等特点，可以广泛适用于大量的网络交易纠纷，因此，重庆市建立在线纠纷解决机制十分必要。结合重庆市现实状况与上述实践中比较成功的在线解决机制，笔者认为，可以从以下三个方面进行完善。

1. 完善在线协商系统和建立第三方纠纷解决平台

美国学者 Thomas Schultz 认为人们对网络空间缺乏信任感的主要原因有三个方面：一是网络缺少实体感，二是网络活动缺乏社会环境制约，三是网络争议

救济有不确定性[11]。如果重庆市要建立在线纠纷解决方式来解决其纠纷，那么在线纠纷解决机制就应当取得当事人的信任。此时我们一定要创办一些消费者信任的、示范性的具有官方背景的在线纠纷解决机构[12]。如今在国外第三方纠纷解决平台已经普遍适用于网络交易纠纷解决之中，如美国 ClickNSettle、SquareTrade、BBBOnline、AAA、TRUSTe、新加坡的“多元电子纠纷中心”等。目前，存在在线协商系统，但不存在这种官方的第三方纠纷解决平台。在以 B2C 为特征的京东和以 C2C 为特征的淘宝上的纠纷解决，仅是网络经营者和网络消费者在自行进行的协商，当网络经营者和网络消费者协商不成时则由京东或淘宝这类第三方交易平台解决。笔者认为，京东或淘宝作为调解人不是真正的调解人，在强化第三方交易平台的企业和社会责任的同时，还应再建立一种市场化、竞争化的第三方纠纷解决平台，这一市场化、竞争化的第三方纠纷解决平台的建立、运行和监管要从以下三个方面进行建设：

第一，市场化、竞争化的第三方纠纷解决平台的建立。为解决网络交易中救济成本高的问题，需要完善的第三方纠纷解决平台，不能仅由第三方交易平台作为调解人，而需要建立真正的、中立的第三方纠纷解决平台。笔者认为，这种市场化、竞争化的第三方纠纷解决平台的建立可以借鉴本文上述提到的美国第一个在线调解网站 SquareTrade 的做法。网络的经营者自愿加入并缴纳会费成为其中的成员，向第三方纠纷解决平台申请一个“商誉标记”挂在自己的网页上，表明与消费者之间建立信赖关系，一旦发生争议，将按照颁发该“商誉标记”的第三方纠纷解决平台的程序和规则快速、及时、有效地解决纠纷。这种第三方纠纷解决平台不是以第三方交易提供平台为调解人，而是纯粹的、中立的第三方，与网络经营者和网络消费者无利害关系。

第二，市场化、竞争化的第三方纠纷解决平台的运行。这种第三方纠纷解决平台主要提供的是调解和仲裁服务，促进网络消费者和网络经营者的纠纷尽量通过调节的方式在第三方纠纷解决平台上解决，这样能够减少人力物力的消耗，降低救济过程中的成本。在当事人的纠纷不能通过协商解决时，作为第三人的第三方纠纷解决平台可以以调解人的身份，将网络纠纷推进一个在线调解模式，是一个未参与到网络交易中的第三人，因此更能保持中立地位，得到双方当事人的信

⑪ 王鹏飞：《网络经济对我国居民消费的促进作用研究》，中共中央党校出版社 2014 年版。

⑫ 郑世保：《在线解决纠纷机制（ODR）研究》，法律出版社 2012 年版，第 264 页。

任，也能使纠纷更易解决。

第三，市场化、竞争化的第三方纠纷解决平台的监督和规范。市场化、竞争化的第三方纠纷解决平台的监督和规范，需要建立处理结果评价体系，即在第三方纠纷解决平台对网络交易产生的纠纷进行调解后，网络经营者和网络消费者有权对调解过程进行满意程度的评价，并且评价的结果应当公开。不同的第三方纠纷解决平台的满意程度评价度不同，评价度高的第三方纠纷解决平台能够取得网络经营者和网络消费者的信任，愿意加入该平台的网络经营者和网络消费者则多，就能给该第三方纠纷解决平台带来经济效益；反之，则在市场化、竞争化的环境下被淘汰。这一市场化、竞争化的第三方纠纷解决平台的建立能够平衡网络消费者与网络经营者和第三方交易平台的地位差距，增强网络消费者救济过程中的信心，促进网络交易的发展。

2. 建立电子法庭

重庆市建立电子法院，笔者认为，可借鉴美国电子法院和浙江电子法院商务法庭的做法。笔者对此，从程序运作流程方面和在线纠纷解决的时间成本两个方面进行探讨：

在程序运作流程方面，如果当事人想进入网上法院，首先，必须与法院签订一个承诺遵守虚拟法院有关电子安全的协议，从而获得一个“已授权电子参与人”（Authorized Electronic Filer）的身份；如果双方都已获得这种身份，则原告、被告、网上法庭的书记员之间，即可就任何司法文书的送达采取电子形式进行传输，包括动议、意见、证据等；审前会议、听审与其他法院程序全部通过视频或者网络会议的形式进行，法官可以不在法院，但必须出现在适当的能够上网的场所，以便通过卫星传输的方式接受异地的当事人、律师与证人的“出庭”；在所有听审过程结束后，法官的判决以电子方式公开在网站上；公众可以进入网站，查询案件相关情况，阅读法庭资料，“旁听”听审过程，查看最后判决等[⑬]。

在在线纠纷解决的时间成本方面，在线调解和电子法庭一般均需要一定的期限与成本，在目前成本的相关规定中，笔者认为，可以根据网络交易中的实际情况将付费标准规定在5%至20%的范围内。其依据是，以美国的ClickNSettle和SquareTrade为例，ClickNSettle只允许交涉双方在60天内不限数量地提出报价与

---

⑬ Lucille M.Ponte, *The Michigan Cyber Court：A Bold Experiment in the Development of the First Public Virtual Courthouse*, North Carolina Journal of Law and Technology, 2002.

反请求，若60日内无法通过ClicNSettle的“Negotiation”系统在线协商解决，则允许用户选择是否将纠纷提交离线仲裁或调解机构去解决，而SquareTrade解决纠纷的过程夜班也只需要10—14天；新加坡“多元电子纠纷解决中心”提供的网上调解服务是免费的，即使由于个别案件稍显复杂而被安排之下设的小额索偿法庭进行在线调解，个人也仅需付费10—20元，公司付费50—100元[14]。

3. 制定并规范在线纠纷解决机制的法律法规

缺乏法律的认可与保障，会严重影响当事人对该机制的信任，甚至可能会导致在线纠纷解决机制处理的结果得不到承认与执行，从而使得这种程序变成浪费时间[15]。基于美国现存的法律与现存的社会问题，重庆市在制定规范在线纠纷解决途径法律上，要建立统一的法律来规范在线纠纷解决途径。由于现有的关于保护当事人合法权益的法律法规比较分散，缺乏统一的网络消费者救济途径的法律，因此，需要建立统一的法律来规范在线纠纷解决途径。建立统一的在线纠纷解决机制，从主体层面上，可以规范当事人的行为，使之无论在行使权利还是在履行义务方面均可以遵循统一的规范，减少因规定不统一的纠纷；从环境层面上，为与之相配套的在线纠纷解决机制，营造一个安全、健康的在线纠纷解决环境。

（二）重庆市各政府部门的监督和管理

强化管理和规范是政府部门的职责，主要可从两个方面对网络交易环境进行管理和监督：

一方面，扶持市场化、竞争化的第三方纠纷解决平台的建设。市场化、竞争化的第三方纠纷解决平台的建立和维持仅靠当事人缴纳会费作为经济基础是不够的，需要政府按一定比例给予财政补贴。政府的财政补贴，可以鼓励一批具有规范化的第三方纠纷解决平台的建设，支持第三方纠纷解决平台提高纠纷解决过程中的实效和服务水平。

另一方面，对市场化、竞争化的第三方纠纷解决平台进行管理和监督。对网络经营者的管理和监督不仅需要县级以上工商行政管理部门的参与，建议工商、商务、信息化、税务、银行、公安、海关、质检、邮政、特殊商品监管、知识产权等有关部门也要加强信息共享和联合监管，共同打击网上诈骗、售假、违禁品

---

⑭ 李琰玮：《B2C网络购物纠纷在线解决机制研究》，上海师范大学2012年硕士学位论文。

⑮ 余舟：《论完善我国电子商务在线纠纷解决机制（ODR）之道》，厦门大学2011年硕士学位论文。

交易等行为，以实现购物网站和网络商家信息的真实性、可靠性和可查询性，确保有关部门对网络交易行为和交易过程中的有效监管[16]。在对市场化、竞争化的第三方纠纷解决平台监督方面，政府为了保障当事人对市场化、竞争化的第三方纠纷解决平台信用的了解，法律应当赋予当事人咨询和投诉的权利，减少当事人因为差评而遭到短信、电话骚扰的恶性后果。对此，我们可以建立网上信用标识机制，这一机制可以借鉴美国 Amazon 商城的在线纠纷解决服务机构 SquareTrade 的做法。SquareTrade 实行一种电子商务自律规范，被称作网站表示程序（SquareTrade Seal Program），这种符号具有一种信用标识作用，由 SquareTrade 颁发，销售商家可以将其标识在自己的商城网页上，以向消费者表明其有良好的信誉，如果销售商家不遵守自己的承诺，SquareTrade 会收回这种标识[17]。建立完善的信用评价体系是保障当事人救济制度的重要途径，有助于当事人对市场化、竞争化的第三方纠纷解决平台信用的了解，关系到当事人是否愿意通过市场化、竞争化的第三方纠纷解决平台解决纠纷。

四、结语

21 世纪，信息化发展带动经济快速发展，民事纠纷在越来越多的民众中普及，在“信息高速公路”上，当事人不希望纠纷的解决方式仍在“乡间的小路上”[18]。从国家的层面上，完善在线纠纷解决机制对完善中国特色社会主义法律体系有着重要作用；从社会经济发展的层面上，规范在线纠纷解决机制对促进交易的发展有着显著的帮助；从当事人的层面上，系统的在线纠纷解决机制，有助于维护他们的合法权益。

我国在浙江法院电子商务法庭中开始落实在线纠纷解决途径，笔者认为，这是司法现代化的进步，同时，需要与此相适应的在线纠纷解决机制的法律法规还有很大的进步空间，毕竟在线纠纷解决机制的制定和规范仍处于探索阶段。本论文提出在重庆市建立在线纠纷解决机制，不仅是探究弥补传统纠纷解决途径中的

---

⑯ 王鹏飞：《网络经济对我国居民消费的促进作用研究》，中共中央党校 2014 年博士学位论文。

⑰ 王伟涛：《我国电子商务在线纠纷解决机制研究》，吉林大学 2015 年硕士学位论文。

⑱ 范愉：《多元化纠纷解决机制》，厦门大学出版社 2005 年版，第 552 页。

不足，也是在思考在司法现代化的过程中，在借鉴外国的实践经验中，如何找到能适应我们本土化的实践方式。

总之，在建立重庆市在线纠纷解决机制的起步中，必须从根本上树立司法正义、程序公正的观念，从保护当事人利益的角度，构建起有公信力的在线纠纷解决机制。同时，这样一个庞大的在线纠纷解决机制仅仅依靠立法及网站独立运作并不能达到预期效果，还需要一系列具体制度的逐渐配套和完善，以理论研究推动实践发展，并通过行业自律实践充实 ODR 的程序理论[19]。因此，信息化网络时代的到来将使装备高质量可视会议设备的网络办公室遍及各地，现在使用可视会议变得和使用电话一样便捷，相信在线纠纷解决机制的建立必然会有更为广阔的前景。

⑲ 梁晓艳：《在线纠纷解决机制研究——以电子商务纠纷的在线解决为视角》，郑州大学 2012 年硕士学位论文。

网络环境下个人信息法律保护研究

陈明扬

（西南政法大学行政法学院　重庆　401120）

摘要： 通信技术的发展给我国个人信息安全的保护带来诸多挑战。但目前我国对于个人信息的保护尚未出台专门法律，相关规定散见于数部法律文件之中，对网络环境下个人信息的保护及救济造成了一定阻碍。个人信息法立法的困境在于我国公民缺乏对个人信息的保护意识以及因网络环境的特殊带来的立法困难。然而，此项专门立法对公民法律意识的增强、互联网和信息行业的发展、国家的国际竞争力以及国家信息安全的提高而言有不可忽视的作用。笔者建议在实践之中可以设立第三方监督机制，以落实司法救济机制和民法救济机制。

关键词： 网络环境　个人信息　专门立法

随着互联网时代的到来，网络除了给公民带来便利，也给公民的个人隐私和人身财产带来风险，尤其给我们的个人信息安全所带来的风险日益提高。当下人人身处网络时代，每时每刻都有大量的个人信息在网络环境中或正当或不正当地被收集、处理、加工、流通。信息的正当使用带来大数据时代的利益，而个人信息的不当收集、恶意使用、篡改导致个人信息权益受到侵害，公民个人生活安宁受到扰乱，个人财产安全、生命安全也遭到威胁。

根据中国互联网络信息中心发布的《2015 年中国手机网民网络安全状况报告》，网民的手机信息安全环境日趋复杂、安全形势不容乐观。截至 2015 年 12 月，国内手机网民规模达 6.2 亿，手机网民已经占到整体网民的 90.1%。95.9% 的手机网民在 2015 年遇到过手机信息安全事件，在所有遇到过手机信息安全事件的用户中，52.7% 的用户认为自己没有因此造成损失；由于个人信息泄露影响正常工作生活和由于手机安全问题花费时间和精力解决的用户占比分别为 26.4% 和 26.1%；造成用户话费、流量丢失或者账户资金丢失等直接经济损失的比例为

8.9%。[①] 除了这些惊心动魄的数据，近年来越发频繁地发生通过互联网侵犯个人信息安全的案件，不断揭示网络环境下个人信息的安全问题。

虽然我国基本法和许多其他法律文件都对个人信息有所涉及，但是相关的条文规范过于零碎和简单，不足以应对当前网络环境下的个人信息保护。缺乏专门的个人信息保护基本法，已成为我国个人信息保护的最大“瓶颈”。由于对个人信息的侵害属于侵权问题，但与其他侵权行为相较有许多不同之处，对其进行更为有效的保护需要结合网络环境这一特殊背景、司法资源配置、个人信息侵权案件等具体情况。面临不断涌现的公民个人信息受侵犯问题与这一巨大的风险隐患，迫切需要个人信息保护的专门立法，从而在更好地保护公民合法权益的同时促进互联网经济、市场经济及国家、社会的发展。本文通过对我国相关立法现状的总结，提出个人信息保护法的立法困境，进而分析个人信息保护专门立法的必要性、可行性，对我国网络环境下个人信息保护立法提出建议。

一、个人信息保护立法现状及困境

（一）我国个人信息保护立法现状

我国对个人信息的保护是通过不同的、分散的法律法规来体现的，主要分为两种：第一，以“隐私权”的名义对个人信息进行保护。第二，直接以“个人信息”的名义来保护，即在相关法律法规中直接规定个人信息保护的条款。我国以“隐私权”名义对个人信息进行保护涉及的法律文件数量众多，如《刑法》第245条[②]、第252条[③]关于保障住宅、通信隐私的有关规定，《侵权责任法》[④]和《民法总

①《2015年中国手机网民网络安全状况报告》，载中国互联网信息中心，访问日期：2016年12月5日。

②《刑法》第245条规定：非法搜查他人身体、住宅，或者非法侵入他人住宅的，处三年以下有期徒刑或者拘役。

③《刑法》第252条规定：隐匿、毁弃或者非法开拆他人信件，侵犯公民通信自由权利，情节严重的，处一年以下有期徒刑或者拘役。

④《侵权责任法》第62条规定：医疗机构及其医务人员应当对患者的隐私保密。泄露患者隐私或者未经患者同意公开其病历资料，造成患者损害的，应当承担侵权责任。

则》[⑤]等关于人格保护、侵权救济的条款；关于对个人信息的保护，我国起步较晚，但发展迅速。早在2009年颁布的《刑法修正案（七）》第7条就[⑥]针对个人信息犯罪作了规定，2009年到2012年关于个人信息的立法几乎为空白，但从2012年起我国网络安全与信息化立法突飞猛进。以《全国人民代表大会常务委员会关于加强网络信息保护的决定》[⑦]作为开端，我国陆续颁布了一系列涉及个人信息保护的网络立法、草案。涉及个人信息保护的《网络安全法》[⑧]《电子商务法（草案）》[⑨]《消费者权益保护法》[⑩]《全国人民代表大会常务委员会关于维护互联网安全的决定》[⑪]

---

⑤《民法总则》第111条规定：自然人的个人信息受法律保护。任何组织和个人需要获取他人个人信息的，应当依法取得并确保信息安全，不得非法收集、使用、加工、传输他人个人信息，不得非法买卖、提供或者公开他人个人信息。

⑥《刑法修正案（七）》第7条规定：在刑法第253条后增加一条，作为第253条之一："国家机关或者金融、电信、交通、教育、医疗等单位的工作人员，违反国家规定，将本单位在履行职责或者提供服务过程中获得的公民个人信息，出售或者非法提供给他人，情节严重的，处三年以下有期徒刑或者拘役，并处或者单处罚金。""窃取或者以其他方法非法获取上述信息，情节严重的，依照前款的规定处罚。""单位犯前两款罪的，对单位判处罚金，并对其直接负责的主管人员和其他直接责任人员，依照各该款的规定处罚。"

⑦《全国人民代表大会常务委员会关于加强网络信息保护的决定》第1条规定：国家保护能够识别公民个人身份和涉及公民个人隐私的电子信息。任何组织和个人不得窃取或者以其他非法方式获取公民个人电子信息，不得出售或者非法向他人提供公民个人电子信息。以及第2条、第3条、第4条等。

⑧《网络安全法》第37条规定：关键信息基础设施的运营者在中华人民共和国境内运营中收集和产生的个人信息和重要数据应当在境内存储。因业务需要，确需向境外提供的，应当按照国家网信部门会同国务院有关部门制定的办法进行安全评估；法律、行政法规另有规定的，依照其规定。以及第22条、第41条、第42条、第43条、第44条、第45条、第64条、第67条。

⑨《电子商务法（草案三次审次稿）》第23条规定：电子商务经营者收集、使用其用户的个人信息，应当遵守有关法律、行政法规规定的个人信息保护规则。

⑩《消费者权益保护法》第14条规定：消费者在购买、使用商品和接受服务时，享有人格尊严、民族风俗习惯得到尊重的权利，享有个人信息依法得到保护的权利。

⑪《全国人民代表大会常务委员会关于维护互联网安全的决定》第4条规定：为了保护个人、法人和其他组织的人身、财产等合法权利，对有下列行为之一，构成犯罪的，依照刑法有关规定追究刑事责任：（二）非法截获、篡改、删除他人电子邮件或者其他数据资料，侵犯公民通信自由和通信秘密。

《电信条例》[12]依次出台，而随后颁布的《消费者权益保护法》[13]《刑法修正案（九）》[14]《民法总则》[15]等中都对个人信息的保护略有涉及。然而迄今为止，我国尚没有专门针对网络环境这一特殊环境下的个人信息保护法。虽然以上众多法律法规奠定了我国个人信息保护的法律制度基础，但内容过于单薄并欠缺体系化和针对性，在当前复杂的网络环境下是远远不够的。

公民个人信息受保护的权利是否应作为一项独立的权利进行保护？本文认为无论是从权利的属性、客体还是内容来看，隐私权和个人信息权都存在诸多不同。个人信息这一概念超出了隐私的范围，对隐私权的保护不能完全覆盖对网络这一特殊环境下个人信息的保护，因而需要对公民网络个人信息进行专门的立法保护。首先，从权利的属性分析，隐私权更加倾向于一种消极性的权利，主要涉及精神性利益。权利人只能在损害结果发生之后寻求救济，而在公民隐私权遭受损害之前，权利人无法积极主动地行使该权利。与此相反，个人信息权是一种积极性权

⑫《电信条例》第 57 条规定："任何组织或者个人不得有下列危害电信网络安全和信息安全的行为：……（二）利用电信网从事窃取或者破坏他人信息、损害他人合法权益的活动……"《电信条例》第 65 条第 1 款规定：电信用户依法使用电信的自由和通信秘密受法律保护。除因国家安全或者追查刑事犯罪的需要，由公安机关、国家安全机关或者人民检察院依照法律规定的程序对电信内容进行检查外，任何组织或者个人不得以任何理由对电信内容进行检查。

⑬《消费者权益保护法》第 29 条规定：经营者收集、使用消费者个人信息，应当遵循合法、正当、必要的原则，明示收集、使用信息的目的、方式和范围，并经消费者同意。经营者收集、使用消费者个人信息，应当公开其收集、使用规则，不得违反法律、法规的规定和双方的约定收集、使用信息。经营者及其工作人员对收集的消费者个人信息必须严格保密，不得泄露、出售或者非法向他人提供。经营者应当采取技术措施和其他必要措施，确保信息安全，防止消费者个人信息泄露、丢失。在发生或者可能发生信息泄露、丢失的情况时，应当立即采取补救措施。经营者未经消费者同意或者请求，或者消费者明确表示拒绝的，不得向其发送商业性信息。

⑭《刑法修正案（九）》第 17 条规定：将刑法第 253 条之一修改为："违反国家有关规定，向他人出售或者提供公民个人信息，情节严重的，处三年以下有期徒刑或者拘役，并处或者单处罚金；情节特别严重的，处三年以上七年以下有期徒刑，并处罚金。

"违反国家有关规定，将在履行职责或者提供服务过程中获得的公民个人信息，出售或者提供给他人的，依照前款的规定从重处罚。

"窃取或者以其他方法非法获取公民个人信息的，依照第一款的规定处罚。

"单位犯前三款罪的，对单位判处罚金，并对其直接负责的主管人员和其他直接责任人员，依照各该款的规定处罚。"

⑮《民法总则》第 111 条规定：自然人的个人信息受法律保护。任何组织和个人需要获取他人个人信息的，应当依法取得并确保信息安全，不得非法收集、使用、加工、传输他人个人信息，不得非法买卖、提供或者公开他人个人信息。

利，其不仅涉及精神性利益，更与财产性利益密切相关，如个人的银行卡账号及密码等数据。当他人通过不正当方式收集、使用个人信息时，信息主体有权请求行为人更改或者删除其个人信息，以排除他人的非法利用行为或者使个人信息恢复到正确的状态，因此个人信息权在国外存在“被遗忘的权利”这一说法。其次，从权利的客体来看，隐私主要涉及个人的私密性信息，凡是个人不愿意公开且不涉及公共利益的部分都有可能涉及个人隐私。而个人信息是指以电子或者其他方式记录的能够单独或者与其他信息结合识别自然人个人身份的各种信息。隐私与个人信息实际上存在重合的部分，隐私实际上是人们所不愿意公开的那部分个人信息，然而随着现代网络科技的发展，个人信息变得更加唾手可得，人们的个人信息往往在不经意间就会被窃取甚至是利用。相较于隐私，个人信息具有碎片化的特征，对个人信息的侵犯也更加不易被察觉。最后，从权利内容分析，隐私权主要保护个人隐私不被公开、个人生活不受骚扰，因此对隐私权的侵害通常表现为对个人私密的非法披露以及对个人私生活的恶意骚扰；而个人信息权主要是指对个人信息的支配和自主决定，个人信息权的内容既包括权利人对个人信息被他人收集、利用的知情权，也包括自己利用或者授权他人利用其个人信息的决定权。即便对于可以公开或必须公开的个人信息，权利人也应当享有一定的控制权。

由我国法律发展的过程可见，隐私权逐渐脱离人格权，成为一项单独的民事权益，而《关于加强网络信息保护的决定》则把个人信息归入隐私保护之中，随后出台的《网络安全法》首次将个人信息作为保护对象。可见，个人信息的保护独立于隐私权保护是一个立法的趋势。我国尚未出台相关的专门立法，对公民个人信息安全的保护不能就此止步，在建设法治国家的路途上应该制定专业性更强、针对性更强、更完善的法律来维护公民的网络信息安全。

（二）个人信息保护立法的困境

早在1970年，德国黑森州就出台了《个人信息保护法》。随后，1973年瑞典颁布《个人信息法》，1974年美国颁布《隐私法》，1978年法国出台《个人信息保护法》，挪威也于1978年颁布《个人信息登陆法》。紧接着颁布个人信息保护法的有以色列、冰岛、加拿大、芬兰、日本及我国台湾地区、香港特别行政区、澳门特别行政区等。面对越发严峻复杂的网络形势，作为世界第一网民大国的我国为何迟迟未出台专门的个人信息保护法呢?

第一，观念方面。我国公民普遍缺乏个人信息保护意识。首先，我国缺乏民主政治的传统，民主法治建设起步较晚，公民法律意识较弱，导致维权意识较弱。无论是未成年学生还是高校教授，其遭受诈骗的原因除了大量个人信息得不到有效保护，还因为缺乏自我保护意识。其次，司法资源配置有限，资源配置较少导致维权成本较高，以致公民遭到侵权之后为避免更大的损失而放弃寻求救济。

第二，由网络这一特殊环境导致。首先，数据控制者有权决定这些个人信息在何时、何地以及以何种方式被采集、处理及利用，数据控制者与数据主体信息不对等，导致数据主体不了解自己的数据在何时、何地、被何人、以何种方式进行了何种处理，因而数据主体遭遇侵权也较晚得知甚至无法得知。且由于信息不对等，“本人同意”条款已经成为互联网时代的最大谎言。其次，大数据时代下对个人信息侵权案件的侦查较其他案件更困难，责任追究难度加大。技术因素对个人信息保护的重要影响突出地表现在司法领域。与现在不同，和许多西方国家相比，过去我国对网络环境下个人信息侵权案件的侦查技术相对落后，侦查手段技术含量较低，相应地，影响维权所必需的取证过程。无法搜集侵权证据，如何惩治侵权者？过去落后的技术会使法律成为一纸空文。

第三，立法方面。虽然我国法治建设取得了长足的发展，对个人信息的保护愈加重视，但对个人信息的保护仍处于离线状态。在网络个人信息保护方面立法落后的弊端越发凸显，近年来个人信息泄露、危及公民个人财产和生命安全的案件时有发生，同时我国也成为他国实行贸易壁垒的新依据，至今没有一家外国大型互联网企业将服务器设立在中国境内，我国在国际经贸往来中的地位受到严重影响。

第四，时机方面。2001 年，国家成立国家信息化领导小组，下设国务院信息化工作办公室（以下简称国信办），国信办制定的立法规划中第一部、第二部都顺利通过。立法规划的第三部是《个人信息保护法》，但国信办与信产部合并成立工信部，受到全球金融危机等影响，工信部将大部分精力花在工业上，信息化比较边缘化，因而这部信息保护法的立法推进工作暂时中断。直到 2014 年中央网络安全和信息化领导小组办公室成立，《个人信息保护法》才再次被列入立法规划。⑯

---

⑯《〈个人信息保护法〉立法机遇期已经到来》，载中国法学网，访问日期：2017 年 8 月 5 日。

二、个人信息保护专门立法的必要性与可行性

（一）网络环境下个人信息保护专门立法的必要性

目前，我国对于个人信息保护的立法是修补式的分散立法，即在各个相关立法项目中加入若干关于个人信息保护的条款，专业性和针对性较弱，尚不能满足应对复杂严峻的网络安全形势的需要。2016 年《网络安全法》出台之前，我国对于个人信息保护的立法、行政法规、部门规章有几十部，对相同方面的界定并不一致，产生冲突无可避免。譬如，我国对于受到保护“个人信息”范围的界定。《全国人民代表大会常务委员会关于加强网络信息保护的决定》对其保护的“个人信息”的定义为：“能够识别公民个人身份和涉及公民个人隐私的电子信息。”2016 年 11 月 7 日我国颁布的《网络安全法》对此的界定为：“以电子或者其他方式记录的能够单独或者与其他信息结合识别自然人个人身份的各种信息，包括但不限于自然人的姓名、出生日期、身份证件号码、个人生物识别信息、住址、电话号码等。”2016 年 12 月颁布的《电子商务法（草案）》规定“个人信息”的范围是：“电子商务经营主体在电子商务活动中收集的姓名、身份证件号码、住址、联系方式、位置信息、银行卡信息、交易记录、支付记录、快递物流记录等能够单独或者与其他信息结合识别特定用户的信息。”法律与文件的冲突说明我国现行法律体系无法解决个人信息保护这一问题。《网络安全法》能解决网络服务领域内的行业规制，对于网络运营、服务领域的个人信息保护法律规则的统一起到了积极作用，但对于其他行业的影响有限。进行专门立法，对个人信息的保护进行统一规定，可以解决立法冲突这一缺陷，增强信息保护的专业性和针对性。

公民意识方面。对信息保护进行专门立法是因为公民维权意识的增强，反之，专门立法亦能进一步增强公民的维权意识。个人信息权利是信息时代公民的一项基本权利，然而目前我国法律体系中关于个人信息权利保护的条款过于分散且原则化，以至于很难让人们树立起对于个人信息权保护的完整的权利意识，有时即便是个人信息权利遭受了损害，人们也很难意识到要主动寻求司法的救济，也不清楚关于个人信息有哪些基本权益能够主张。尤其是在我国对隐私权保护相对缺乏这一国情背景之下，对于个人信息权利的维权则更是难上加难。据中国消费者

协会颁布的《2014年度消费者个人信息网络安全报告》显示，我国有三分之二的受访者表示个人信息曾遭到泄露，其中有八成受访者个人信息被泄露或窃取后遭到广告骚扰。有约两成的受访者表示若被要求提供个人信息就会提供，不会留意“隐私或个人信息保护规则”，没有考虑过个人信息安全的问题或认为自己无法拒绝提供个人信息。而有14%的受访者不了解个人信息保护相关法律，38%的受访者表示对个人信息被侵害已经习以为常，不会采取措施或保持沉默，仅有16%的受访者表示会向法院提起诉讼，诉诸法律。目前，我国个人信息保护存在“维权难”的现象，用户维权时需要面临“调查取证难、赔偿数额及惩罚力度不足、难以确定侵权人”等一系列难题。在东方航空泄露客户订票信息案、王某诉汉庭酒店泄露开房信息案等案件中，消费者均因无法确定侵权人、个人信息泄露的扩散渠道不具有唯一性而遭到败诉，传统司法保护模式在此类案件中面临巨大困境。个人信息保护不足会使其隐私权、财产权极易遭受到不法者的侵害，而分散的个人信息保护规范一方面难以使权益受损者得到及时、适当的司法救济，另一方面也不利于人们树立起个人信息保护的权利意识。

互联网和信息行业方面。对于互联网和信息行业本身而言，个人信息保护不足对整个行业的健康持续发展造成巨大的阻碍。首先，大数据时代，互联网和信息行业通过对用户个人数据的分析正为人们带来诸多的便利和优质的服务，若要保护大数据产生的价值挖掘基础，应先充分保护产生数据价值的信息主体的权利。欧盟甚至提出“没有个人信息保护，就没有国际贸易”的口号。其次，没有明确、系统的法律约束，企业在收集、利用、处理信息的过程中缺乏明确的指引，没有行为底线的企业反而在大数据时代的竞争中获得优势，使得互联网产业合理的发展空间被黑灰产业所侵蚀。我国分散的个人信息保护规范不利于使个人信息得到充分的保护，缺乏明确、统一的个人信息使用规则，导致信息滥用的现象屡禁不止，这将使人们丧失对互联网和信息行业的信心，不利于该行业的健康稳定发展。站在促进经济发展的角度，深刻认识个人信息保护对于经济发展的战略意义。对个人信息保护进行专门立法，对个人信息的充分保护、恢复人民对互联网和信息行业的信心、恢复该行业的健康发展具有重要意义。

对于国家而言，个人信息的保护事关国家的国际竞争力以及国家信息安全。一方面，至今我国境内仍没有一家外国大型互联网企业设立的服务器。由于我国个人信息保护力度的不足，我国公司往往无法在境内处理他国的客户个人信息，许多外资企业宁愿将境内客户信息转移至境外处理。由此可见，个人信息保护程度的落后很可能会转变为与他国进行国际贸易新的壁垒，长此以往将不利于我国国际竞争力的提升和中国企业“走出去”的顺利实现。另一方面，基于个人信息进行的大数据分析，能够对一国的信息安全造成威胁，个人信息保护不足将对国家信息安全造成不利影响。

在互联网发展日新月异的当下，我国继续使用分散性的立法思路模式无疑会恶化公民个人信息安全岌岌可危的现状，难以建立公民对个人信息享有的基本权利体系，政府、企业及其他主体收集和处理个人信息的基本规范将得不到明确，行政监管体制、司法救济途径等核心问题也会长期无法解决，我国的信息安全和国际竞争力也势必会受到影响。因此，无论是从国家竞争力的提升、行业健康持续发展，抑或是从个人权益的保障来考虑，专门的个人信息保护法都是十分必要的。

（二）网络环境下个人信息保护专门立法的可行性

第一，公民观念的转变。伴随民主法治建设，公民对个人信息的保护意识增强，立法呼声日益高涨。一方面，通过“徐玉玉案”等一系列的恶性事件，人们已经充分意识到了个人信息泄露和滥用所带来的巨大的社会危害性，人们对个人信息保护法的出台呼声渐高；另一方面，网络信息化发展的日渐迅猛，为个人信息保护法的出台提供了现实需求。截至 2016 年 6 月 30 日，我国互联网的普及率达到 51.7%，网民数量达到 7.1 亿，92% 以上的人移动上网，互联网已经成为我们生活中不可或缺的一部分，人们的个人信息迫切需要得到专门立法的保护，充分体现了人们对个人信息保护的重视以及网络信息化发展的客观需求。

第二，国内理论探讨、实践日趋成熟。自从个人信息保护问题在 20 世纪 70 年代首次被提出以来，学界对其进行了四十余年的理论分析和探讨。虽然我国已对公民个人信息的保护制定了一定的法律规定，但这些法律法规对个人信息的保护仍然处于初级阶段。就其表面是为了对我国公民的权利保护，但大部分是政府为了实现其社会管理责任，保护公民的言论自由与平等及保护社会共同利益等各方面的关系平衡发展而制定的。然而个人信息的保护不仅仅需要相关部门对其法律规范的不断调整和更新，还需要各个法律层级、相关部门、我国公民的切实行动与积极配合。在日新月异的网络大环境下，网络科技的不断更新推进了信息的传递与交流，在一定程度上有利于保护个人权益，但个人信息保护也面临了更大的挑战。在我国特色社会主义事业不断进步，新兴产业蓬勃发展的情况下，对个人信息的保护已经不再局限于设立隐私权和对个人权利的基本保护，鉴于私权利不断对抗公权力的历史背景和在一定程度上牺牲调整公权力不断完善保护私权利制度的设计初衷下；在面临相关主体更多元，需要调整的利益平衡关系更多重的处境下，近几年我国对个人信息权利的保护进行了多方面的调整和改进，基本形成了比较完善的法律体系，其中包括基本法律、一般法律、行政法规、行政部门规章、地方法规，在个人信息权利的保护上获得了重大突破，取得了丰富的实践经验。同时，为了加强对个人信息权益的保护，我国立法机构还制定了在网络环境下针对保护个人信息权益的专门法，以此实现公民个人信息在采集、使用等各方面的保护与监督，避免个人信息被不当采集、不当使用，以及在信息不再需要保留和使用情况下的恶意留存。

第三，域外丰富的立法经验和实务尝试为我国的个人信息保护制度的建立提供了良好的借鉴。当前，一半以上的具有独立司法管辖权的国家地区具备了个人信息保护立法，据统计，共涉及全球 111 个国家与地区，且这一数字仍在快速增长。其中，包括日本、韩国、新加坡以及我国的台湾地区和香港地区等在内的后期跟进的国家及地区，大多选择了制定统一的个人信息保护法。制定个人信息保护的专门性法律已逐渐成为国际法治化的发展趋势，同时也是保护人权和开展国际贸易的必要条件。早在 20 世纪 70 年代，美国便已制定了专门的《隐私法》用以规范政府机构对个人信息的处理，不仅在对联邦政府机构收集、持有、存储以及传输公民个人信息的相关原则与具体程序等方面作出了统一性规定，而且针对金融信息、儿童信息、医疗健康信息、教育信息等专门领域进行了特殊规范。在法律实践中，一方面美国依靠发达的司法救济系统保护公民个人隐私权，另一方面美国在监管领域建立了高效权威的执法机制。单就由美国联邦贸易委员会提起的隐私及个人数据保护执法案例便已达到上千件，个人信息保护的抽象原则在具体的执法裁决中被有效落实。通过吸收我国香港特别行政区、澳门特别行政区、台湾地区在保护网络个人信息的制度构建中的经验，借鉴欧美国家在网络个人信息中的做法，应结合我国当下立法存在的具体问题，明确个人信息的定义，建立个人信息权，明确国家机关、企业和其他主体收集、管理、处理信息的权限和规范，建立个人信息保护救济制度，为我国的个人信息利用和保护构建系统化、整体化的解决方案。

三、个人信息保护专门立法的实践路径

个人信息保护除了有赖于专门立法的制定以外，更加有赖于相关配套机制的完善。法律在制度层面设计得再完美，如果缺乏了有效的配套机制，也将沦为一纸空文，而难以得到有效的实施。本文在结合国外个人信息保护实践经验的基础上，结合我国的国情与实际，提出以下几条我国个人信息保护专门立法的实践路径。

（一）设立一个独立的第三方监督机构

对于处理个人信息的方法、对个人信息保护相关法律的遵守情况，政府和商业机构都不会透明地公开；至于个人信息的主体，其可能对个人信息如何被使用、自身权益是否受到侵害也全然不知。因此，在个人信息保护法实施过程中，政府、商业机构、个人信息主体三方都需要专门的、合法的第三方机构提供专业服务，同时也对操作信息的主体实施监督和管理。设立一个独立的第三方监督机构，通过立法授权并明确其职权范围，并在实践中积极推进其展开工作：通过独立的第三方机构对侵害个人信息案件的及时介入，对证据进行搜集并作出是否移送司法机关追究侵害者的民事责任或刑事责任的决定。包括美国、卢森堡在内的所有制定了个人信息保护法的国家，都已在立法时加入了这部分内容。通过独立的第三方机构工作的开展，有利于逐步改善我国目前个人信息保护方面不足的现状。笔者认为，我国在进行个人信息保护法立法时应当加入独立的第三方监督机构的相关内容。

其他国家个人信息保护的相关实践经验证明，设置一个或多个独立的、专门的个人信息保护机构是十分必要的。1995 年，欧盟正式颁布了《关于个人信息处理保护及个人信息自由传输的指令》（以下简称《1995 年个人信息保护指令》），为了有效推动《1995 年个人信息保护指令》的实施，欧盟设置了多个专门的个人信息保护研究机构和行政机构，其中包括："第 29 条工作组"（The Article 29 Data Protection Working Party），该工作组专门负责对欧盟个人信息保护发展状况的持续跟踪研究和报告，为此后的欧盟个人信息保护法的改革发挥了至关重要的作用；欧洲信息保护监督局（European Data Protection Supervisor, EDPS），是专门负责

欧盟个人信息保护事务的独立行政机构，具有相应的调查权、提醒权和司法干预权。欧盟公民如果遭受到个人信息受保护权利的侵害，可以直接向信息保护监督局进行投诉，要求其对相关情况进行听证、调查和处理；欧洲委员会信息保护官(European Commission's Data Protection Officer)，该保护官是安插在欧盟各组成机构中的独立个人信息保护专员，其与 EDPS 合作十分密切，从而能够有效防止欧盟各组成机构在工作中对个人信息权利造成侵害。然而反观日本，由于其没有设置独立的、专门的个人信息保护监督机关，即便政府行政机关违反了个人信息保护法，个人信息保护权利受损者也只能依法间接地要求主管大臣给予相关政府行政人员处分，对于政府行政机关对公民个人信息受保护权利的损害只能依法督促其进行自查，其效果可想而知。我国作为世界上最大的发展中国家，要想承担个人信息保护的国际义务，则必须尽快设立独立的、专门的监督机关。

根据世界各国在个人信息保护道路中的实践经验分析可知，设立独立的第三方监督机构，是扭转我国目前个人信息保护不力现状的唯一出路。政府部门掌握公民大量个人信息，因而确保政府部门正当地利用网络和计算机处理个人信息是个人信息保护法的重要目的。设立独立的第三方机构，通过第三方机构进行监督，能大大提高政府部门对个人信息处理的透明度。我国宪法有关于中央和地方国家职权的划分，《宪法》第 3 条规定了两个原则，一是遵循中央的统一领导，二是发挥地方的积极性和主动性。虽然是否试错的主动权在中央，但试错的行动权却永远掌握在地方实践者手中。加上我国地域宽广，东西、南北各地区经济发展不同，侵权情况不同，对第三方监督机构的需求、要求也不同，需要进行大量调研和实践来设置适合当地情况的第三方监督机构。

（二）落实司法救济途径

英美法谚曾言：“无救济则无权利。”《网络安全法》为遭受不良网络信息侵害的公民提供的权利救济途径是无可争议的，其中第 43 条明确规定了公民个人信息受到侵犯时可采取个人救济的方式，但在实践中个人救济常常无法达到理想中快速、彻底的维权效果，而《网络安全法》中并未为被侵权人寻求司法救济提供依据，仅在第 64 条中简单规定侵害个人信息依法得到保护的权利的，由“有关主管部门”责令改正。该“有关主管部门”为何部门不得而知，这一条款使得所有负责网络传播监管的部门都可以涉足其中，也可以置身事外。

2012年颁布的《全国人民代表大会常务委员会关于加强网络信息保护的决定》

第 9 条的规定同样使人迷惑。此款规定，任何组织和个人对窃取或者以其他非法方式获取、出售或者非法向他人提供公民个人电子信息的违法犯罪行为以及其他网络信息违法犯罪行为，有权向有关主管部门举报、控告；接到举报、控告的部门应当依法及时处理。被侵权人可以依法提起诉讼。第 9 条同样出现不确定性语言与“有关主管部门”字样，但并未对此作出进一步解释的补充说明；其他网络信息违法犯罪行为的范围亟待进一步解释。

我国现有的行政执法机构部门众多，各部门之间职责不清，效力不同，角色模糊，导致行政执法高度分散、效率降低，法律可操作性降低，应设立专门的、独立的第三方机构，首先，需明确其权限范围，通过其实施相关法律，才能使法律获得预期效果。其次，通过第三方机构加强国内与国际公民个人信息保护的合作。保护网络个人信息的安全不仅需要对国内法律进行改良，也需要加强国际交流合作。网络无国界使网络个人信息侵权案件具有国际性特点，由于各个国家对于网络个人信息保护的规定并不相同，这为跨国互联网个人信息侵权的法律适用带来不便。最后，监管机构还能同时肩负帮助公民树立良好的信息维权意识，改善网络环境的责任。总而言之，不同地区经济条件、政府运行的状况、网络个人信息侵权状况不同，因而在设立专门监管机构、监管机构进行国内外交流合作的规定也应根据当地具体情况进行，才能最大限度地发挥司法救济的作用。

（三）建立健全的民事救济机制

公民合法权利受到侵害理应予以救济，而救济的最好途径就是诉讼维权。互联网中公民的个人信息具有财产权的属性。根据法律规定，“要成为受法律保护的财产，必须满足三个条件：第一，有效性，能够满足人的需要；第二，具有稀缺性，即不能无限量地存在；第三，具有合法性”。与一般财产不同，网络个人信息具有特殊性，因而对其进行救济与传统的民事诉讼救济方式并不相同。笔者认为，对网络中个人信息的民事救济可以通过设立诉前禁令和设置最低额损害赔偿机制进行。

诉前禁令，是指为防止被侵权主体的损失进一步扩大，诉讼开始前法院根据被侵权人的申请，禁止侵权人继续有关行为。我国关于诉前禁令的制度具体体现在《民事诉讼法》《商标法》《著作权法》和《专利法》中。例如，《商标法》第 65 条规定，商标注册人或者利害关系人有证据证明他人正在实施或者即将实施侵犯其注册商标专用权的行为，如不及时制止将会使其合法权益受到难以弥补的损害的，可以依法在起诉前向人民法院申请采取责令停止有关行为和财产保全的措施。《专利法》第66条明确规定，在证据充足的情况下，专利权人可在诉前向法院申请采取措施责令停止侵犯专利权的行为，防止其合法权益受到难以弥补的损害。为避免司法保护的公共资源被当事人滥用，在设置诉前禁令制度的同时首先需进行形式审查，严格限制，并给法院限定审查的时间（如48小时）。其次，对申请人提出提供担保的要求，既是对错误的诉前禁令的事先补救，也能防止申请人滥用权力。而不同地区法院资源配置不同，个人网络信息侵权状况不同，因而法院进行形式审查的流程、处理的效率不同，给法院规定的审查时限等也存在差异。就诉前禁令制度而言，地方立法的意义在于，在最大限度护民、便民的基础上更节约司法资源。

确立最低额赔偿制度。当前，我国的侵权损害赔偿规则是“损一赔一”，是指损害多少赔偿多少。理想状态下，网络信息侵权人承担赔偿的数额以其侵权所造成的实际损失的数额为依据进行赔偿，但网络信息侵权与其他侵权案件不同，在实际操作中往往很难确定因侵权受到损失的数额而无法得到相应的赔偿。公民在权益受到侵犯时往往是投诉给相应行政机构，鲜有向法院起诉的。除了维权意识较弱之外，还因为目前诉讼维权成本太高，最终公民获得的损害赔偿可能甚至无法抵销诉讼产生的费用，因此许多被侵权者放弃通过诉讼维权。通过增加对被侵权人损失的赔偿，将降低维权成本，提高诉讼的预期价值，最终提起诉讼的数量也会增加。同时会引起另外一个反映，潜在的被告通常会避免引发争端，尽量避免给潜在的原告提起诉讼的机会。确立最低赔偿金额可改善实践中损害赔偿数额难以确定的情况，减少因维权成本过高导致的沉默现象。

中国特色社会主义进入新时代，我国主要的社会矛盾已经转化为人民日益增长的美好生活需要和不平衡不充分的发展之间的矛盾。我们应推进个人信息专门立法，坚持推进科学立法，促进整个互联网行业的健康发展，提高公民的法律意识，将依法治国的深刻革命进行到底。

信息时代网络集合行为的立法规范

黄 鹏

（西南政法大学行政法学院 重庆 401120）

摘要：在网络信息时代，由微信、微博、论坛等构成的新兴网络媒体，给人们提供了更加自由开放的表达平台。与此同时，在整个社会互动交往中，民众意见表达需求越发强烈，社会参与意识不断提高，有强大感染力和影响力的网络集合行为频发。为了有效引导网络集合行为，探索的重点应当放在如何加强对网络集合行为立法规制，完善相关的法律规范上。在这个过程中，应当在宏观上掌控好网络表达自由与网络安全的平衡点，涉及主体的差异性以及经济效益与社会规范之间的关系。在具体落实中，网络集合行为的立法规范关键点在于加强对网络服务提供者的监管，基础在于充分重视对网民大众和意见领袖的引导作用，重心则在于政府转变观念并完善相关制度设计同时辅之以网络行业的自律规则。

关键词：网络集合行为 立法规范 引导

2016年，我国国内生产总值达到744127亿元，较上年增长6.7%①，在世界主要经济体中位居前列。但我国目前仍处于转型时期，社会形势变化较快，情况复杂。尤其是互联网和无线通信技术的迅猛发展，使得我国快速迈进了网络信息时代。相关数据显示，截至2016年12月，中国网民规模达到7.31亿人，互联网普及率为53.2%，较2015年提升了2.9个百分点②。微信、QQ、微博、论坛等各种形式的互联网应用发展出庞大的虚拟社区，给人们提供了更加自由开放的表达平台和活动空间，在社会公共领域中发挥着越来越重要的作用。民众随着社会的发展而接触到更为广泛和全面的信息及知识，意见表达的需求越发强烈，社会参与

① 《中华人民共和国2016年国民经济和社会发展统计公报》，载国家统计局网站，访问日期：2017年3月20日。

② 《2017年中国互联网发展状况统计报告》，载CNNIC网站，访问日期：2017年3月20日。

意识不断提高。

虚拟社区的快速推进也为网络集合行为的频繁发生提供了条件。网络集合行为影响巨大，形式多样，正负功能的表现形式都存在，正向的网络集合行为可以有效解决社会问题，弘扬社会正能量。例如，2016年，《人民日报》法人微博在“南海最终裁决”前后发了两条微博，以“中国一点都不能少”为标签，配发一张包含南海诸岛的中国地图，共转发528万次，收获评论19万条，被点赞132万次，24小时微博话题阅读量超过27亿次[③]。负向功能的网络集合行为常以网络谣言、网络暴力等形式存在，主要表现为：侵犯个体利益或社会公众利益、破坏社会秩序等。例如，2017年2月，山东、湖北、河北等地陆续流传虚假H7N9疫情的网络谣言。这些谣言有的附有数张所谓的“医院抢救”照片截图，有的捏造感染者之前与禽类有过接触等情节，在一定范围内引发恐慌[④]。网络集合行为是信息时代特有的产物，也是公民信息权和表达权逐步发展的结果。在这样的时代发展趋势下，有效处理网络集合行为必须要侧重于引导而绝非压制。如何更好地引导网络集合行为，法律规范则显得尤为重要。首先，网络集合行为是信息时代的新型产物，是一种完全超越式的发展，加之目前其快速发展的势头，若仅依靠原有的社会规范调节必然会失灵。其次，网络集合行为的社会现象背后，反映的是科技的极大进步所引起的社会变动，这其中涉及社会诸多群体，对其引导必须要依靠全面系统的法律规范。最后，法律本来就有的规范作用和社会作用，适合用于引导当前网络集合行为的发展态势。因此，下文将从网络集合行为的社会现象和当前立法现状入手分析如何才能够在立法规范上实现对网络集合行为的引导。

一、网络集合行为概述

在信息时代，科技的进步推进了虚拟社区的快速发展，为网络集合行为的频繁发生提供了条件。其一，在虚拟社区中，人们的交流壁垒被完全突破，新平台交流具有强大的互动性。在信息时代，虚拟社区的准入门槛极低，网民进入虚拟

---

③ 人民网舆情监测室：《2016年中国互联网舆情分析报告》，载《中国社会科学院社会蓝皮书》2017年，第234页。

④《盘点2月份十大网络谣言》，载中国互联网违法和不良信息举报中心，http://www.12377.cn/txt/2017-03/03/content_9371833.htm，访问日期：2017年3月20日。

社区即获得了一种意见表达和交流的资格。每一个网民都是一个信息接收终端同时也是一个信息发布源，加之借助于各种搜索引擎和社交媒体的平台提供，每个终端都可以轻松接收到其他终端所发布的信息，进而引起共同关注者的共鸣，逐步形成热点话题。其二，虚拟社区有明显的“虚拟 + 现实”的交叉性特征。首先，网民的意见表达和交流都来源于现实社会，但表现在虚拟社区，最后甚至可能产生现实反应。一旦遇到共鸣性事件，“多对多”的交流传播形式会使来自不同地方的不同声音迅速在网络上扩散，并极有可能引发现实联动。其次，网民的“匿名性”特征加剧了现实反应。匿名显示释放了网民意见表达的心理负担，民众表达权更加充分，社会监督的力量增强。但从另一个角度讲，网民对网络行为的责任意识被弱化，而虚拟表达所产生的社会力量和现实联动则大大增强，网络集合行为频发。研究网络集合行为的立法规范，必须要从网络集合行为入手。

（一）何谓网络集合行为

本文需要解决的首要问题就是要对网络集合行为进行定义，而关于此，当前学术界并没有统一的观点和认识。因此，下文将按照集合行为到网络集合行为的发展逻辑，分析网络集合行为的独有特征，综合当前学者的观点，尝试对网络集合行为的概念进行阐释。

1. 集合行为

集合行为（collective behavior），又称集体行为、人众行为或集群行为等，这一概念是由美国社会学家帕克（R.E.Park）在《社会学导论》中首次提出。“在集体共同的推动和影响下发生的个人行为，是一种情绪冲动”。后来的社会学和传播学研究，对集合行为的定义也有一些不同的表述，在波普诺所著《社会学》一书中集合行为指的是多个个体在不可预料、相对自发、无组织以及不稳定的状态下，对某一事务对其造成的共同影响或者刺激产生反应做出的行为[⑤]。

我国著名社会学家郑航生教授则将集合行为定义为一种人数众多的自发的无组织行为[⑥]。周晓虹教授在《社会心理学》一书中对集群行为的定义是指在一些特殊的环境中，为了集中表达某种意见、观点、诉求或情绪，在群众中会产生一种

---

⑤ [美] 戴维·波普诺:《社会学》，李强译，中国人民大学出版社 1999 年版，第 594 页。

⑥ [美] 戴维·波普诺:《社会学》，李强译，中国人民大学出版社 1999 年版，第 412 页。

不受既有社会规范所指导的、自发的或有一定组织的群体行为方式[⑦]。

综上所述，虽然不同学者对集合行为的概念表述不同，但这些定义都强调了集合行为的自发性、情绪冲动性以及不可预测性。因此，集合行为主要是指在外界刺激下，因某一焦点问题而在短时间内引发的诸多个体参与的无组织行为。

2. 网络集合行为

在信息时代，尤其是微信、微博等技术平台的出现与发展，诞生出庞大的网络虚拟空间，同时也在快速颠覆着当前人际交往的模式，催生出一些新的社会组织与动员方式。网民尤其是部分具有影响力的“意见领袖”，通过互联网的聚合力能够轻而易举地将散布各地的观点聚集为“意见同盟”，形成强大的舆论场和群体性意见，爆发大量的网络集合行为。

从国内目前的研究成果看，学术界对网络集合行为也没有统一明确的定义。较早明确给出网络集合行为定义的是夏学銮教授，“网络集体行为是指在某一时间内，网民自发或有组织聚集在某个网络公共领域，用多个网民发帖子，进行网络表达的行为”[⑧]。后期，网络集合行为这一社会现象频发，诸多从不同角度分析网络集合行为的相关研究相继出现。赵宬斐指出，网络集合行为是指在某一时间内，网民自发或有组织地聚集在某一个网络公共场域，由多个网民发帖或回帖就现实社会问题和事件进行网络表达与诉求的一种行为，是现实世界的互动在网络虚拟空间的再现[⑨]。

综上所述，国内学者对网络集合行为的认识仍是局限于“网络 + 集合行为”的模式，没有将网络集合行为当作一个独立的对象来界定，研究视角也是局限于从传统的社会学理论分析网络集合行为，对其定义也多以负面定义为主。而实际上，网络集合行为是一种必须依赖于网络平台，发生在虚拟空间的集合行为。这其中网络是网络集合行为产生的必备性条件，即脱离网络平台的支撑，此类集合行为便不会发生。同时，网络集合行为仅代表相关的社会现象，并不夹杂着相应的倾向性立场，就功能而言，网络集合行为也是包含正负功能两个方面。因此网络集合行为是指个体针对某一具体案例在网络空间中进行表达交流，短时间内引起大规模关注并对社会现实产生深度影响的社会行动。

---

⑦ 周晓虹：《社会心理学》，高等教育出版社 2008 年版，第 206—207 页。

⑧ 夏学銮：《网络社会学建构》，载《北京大学学报（哲学社会科学版）》2004 年第 1 期。

⑨ 赵宬斐：《“网络集群行为”与“价值累加”——一种集体行动的逻辑与分析》，载《新闻与传播研究》2013 年第 8 期。

（二）网络集合行为的特点

网络集合行为在行为方式、互动特点等方面和集合行为有诸多相同的地方，但是它并不是仅指发生在网络上或者是部分发生在网络上的集合行为，它在参与规模等诸多方面也有自己独特的特点。

第一，网络集合行为必须以网络平台为依托，同时又和现实有密切联系。网络是网络集合行为成立所必须满足的条件，这也是区别于一般集合行为最明显的地方。较一般集合行为而言，网络集合行为的参与主体是网民，网络集合行为的触发点在本质上都是现实问题，同时它也可以改变现实社会情况，甚至也很有可能引起现实的集合行为。

第二，网络集合行为参与人数众多。在信息时代，网络科技十分发达，网络交流平台低门槛的准入标准使得网络集合行为的参与人数呈指数增长态势。在虚拟空间中，每一个网民都是一个信息接收终端，同时也是一个信息发布源，加之借助于各种搜索引擎和社交媒体的平台提供，每个终端都可以轻松接收到其他终端所发布的信息，信息交流的效率和辐射范围均大幅拓展。网络集合行为常常表现为网络上同一时间内采取相同行动的许多人共同参与的形式，在互联网中，网民卸下日常生活规范控制的种种约束，凭借某个代号就可以隐匿其在真实世界的身份与他人交流信息，参与意识更加强烈[⑩]。

第三，网络集合行为的参与空间大大拓展。随着互联网技术的发展，各式各样的新媒体的涌现不断打破传统媒体的垄断格局，特别是自媒体时代的到来使得媒体空间得到前所未有的拓展。同时也推动了大众传播向公众化、个人化方向发展，可供人们选择的媒体空间越来越大，信息和观点的传播渠道也越来越多，越来越便捷。可以说，网络上畅通无阻的全民化信息大交流已经产生了强大的传播力，网络集合行为的参与空间大大拓展。

第四，网络集合行为力量巨大。网络集合行为借助于庞大的虚拟网络空间，加上网络匿名性的特点使其在人员集合速度和集合规模上都比现实社会中普通集合行为要更快、更大。一方面，在网络空间中，网民不分年龄不论背景，都可以在现实案例发生的第一时间发表评论。个体常常处于匿名状态，没有明确的个人标志，网民可以更加真实地表达自己的观点，不同群体也可以进行实质性的社会

⑩ 曲娉：《社会转型期网络群体性事件防范机制研究》，中央民族大学 2012 年硕士学位论文。

交流，进而提升社会监督的力量，推进社会进步。但从另一个方面看，网络匿名性特征会弱化网民对网络行为的责任意识，降低个体对社会规范的整体遵从性，挑战社会秩序。尤其是在遇到大众普遍关注的敏感问题时，缺乏理性思考的网民在网络交流平台上会任性表达自己不够成熟的观点看法，会迅速得到较高关注，形成强大的社会力量从而对社会秩序造成压力。

第五，网络意见领袖的作用突出。在网民中，有少数是发言的，大多数则是沉默的；少数是领头的，大多数则是追随者。人数量少、能量大，往往能左右网络舆论思潮的网民，被称为网络意见领袖[11]。意见领袖基于自身对热点事件的理解以及对信息发布平台的掌握而获得更加微观层次的民众关注和认可，常常对民众的意见表达时呈现导向型作用。网络时代的到来，自由开放的交流平台拉近了意见领袖和大众之间的距离，同时，在意见领袖的形成过程中，网络平台使得他们获取的民众关注度在不断上涨，他们自身的辐射范围也在不断扩展。而且由于意见领袖关注的都是民众普遍关心的话题，也时常利用自己的学识经历表达出普遍大众的意见，因此他们获得的用户关注度上涨后很难下降。所以，网络意见领袖不仅在大众传播的形成过程中深度影响民众的意见表达，而且也在深度聚集底层民众的力量，也代表着民众力量的崛起。

二、网络集合行为的立法现状与困境

自 1994 年我国全面接入国际互联网以来，我国的网络立法经历了从无到有再到进一步完善的发展历程。为了有效规范互联网，全国人大常委会、国务院和各部委出台了一些规范互联网信息产品和服务、保护网络信息安全的法律、行政法规和部门规章。但目前我国针对网络集合行为专门的立法尚未出现，仅仅是在一些单行法律中有关于网络的相关立法体现。同时网络集合行为在现实社会中爆发的频率剧增，社会影响也越来越大。加强对网络集合行为的立法则显得尤为重要。

（一）网络集合行为的立法现状

在中文法律信息数据库“北大法意”中一共可以搜索到 5104 条关于“网络”

⑪ 陶文昭：《网络意见领袖的崛起与挑战》，载《人民论坛》2012 年第 6 期。

的结果。其中包括2016年11月7日颁布的《网络安全法》、2012年12月28日颁布的《全国人民代表大会常务委员会关于加强网络信息保护的决定》等5条法律法规；也包括2013年1月30日颁布的《信息网络传播权保护条例》、1998年3月6日颁布的《计算机信息网络国际联网管理暂行规定实施办法》等13条行政法规；以及2016年12月19日颁布的《最高人民法院、最高人民检察院、公安部关于办理电信网络诈骗等刑事案件适用法律若干问题的意见》等35条司法解释；和2015年2月4日颁布的《互联网用户账号名称管理规定》等755条部门规章、2927条地方性法规、111条政策纪律、300条行业规范、1598条政府文件。

以"互联网"为关键词在"北大法意"中进行搜索所得到的结果中包括法律法规：《全国人民代表大会常务委员会关于维护互联网安全的决定》(2000年)；行政法规：2016年9月颁布的《国务院关于加快推进"互联网+政务服务"工作的指导意见》、2011年1月8日颁布的《互联网信息服务管理办法(2011年修订)》等17条；司法解释：《最高人民法院关于人民法院在互联网公布裁判文书的规定(2016年修订)》等4条；部委规章488条；地方法规1008条；政策纪律21条；行业规范64条；政府文件851条。

中国互联网协会积极开展互联网行业自律，先后组织制定了《中国互联网行业自律公约》《搜索引擎服务商抵制违法和不良信息自律规范》《互联网站禁止传播淫秽、色情等不良信息自律规范》《中国互联网协会抵制网络谣言倡议书》《关于防范与制止网络攻击行为的公告》等25项自律公约。

2011年5月，成立了国家互联网信息办公室。2014年2月，中央成立了网络安全和信息化领导小组，同时党的十八届四中全会提出："加强互联网领域立法，完善网络信息服务、网络安全保护、网络社会管理等方面的法律法规，依法规范网络行为。"

但是以"网络集合行为"为关键词进行搜索，并未发现关于此内容的法律法规。仅在部分涉及网络的法律法规的具体内容中有所提及，且常常是以对经济和社会秩序的维护为出发点来规制相关网络集合行为的，并没有以网络集合行为本身为对象进行规制。对比搜集到的涉及网络集合行为的相关地方立法资料，发现北上广深等发达地区的立法进程要明显快于经济不发达地区。

（二）网络集合行为的立法困境

第一，网络集合行为的内涵定义不够明确。立法者对网络集合行为缺少较为全面的定义和认识，使得在立法过程中显得特别无力和茫然。立法的界限在哪里？立法规制的主体有哪些？立法规制的方向在哪里？立法者解决不了这些问题就不能将相关的法规详细具体化，也就不能将立法落实到可操作性的程度，也就造成了目前关于网络集合行为口头化立法的情况。同时，也存在将网络集合行为负面化，将其等同为完全无正向功能的集合行为，出于对社会稳定的维护，致使政府、主流媒体往往对网络集合行为持怀疑态度，甚至是全面否定的态度，也使得现有的关于网络集合行为的立法主要集中体现在对集合行为的压制上。但是，实际上网络集合行为的立法内容绝不仅限于此，其也有积极的正向功能的存在。应当充分发挥法律对网络集合行为的引导作用，完善有明确适用对象和范围的体系性的法律制度。

第二，有关网络集合行为的上位法缺失。现行的关于网络集合行为的立法主要集中于不同的政策、决定、条例、办法之中，整体较为散乱，没有统一的上位法指导，不同法律法规中甚至存在相互矛盾的情况。导致在具体的法治实践中，民众虽有法可依却难以做到知法守法，司法机关在执法中同样也难以具体落实。即使在最新颁布的《网络安全法》中也没有对网络集合行为进行较为完整化的规制，但是面对目前网络集合行为频发的情况，无疑，我们需要的是一个更高位阶、更具体系性的法律来进行指导。

第三，相关立法原则与立法需求存在不对应情况。现行的网络领域立法中，维护社会秩序和国家信息安全是基本的立法原则。而网络社会的发展是不可逆的，需要我们以更加开放包容的心态去规制网络行为。首先，网络表达自由和网络安全并不是完全对立的，我们的立法应该是引导而不是以压制为重点。其次，部分网络集合行为并不涉及社会公众利益，这样的行为该如何立法规制并无具体表明。最后，网络集合行为出现的背后体现的是现代科技和经济的发展，因为对现行秩序存在挑战就全面压制自然是不可取的。

第四，网络集合行为自身特点所致的难以引导性。网络集合行为参与人数多，参与空间大，社会影响巨大，易出现极端情况。法律难以对网络集合行为进行较为具体的规制，同时再加上匿名性和时效性的特点，使得执法机关在集合行为发生过程中很难掌握较为全面的信息，更难以对信息进行综合分析作出相应判断，同时也由于投入成本的问题，最终很难在短时间内将相关法律落到实处。

三、网络集合行为立法规制需考量的因素

网络集合行为的产生和现实社会密不可分，网民的意见表达和交流都来源于现实社会，但表现在虚拟社区，最后甚至可能产生现实反应。网络集合行为的触发点都是某一个具体的现实案例，但最终却能涉及诸多群体，迸发出巨大力量。其背后的发展逻辑反映的是民众对当前社会深层次问题的意见表达，因此在对其进行的立法规范中应当从宏观上掌控好网络表达自由和网络安全、经济效益与社会规范之间的关系，以及涉及主体的差异性。

（一）网络表达自由和网络安全的关系

表达自由是现代民主法治社会的一项基本人权，这在国内外都得到了普遍的认可，国际上，在《世界人权宣言》和《公民权利和政治权利国际公约》中都有描述；国内，我国现行《宪法》第 35 条规定：中华人民共和国公民有言论、出版、集会、结社、游行、示威的自由。网络表达自由则是表达自由在新时代下的表现形式，自然属于表达自由的范畴。在信息时代，人们的交流壁垒被完全突破，并具有强大的互动性。网络科技的快速发展使得网络交流平台的准入门槛极低，网民进入虚拟社区即获得了一种意见表达和交流的资格。每一个网民都是一个信息接收终端同时也是一个信息发布源，加之借助于各种搜索引擎和社交媒体的平台提供，每个终端都可以轻松地接收到其他终端所发布的信息，全面提高信息传递和交流的效率，引起共同关注者的共鸣，逐步形成热点话题。互联网给网民大众的表达自由提供了更好的平台，然而，在网络虚拟空间内，网民大众基于自身匿名性和对后果的责任承担的弱化以及压抑后表达和从众等社会心理作用，在参与网络交流中，极易出现威胁到网络安全的偏差行为。以网络集合行为为例，易出现网络谣言、网络暴力等负功能较强的情况，甚至可能出现直接与相关法律规定冲突的情况。

法律规范就是网民表达自由和网络安全的平衡器，既要依靠法律保护网民的基本权利，维护网民的表达自由，同时也要通过法律规范来保障网络安全。处理好网民表达自由和网络安全的关系必须要求法律规范能够恰到好处，法律规范既不能束之高阁，因为无限扩大的自由会威胁其他网民隐私保护、人身安全甚至是

国家安全；当然也不可规制范围过大、干涉过强，否则网民表达自由的权利就可能被侵犯。

所以网络表达自由并不是一种没有边界的自由，它有一个“度”，而这个“度”就是法律规范。法律规范将网络表达自由和网络安全划分出两个范围，其一，在属于表达自由的范围内用法律捍卫民众的表达自由权利，法律也不能越界限制这部分应属于民众的表达自由；其二，在民众需要止步的部分，尤其是针对通过网络来传输包括猥亵、色情、恶意言论、谣言、种族主义等威胁网络安全的行为则是要坚守法律的红线，一步也不能越过。

（二）经济效益和社会规范之间的关系

信息时代是一个快速蜕变的时代，也是在经济总量上较以前呈指数增长的时代，其背后的主要推动力就是现代科技的发展。科技所带来的在生产力上的变革不亚于历史上任何一次产业革命。就网络集合行为而言，其存在所依赖的必要条件即为各类网络信息交流平台，而这些平台的出现则绝对离不开网络科技的发展。追根究底，网络产业的发展和其对社会的深层影响都具有明显的技术驱动属性，现代科技的动力支持已经贯穿到整个社会的发展之中。与此同时，现代科技的发展也与经济发展需求密不可分。科技进步所产生的经济效益也为科技持续革新提供了资金支持。科技和经济效益达成了相辅相成，互相促进的态势。

在科技和经济效益两者的互相推动发展中，与经济发展相对应的社会规范也发生相应变革。其一，科技和经济效益的发展可能和现有的社会规范之间产生冲突。科技所带来的生产力变化率先打破了原有的社会平衡，而社会规范尚未完全赶上经济发展的步伐。其二，科技和经济效益的发展促进了信息时代社会规范的变化，与此同时，社会规范也在不断地自我完善和发展。网络集合行为的出现就是科技发展波及社会层面的结果之一，这个过程是不平衡的，是急剧变化发展的。社会规范在一定程度上滞后于经济发展现状，因此平衡好经济效益和社会规范之间的关系显得十分重要。以各类网络营销谣言为例，其中不乏为了追求经济利益而吸引网民眼球现象的存在。这种现象实质反映的是科技和经济效益对社会规范的挑战，处理这种冲突，应站在完善社会规范的角度。不能因其与现行社会规范相悖而完全否定，当然也不能因缺少相关规范而坐视不管。最为合适的办法是：遵从网络技术的发展趋势，全面了解网络营销的发展模式，进而制定有目的性、较为合理的监管办法，从而保证网络营销的相关行为有序开展。因此，网络集合行为的立法规范应当考虑科技和经济发展的需要，努力确保立法具有一定的前瞻性，为新型业态的产生和发展预留制度空间，使各种新的产业能够纳入制度调整范围[12]。

（三）涉及主体的差异性

网络集合行为参与人数多，辐射范围广，影响力大。同时它也是信息时代的新兴产物，所以当前在有效引导网络集合行为上并没有经验可以借鉴。因此，应对这种复杂情况，需要厘清各种关系，分析网络集合行为的不同类型，针对不同的类型采取不同的应对措施。对任何一个事物进行分类，都应该像树状图一样，遵循由粗到细，由大到小的逻辑。

网络集合行为有多种类型，在目前应对的初级阶段，我们更应该从宏观格局上把握大的类型分类，进而才能够将其细化至各具体类型。其所涉及的核心当事人的规模大小，反映出不同类型的网络集合行为背后不同的社会关系和社会影响力。因此从这个角度分析，可以将其划分为涉及公众的网络集合行为和针对个体的网络集合行为。互联网构建了一个庞大的虚拟社区，它向所有社会群体平等开放，并且不同群体可以在其中自由交流，使得这一虚拟社区自然具有社会性的特征。部分类型的网络集合行为也是因为较多涉及社会公众，才得到广大网民的共鸣。当然，这并不意味着任一网络集合行为都涉及社会公众，如针对某一人的"人肉搜索"行为。因此，网络集合行为的立法规范必须要明确其涉及的核心当事人的规模大小，对于针对个体的网络集合行为，应充分发挥公民自动行使权利的积极性，发挥行业自律等社会自身的自治力量，通过自下而上的治理，更有利于实现社会共治[13]。对于涉及社会公众的网络集合行为应及时动用国家公权力，进行有效引导。

就网络谣言而言，不同类型所涉及的当事人规模也有所差异，也应该采取不同方式处理。在主要针对个体的网络谣言中，如抹黑"张海迪"事件、少林寺方丈释永信嫖娼等网络谣言。应对时要以个体的自主救济为主，充分发挥当事人提起民事诉讼的优越性，公权力不应主动干涉。当然这并不意味着国家机关的完全漠视，一旦当事人在案件具体开展中遇到困难，则相关的国家公权力机关应当及

⑫ 王利明：《论互联网立法的重点问题》，载《法律科学（西北政法大学学报）》2016 年第 5 期。
⑬ 王利明：《论互联网立法的重点问题》，载《法律科学（西北政法大学学报）》2016 年第 5 期。

时协调相应社会资源对当事人给予帮助和支持。在网络时代，信息交流和传播的速度急剧增强，一旦遇到某些特殊情况，部分针对个体的网络集合行为也可能扩大为涉及某一群体或整个社会公众的网络集合行为。因此，国家机关需要对网络集合行为保持关注，监测事件的变化走向，一旦有需要应该及时介入，避免造成更为严重的社会后果。在主要涉及社会公众的网络谣言中，其可能会危害国家安全、社会秩序，侵犯社会公共利益，引发社会恐慌等，如“抢购食盐”“新疆籍艾滋病人滴血投毒事件”等。针对该类网络谣言，国家机关要保持主动性，及时有效介入，追究相关行为人的法律责任。

四、网络集合行为立法之规制路径

网络集合行为的立法规范除却在宏观上对各种社会关系的把握，在具体的立法路径落实中应该侧重于从不同主体进行操作。网络集合行为是诸多群体共同参与的结果，下文将从网络服务提供者、意见领袖、网民和政府四个群体出发，分别提出相应的路径探讨。

（一）重点规范网络服务提供者的行为

在网络信息时代，网络资源服务提供者开发出更加自由和开放的平台，信息交流的效率和辐射范围均大幅拓展。网络交流平台低门槛的准入标准，扩大了公众参与的规模和空间，打破了以前的格局，每一个网民都是一个信息接收终端同时也是一个信息发布源。此平台亦是网络集合行为出现所必需的基础性条件。

网络交流平台依托于强大的科技研发能力和广泛的用户参与而发展成为网络信息传播的中枢。其全面实现了信息的搜集、储存、分析和发布等工作的一体化，也正是因为平台的强大信息处理能力，使得平台在方便民众交流的同时也汇集更多的社会力量，进而掌握更多的社会资源。在网络平台所构建的聚集着诸多社会个体的虚拟社区中，网络服务提供者是该社区的管家。首先，网络资源服务者掌握着网络平台内最全面的数据信息资源和宏观技术优势，具备管理其平台网民的天然条件。其次，网民也是在网络平台的前设性规则下进行网络活动，网络资源服务者基于盈利的需求使其有动力和需要对用户行为进行规范。总之，在对网络集合行为的立法中必须要首先加强对网络平台的监管，只有这样才能起到事半功倍的作用。

（二）重视意见领袖的引导作用

传播学理论中的“二级”传播理论认为，大众传播中的信息并不是直接“流”向公众，而是要经过意见领袖。在公众活动中，耸立在公众之上，提出指导性见解，具有广泛社会影响力的叫作意见领袖⑭。意见领袖是网络资源高效利用者，他们熟悉网络资源传播机制，同时又身处社会前沿，对新媒体时代下的各种信息有强烈的捕捉能力并能够快速引起示范反应。

根据传播学中沉默的螺旋效应⑮的相关理论分析，如今的网络社会中，人们在表达自己的看法和观点的时候，时常受到意见领袖的影响。意见领袖强大的网络影响力使得他们的意见短时间内就可以借助于网络平台的展示而获得强势地位。而当民众大规模参与意见讨论的时候，实际上已经是被意见领袖影响过后的意见表达。

因此我们在对集合行为的立法规制中要能够充分考虑意见领袖的影响力，听取他们关于网络集合行为的看法和建议。同时我们要加强对意见领袖的监管和引导，确保其意见表达内容的准确真实合法，充分发挥意见领袖的导向作用。在政府针对网络集合行为所建立的应对机制中，发现网络集合行为的苗头，第一时间邀请意见领袖发表意见，展开讨论，形成主流意见，进而更好地引导网民意见。当然，这并不是一种被意见领袖的牵制，意见领袖也是网民，更是公民，必须要遵守法律。

（三）完善网络媒体行业规则

在信息时代，网络平台的出现，大大缩短了媒体和大众之间的距离，网络媒体掌握着很大的话语权，在网络集合行为的产生过程中发挥着重要作用。为了维护网络传播秩序，净化网络环境，我国网络媒体治理选择了立法实用主义化、限

---

⑭ 王一俊：《涉法舆情引导研究》，法律出版社 2015 年版，第 197—198 页。

⑮ 沉默的螺旋效应：伊丽莎白·诺埃尔·纽曼认为，通常情况下，如果某人的观点属于大多数一方，他就会侃侃而谈，而属于少数派一方就会保持沉默。这种一方讲话而另一方沉默的倾向便开始了一个螺旋的过程，最终的结果使表面上强的一方会更强，表面上弱的一方会更弱，而弱的一方就像“沉默的螺旋”将下沉得无踪影。

制媒体功能的立法价值取向和采用较宽松的自由裁量权的法治化路径[16]。

因此，在完善相关法律规范的同时应当完善网络媒体的行业规则。媒体从业者应提高自身的法律知识和职业道德，在新闻报道中应当考虑到自身的影响作用，尽到更多的注意义务。不能为了吸引眼球而随意更改相关事实，从而误导公众作出错误的价值判断和相关行为。绝不可仅仅考虑商业利益而忘却社会责任。此时就需要充分发挥媒体行业自治的优势，召集业内优秀职业人士组建有影响力的协会等行业组织，颁布相应的章程和行业行规，加强对从业者的执业行为的专业约束。

（四）提高网民的守法意识

在网络集合行为的参与群体中，网民的数量最为庞大。因此，作为网民大众，需要保持清醒的头脑，要知道网络集合行为的巨大能量，理性表达自己的意见和想法，充分发挥网络集合行为的正向推动作用，促进社会问题的解决，提升社会监督的力量。

信息时代是不可逆的，一定要警惕网络集合行为下的民粹主义倾向。在声势浩大的网络集合行为面前，权威的声音都会被掩盖，更何况是持不同意见的少数普通人的声音。网络集合行为由于参与者众多，行为本身也反映出强烈的观点和情绪，更容易引起观察者的注意，从而造成“所有人都是这么想的”“这就是普通百姓的诉求”这样以偏概全的假象。

我们要保证网民参与网络讨论的自由性，但同时也要坚守法律的红线，将网络集合行为负面后果所产生的情况具体落实并尽快完善成相关法律，保证有法可依。加强相关法律制度的宣传普法，保证民众能够知法守法，用制度揭开网络集合行为非理性的灰色面纱。

（五）转变政府的发展观念

首先，各地政府机关必须要明白网络集合行为的出现和现实社会的密切关系，诸多网络集合行为的爆发深层次原因均是广大网民在现实社会生活中相关利益得不到满足，同时也没有较为畅通的意见表达渠道，才使得某一问题在短时间内得到网民爆炸式的共鸣和关注。这就要求政府机关在平时工作中要严格执法，规范

⑯ 林凌：《网络媒体立法困境及其推进路径》，载《学海》2015 年第 6 期。

执法，确保执法行为的合法性，提高案件质量，同时注意执法行为的合法性，不滥用公权力，同时完善责任追究制度[17]。只有解决好现实问题才能更好地引导网络集合行为。

其次，网络集合行为是信息时代特有的产物，也是公民信息权和表达权逐步发展的结果。网络集合行为这一社会现象背后，反映的是因科技的极大进步所引起的社会变动，这其中涉及社会诸多群体，蕴藏着巨大的社会力量。在这样的时代发展趋势下，政府部门有效处理网络集合行为必须要侧重于引导而绝非压制。只有正视社会矛盾，积极采取措施去解决触发网络集合行为的社会矛盾本身，才可能将之引导到更为平缓、和谐的有利于当下社会发展的道路上来[18]。

在以上基础上，政府部门和立法机关应充分了解关于网络集合行为的信息，并组织完善法律法规，同时全面建立针对网络集合行为的引导机制。第一，建立信息发布机制，及时进行信息公开，保证民众的知情权；第二，拓展并完善民众意见反映渠道，积极接受群众监督；第三，建立内部网络信息监测分析队伍，并完善相应的网络信息数据库，建立网络信息风险评估制度，及时做到相应预防。

五、结语

网络集合行为影响深远，短时间内对其有效引导仍是长路漫漫。从长远角度来看，只有不断解决社会的深层矛盾，完善相应的上层建筑才能妥善引导，但就目前具体现实而言，加强网络集合行为的立法规范仍是有效的探索。在这个过程中，宏观上应当掌控好网络表达自由与网络安全的平衡点，涉及主体的差异性以及经济效益与社会规范之间的关系。具体落实中应当加强对网络服务提供者的监管，重视对网民大众和意见领袖的引导，转变政府观念并完善相关制度设计。

---

⑰ 林凌:《网络媒体立法困境及其推进路径》，载《学海》2015 年第 6 期。

⑱ 史诗:《媒介与权力视角下的网络集合行为——权力倾向及作用机制研究》，复旦大学 2012 年硕士学位论文。

古建筑保护地方性法规立法实证研究

吴　晨

（西南政法大学行政法学院　重庆　401120）

摘要： 对于古建筑保护而言，地方立法发挥着不可或缺的功能和作用。不但能够有效调整本行政区域内的特色社会关系，确立古建筑保护的地位，而且为古建筑保护提供一定的法律保障。在国家文物保护立法体系中，古建筑保护地方立法是其中的重要组成部分，能促进国家文物保护立法的完善，推动国家文物保护法治建设进程。基于各种原因，我国地区发展很不均衡，所以古建筑保护地方立法也呈现出明显的地域差异。文章从各地区古建筑保护立法的现状出发进行比较研究，寻找各地区之间的差异和规律，从而对古建筑保护地方立法提供出新的思路。并且对我国古建筑保护地方立法的比较研究，推动地方古建筑保护有序发展具有重要的现实意义。

论文从多个角度出发进行比较，重点对江苏省、山东省、湖南省、陕西省、贵州省等省市的古建筑保护立法进行了比较研究。首先是对各地方的经济发展状况进行了比较，地方的经济发展状况奠定了古建筑保护地方立法具体实施的基础；其次是对各地方古建筑保护地方立法的机构、名称以及立法结构进行了比较，从中凸显出古建筑保护地方立法的层次和主要立法技术；最后是对古建筑保护地方立法文本内容进行比较，从总则、体系、主体、经费保障和法律责任等方面进行，总结了各省市依据其自身情形制定的具体条款，并研究其针对性和可操作性。

文章通过对古建筑保护地方立法不同角度的比较，提炼出古建筑保护地方立法的基本依据与实践经验，在此基础上，结合实际操作归纳古建筑保护地方立法现阶段的主要问题，并且针对性地提出创新与完善的思路与建议。

关键词： 古建筑　地方立法　比较

引言

1982 年 11 月 19 日党的第五届全国人民代表大会常务委员会第二十五次会议通过《文物保护法》，并决定于当年 11 月 19 日起实施。分别于 1991 年、2002 年、2007 年、2013 年、2015 年五次修改。在 2002 年《文物保护法》修改中提出了“不可移动文物”，确定其被保护的对象称为“文物保护单位”。“不可移动文物”（或称古迹、史迹、文化古迹、历史遗迹），是先民在历史、文化、建筑、艺术上的具体遗产或遗址，包含古建筑物、传统聚落、古市街，考古遗址及其他历史文化遗迹，涵盖政治、军事、宗教、祭祀、居住、生活、娱乐、劳动、社会、经济、教育等多方面领域，弥补文字和历史等记录不足之处，其社会意义巨大。①

然而盲目追求经济高速发展使得人们失去了文化根基和人文关怀。城市现代化的发展进程与快餐式人文环境的交叉影响，使处于新城建设与旧城改造夹缝中的古建筑鲜有人问津，更有甚者面临着毁灭式的风险。《文物保护法》以原则性和概括性的规定保护“不可移动文物”，欠缺地方立法的具体实施方案和因地制宜的保护措施，使得古建筑保护行动和效果甚微。大量的具有历史意义的古建筑在经济发展过程中烟消云散，化为灰烬。

古代建筑作为能够体现各个时代文明程度的物质文化遗存，在中国丰富的历史文化遗产中占有很大比重。我国现存古建筑数量众多，种类丰富，涵盖范围极广，要对古建筑下一个确切的定义不仅要研究法学领域已有的定义，还应该结合其他各个相关领域对于古建筑的定义。从建筑学的角度看，中国古建筑从总体上来说是以木结构为主，以砖、瓦、石为辅发展起来的。在罗哲文《中国古代建筑》一书中，建筑学意义上对于“古建筑”主要是从其突出的结构特点及建筑用途进行分类和列举。因而可以初步将建筑学意义上的“古建筑”定义为：古建筑是以木结构为主，以砖、瓦、石为辅发展起来的由上、中、下三部分组成的用于居住、宗教、科教文娱、军事布防、经济生产等的建筑。从科学社会视角看，程孝良、冯文广、曹俊兴在所著《中国古建筑的社会学含义》一文中这样阐述古建筑：古建筑是在对社会中既有的建筑形式和包含其中的空间—社会结构模式的潜意识进

① 卢娜：《浅析对不可移动文物的保护策略》，载《学理论》2013 年第 7 期。

行深刻分析、提炼之后的形式“创新”。在“建筑”中，空间—社会关系成为思考和分析的对象，“建筑”探索的是形式和空间组织与它们所产生的社会效应和功能之间在普遍意义上的联系及其可能性，并通过对它们之间关系的提炼和总结来提出建筑形式的各种可能性选择。古建筑承载着巨大的历史价值。人类创造、发展、巩固自己文化最为有效的方法之一就是通过建筑。因为人们可以通过生动的表征文化直接地感知和认同自己的文化。早期文明的兴起也是源于建筑的集合。由于文化具有易于流失的特性，通过建造比人的寿命长很多的建筑和地标来记载曾经发生过的文明与文化，这样的方式比文字更加生动，人们可以在古建筑的环境中体会、理解文化内涵。文字再栩栩如生与古建筑创造的文化氛围相比仍然是干涸而呆板的，而建筑则可以承载文化的灵魂。

从各地的保护条例及中央的诸多文件中可以看出我国对于古建筑保护还是十分重视的。但是不管是条例还是中央文件对古建筑法律内涵的界定仍不够明确或存在缺陷，难以实际操作。《文物保护法》中所确定的“不可移动文物”可视为包含“古建筑”在内的多种具体遗产或遗址。但在具体操作过程中还是会出现界限不清晰、重复保护等问题。

古建筑保护地方立法在国家文物保护立法体系中有着重要的作用。它既是国家文物保护体系中的重要组成部分也是与国家文物保护立法相对应的一个概念。相较于其他文物保护，古建筑保护地方立法有其自身的特色。我国古建筑的保护落脚点在各市、县的行动，但因我国幅员辽阔，区域发展很不平衡，所以古建筑保护地方立法是推动我国文物保护法治进程的一股重要力量。

《文物保护法》自 1982 年颁布实施已有三十余年，我国很多省、市、自治区结合本地的实际情况，颁布了地方性法规来细化与实施《文物保护法》。各地方在制定地方性法规或规章的过程中大多存在借鉴的状态，主要是吸收地区的实际操作经验，但缺乏对地方文物保护立法总体且系统的研究。地方文物保护立法比较研究基本上处于空白的状态，针对保护古建筑的地方性立法更是少之又少，散见于地方的各种规范性文件中。

一、我国古建筑保护立法概述

依据法理学科的通说，法律体系是一国全部现行法律规范按照一定的原则组成若干法律部门及法律层次，并由此形成一个有机结合、相互和谐的法律体系。我国古建筑保护法律体系有宪法、法律、行政法规、地方性法规和规章等。

（一）古建筑保护立法在文物保护法律体系中的地位和作用

伴随《立法法》的修改，设区的市具有立法权，地方立法得到更大的发展空间，本土化与地方化的价值取向成为风向，所以其“因地制宜”的重要价值也就显现出来。目前，中国的地区发展差异较大，各地区的政治与经济环境、人文与法律环境存在较大差异，因而各地方立法在制定与实施等方面存在差距。通过地方性立法的发展与完善，促进古建筑保护的发展进程，进而推动地方经济和社会的整体发展，这是我国协调发展的必然选择。

我国地方政府在经济发展方面拥有一定的自主权，与地方财政紧密相关，地方政府会在一定程度上拥有对古建筑保护的自主权。就现阶段古建筑保护中的具体操作而言，在国家层面上缺少具体的实施意见出台，即便出具具体的实施意见，在很大程度上也都是概括性的和原则性的，地方的差异与特色基本上难以体现甚至可以忽略不计。由此可见，我国古建筑保护地方立法具有很大的发展与完善空间。因此，推进我国古建筑保护的发展，创新古建筑保护地方立法是很有必要的。

（二）古建筑保护地方立法的依据和原则

古建筑保护立法要有依据，古建筑保护地方立法也不例外。而且由于古建筑保护地方立法不是独立的一级立法，所制定的地方性法规具有从属性的特征，因此必须符合宪法、文物保护法律和行政法规的要求，不得与上位法相抵触。[②]

我国的文物保护立法体系采用的是国家立法与地方立法相结合的模式，所以古建筑保护地方立法的依据应该是，在以《宪法》为指导，以《文物保护法》及《文物保护法实施条例》为基础，以《环境保护法》《城市规划法》为依托，以《刑法》为最后保障的文物古迹保护法律法规体系下，地方在遵循国家立法原则的基础上，不得与上位法相抵触，结合当地实际制定规范性文件。

1. 宪法

全国人民代表大会 1982 年公布施行、2004 年修正的《宪法》第 22 条第 2 款

② 王腊生：《地方立法技术的理论与实践》，中国民主法制出版社 2007 年版，第 30 页。

规定："国家保护名胜古迹、珍贵文物和其他重要历史文化遗产。"这是我国一切文物古迹保护和立法活动的宪法依据。

2. 文物保护法

在对 1982 年《文物保护法》修改的基础上，2002 年通过了新的《文物保护法》，作为我国现行文物古迹保护法律制度的基本法，该法有八个章节，共 80 条，从不可移动文物、考古发掘、馆藏文物、民间收藏文物、文物出境进境、法律责任等方面进行规定。将"保护为主，抢救第一，合理利用，加强管理"的文物工作方针由政策上升到法律，并在总则第 4 条中做了规定。在《文物保护法》中明确规定了保护本辖区内的文物是各级政府的职责，强化了文物古迹保护的各项管理措施，如规定尚未核定为保护单位的不可移动文物要予以登记并公告，制定保护措施，已经全部损毁的不可移动文物，不得在原址重建等。此外，完善了行政责任和刑事责任的规定，并首次提出了承担民事责任的规定，"与刑法对妨害文物管理罪的规定以及其他有关规定相衔接。对盗掘古文化遗址、古墓葬、走私文物、以牟利为目的倒卖国家禁止经营的文物等行为，构成犯罪的应当依法追究刑事责任。明确规定了应受行政处罚的具体行为以及相应的具体处罚标准。对相关部门或单位如文物行政部门、文物收藏单位、拍卖企业等以及其工作人员的法律责任作了具体规定，对其违法行为要依法给予行政处分，但构成犯罪的要依法追究刑事责任"。根据《文物保护法》，2003 年 5 月 13 日国务院第八次常务会议通过的《文物保护法实施条例》，对文物保护法律制度作了更具体的规定。

3. 环境保护法

《环境保护法》第 2 条将文物古迹等"人文遗迹"作为"环境"的一部分，依据该法由环境保护部门主管文物古迹的保护工作。1989 年 12 月 26 日党的第七届全国人民代表大会常务委员会第 11 次会议通过的《城市规划法》第 14 条规定，编制城市规划应当保护历史文化遗产、城市传统风貌、地方特色和自然景观；第 25 条进一步规定了城市新区开发应当避开地下文物古迹。

4. 刑法

我国现行《刑法》分则的"妨害社会管理秩序罪"一章中就文物犯罪单列一节"妨害文物管理罪"，分别确定了故意损毁文物罪、故意损毁名胜古迹罪、盗掘古文化遗址、古墓葬罪等罪名，其中对盗掘古文化遗址、古墓葬罪的最重惩罚可以判处死刑，可见我国对文物古迹犯罪的惩罚是比较重的。

5. 文物保护相关法规、规章和规范性文件

《风景名胜区管理暂行条例》及《风景名胜区管理暂行条例实施办法》《国务院关于加强和改善文物工作的通知》（国务院 1997 年 3 月 30 日）、《国务院办公厅关于西部大开发中加强文物保护和管理工作的通知》（2000 年 8 月 31 日）等行政法规中也有文物古迹保护的规定。此外，我国于 1985 年加入了《世界遗产公约》，使我国的文物古迹保护与国际保护相结合。2000 年 10 月国际古迹遗址理事会中国国家委员会参照以《威尼斯宪章》为代表的国际原则，制定《中国文物古迹保护准则》，它是在中国文物保护法规体系的框架下，对文物古迹保护工作进行指导的行业规则和评价工作成果的主要标准，也是对保护法规相关条款的专业性阐释，同时可以作为处理有关文物古迹事务时的专业依据。

我国文物古迹保护在国家立法的同时，全国地方各级人民代表大会常务委员会根据《文物保护法》结合本地实际情况修订或制定、审议、颁布了适合新形势的规范性文件，如《贵州省文物保护条例》《江苏省文物保护管理条例》《新疆维吾尔自治区文物保护条例》《重庆市实施〈文物保护法〉办法》《苏州市实施〈文物保护法〉办法》《沈阳市地上不可移动文物和地下文物保护条例》等。

古建筑保护地方立法首先要遵循地方立法的原则，就是“不抵触、有特色”的原则。③ 这方面的内容不是本文研究的重点，以下仅从促进古建筑保护地方立法发展的角度，谈几点古建筑保护地方立法应该坚持的基本原则，即做到“三个必须”。

（1）必须与地方经济社会发展相结合。古建筑保护与地方经济发展具有良好的互动关系，地方经济是古建筑保护的基础和物质保证，古建筑则为地方经济社会发展提供人文关怀和旅游资源。因此，古建筑保护地方立法必须以地方经济社会发展为客观基础，有针对性地制定有关内容。

（2）必须遵循古建筑保护的基本原则。根据各地古建筑的不同建筑结构和风俗特色入手。采取因地制宜的手段结合经济发展和技术支持，尽最大的可能保护古建筑的“原汁原味”。

（3）必须具体贯彻落实《文物保护法》等法律法规的有关要求。古建筑保护地方立法应重点对《文物保护法》等法律法规中应由地方规定的事项进行细化和明确，增强其可操作性。

---

③ 李晓娟、刘勉义：《地方立法程序研究》，中国人民公安大学出版社 2003 年版，第 50 页。

二、古建筑保护地方性法规立法现状比较

本文对中国目前颁布的针对古建筑以及文物保护的地方立法进行了统计。地方性法规有173部，其中省级地方性法规有107部，设区的市地方性法规有65部，自治条例和单行条例有1部。但是现行有效的只有67部地方性法规。地方政府规章有30部，现行有效的只有15部。地方规范性文件大量存在且现行有效，初步统计有707部。数据表明，文物保护方面的地方立法基本上靠规范性文件的支撑，但规范性文件并不属于地方立法的范畴，所以在文物保护方面的地方立法相当缺乏。

本文主要对古建筑比较集中的几个省份的地方立法进行了比较，有江苏省、山东省、湖南省、陕西省和贵州省。

（一）立法机构、立法名称、立法结构比较

在立法机构上的比较，地方职业教育立法有两个层次，一是地方人民代表大会及常务委员会制定的地方法规，江苏、山东、湖南、陕西、贵州均为省人大制定的地方法规；二是地方人民政府制定的政府规章，地方政府制定涉及文物保护的政府规章比较少，这是应该特别注意的一个方面。

在立法名称上的比较，就目前现行的文物保护地方性法规、规章中，地方人大制定的法规较多，名称有“条例”和“实施办法”两种，如《浙江省文物保护管理条例》和《广东省实施〈中华人民共和国文物保护法〉办法》。

在立法结构上的比较，《文物保护法》（共80条）：总则（12条）、不可移动文物（14条）、考古发掘（9条）、馆藏文物（14条）、民间收藏文物（10条）、文物出境进境（4条）、法律责任（16条）、附则（1条）。

江苏、山东、湖南、陕西等省市的条例或办法中设置了章，贵州等省市没有设章。在地方立法技术上，对此没有特殊的要求，设章的主要原因是条文繁多，否则没有分章的必要。

江苏分为七章（共44条）：总则（5条）、不可移动文物（13条）、地下文物（6条）、馆藏文物和民间收藏文物（8条）、文物利用（5条）、法律责任（6条）、附则（1条）；

山东分为七章（共68条）：总则（7条）、不可移动文物（17条）、考古发掘（11条）、馆藏文物（10条）、民间收藏文物（6条）、法律责任（14条）、附则（3条）；

湖南分为七章（共45条）：总则（7条）、不可移动文物（11条）、考古发掘（7条）、馆藏文物和民间收藏文物（7条）、文物利用（5条）、法律责任（7条）、附则（1条）；

陕西分为八章（共65条）：总则（8条）、不可移动文物（17条）、考古发掘（6条）、馆藏文物（12条）、民间收藏文物（5条）、监督与管理（6条）、法律责任（10条）、附则（1条）。

（二）立法内容比较

总则一般包括立法目的、适用范围，该地区文物保护的基本原则，政府等其他行政部门的义务，行业组织和企业、事业单位、个人等在无偿保护文物或者无偿捐赠后应给予优惠政策。由于立法目的属于国家立法规范的范畴，在文物保护法中基本都有明确的表述，不是地方立法调整的重点内容。

有地方特色的是，《贵州省文物保护条例》第6条规定："县级以上人民政府文物行政主管部门应当加强对反映本省少数民族历史发展、社会生产、生活习俗、节日庆典、信仰祭祀、游艺活动和民俗仪式的文献、典籍、契约、手稿、谱牒、器具、用具、服饰等具有代表性的可移动文物的抢救、保护和利用。"此款也着重体现了贵州的地域特点，重点关注了地方风俗与特色，明确了县级以上政府对这几方面的义务，但仍缺少具体加强的措施和手段。

古建筑被纳入法律法规保护体系之下，一般是以设立文物保护单位的方式开展的。五个省份的文物保护条例都有对"不可移动文物"的专门保护条款且都位于总则之后，足以体现"不可移动文物"在文物保护中的重要地位。

首先，在文物保护单位的确定过程中，地方立法基本上是对《文物保护法》中确定程序的细化。行政主体基本上是县级以上政府。

其次，在具体保护内容中出现了地域特色的规定，《山东省文物保护条例》对于行政区的改变作了很详细的规定，其中第10条规定："没有专门机构管理的文物保护单位，由县（市、区）人民政府聘请一至三名文物保护员专门负责管理，并支付合理报酬，费用在文物保护经费中列支。"以及第11条规定："变更文物保护单位行政隶属关系的，应当经核定公布该文物保护单位的人民政府批准，并报上一级人民政府备案。”第13条规定：“行政区划调整的，原人民政府文物行政部门应当在一年内，将不可移动文物及其有关工作档案和资料移交调整后的人民政府文物行政部门管理。”

《江苏省文物保护条例》规定了针对历史文化街区和本行政区域内的世界文化遗产的保护。第7条规定：“省规划行政部门会同省文物行政部门组织划定历史文化街区报省人民政府核定公布。历史文化街区所在地的县级以上地方人民政府应当根据历史文化街区保护的需要，组织编制专门的保护规划，并纳入城市总体规划。规划行政部门、文物行政部门应当按照国家和省有关规定协商确定历史文化街区的保护措施。在历史文化名城中的历史文化街区内进行工程建设，有关行政部门应当事先征得文物行政部门的同意。在其他城市中的历史文化街区内进行工程建设，有关行政部门应当事先征求文物行政部门的意见。历史文化街区的布局、环境、历史风貌等遭到严重破坏，不符合规定条件的，由省规划行政部门、文物行政部门报省人民政府核准撤销，并予以公布。”第8条规定：“有关地方各级人民政府应当加强对本行政区域内的世界文化遗产的保护，按照世界文化遗产保护国际公约和国家有关规定制定保护规划和专项保护管理规定，并公布施行。”

陕西省对古遗址、古墓葬、古建筑、石窟寺和革命遗址也有特色规定。《陕西省文物保护条例》第16条规定：“公布为文物保护单位的古遗址、古墓葬、古建筑、石窟寺，县级以上人民政府应当设立管理机构或者指定机构、专人负责管理。”第17条规定：“县级以上人民政府应当对古都城遗址、帝王陵、古建筑和石窟寺实行重点保护，根据文物保护的需要，对文物保护单位范围内的集体土地可以依法征收为国有土地，实施征地保护。”第18条规定：“县级以上人民政府应当按照保护规划的要求，加强对古遗址、古墓葬、古建筑、石窟寺周边环境的治理，对不符合文物保护要求和有碍周围环境风貌的单位、村庄及其他建筑物、构筑物，应当进行改造或者拆除、搬迁，并按照国家有关规定给予补助或者安置补偿。经依法批准，古遗址、古墓葬、古建筑、石窟寺可以建立博物馆、遗址公园或者辟为参观游览场所，展示历史和文物风貌。”第19条规定：“公布为文物保护单位的国有古建筑由使用人或者管理人负责修缮、保养并承担相关费用。非国有古建筑由所有人或者使用人负责修缮、保养并承担相关费用；所有人或者使用人不具备修缮、保养能力的，县级以上人民政府应当给予指导和帮助；所有人转让非国有古建筑的，所在地人民政府有优先购买权。修缮、保养、迁移、重建古建筑的，应当遵守不改变文物原状的原则，根据文物保护单位的级别报文物行政主管部门批准，由依法取得相应资质证书的单位承担。”

《陕西省文物保护条例》关于革命遗址的规定有，第20条规定：“县级以上人民政府应当对具有重要革命纪念意义、教育意义和历史价值的遗迹和代表性建筑组织进行普查，依法确定为文物保护单位，建立革命遗址及其文物登记档案，根据需要设置专门机构或者配备人员负责管理。”第21条规定：“县级以上人民政府应当做好革命遗址的保护工作，对革命遗址的建筑物、构筑物应当拨付专款修缮、保养，需要在原址上重建或者迁移、拆除的，应当按照文物保护单位级别依法履行报批手续。有关单位和个人占用的革命遗址，需要向公众开放或者继续使用可能危及文物安全的，由县级以上人民政府组织迁出。”第22条规定：“县级以上人民政府应当将革命遗址确定为革命传统和爱国主义教育基地，结合革命遗址保护做好相关文物的征集、整理和展示工作，免费向学生或者定期免费向公众开放。”

最后，在“不可移动文物”的项下也有原则性的规定，防止在城市化建设过程中对“不可移动文物”的“毁灭”。

（三）经费的保障

文物保护经费的来源主要是财政拨款，县级以上人民政府应当将文物保护事业纳入国民经济和社会发展规划以及城乡规划，所需经费列入本级财政预算。也会鼓励境内外组织和个人通过捐赠等方式依法设立文物保护社会基金，专门用于文物保护。公民、法人和其他组织对文物事业的捐赠。

（四）法律责任

法律责任的承担以罚款、行政处分和刑事责任为主要方式。但是由于《文物保护法》中法律责任规定的内容中罚款数额普遍偏低，且规定的范围，导致地方立法中法律责任特别是罚款的数额太小，不能形成威慑力，所以保护的效果并不理想，多半出现的结果是罚款的金额不能弥补修缮的费用。

三、古建筑保护地方性法规立法困境分析

（一）经费保障制度的规定缺乏可操作性

《文物保护法》第 10 条对文物古迹保护的经费来源作了原则性的规定，“县级以上人民政府应当将文物保护事业纳入本级国民经济和社会发展规划，所需经费列入本级财政预算。国家用于文物保护的财政拨款随着财政收入增长而增加……国家鼓励通过捐赠等方式设立文物保护社会基金，专门用于文物保护，任何单位或者个人不得侵占、挪用”。可见，在我国国家是保护文物古迹的主体，文物保护经费以政府财政投入为主，文物古迹遗址的事业性收入为辅，社会力量捐赠、赞助等方式为补充。“中央和地方政府不断加大文化遗产保护经费的投入，中央财政在‘十五’期间投入 22.37 亿元，比‘九五’期间增长了 20.5%，从 2005 年起，财政部和国家文物局启动了大遗址保护项目，每年投入 2.5 亿元对具有重大影响的大遗址进行重点保护。”尽管我国逐年增加文物保护的资金投入，但是各级财政预算中并没有固定的经费，并且在资金的实际筹措过程中主要是各地方政府根据自身情况筹措，以广东省为例，“广东省共有古遗址 1913 处，古墓葬 1428 座，古建筑 3670 处，革命旧址 1129 处，各级文物保护单位 1500 多处。但广东省财政每年拨出的文物维修经费只有 200 万元，没有考古发掘和打击文物犯罪的专项经费。”由于《文物保护法》仅仅对资金保障做了原则性规定，保护资金的来源与金额比例等均无具体内容，我国并未形成一套完整的文物古迹保护资金保障体系，这就扩大了法规在执行过程中人为量度的范围与尺度，造成在实际操作过程中法规的执行存在相当的弹性与出入，甚至会出现背离法律的现象。

此外，文物古迹单位的事业性收入有时甚至遭遇截留。“国有博物馆、纪念馆、文物保护单位等的事业性收入，专门用于文物保护，任何单位或者个人不得侵占、挪用。”这实际上是《文物保护法》对文物古迹保护资金使用制度的原则性规定。文物古迹旅游参观场所是公益性的文化场所，门票收入可以弥补事业等经费的不足，门票收入理应用于文物古迹的保护，而实际中存在着政府机关截留的情况，如周庄的旅游门票收入就用于补贴城市建设。文物古迹地的有限的旅游收益并未真正完全用于其自身的保存和维护，文物古迹的旅游收益甚至成为一些地

方政府城市建设经费的来源，这是违背我国法律规定的。当出现这些由于政府部门原因造成的问题时往往难以解决。

（二）民事责任的规定不明

在保护文物古迹的同时，也存在着危害文物古迹的违法行为，甚至是犯罪行为，涉及违法、犯罪这就需要解决法律责任的承担问题。法律责任的承担方式，或者说是实现方式，是指承担或追究法律责任的具体形式，主要包括行政责任、刑事责任和民事责任三种。行政责任是我国《文物保护法》规定的主要责任承担方式,《文物保护法》及《文物保护法实施条例》中对应追究行政责任的具体行为，承担主体以及处罚方式做了具体规定，刑事责任是最后的防线,《文物保护法》第64条对承担刑事责任的行为作了列举性规定,《刑法》中也对文物古迹犯罪作了规定。

《文物保护法》第65条第1款规定："违反本法规定，造成文物灭失、毁损的，依法承担民事责任。"这是我国《文物保护法》对民事责任的首次规定，法律设立民事责任的主要目的在于恢复原状或就损害赔偿获得相当于损失的对价，但是由于文物古迹的特殊性，其价值难以估算，一旦遭遇毁损很难恢复原状，如果承担损害赔偿责任，赔偿的具体数额也不好确立，即便做出一定数额的赔偿，与其实际价值之间也存在着难以量度的差异。因此,《文物保护法》中对民事责任的规定，实际承担的只能是微乎其微的消极的补偿资金，如修复文物古迹的费用等。虽然民事责任的承担不能弥补文物古迹毁损、灭失造成的全部损失，但是，由于民事责任的承担，一方面使致害人承担了部分经济责任，为文物古迹的修复提供了部分资金；另一方面对致害人以及其他公民具有震慑力，在接受教育的同时，使全体公民更加自觉地保护文物古迹，从这个角度来看，民事责任的设立是有意义的。

文物古迹被作为一种特殊区域环境加以保护时，造成文物古迹毁损、灭失的，在承担民事责任时强调的是致害行为、损害结果和行为与结果之间的因果关系，而不是主观上的过错和行为的违法性。而从《文物保护法》对民事责任的规定看，其构成要件包括违法性、致害行为、损害结果和行为与结果之间的因果关系，它要求行为的违法性，这与文物古迹作为特殊环境资源特殊性的规定是不一致的，这是由于我国《文物保护法》对民事责任的规定更多的是保护可移动文物，尤其是那些可以自由流通的文物。根据《文物保护法》对民事责任的原则性规定，各地方人大常委会或政府部门在制定实施办法时应作出具体的、便于操作的规定，但是现行地方立法中也只是作出了一些原则性规定，对责任承担主体、归责原则和责任承担方式并无具体明确的规定，存在着较大的自由裁量空间，操作时存在着一定难度。

（三）公众参与制度规定的不足

公众参与是我国环境保护中的基本原则之一，文物古迹的保护作为环境保护的内容之一，理应建立公众参与制度。文物古迹保护中的公众参与，是指在文物古迹保护领域，公民有权通过一定的程序或途径参与一切与文物古迹保护相关的的活动。我国《宪法》第2条第3款规定，人民依照法律规定，通过各种途径和形式，管理国家事务，管理经济和文化事业，管理社会事务。这是公众参与文物古迹保护的宪法依据。《环境保护法》第6条第1款规定，一切单位和个人都有保护环境的义务。《文物保护法》第7条也对公众参与文物古迹保护做了原则性规定，即“一切机关、组织和个人都有依法保护文物的义务”。这些都只是公众参与文物古迹保护的原则性规定，缺乏可操作性，很难保证公众参与权的真正实现。建立公众参与制度，关键就是要保障程序性的环境权的实现，即知情权、立法参与权、行政执法参与权和诉讼参与权。我国《文物保护法》第13条和第14条有关文物保护单位、历史文化街区、历史文化村镇的核定、备案、公布，以及未核定公布为文物保护单位的不可移动文物的登记、公布就是公众对文物古迹享有知情权的体现；第15条中对文物保护单位和未核定为文物保护单位的不可移动文物的具体保护措施的公告，以及第18条对文物保护单位周围划出建设控制地带并予以公布等法律条文的规定，均保障了公众的知情权。《文物保护法实施条例》第7条规定，历史文化街区、村镇，由省、自治区、直辖市人民政府城乡规划行政主管部门会同文物行政主管部门报本级人民政府核定公布。这些都体现了公众知情权的实现。尽管我国文物古迹保护立法中并未明确规定公众参与法律的制定，但实际立法过程中有熟悉文物古迹的专家的参与。《中国文物古迹保护准则》第5条对此也作了规定，保护必须按程序进行。所有程序都应符合相关的法律规定和专业规则，并且广泛征求社会有关方面的意见。我国公众参与文物古迹保护的知情权与立法参与权在一定程度上得到了保障，这就使得公众参与在源头上得到了保障，但是执行过程的参与却尚未真正实现，在文物古迹的保护执行中实际上还仅仅是行政主管机关主导，公众参与执行的途径和程序无具体的规定。公众保护文物古迹的末端参与也仅仅是作了原则性的规定，无具体可行的措施，《环境保护法》第6条就是对末端参与的典型的原则性规定，《文物保护法》中虽然规定了公众有权参与文物古迹的保护，但是一旦文物古迹受损，公众仍然无法采取救济措施，救济也只是依靠国家主管机关的公权力进行救济。可见，在我国公众参与文物古迹的保护中，还需要完善公众的行政执法参与权和诉讼参与权。

四、古建筑保护地方性法规之完善路径

（一）构建系统的文物保护地方立法体系，改进地方立法技术

为了促进地方古建筑保护法规的有效施行，应努力构建内容全面、层级系统清晰的地方文物保护法律体系。文物保护立法体系应由地方文物保护法规和地方文物保护政府规章共同组成。相比地方文物保护法规的立法程序、立法时间，地方文物保护政府规章更为快捷，可以较为及时地解决地方文物保护中存在的现实问题；立法程序方面，在制定文物保护立法前，落实调查研究，以其结果为导向，并进行科学的论证工作，明确划分文物保护的立法权限，规范立法的程序，保证其严密性；立法技术的运用方面，应着力提高表述的严谨性和确定性。做到整体结构的逻辑完整、条文设置合理、语言简洁规范、内容明确具体，增强地方文物保护法规规章的实际可操作性。④

（二）把保护文物的有效政策，以地方性法规的形式固定下来

文物保护政策是国家和各地方为了保护历史遗迹、提高人文关怀和建设精神文明而规定的在全国或在一定区域内发生作用的行为准则和规范。自地方文物保护法规颁布实施以来，国家和各省、区、市针对文物保护的新问题，制定了许多政策，形成了很多的规范性文件用以指导实际操作。修改和完善文物保护地方立法，必须对政策进行提炼，并且将其升华到法律的高度，使其更具有普遍性、规范性和强制性。

---

④ 杨树人：《论我国地方立法技术存在的问题与对策》，载《成都行政学院学报》2009 年第 3 期。

（三）健全资金保障制度

除通过专门机构对保护资金进行规范和管理外，我们还可以采取以下几种方法来健全资金保障制度。一是建立遗产有偿使用制度，以遗产养遗产。借鉴国外国家公园特许经营的方法，依据遗产地特许经营企业的营业收入，提取一定比例的特许经营费。主要用于遗产地的保护、管理及遗产地居民的福利。二是加征旅游资源开发税、旅游基础设施税等，这些税收主要用于当地旅游业的发展和整体经济水平的提高。三是借鉴国外的保护基金管理制度，鼓励成立非政府性的基金会，吸引公众及私营企业的投资，调动他们在改善居住环境方面的积极性。

五、结语

地方立法是相对于中央立法而言的立法，是构成国家整个立法的一个重要方面。在当前法治建设过程中有着不可替代的作用。对于古建筑保护而言，地方立法发挥着不可或缺的功能和作用。不但能够有效调整本行政区域内的特色社会关系，确立古建筑保护的地位，而且为古建筑保护提供一定的法律保障。针对目前地方性法规立法过程中凸显的问题和出现的困境，地方立法应当做出相应的改变以应对社会的变化。

P2P网络借贷平台监管法律制度研究

张 翌

（西南政法大学 重庆 401120）

摘要：中国的P2P网络借贷业务自2007年开始出现，至今历经了10年有余的发展期，平台年度撮合贷款规模自2015年接近万亿元后，2016年达到2万亿元有余。2014年网贷行业生态圈繁荣发展的背后，平台面临的无门槛、无法律监管、内部风控存在漏洞、业务操作不规范等问题逐渐暴露。与此同时，银监会作为有权监管的政府机构开始介入市场监管，继2016年《网络信贷信息中介机构业务活动管理暂行办法》作为主要监管规章落地后，银监会先后联合国务院的其他部门机构出台了《网络信贷信息中介机构备案登记管理指引》《网络借贷资金存管业务指引》《网络借贷信息中介机构业务活动信息披露指引》（以下简称三《指引》）作为网贷行业监管"1+3"制度的补充。相应地，地方政府多次出台了政策引导性质的规范性文件作为主要监管方式。现有监管制度初具模型但是没有具体的可操作性，监管主体的功能监管也存在不同程度的缺失。本文是从政府、行业协会、平台三方面入手论述现有监管法律制度的可完善之处。

全文除导论和结语外，分为三个部分。

第一个部分介绍了网贷信息中介机构的发展现状与存在的问题。首先，在平台产生之初，至监管前期，平台的发展规模与经营风险同步增长。在监管进行中，严格的行政监管使大量中、小平台退出市场经营。在监管期间，平台的出清与自动整合升级是网贷平台发展又出现的新的发展趋势与特点。这一段是以时间为序，介绍网贷行业发展的大致历程。

第二个部分通过监管制度的设计框架与现实中的监管状况对比，分析网贷平台被定位为信息中介机构后，行业中监管措施存在的不足。首先，对于近几年形成的行业监管制度进行横向与纵向的二维分析，将制度中设计的监管责任分配与行业监管的分配制度进行框架梳理。通过与立法设计的监管制度进行对比，分析实际监管过程中，因为执行而暴露出来的法律监管制度的缺陷。这种缺陷包括：政府监管中缺少具体监管法律制度的立法完善、行政干预过多导致立法指导效应缺失等。其次，行业协会因为没有自治监管授权而形成的协同监管功能缺失。最后，平台自身担负的权利义务分配不均衡，致使在监管中偏离了撮合交易、促进经济发展的本职。

第三个部分是提出完善我国网络借贷信息中介机构法律监管制度的对策。针对第二个部分所提出的监管制度存在的不足，提出相应的完善建议，具体包括政府加强监管制度立法、授权行业协会进行自治监管、创新简便监管方式，行业协会获得法律授权完成协同监管的社会责任并加以补充增加，平台坚守法律定位、加强自身系统功能建设、与其他监管层共建交易主体权益保护机制等。法律监管制度的完善不仅需要监管层的共同努力，更需要对完善过程中可能存在的难题提前进行研究解决。

关键词： P2P 网络借贷平台　互联网金融　监管主体　监管法律制度

一、P2P网络借贷行业发展现状与问题

网络借贷作为互联网金融的重要组成部分，是依托于新信息技术产生的创新金融模式，具备传统金融所不具有的一些特征[①]。网络借贷无须抵押物，交易范围扩大至相识程度很低的陌生人，血缘、地缘的信任机制影响力大大削弱。中国现阶段的网络借贷主要有三种呈现模式：一是电子商务基础上的网络借贷。二是 P2P 网贷中的“线上”模式。三是 P2P 网贷中的“线上”和“线下”相结合模式。第一种模式因为出借人可以是平台自己，因此在性质上属于网络小额贷款，第二种、第三种属于个体网络借贷。本文讨论的是第二种、第三种的个体网络借贷，即法律意义上作为信息中介的 P2P 网络借贷。

（一）平台经营风险与种类分析

1. 平台规模越大，业务风险越大

从 2007 年拍拍贷和宜信分别开始在国内开展 P2P 借贷业务以来，P2P 借贷行

① 杨慧宇、陆岷峰：《中国网络借贷信任机制研究》，载《金融论坛》2015 年第 1 期，第 5 页。

业在我国的发展已经超过10年。

2011年之前，行业的发展规模较小，增速较缓。2011—2013年，随着商业模式的更新和大众接受度的提高，行业开始爆发性增长，3年间每年撮合的贷款规模分别达到十亿元、百亿元、千亿元人民币量级②。2014年，P2P借贷平台发展至2229家，相比于2013年的692家，年增长率达222%，其中撮合贷款规模达3000亿元左右。2015年P2P借贷平台上升至3853家，年增长率达60.74%，撮合贷款增长至9750亿元左右，加上难以统计的线下平台、通道型业务，贷款规模破万亿元。2016年全年P2P网贷行业成交量达到了20638.72亿元，正常运营平台数量达到了2448家，借款人数达到876万人，出借人数达到1375万人。③

平台经营规模在逐年增大的同时，其内含的金融风险也在同步增长。因为自设资金池、跨金融领域进行业务经营、本身以诈骗为目的而设立等原因，平台撮合交易额增长的背后，其实是隐藏的风险。从2011年之后，问题平台引发的行业乱象逐渐吸引行业内外人士的关注。从2013年起，平台跑路失联问题渐渐增多，2014年频繁爆发，截至2015年4月底，出现过涉嫌诈骗、恶意跑路、提现困难、歇业停业等问题的平台合计达到614家，其中2014年有288家，2015年前4个月出现问题的平台高达206家，平均每个月超过50家。截至2016年2月底的数据，2015年问题平台达到1478家，2016年1—2月，新增问题平台达123家。这些问题平台主要是经营不善或是本身存在运营违规行为，一经外界刺激就会陷入停业或倒闭困境。

截至2016年2月，在问题平台中，歇业停业的在567家以上，它们主要是由于无力继续运营或因政策、战略规划等主动关闭。另外是失联和恶意跑路两类，分别有475家和460家。提现困难和涉嫌诈骗的平台分别有300家和177家。经侦介入类的较少，公开信息搜集到的不足10家。2016年全年，停业及问题平台达1741家，停业转型占1179家，问题平台占562家，平台转型或出现经营问题集中在5—8月，因为，当年一系列的监管条例对不合规平台造成了巨大的冲击。5、6、7、8月单月爆发的停业及问题平台数量均超过170家，四个月达到了778家。④

在地域分布上，广东、山东问题平台最多，并且从2015年后，山东超过广东

② 零壹研究院:《中国P2P借贷服务行业白皮书2015》，东方出版社2015年版，第3页。

③ 王家卓、徐红伟:《2016中国网络借贷行业蓝皮书》，清华大学出版社2017年版，第12页。

④ 王家卓、徐红伟:《2016中国网络借贷行业蓝皮书》，清华大学出版社2017年版，第45页。

达到 460 家。次之江苏、浙江、上海、北京、四川等省、直辖市问题平台也比较多。山东省网贷平台总量较多，但是倒闭平台数量也较大。其省内问题平台出现多是以下原因：省内的经济发展以机械制造、能源、纺织等劳动密集型产业为主，该类企业的借款需求难以通过传统金融机构解决，由于回款周期长导致平台的贷款逾期现象严重；市场中私人资金的融资需求旺盛；监管缺位导致劣质平台无节制增加等。

2. 平台的经营风险及种类

（1）平台的经营风险

早期，网贷平台为了吸引客户，在日常经营中多有吸收资金、自行放贷、自发担保等违规经营行为，其出借人的投资红利与投资风险双高。后期网络借贷平台多向投融资领域拓展，与证券、期货、股票等金融领域业务共同合作，投资红利减小，跨领域经营风险增大。直至监管层面开始进行行业整治清理，平台的旧业务在收缩的同时又出现新的交易模式，此时平台风控成本集中在合规化上。

在这个过程中，网贷行业的经营风险早期是由自身的违规经营操作引起的，后期是由严格的监管方式引发的。违规是以金融从业规则出发来定性的，因为网贷行业的发展早期其实一直处于无监管状态，但是从事金融相关业务有基本业务规范，如不能自我交易、不能自设资金池、不能自我担保等。但是，网贷平台在日常经营中却不断触碰行业红线，即使没有明文监管法规，仅以行业守则论，这些违规经营行为也是必然隐藏风险的。至于后期的监管带来的合规风险，不过是将行业潜藏的风险置于阳光下让公众看到而已。

（2）平台经营风险的种类

因违规经营带来的风险称为金融风险。在网贷平台的经营中，表现为以下情形：违规进行借贷、资金吸纳等业务操作；转型不成功；提现挤兑致使资金链断裂；负责人跑路。金融风险属于网贷平台的经营中固有的但是可控的风险。金融风险除了由金融活动本身造成，还有人为因素即高管的影响在其中。早期平台的金融风险中，高管的道德风险高于平台制度不完善带来的经营性风险，在市场经营中，没有法规作为外在强制力进行约束，仅靠从业者个人的道德性进行规范明显抵不过人性中的逐利性。在监管措施明确后，经营风险的独立影响力会随着监管的明确而有所改变，同时从业者的道德风险也会不断降低。

因监管政策带来的经营风险称为政策风险。在网贷平台的经营中，表现为以下情形：经侦介入调查；行业整治清理；严格的监管法规。政策风险出现在行业发展到一定程度之后，具有一定的偶然性、后发性特征。例如，广东地区出现的“经侦雷”现象。政策风险多是为了整治违规操作或是金融乱象，是监管层为解决行业违规所产生。法规监管内容明确后，行政监管的加强使平台面临的政策风险高于金融风险。此时由于监管较严，平台的合规性成本较高，市场上很多平台因为无法达到合规平台标准而选择停业整顿或是退出市场，因此近两年平台面临的风险主要是政策性风险。

（二）行政监管对平台经营的影响

1. 行政监管使大量平台退出市场

自 2014 年开始，中央人民银行及银监会等机构通过新闻媒体释放对网贷行业进行严格监管的信号。“1+3”制度形成期间，中央监管层以不定期的行业清理整顿为主要的监管方式。每次自清自查都有一定期限，监管部分会根据最后的整顿报告来决定下一步的监管重点。

《网络借贷信息中介机构业务活动管理暂行办法》（以下简称《暂行办法》）以负面清单的形式列举了网贷平台经营中的 13 条红线，明确平台的性质是信息中介，不能接触到经营中的资金，平台所涉及的资金流动由负责资金存管的银行进行管理。同时，还规定了借款人的借贷上限：一家平台内，个人不超过 20 万元，企业不超过 100 万元，同期借款个人不能超过 100 万元，企业不能超过 500 万元。这将平台中的大额业务全部剔除出去，只允许小额借贷业务存在。

《网络借贷信息中介机构备案登记管理指引》（以下简称《备案登记指引》）、《网络借贷资金存管业务指引》（以下简称《资金存管指引》）、《网络借贷信息中介机构业务活动信息披露指引》（以下简称《信息披露指引》）相继出台，继《暂行办法》后，严格程度进一步具体化。

《备案登记指引》不构成对平台资质的增信，但却是平台办理电信业务和资金存管的前提，没有备案登记证明，就无法取得后续的合规经营条件。《备案登记指引》列举了九类申请信息，除包括公司登记的基本信息外，还包括分支机构信息、发展规划信息、网站信息等特殊信息。

《资金存管指引》要求平台向有资格进行金融存管业务的金融机构申请存管，由于实际情况是，各个银行的资金存管标准多要求申请主体的注册资本在 5000 万元以上，少数在标准之下，再加上应当符合的其他申请条件，实际是将中小平台、风险大的平台都清出合规范围之外。因此，《资金存管指引》出台后，经不住监管压力的中小平台纷纷退出市场或自动停业整顿。

《信息披露指引》被业内称为最严信息披露，其中针对公众、出借人、监管机构作出了不同的信息披露要求。对公众披露的信息分为六大类若干小项，公示信息除报送给监管机关外，还需置备平台住所供公众查询，平台须有专人负责信息披露实务，要确保公众能随时查询。同时，所有信息披露内容都应该书面留存五年以上。这项制度经过 2017 年平台自查后，发现是实施最缓慢的制度，信披义务要求太高，大量平台无法做到。

除了中央层面的监管措施外，地方也纷纷开展行政监管。除了执行法律规定的自清自查行动外，有的地方政府的金融办进一步细化了三《指引》中的规定，使之更加明确。但无疑是进一步加重了平台的合规义务。截至 2016 年 12 月底，行业正常运营平台达 2448 家，相比 2015 年年底减少了 985 家。⑤截至 2017 年 12 月底，网络借贷行业正常运营平台数量达到了 1931 家，相比 2016 年年底减少了 517 家，从目前信息估测，2018 年年底或将跌至 800 家左右。⑥2017 年各项清理整治行动已经结束，无论是监管机构还是负责清理工作的具体组织，无一不是以“控制风险、质量为上、平台数量与规模双降”为目标进行实际监管工作的。

2. 行政监管干扰平台正常经营

从 2016 年开始，中央监管机构先后下达《互联网金融风险专项整治工作实施方案》《关于做好互联网金融风险专项整治清理整顿工作的通知》《关于进一步做好互联网金融风险专项整治清理整顿工作的通知》《P2P 网络借贷风险专项整治工作实施方案》《关于规范整顿“现金贷”工作的通知》等整治工作的通知，整治工作周期从 6 个月到 12 个月不等。因此监管期开始后，平台每隔一段时间就要进行平台数据整理工作，不能集中人力资源进行商业活动，行政监管措施太频繁致使平台本身的经济功能不能正常发挥。

（三）市场缺乏自律监管空间

《暂行办法》的监管精神是“以市场自律为主，行政监管为辅”，其中市场自律包括市场主体自治、行业自律和社会监督三个部分。但是在实际监管中，行政监管成为主要手段，市场自律几乎没有监管空间。在中央下发各类《整治行动的

⑤ 王家卓、徐红伟：《2016 中国网络借贷行业蓝皮书》，清华大学出版社 2017 年版，第 20 页。

⑥《2017 年网络借贷行业运行情况分析》，载中商情报网，访问日期：2018 年 1 月 8 日。

通知》后，地方政府会根据通知内容开展具体的清查整治工作，因此，2016 年至 2017 年，监管部门的主要工作就是完成不同的整治清理工作，没有时间为市场自律的工作进行部署与安排。

监管机构的整治工作性质上是对现有市场、行业发展情况进行摸底排查，通过行政干预实现市场监管。但这类工作本应当是在监管的法律法规出台前应当做的准备工作，在监管法规明确是市场自律为主、行政监管为辅的前提下，再将行政监管置于监管的主要方式上，这不仅打乱了原有的监管设置，也暴露出对于行业监管，立法者还没有明确清晰的工作安排，监管工作的展开仅是处于经验摸索阶段，一边观察行业情况，一边考虑行业监管方向。这样就无法做到立法指导市场主体行动、行业发展有法可依了。

（四）平台经营新趋势带来的监管重点变化

网贷行业自监管开始后，发展进程受到行政监管影响，同时，由于市场调节的自发性，网贷业务的交易模式也是根据金融环境的变化而变化，网贷平台的新趋势影响监管表现为以下三点。

1. 金融科技与平台的融合对行业协会监管需求更明显

在行业发展中，随着平台实力增强，平台经营者会主动引入新兴金融科技来保护业务的顺利增长，防范欺诈风险。业内的科技典型有以下三家：

反欺诈系统典型——宜人贷。宜人贷的反欺诈系统分为借款业务线反欺诈、理财业务线的反欺诈。其中借款业务线反欺诈包含四大部分：反欺诈黑名单、用户行为数据反欺诈和蜂巢反欺诈、全流程欺诈风险评分体系、反欺诈决策引擎。反欺诈黑名单来源于三个途径：宜信真实业务黑名单、以致诚阿福为代表的第三方合作机构黑名单、应用知识图谱等技术产生的大数据风险名单。而用户行为数据反欺诈与全流程反欺诈都是宜人贷自身开发搭建的金融技术，通过数据抓取与建模等技术产品实现现有市场技术的创新。最终通过多重多维度分析来精确判断核查欺诈行为是否存在。这一反欺诈系统对于整个网贷行业来说都是很有借鉴价值的。

风控体系的典型——博金贷。博金贷在 2015 年进入金融科技领域后，成立了子公司泽诺科技，并推出了博金云风控系统，提供征信数据查询、云监控、智能风控管理、舆情监督等服务。⑦ 博金云风控系统通过整合 DMR 算法、反欺诈云

---

⑦ 王家卓、徐红伟：《2016 中国网络借贷行业蓝皮书》，清华大学出版社 2017 年版，第 202 页。

技术、SSL 加密通道、graphic database 等系统技术研发了大数据“蜂窝”技术，可以根据平台业务特点的不同来自定义配置征信维度和大数据贷前调查、贷中审查、贷后检查以及反欺诈检测、客户分析等报告，并可以实现信贷全流程风险管控。这一点为国内 12 家大型征信机构所青睐，纷纷选取其作为开展征信业务的对接系统。而博金贷本身的风控模式包含四重保障：产品准入设定、精准客户选择、人行征信监管及贷后催收。产品准入其实是根据客户的不同来设计不同的产品，通过明确的准入标准来减少业务中的主观因素，降低道德风险。而客户选择则是通过与合作的金融机构与博金云系统完成两次筛选后得到的最终结果，具有很高的安全性。人行征信监管就是一旦客户违约立即向人民银行披露的做法。贷后催收是一旦客户逾期，该笔业务就会转交至相应地区的区域经理与风控专员手中，再移交至专业催收团队，同时向项目推荐机构代偿或追诉等。风控业务最主要的功能是通过对平台数据的对比来判断哪些信息具有欺诈的嫌疑，从而进行业务筛选，控制经营风险。因此，风控的核心在于征信业务的开展与大数据获得。博金贷的系统就是典型。

区块链的典型——R3 联盟。区块链技术是分布式共享账本和非对称加密算法等技术的融合，能够将网络中的行为记录下来，并且将数据复制给相关的点对点个体，而信息储存仍然会采取分布式储存。区块链本身预留了监管节点，方便各地的监管机构入驻。区块链的应用是通过记录借款行为与分布式信息储存来查询多重负债或协同放贷问题。区块链的参与者如果共享信息，那么在征信和反欺诈领域也会得到应用。因此，深层技术的推广需要参与者具有获取信息的独立性，不会因为利益冲突而干扰技术推广。区块链技术最开始被应用是基于《暂行办法》中对个人、企业借款总额上限的规定，便于查找一个主体的借款情况。后来深度开发也能应用于征信领域。它的应用符合信息科技的一个基本特点：收集信息，分析情况，根据结果做决定。

金融科技与行业的融合是源于市场的自发调节。在行政监管没有提前为平台转型搭设路径后，平台的转变只能依靠自身的资本实力。这是实力强大的平台所开发的转型期科技应用，还有很多中小平台依旧没有相应技术保障，因此在实践中中小平台依靠自身无法做到控制风险。金融科技属于社会发展前沿问题，具有明显的动态性，与法律监管本身的稳定性相矛盾，因此由行业协会介入体现补充监管的作用更合适。

2. 平台业务分化、集中需要法律的预测监管

近年来，电子商务的兴盛与消费金融的发展使得网贷平台可涉足领域更宽。网贷平台发展互联网消费金融业务，贴近有场景消费金融，进入实体消费领域，实现线上操作，线下享受。由于金融活动的形式本就是灵活易变的，因此网络借贷很容易与其他形式的金融交易进行结合，同时具体的借贷实现方式也是多种多样。因此“金融创新”的速度远远高于监管的步伐。

在刺激消费的大环境下，消费金融与网络借贷的融合促使借贷业务的触角延伸得更广。电商、汽车、旅游、教育、家装、婚庆、医美等领域的网贷业务拓展后使得网贷平台的业务细分化更加明显、专业，同时经营领域明显扩大，金融技术、专业管理的含金量也更高。除了在领域上的拓展，还有具体城市与业务服务人群的细分。随着一线城市市场的分割完毕，更多平台将业务开展至二线、三线、四线城市，同时将平台的业务集中于服务中小微企业或是三农经济等具有特定指向性人群。一方面是有利于控制客户不特定带来的风险，另一方面是这些领域现在有地方政府的政策支持，具有一定的利润空间与经营的必要性。

早期在监管方向不明时，行业内平台业务多和其他金融业务如证券、期货等发生重合经营，同时将业务范围以资产端和资金端为核心开展了多种产品种类，平台的理财功能影响力远远超过撮合借贷功能的影响力。在监管规则出台后，平台开始将重合经营、跨领域经营的项目剥离开来，将它们分置于不同公司内单独经营，部分网贷平台将资产端和资金端的业务进行分离，通过战略升级实现集团化。在总公司之下设置不同的子公司，积极收购其他业务牌照，以业务种类划分子公司的独立经营范围。例如，凡普金科集团旗下的钱站提供线上信用借款服务，反普信贷则提供定制化的小微借款信息服务。

2016 年 12 月，P2P 网贷行业成交量前 100 的平台成交量占全行业成交量的 78%，前 200 的平台成交量占比为 87%，前 300 占 91%。⑧ 少数的优质平台凭借其优势占据市场主要业务份额，综合实力弱的则挣扎在生死线上，面临被清出的可能。同时，由于监管方向中经营业务的牌照与资质要求，后期有牌照的企业会主动收购相关业务或是集中代管，加上中小平台处境艰难，因此行业的并购热会促使行业集中度上升。

这类关系到平台发展方向与业务种类范围的大问题，需要监管机构基于《暂

⑧ 王家卓、徐红伟：《2016 中国网络借贷行业蓝皮书》，清华大学出版社 2017 年版，第 208 页。

行办法》作出进一步的立法明确规定，以规制后期平台在业务分化、升级的过程中出现其他不合规行为。

在 2016 年之前，网贷行业的高速发展与金融风险并存，自 2016 年开始后，各类行政监管出现，行业开始整顿与出清。早期平台发展具有业务综合、偏理财性质的特点，整顿以后，因为合规需要，平台的业务窄化、集团化特征更加明显。在这个过程中，大型平台的抗风险能力相较于中小平台更强一些，在整顿中也能自行合规化，不需要指导。大型平台除了占据市场绝大部分交易份额外，更能引领行业科技应用的发展方向。由于平台的金融特性，其业务经营变化十分迅速，相比于政府监管行动而言，监管行为总是具有滞后性，不能起到预测预判的指导作用。当前对于网贷行业的监管集中在行政监管上，缺乏市场自律，这就导致监管责任分配不均衡，同时舍弃了市场主体与行业协会的便捷助力，相比于政府机构，处于行业内部的这些主体更能及时了解行业发展动态、清楚行业发展走向。同时，由于行业发展中平台所出现的新趋势，使得具体监管措施空白的一面显现出来。平台对于金融科技的应用、内部的业务分化、平台风控工作的安排都是大平台自发开展的，没有行业指导，更不要说小平台了，而风控与金融科技又会直接影响平台未来发展方向与监管方向，因此，监管主体应从新趋势入手提前制定监管细则。

二、现有P2P网络借贷平台监管法律制度不足之分析

（一）现有监管法律制度分析

根据《暂行办法》的监管框架设计，网络借贷的监管制度包括横向与纵向的监管责任设置。横向监管责任设置表现为主要监管与辅助监管共行的协同监管，纵向监管责任设置是指中央、地方双层负责制。横向的协同监管指的是监管主体除主要负责机构银监会外，还包括政府职能部门中的工业信息部门、公安部门、互联网信息办公室。除了政府机构监管，还有市场自律监管，市场自律包括市场主体自治、行业自律、社会监督三个版块。双层监管指的是：银监会及派出机构负责对网贷业务活动实施行为监管，规范平台的业务行为，制定网贷业务活动监管制度；地方金融监管部门负责本辖区网贷的机构监管，具体职能包括备案管理、

规范引导、风险防范和处置工作等，即行业准入与退出等工作。可见，协同监管是在双层监管之上的监管主体扩充，将监管责任具体分配到不同的主体，使之更全面、更具系统化。

1. 监管框架与监管责任分析

监管框架即是以双层监管为制度基础，以协同监管为补充的一个监管体系。监管责任分配是现有监管制度分配给不同机构使其承担的监管责任范围与种类。

（1）监管框架设计

当前的监管体系是以双层监管为基础，以协同监管为补充。双层监管指的是中央层面的银监会及派出机构与地方层面的地方金融监管部门两级监管。协同监管指的是政府中的其他职能部门协同金融管理部门，地方自律组织协同政府职能部门。由于监管主体之间的监管责任呈闭合环状，因此，完整的监管体系呈葫芦状，中央小，地方大，监管的主要责任落实在地方监管主体中。

（2）监管责任种类及承担

在双层监管中，中央层面的银监会及派出机构，其监管责任限于行为监管。行为监管是就监管目标来说，监管从事金融活动的机构和人。监管部门对金融机构经营行为实施的监督管理范围包括：禁止误导销售及欺诈行为、充分信息披露、个人金融信息保护等。根据银监会后来发布的网贷信息中介机构三《指引》，行为监管集中于备案管理、信息披露与资金存管上。

地方监管的监管责任在于机构监管。机构监管是金融监管部门对金融机构的市场准入、持续的稳健经营、风险管控和风险处置、市场退出进行监管。简言之，即对一家金融机构从生到死的全程监管。[⑨] 也就是说，地方集中于行业准入与退出机制和风控研究。

协同监管的辅助主体有公安部门、工业信息部门与互联网信息部门。在《暂行办法》中的分工是工信部门负责平台的电信业务、公安部门是打击犯罪、互联网信息部门负责监管互联网信息。协会的自律管理包括制定行业标准、经营细则，组织培训，向会员提供行业信息、法律咨询等服务，受理投诉与举报，调解纠纷等。

《暂行办法》的监管制度设计得十分全面且具有系统化，但是这样的一个框架

⑨ 牛绮思：《全国金融工作会议上的新概念：功能监管与行为监管》，载《中国经济周刊》2017 年第 29 期，第 11 页。

性设计缺乏具体的监管规则来进行补充。目前对于这样庞大的监管体系，仅有三《指引》作为制度补充，再无其他。这就导致制度设计得很好，但是没有执行力，监管主体能够大概知道自己要监管的范围，但是进一步的操作规则其实并不了解。这也是行政监管成为主要监管方式、并代替了执法监管的原因。

2. 实施平台监管的立法情况分析

在《暂行办法》正式出台之前，网络借贷尚未进入政府监管范围时，地方政府也出现过立法监管试点情形，主要集中于北京、上海、深圳三地，各地的政府推出促进互联网金融发展的意见后，再成立行业协会进行规范网贷平台的日常运营。当时的监管文件主要是地方政府规章与行业内部的规章制度。

在政府介入监管后，银监会作为领头监管机构，出台有部门规章进行网络借贷的立法监管。其中对于《暂行办法》与《备案登记指引》，银监会明确授权地方金融监管部门制定相应监管细则。目前，整个监管系统的主体所制定的、与网络借贷密切相关的监管文件可以分为两大类：第一大种类是来自政府监管的规范性文件，其中包括，来自中央监管层的政府文件及职能部门的部门规章⑩、来自地方政府的政府文件及地方政府规章⑪，这一种类具有强制执行力，属于硬法监管部分；第二大种类是中国互金协会及地方行业协会的自治规章⑫，目前还不具有强制执行力，属于软法调整部分。

在上述政府文件、规章、行业规范中，都是因为其内容主要是涉及网络借贷，

---

⑩ 中央类：《关于做好个人征信业务准备工作的通知》《关于促进互联网金融健康发展的指导意见》《关于审理民间借贷案件适用法律若干问题的规定》《互联网金融风险专项整治工作实施方案》《P2P 网络借贷风险专项整治工作实施方案》《网络借贷信息中介机构业务活动管理暂行办法》《网络借贷资金存管业务指引》《网络借贷信息中介机构业务活动信息披露指引》《网络借贷信息中介备案登记管理指引》《关于进一步做好互联网金融风险专项整治清理整顿工作的通知》《关于立即暂停批设网络小额贷款公司的通知》。

⑪ 地方类：《重庆市交易场所设立变更指引》《关于开展小额贷款公司现金贷业务自查的通知》《广东省网络借贷信息中介机构业务活动管理暂行办法》（征求意见稿）、《关于完善网贷机构信息报送制度的通知》《深圳市网络借贷信息中介机构防范电信网络诈骗违法犯罪活动指引》《网络借贷信息中介机构事实认定及整改要求》《厦门市网络借贷信息中介机构备案登记管理暂行办法》《关于厦门市网络借贷信息中介机构备案登记管理暂行办法的补充通知》等。

⑫ 中国互联网金融协会：《互联网金融信息披露个体网络借贷》。
地方行业协会：《广东互联网金融个体网络借贷平台信息披露指引》《关于规范深圳市校园网络借贷业务的通知》《关于规范校园网络借贷业务的通知》《江苏省互联网金融 P2P 网络借贷平台产品模式备案管理办法》《上海个体网络借贷行业平台信息披露指引》《福建省 P2P 行业自律公约》。

并且发布在2016年8月以后才挑选出来进行分析的，少量规章文件是仅提及网络借贷内容、主要是金融交易市场管理方针的或出台时间较早。与2016年8月之前各地出台规范文件的状况不同，后期规范文件出现的地域范围更广、内容都是在“1+3”制度上的细化与创新；而2016年前期由于是限区域实验，因此试点地区的规范文件多持放开态度，坚持底线，鼓励发展，地方以区为单位进行实验。后期多是对中央监管政策的补充。其中，2016年之后的监管法规根据来源的不同具有不同的特点，以下挑选了不同来源的代表性立法文件，来分析它们的特点。

（1）中央类

《关于做好个人征信业务准备工作的通知》（以下简称《通知》）：2015年1月，中央人民银行印发《通知》，要求芝麻信用、腾讯征信、前海征信、鹏元征信、中诚信、中智诚、拉卡拉、北京华道八家机构做好个人征信业务的准备工作[⑬]，《通知》许可特殊企业对个人征信业务的开展，是因为一直以来，央行征信系统所覆盖的人群和数据并没有办法满足快速发展的互联网金融乃至整个金融行业的需求，将市场中已经掌握大量公民信息的企业纳入建设征信网络的工作中来，可以节省大量人力、物力。我国的企业征信开展较早，个人征信业务却一直没有发展。由于网络借贷业务快速性、融资性、虚拟性的特点，P2P平台对个人征信数据的需求尤为强烈。《通知》下达后，除了试点企业征信系统的完善，其他企业也在积极创建可大范围适用的征信系统，截至2015年6月，全国有78家企业征信机构在央行分支行进行备案，有意愿参与个人征信业务中来。[⑭]但经过三轮验收后，征信牌照仍未下发，央行征信机构负责人对于这个结果的解释是，试点企业各自依托自己的企业或企业集团，有自己的信息闭环，采集的信息不够全面，又不能共享，因此不具备第三方征信机构应当具有的独立性，同时，企业在信息收集的过程中暴露自身信息收集系统不完善，不能很好地保护公民隐私。鉴于试点企业所反映出的技术不成熟没有下放征信业务牌照。[⑮]因此，放开个人征信业务后企业应当如何开展个人征信业务、企业的数据采集、信息系统管理、公民隐私保护等问题都是应当研究解决的重点。[⑯]

中央类的监管文件与法规多是进行宏观的制度设计与试点经验获取，还有全

⑬ 零壹研究院：《中国P2P借贷服务行业白皮书2016》，东方出版社2016年版，第38页。

⑭《征信牌照花落谁家》，载搜狐新闻网，访问日期：2016年12月26日。

⑮《央行首次回应个人征信牌照发放问题》，载人民网，访问日期：2017年11月23日。

⑯ 零壹研究院：《中国P2P借贷服务行业白皮书2016》，东方出版社2016年版，第38页。

国范围内的行业摸底排查工作安排。但是，目前现有立法文件数量较少，虽然以行政文件代替进行监管，但是缺乏规划与统一执行标准，监管制度中的某些具体实施领域还处于指导空白状态。

（2）地方类

《重庆市关于小额贷款公司现金贷业务自查通知》：《重庆市关于小额贷款公司现金贷业务自查通知》是针对重庆市金融办批准的网络小贷公司在经营中出现的营业行为而发的，主要是检查经营行为是否合规、链接至其他领域金融风险及消费金融变相套现等问题。是地方根据实际验收工作中暴露的问题先行提出整改。

《重庆市关于小额贷款公司现金贷业务自查通知》要求各公司自查：自设立以来开展的现金贷业务情况，包括但不限于现金贷业务的名称、额度、期限、利率、放贷对象、获客方式、有无场景、贷款用途、资金来源、收贷方式以及是否存在负面舆情、举报投诉等。[17] 自查后各网贷平台及小额借贷公司上交自查报告与自查表，金融办根据上报的自查报告和自查表对部分公司业务进行重点检查，不合规定的定期整改，之所以先调研再采取措施，是为了先充分了解现金贷供应方的实际情况，再有针对性地进行管理。

截至 2017 年 9 月 30 日，重庆市 265 家小贷公司的贷款余额为 1285.6 亿元，远超广东省 463 家小贷公司的 913.24 亿元。重庆市的小贷公司存量能超越广东、江苏这些沿海经济大省，唯一原因就是在重庆设立的网络小贷公司的贡献。在小贷金融对区域经济发展影响较大的情况下，重庆市在地方政府中率先出台措施进行行业调研，根据实际情况而非一刀切来对行业发展进行管理，其科学务实性对金融发展是有益的。

《广东省〈网络借贷信息中介机构业务活动管理暂行办法〉实施细则》（征求意见稿）：2017 年 2 月，广东省出台《广东省〈网络借贷信息中介机构业务活动管理暂行办法〉实施细则》的征求意见稿。广东省的网贷平台，无论从数量还是成交规模来看，在全国范围内都是最大的。业务发展与自律监管都走在了全国前列。征求意见稿的出台对于其他地区的监管导向作用影响十分重大。

征求意见稿亮点颇多，将《网络借贷信息中介机构业务活动管理暂行办法》未规定的内容或是不详尽、不够合理的内容都在一定程度上加以补充完善。其中，

⑰《重庆市金融办下发现金贷自查通知要求上报 12 项内容》，载 UC 头条网，访问日期：2017 年 11 月 15 日。

对地方各政府部门的监管责任予以明确、限定，指出政府是辖区内监管和风险处置的第一责任人。将网贷平台信息纳入征信管理系统，控制借款人风险与平台运行风险。要求平台官网有信息披露专栏，企业总部必须与备案注册地一致，公司治理和增强实力的具体模型。最具有借鉴意义的是，征求意见稿提出了信息共享机制的实际操作办法——省金融办、广东银监局、人民银行广州分行、省公安厅、省工商局、省通信管理局、省网信办应当建立网络借贷信息中介机构信息共享机制，定期将网络借贷信息中介机构工商注册、备案登记、电信业务经营许可、违法违规等信息，通过统一的省级企业信息共享交换平台或全国企业信用信息公示系统（广东）实时交换数据、共享信息。各地级以上市参照省的做法，实现信息共享。这一点可以为其他地区的立法广泛所借鉴。

地方类的监管文件或法规因为是有中央指导文件在前，又是从本行政区域内的实际出发，因此往往较为具体、明确。同时，因为地方互联网金融发展的侧重点不一样，因此，规范性文件中对于网络借贷平台的监管出发点与侧重点也不同。网络借贷发展较早的城市往往因为经验更充分，制定的监管制度也会更科学更全面，对行业发展也多持保护鼓励态度。但是由于各地经济发展程度不同，网贷平台的发展时间不一，因此地区间的具体监管制度不具有一致性，水平高低参差不齐。

（3）行业协会类

《广州市关于完善网贷机构信息报送制度的通知》：《广州市关于完善网贷机构信息报送制度的通知》是在银监会的《信息披露指引》公布之后，行业出台的信息披露完善措施。它是在《信息披露指引》基础上加强了协会对于网贷平台的信息掌握程度。协会将《信息披露指引》中的六大类信息选取主要的四种确定下来，要求企业定期向协会报送。其中 2018 年 1 月 1 日之前，鼓励合规性较高的平台报备网贷机构备案信息、组织信息、审核信息、经营信息四种，2018 年后强制要求所有网贷机构报备四种信息，每月报备经营信息，每季度报备经营信息与组织信息，每年度报备审核信息中的财务审计报告、重点环节审计报告、合规报告。《关于完善网贷机构信息报送制度的通知》加强了组织信息的披露，弱化了备案信息的要求。同时，单独增加了对地区行业协会备案的要求。原因在于广东省内将监管责任更多程度地向行业协会倾斜，放权至协会。协会针对每类信息都设计了统一表格，平台按表格要求进行填写即可。这样就确保了收集信息的规范性。

《深圳市网络借贷信息中介机构防范电信网络诈骗违法犯罪活动指引》《深圳市网络借贷涉电信网络诈骗法律责任及防范提示强制告知书》：2017 年 11 月 10

日，深圳市互联网金融协会发布《深圳市网络借贷信息中介机构防范电信网络诈骗违法犯罪活动指引》（以下简称《防范电信诈骗指引》）、《深圳市网络借贷涉电信网络诈骗法律责任及防范提示强制告知书》（以下简称《告知书》）。《防范电信诈骗指引》要求网贷平台严格审核借款人信息，强制告知借款人涉嫌诈骗的法律后果及防范措施。对借款人信息有完善的保密程序及信息管理系统。一旦平台违反《防范电信诈骗指引》的要求，导致网贷活动中出现诈骗案件，平台将会被通报至行业协会、市消协、市市场质量监委会、市反电信诈骗中心，一旦进入各机构的失信名单或是预警数据库中，平台后期的业务将会受限。因此，该《防范电信诈骗指引》对于平台的贷前审核和贷后风控是具有很强的约束力的。而《告知书》作为辅助是针对借款人发出的，其中介绍了常见的诈骗圈套，明示了借款人具有配合借贷信息审查义务及资金信息保管义务，若是平台尽到充分告知仍然发生诈骗转款，则损失由借款人自负。暂且不论这条规定的法律效力如何，这对于加强防骗宣传的力度还是很有积极作用的。毕竟金融投资有风险，投资人必须具备风险意识，不能出现了损失就要求平台承担，投资人对于自己的资金应当有谨慎意识。

各地行业协会参与监管的情形不尽相同。但是有一个明显趋势，即当地政府明确允许行业协会参与监管的，行业协会所发挥的协同监管作用就较为明显，发布引导、规范行业发展的文件标准就会更多、更详细明确，对于没有政府允许鼓励的，行业协会的作用就很小，没有积极主动地进行监管。

（二）网贷平台监管制度的不足

中央监管层设计的监管制度在实施中，通过各类行政指导文件补充其内容，再由地方监管机构具体实施，这个过程中暴露了网贷平台监管制度尚存在不足，有以下三个方面：

1. 政府监管缺乏法律规范性

政府监管机构出台的监管法律文件包括规章和一般规范性文件。其中《暂行办法》和三《指引》是对基本监管框架作出的规定，尤其是前者，是成熟市场中网贷行业监管框架的模型，而后者只是对框架中的三个方面进行了补充。在地方政府的监管中，除省级金融监管部门制定的规范性文件外，地级市也在制定规范性文件进行行业平台监管，这就造成行政公文数量过多，但是内容效力上缺乏统一性。从政府监管的现状来看，监管制度存在以下不足：

（1）行政干预代替立法指导

现有的网贷平台监管工作主要是通过政府监管机构下达的专项整治清理活动完成的。从《暂行办法》出台后，先后有整顿清理互联网金融活动、进一步整顿清理、关于 P2P 的整治方案、关于网络小贷的整顿清理、关于现金贷的整治方案、暂停批设网络小贷等，中央监管层要求行业清理整顿后，地方就会根据文件要求清查行政区域内的行业数据，一年多的时间里，平均三个月就会有一次自查行动，每次的周期多在 6 个月以上。累计计算，监管机构发出、执行的行政公文数量远超过法律规范的数量。众多的行政文件其实是在通过行政干预来完成市场监管，而非通过立法指导实现行业监管。这就造成了地方政府缺少明确的法律规则来规范网贷平台的发展，只是根据行政命令来进行短期的行业整顿。虽然了解行业发展的信息数据是十分重要的，但是要求平台进行自查清理太过频繁则会影响到平台作为商主体进行本职的商业活动。同时，由于经济活动的发展模式变化快，仅为了降低风险而有针对性地进行专项治理，不对行业发展进行预测、指导、规范，反而是治标不治本，没有监管到重点，这才导致了整顿清理工作反复进行，仅仅是换了网贷行业中的一个区域或环节。可见行政干预并不是科学的监管方式，更不能代替立法指导起作用。

（2）部分监管制度存在立法空白

《暂行办法》之后的三《指引》仅仅是对监管制度进行局部补充说明。但是整体的监管框架还有许多具体制度存在监管立法空白，如平台的风控管理、业务性质与模式、金融科技技术的引入、第三方机构的监管责任等，都没有明确的监管立法，全凭平台自身摸索与尝试。至于地方的监管立法，目前已知北京市与广东省的《〈网络借贷信息中介机构业务活动管理暂行办法〉实施细则》还处于征求意见稿的状态，并不是已经成为法律法规。其他各地金融办公布的监管细则中多是针对三《指引》作出的进一步细化，并没有涉及其他监管法律制度的补充完善。

2. 缺乏行业协会自治监管

（1）行业协会自治监管的合理性

中国目前的监管模式本就是英国模式，监管模式采取的是协会协同监管而非美式的由政府进行功能监管，其原因就在于行业协会自律可以节省政府资源，且是基于对行业发展情况十分了解的前提下，开展监管工作具有先天的便利性。根据《暂行办法》，行业协会的协同监管责任包括制定行业内经营细则与标准、调解纠纷、受理投诉、开展自律检查、平台培训等，即行业平台发展中的实际经营管理事务都可以交给协会来协助完成，至于备案、信息披露、资金存管等程序的进一步细化，也可以交由协会来协助完成或是由政府机构制定标准，监督首次实际执行，其余时间的后续监管交由协会照规范执行。这样不仅可以在了解平台发展状况的基础上使监管工作做到有的放矢，同时节省了政府的行政执行成本。行业协会进行平台的日常监管有以下优势：

首先，协会本身就掌握了各平台的信息资料，具备监管备案的职能。行业协会的会员在入会时需要向协会提供平台经营的详细经营资料，而协会的会员是由各平台组成，行内人审查时很容易发现哪些材料虚假、哪些是真实情况。因此，协会掌握的资料不会少于金融办。广州的行业协会要求会员提供的资料种类达 103 项之多，其详细程度不弱于金融办的备案材料。因此放权至协会，通过协会进行监管有利于减轻政府机关的工作任务，但是不减少监管权限。

其次，行业协会引导平台合规运营本是分内之事。行业协会本身具有组织培训、提供专业法律咨询的职能，尤其是行业可以向各平台介绍已有的先进经验、技术，十分有利于行业的健康发展。当前行业培训较为密集、行业研讨会较多的有深圳、广州互金协会，提出的合规要求较高的是上海行业协会，只有文件发布但是没有官方网站的地方协会很多。因此，地区行业协会的发展是不一致的，带有明显的地方特色。地方政府支持行业协会开展培训，向会员们介绍行业内的新型管理技术，及时通知行业监管动态，有利于平台的业务能力提升，风控技术的成熟，督促会员们向合规化靠拢，这比政府的整治行动更节省时间与资源。因此，鼓励行业协会发展不仅符合法律规定，更有利于长远监管措施的实施。

因此，发挥网贷行业协会协同监管的作用，不仅是让专业人士进行专业管理，更是节省行政成本、实现高效监管的优势选择。

（2）行业协会缺乏自治监管

根据监管框架最初的责任分配，行业协会承担着对平台进行协同监管的责任。但是在实际监管责任实施时，地方协会的协同监管作用并不明显，或是说还没有开展。协同监管除法律已经规定的监管内容外，政府、平台的现有责任也可以分出一部分交由平台完成。比如，日常的信息备案登记、平台信息披露工作的监督、第三方机构监管的尽职程度等。

早在 2012 年以后，北上深三地形成的协会监管经验就具有很好的示范作用。北京市的行业协会最早开始探索对于网贷行业的监管模式，其成果与最后监管机构选定的监管模式大体相同，某些制度方面更细致。深圳的行业协会首设行业内的联保金以保证平台的正常运营，抵抗资金链断裂带来的风险，避免平台挪用交易资金，一定程度上防范了平台自设资金池的风险。上海市的网贷协会出台行业规范为行业发展设定红线与黑名单，建立网贷机构破产隔离机制，还有高管任职、风险防范等都有规定。至于现在的广东省，更是在《〈网络借贷信息中介机构业务活动管理暂行办法〉实施细则》中就明确规定了网贷行业要实现《暂行办法》第 34 条关于行业自律的功能。深圳、广州等地的行业协会也是协会监管责任重于行政监管。但是，除了这些明确放权至协会的地区之外，其他地方的网贷平台监管中很难看到行业协会的身影，有些地区甚至还没有成立网贷协会，地区间的差异十分明显。

3. 平台参与监管的制度不完善

平台作为被监管对象，不是只能够被动承担责任。根据《暂行办法》以市场自律为主的监管精神，平台主动配合，自发监管自身的经营行为。可以实现监管效率提高的目标。但是现有的法规、规范性文件中，对于平台参与监管工作的规定都有一定的偏颇，具体表现在以下两个方面：

（1）平台参与监管的责任分配不均衡

无论是《暂行办法》还是像厦门市金融办出台的《备案登记补充通知》、广州互金协会发布的《关于完善平台报送信息的通知》等规范性文件一样，监管机构都将各类合规义务加之于网贷平台一方，要求平台去完成各类合规要求。忽略了平台要履行的责任太多就会有碍平台的经营业务开展。同时，有些合规要求的事项单靠平台一方并不能完成，需要政府机构或是行业协会的参与才能实现。诸如加强与第三方各类机构的合作、资金存管、风险防控等，符合条件的各类第三方机构在合作对象的选择上，主动选择没有什么盈利优势的网贷平台可能性较小。并且，要求平台与数据库、律所、审计所、数字系统认证机构等同时进行业务合作，形成第三方监管模式，不仅第三方机构联合、实现优选组合的可能性小，而且让平台一方主动增加约束，明显实现的可能性不大。监管制度中将合规责任都交给平台，让平台自动完成，脱离了各个监管主体能力大小的实际，超过了平台能够承担的责任范围限度，不利于促进网贷平台监管环境形成，也不利于平台集中精力于撮合交易、开展正常的金融交易。

（2）缺乏交易主体权益保护机制

现行的监管制度中规定了出借人、借款人禁止做什么，应当履行哪些义务，以及平台的应为与不可为。对于出借人与借款人的保护，《暂行办法》规定了事前的提醒与出借人分级、事中的信息保护与资金存管，事后的纠纷解决。但规定都是框架性的，除平台资金存管目前有细化外，其他具体权益保护制度，如对于出借人资金的安全保障与出现突发情况时平台的先行垫付应急资金设置等都缺乏具体的制度保障，目前资金存管仅是对平台的账户资金进行存管保障，并不包括单笔交易中交易双方的资金保护。同时对于平台应对突发情况时的应急准备金也没有涉及，仅有的事后惩罚、解决纠纷的途径规定不属于避免损失、保障交易安全的制度设计。

对于作为消费者的出借人与借款人的权益，在美国的监管模式中，由联邦存款保险公司、消费者金融保护局负责平台的资金风险问题，单笔交易的资金安全有保障方法。在英国的监管模式中，监管规则单独规定了客户资金保护规则与合同解除规则。客户资金保护规则规定：客户资金需托管于银行，托管前后都要对银行进行尽职调查。平台为客户开立银行账户时，须得到银行的签章，该账户资金为平台客户所持有，银行不得使用客户银行账户资金抵销平台自身债务。建立资金处置程序在处理平台倒闭或银行倒闭时，客户的资金应立即返还给客户，平台注销后不得继续接受借款人归还的借贷本息。合同解除规则规定了不同市场环境时投资人的解除权问题。这样具体的消费者权益保护制度设计就很好地解决了出借人与借款人的资金安全问题。

至于平台的权益保护，我国的地方协会制度设计中也有部分涉及。例如，深圳行业协会在行业成员之间设立联保金，用于保障平台应对突发情况时的资金安全，可以用于优先偿付或是保障平台日常经营中的资金链不会断裂。而上海市行业协会设置的破产隔离制度，则与英国监管模式中的破产后平台借贷业务管理规则类似。前者先将处于破产风险中的平台业务单独分类处置，确保平台的金融风险不转移至其他金融板块，形成系统风险。而英国的破产平台管理规则则不单从金融风险角度出发，而是从平台作为公司所涉及的破产清算角度出发，通过合同履行、业务转移至其他平台等措施，在控制风险的同时，将平台涉及的各类问题都一并解决。可以看出，英国的监管规则细化程度很高，且处置工作都是从法律规定入手，以法律规定程序结束，更理性地处理了网贷平台涉及的金融属性风险。

从参与监管的主体来看，监管制度尚存在许多的不完善。政府的立法工作、指导补缺工作需要加强。行业协会首先应当获得来自地方政府、参与协同监管的授权，其次就是具体的协同监管责任进一步分配问题，明确协同监管的责任范围、可容纳空间以及行业协会的作用应当怎样发挥等都是监管制度需要完善的环节。至于平台自身参与监管的责任问题，则需要通过具体制度的完善来弥补现有监管框架的不足，根据平台的市场角色定位来调整现有的责任分配，多余的应当减去，不足的应当补充完整。

三、P2P网络借贷平台监管法律制度的完善建议

网贷平台作为金融活动的主体之一，其发展既遵循经济活动的基本规律，同时又会结合最新的科技发展成果。自 2016 年以来，国外网贷平台在外部合作、开拓资金端、渗透传统金融业务等方面都有推进，呈现出稳步发展、合作共赢的趋势。[18] 其借贷平台与金融科技公司、传统金融机构合作更加紧密，加快渗透传统金融业务，主动申请传统金融业务牌照，同时与非金融机构合作，在新客户开拓、新型贷款方面积极扩展市场。由于国外的网络借贷平台可以开展发行证券的业务，因此它们往往具有很宽广的融资渠道。相比我国的网络借贷，监管部门所承认的网络借贷业务范围是十分明确且单一的，它不能融资，不能进行证券交易，本身也是不能参与借贷融资的，只能为借贷双方的借贷需求提供信息、撮合交易。已有的“1+3”监管制度和地方政府的监管政策，在一定程度上是倾向分类监管的，在实际监管中仍有不足之处，可以从以下三个方面进行完善：

（一）政府监管层面

政府机构无论是进行行为监管还是机构监管，都应当是基于已有的数据信息或网贷行业的经营情况来进行有限干预或是立法指导。作为宏观监管的实施主体，其监管责任应当是指明网贷平台的发展方向、为多方合作牵头、制定规范性文件等，而不是事事亲力亲为，在问题即将发生或已经发生后采取行政管控手段，忽视了监管空白。《暂行办法》中规定：地方省级政府的金融监管部门负责机构监管，任务包括备案管理、规范引导、风险防范、处置。机构监管隐含的前提是：同类机构从事类似业务、产生类似风险，因此可适用类似监管[19]，即机构监管需确保被

⑱ 王家卓、徐红伟：《2016 中国网络借贷行业蓝皮书》，清华大学出版社 2017 年版，第 11 页。
⑲ 谢平、邹传伟、刘海二：《互联网金融手册》，中国人民大学出版社 2014 年版，第 221 页。

监管机构的性质相同、从事业务相似，通过规范的引导来实现控制行业准入、保证合规运营及风险防范的目的。因此，对于政府机构监管方式的完善建议也是针对这个重点提出的。

1. 授权地方行业协会进行自治监管

由于政府部门的监管责任包括：出台或是引导行业出台业务经营的规范文件、对成立的网贷平台进行备案登记、对平台可能出现的营运风险提前做好控制措施、对平台引发的问题或是违规操作行为的处置等。这些监管责任都交给政府部门明显任务太过庞大，所以《暂行办法》才设置了行业协会与第三方机构参与协同监管。但是地方政府在实施监管工作时却并没有将行业协会也纳入协同监管的主体中来。

根据《暂行办法》的规定，互联网金融协会应当内设网贷行业协会，其监管责任是进行行业的自律管理。它可以制定自律规则、经营细则和行业标准，组织相关培训，向会员提供行业信息、法律咨询等服务，调解纠纷等。目前各地并没有普遍设立网贷行业协会进行自律管理，部分地区即使设置有行业协会，功能也比较弱，完全不能起到分担政府监管职能的效果。因此，通过立法授权网贷行业协会进行平台的日常监管，才能改善目前政府的监管责任过大的局面，真正让协会分担监管责任。同时，协会参与平台监管事务后，可以将第三方机构的辅助监管组织起来，使监管工作进一步完善，政府监管机构通过协会的工作就能实现行业监管。

授权给行业协会实施平台的日常监管不仅节省了行政资源、提高了监管工作的效率，也能让政府将宏观监管的范围扩大，实现科学行政。

2. 立法完善具体监管法律制度

目前的监管框架中，平台的风控系统建设与共享、交易主体权益保护、征信系统接入与建设、与第三方机构的合作、业务分化导致的监管新方向等，协同监管制度的主体责任细化等，都缺少具体的监管制度设计。政府应当将日常烦琐的监管事务分散给平台后、集中人力、物力将平台监管法律制度完善起来，做到立法指导平台发展，提前监管，尽量减少行政干预手段的使用。

至于具体的立法工作，可以吸收网贷行业发展较早地区的经验，将合适先进的监管经验推广出去。以协同监管中各政府机构的责任为例，在《暂行办法》第4条中规定，公安部负责对网贷信息中介机构的互联网服务进行安全监管，依法查处违反网络安全监管的违法违规活动，打击网络借贷涉及的金融犯罪及相关犯罪；工信部负责对网贷信息中介机构业务活动涉及的电信业务进行监管；国家互联网信息办公室负责对金融信息服务、互联网信息内容等业务进行监管[20]。细化到地方的责任分配是：公安厅和网监办等机构通过网络对平台运营过程进行数据监控、信息安全检查，防范虚假交易、系统漏洞或是利用交易从事违法犯罪活动；电信部门对平台交易的电信业务进行监督；审计局对平台数据进行年度审计；仲裁、法院在平台经营纠纷发生后作出裁判。但在广东省的《暂行办法》（征求意见稿）中指明了：省通信管理局负责对网络借贷信息中介机构业务活动涉及的电信业务进行监管；省公安厅牵头负责对网络借贷信息中介机构的互联网服务进行安全监管，依法查处违反网络安全监管的违法违规活动，打击网络借贷涉及的金融犯罪及相关犯罪；省互联网信息办公室负责对金融信息服务、互联网信息内容等业务进行监管；省工商局负责网络借贷信息中介机构的注册登记，对违反工商相关规定的情况进行查处。每个机构的监管任务与执法权限大小都有所体现。

3. 创新简便监管方式

（1）简化备案、信息披露等监管程序

根据前面提到的地方出台的备案规则，可以看到地方的备案规则比银监会的《备案登记指引》往往更细致、种类更多。备案本是为了监管部门能够更全面地掌握平台的经营信息，从而更好地实施监管。但是现实中的备案出现了两点缺陷：第一点是备案信息与披露信息重合，披露又备案造成平台人力浪费，增加合规经营成本。第二点是备案需要持纸质材料到监管机构实地备案，且除每月、每季度、每年之外还有不定期整改，次数太多扰乱平台的正常经营。

地方政府在实施具体监管工作时，受限于资源与上级检查，往往会要求平台的信息备案越全面越好，还需要纸质存档。但是了解平台的经营信息不是纸质资料越多越好，受平台的性质影响，它的信息更多地出现在网上。不论是平台的还是交易双方的，都是在交易过程中就形成了。因此，网贷平台的第一手资料还是在网络上，成形于纸质的都是第二手资料。平台的各项信息既要披露给公众，又要同步备案至政府监管部门，这期间存在了一次重复的资源支出，也加重了平台的合规成本。但若是行业协会负责平台的备案与披露工作，那么就将重复的程序省略了，因为平台加入行业协会本身就要提交与备案要求近似的自身经营信息资料。同时，若是根据平台性质将书面材料改为信息数据包，那么备案资料只会更

[20]《网络借贷信息中介机构业务活动管理暂行办法》，银监会等部门联合发布，2016 年 8 月。

多、更全面，同时节省了人力传输。鉴于此，备案应当简化程序并更新备案方式。

首先，备案应当简化程序。每次实地备案的人力、物力耗损都很大，且备案信息也是信息披露的一部分，因此可以将备案制度修正为初次备案，年度备案必须实地，月度、季度则可以通过传真、网络进行。因为信息披露的真实与否也是监管机构的监管对象之一，因此监管机构可以将备案审查与披露审查合二为一，一次解决，即定期监测平台的信息披露专栏，对每次披露的信息都进行专业监测以证实真伪，每次的监测结果都以官方网站出一份通告为结果。这样既能督促平台披露的信息尽可能真实全面，也能节省双方的人力物力，更能通过官方监测来对消费者进行专业知识普及，强化专业监管效果。

其次，备案应当向信息系统化发展，而非纸质档案化。目前地方政府的备案规则多要求平台提供详细的备案信息，以形成平台的单独的档案资料，方便备查。但是纸质材料太多除了不便于管理与读取，还有浪费资源之嫌。网贷行业本就是新兴行业，用新兴科技进行管理既符合行业发展规模又能节约成本。并且，由于网贷平台的经营信息由资金托管机构、信息存管机构共享，会计师事务所、律所也有审计查看，那么多来源的情况下，通过信息系统化来进行备案核查是更为准确的，而非单方纸质备案。因此，建设信息系统，通过区块链的多方信息交互验证，取得最终的数据资料进行存档备案才符合行业发展趋势。

（2）搭建平台与第三方机构之间的信息共享平台

在“1+3”制度构建中，监管部门对网点平台提出很多合规性经营要求，其中建设风控系统、接入征信系统、资金存管等做法，都是要求平台主动完成，但是实际情况是，这些操作单靠平台一家之力很难全部做好，这就导致了大平台能够凭借深厚的资金能力转型，而中小平台纷纷倒闭的局面。合规操作本意在于让平台依法经营，降低金融风险，为市场提供合法合规的金融服务。但是将合规成本全部分配给平台承担只会压垮中小平台，在降低金融风险的同时压制了金融服务，使得风险与金融活跃度双降。为了改变这种局面，真正实现控制风险的同时能保持金融活动的正常开展，首先是要为平台的合规经营牵线搭桥，让第三方机构愿意与网贷平台合作，保证其合规化；其次是在现有社会系统中或是网贷行业中建设信息共享平台，让网贷参与者、第三方机构、监管机构都能共享查看网贷平台经营中的部分大数据。

让第三方机构与网贷平台合作是政府牵线的第一步，可以通过行业协会实现。我国的企业征信系统发展较早，但是个人征信系统发展较迟。2016 年央行测试八家机构的征信系统，但是没有一家机构符合征信系统牌照发放的要求，原因在于机构的内部系统不完善，且征信业务开展不独立，虽然它们被认为是国内目前有实力开展征信业务的机构。这样一来，在其他机构开展征信业务的难度更大。当前有资格进行个人征信信息收集的只有央行，其他的机构还只是试运行，像芝麻信用、安融征信等大型机构的征信系统尚在发展中，可以对接，但需要成本。资金托管也是如此，平台是全部资金托管还是单个出借人的资金托管是由托管机构决定的，由于网贷平台业务范围广，托管任务重，中小平台的业务对接并没有银行愿意主动接手。至于数字认证、信息存管、电子认证、记账系统等都是如此。平台本身的功能在于撮合借贷，现在面临这么多的对接任务，单靠平台之力肯定做不到，此时若是政府居中牵线，协会整合行业资源实现技术共享，从而搭建信息共享平台，那么将会大大加快行业的合规化进程、便利监管方式。

在行业内各机构之间牵头建设信息共享平台是第二步。信息共享平台主要是平台经营信息的总和，它不仅包括信息披露的五大类，还包括生成这些信息的基础信息、第三方机构上传的分领域信息。这个平台可以是现有的社会信息系统如公示企业信息系统的进一步完善，也可以是单独建一个网贷信息共享平台，这视地方政府的考察调研而定。不同监管者进入系统中，可以根据板块的不同或是自身监管方向的不同，看到平台对应的分类数据情况。平台一旦建成，监管机构将可以通过信息化对平台进行实时监管，做到不实地、不谈话就能了解平台的真实情况，比备案材料更可靠、更全面。

目前广东省已经明确提出了建设信息共享平台，它要求：省金融办、广东银监局、人民银行广州分行、省公安厅、省工商局、省通信管理局、省网信办应当建立网络借贷信息中介机构信息共享机制，定期将网络借贷信息中介机构工商注册、备案登记、电信业务经营许可、违法违规等信息，通过统一的省级企业信息共享交换平台或全国企业信用信息公示系统（广东）实时交换数据、共享信息。各地级以上市参照省的做法，实现信息共享。

随着互联网融入社会生产生活程度的加深，科技信息化成为产业升级的主流，搭建信息共享平台是行业的大势所趋，因此这点值得借鉴推广。

（二）行业协会自治监管层面

借助行业协会的作用进行辅助监管是借鉴英国的治理经验，相对于我国的现实情况来说，行业协会主要有以下作用：第一，组织人员培训，推广新技术，将某个平台的先进管理经验及科技进行复制粘贴，促进行业整体技术提升；第二，督促平台制订科学有效的应急预案，检验平台人员及系统应对突发情况的能力；第三，履行协同监管职责；第四，处理平台引发的各种纠纷。总结如下：

1. 为平台监管提供经验总结

最早进行网贷行业监管制度探索的就是地区行业协会，各地协会也积累了不同的经验。现有的监管制度是框架性的，地方政府可结合现有规定与前期经验完善具体的监管制度。具体制度设计可由地方行业协会进行调研整理，将最终成熟的方案拿出来广为讨论是否具有可执行性。这样可以保证监管的科学性与专业性。不同的具体制度建设可参考上海市网络信贷服务业企业联盟、深圳网贷协会与北京网贷协会的经验总结。

2. 加强平台具体板块建设

行业协会有权拟定行业标准规范进行自律管理，同时负有协调会员关系，推广新技术，组织培训，提供行业信息、法律咨询，受理投诉举报的职能。网贷行业属于新兴金融领域，对于行业发展，行业协会应当作为领路人制订科学经营方案，推广先进技术，带领行业的健康发展。行业协会是《暂行办法》出台后才开始普遍在地方设立，协会本身的专业性可以弥补平台发展过程中缺少指导的不足。由于互联网金融领域发展速度十分快，新技术日新月异，但不是一出现就能被行业内所知，因此，行业主动向平台推广普及，有利于平台运用先进技术优化现有业务模式，降低经营风险。

目前行业内的金融科技运用典型有宜人贷的反欺诈系统、京东金融的智能投顾、博金贷的风控体系、R3 联盟的区块链技术等，这些先进的科技对于平台的良性发展助力明显，若是由行业协会根据地区内平台的发展需求进行有针对性的筛选，再加以推广，那么对于地区网贷行业的发展及监管工作都会有明显裨益。

网贷平台经营的撮合业务本身风险性很低，但是在金融体系中会受到外界金融活动的影响，若是平台的防火墙系统安全等级不够高，那么外界的系统风险会侵扰到平台业务的正常进行。因此，平台制订应对突发情况的应急预案是很有必要的。一套合理的应急预案不仅需要平台的高管进行设计，也需要行业精英群策群力。平台预先设计进行常规业务操作会带来的风险处理，这其中也包括违规操作风险爆发时的处置方案设计。由于实际情况不同，现实中处理风险爆发问题时根据静态方案进行的动态调整，也应当纳入预案的设计中去，这是可以预见并做到的。风控不仅包括平台本身运行时的数据、信息维护检查，也包括平台能否合规操作减少金融系统风险。预案的问题处置既应包含平台运行风险中带来的技术问题，也包括特殊情况发生后引起的法律问题。

同时，仅有应急预案是不能应对风险的，还需要平台中有能够实施预案的专业技术人员与完善的业务系统。英国审慎监管局每年都会针对金融机构进行压力情景测试，通过即为抗风险能力合格，不通过则需要加强，也就是我国的整改。由行业协会根据平台的种类来设计相应的压力测试，定期对平台进行测试，不合格则需加强。每年的测试结果反馈到共享系统中，对于平台品牌与口碑的树立和监管的落实都是有积极促进作用的。

3. 探索平台纠纷处理经验

协会自律规则及功能能够协调行业、政府、消费者之间的关系，分担政府监管责任，符合市场自行监管主旨，在监管环节必不可少。目前地方协会培训较多的就是广州与深圳地区。但是在纠纷解决方面功能尚没有被开发出来，而行业处理业内纠纷本就是协会的职能之一，因此，行业协会基于平台的基本信息，通过开展纠纷的处理工作，保护消费者的权益，维护平台自身的经营利益，将具有先行意义。

（三）平台参与监管层面

由于网贷平台是依托于互联网而生的交易中介，主要业务是进行不同个体间的借贷撮合，因此其活动本身兼具金融性与信息性的特点。随着科技的发展与信息技术的更新，信息性的特点越来越明显，同时信息性促进金融活动更频繁更安全将会是大趋势。目前观察国外网络借贷活动的发展趋势与国内大平台的动态，可以发现平台借助金融科技手段的范例越来越多，中小平台积极合并升级成为行业新动态，平台的运营越来越倾向于具有专业知识背景的人才，最重要的是，征信的完善不断被提上行业发展日程。未来平台的发展应当紧跟新形势。

1. 加强平台自身功能建设

目前除了少数大型平台的整体建设较为完备之外，其他平台的系统功能还有待加强完善。在平台建设中，信息系统的完整建设最为艰难，其中包含征信系统、交易数据库、风控系统等，每个板块的功能都不是一蹴而就的，均需要长期投入建设。除了硬件设施之外，平台的专业化管理也需要重点加强。早期平台容易发生经营问题的一个主要原因就是参与管理的高管不具有专业金融知识背景，平台缺乏专业技术人才。平台经营者不了解金融业务经营特征，也不了解网贷平台的运行特点，以致出现问题时没有及时解决，造成平台经营困难。因此，有些地方在监管规范中明确要求平台的高管要具有相应的管理经验和专业知识背景。

之前对于宜人贷的反欺诈系统、博金贷的博金云系统与 R3 联盟的区块链技术的介绍，以及上海协会不定期召集会员介绍新技术都说明了网贷行业作为创新金融范畴，自身的科技性很高，掌握了先进的互联网技术等于守住了自身的经营市场。运用科技防范风险、开展业务应当是经济发展、包括网贷行业的发展前提。

至于管理人员资格的问题，由于公司业务是金融活动，因此高管及一般从业人员都应是来自具有专业知识背景的技术人士，而不能泛化。平台高管基于信息管理的需要，其职业操守和素养应高于普通企业基本要求，特别是其专业技能及经历要求尤为重要。作为高管，如果要很透彻地了解金融专业或者掌握信息专业技能，至少需要 3—5 年的实践，作为金融行业或者信息技术行业来讲，3 年从业经历的要求也仅仅是基本要求。[21] 不论是加强和传统金融机构的合作，还是开发数字风控系统，网贷平台的发展都离不开具备专业技术的人才。网贷平台作为新兴市场主体，早期从业人员来自不同的领域，如今在合规性要求越来越高的情况下，引入专业技术人才才是企业的明智之选。大到大数据分析技术的应用，小到使用 IT 技术建立系统、运用经济学常识分析消费者的行为偏好等，都需要专业人才进行，掌握先进技术保障平台安全发展，才是平台在市场经济的变化中长久生存的方式。

2. 在法规范围内实现平台经济价值

(1) 坚守平台信息中介定位

根据分类经营分类监管的原则，监管层之间网贷平台的定位限定在信息中介机构上。其目的就在于将市场中网贷平台业务混合经营的风险提前消解掉。金融风险具有系统性，一个领域内发生了经营风险会影响到其他金融领域，在这一点上金融危机的全球化即是证明。作为本身只是撮合借贷业务的平台渐渐发展为股票、期货、债权买卖、众筹、私募等业务混合体，变成综合性理财平台，这其中任何一个板块出现危机、防火墙安全设置不严密，都会引发平台的系统性风险。因此，明确平台定位，将平台不同性质与经营权限的业务剥离出去分开经营则是十分有必要的。这点是基于平台自身存续的长久性考虑的，平台经营者不能心存

㉑ 张辰蛟：《我国 P2P 网络贷款平台的法律风险与监管》，华东政法大学 2014 年硕士学位论文。

侥幸而有逾越，必须坚持遵循。

未来网贷平台的发展不仅要考虑金融科技带来的深层次影响，更要多借鉴同行之间的经验，行业协会发力为平台转型保驾护航，网贷平台坚守信息中介机构这一定位，在法律规范之内谋求借贷业务开展的新模式，这样才能在合法的前提下谈生存与发展。

（2）实现平台撮合交易功能

2017 年 11 月 15 日，银监会官网挂出 2 号、3 号、4 号银监会令，分别规定了国家开发银行、中国进出口银行、中国农业发展银行的监管规则，其中都明确提到它们的服务对象是相应群体的小微借贷融资问题，其目标是实现普惠金融的覆盖，业务模式是与其他商业银行合作，业务本身具有开发性、商业性的特点。也即监管机关认为开展借贷融资业务的主体应当是国有金融机构，市场资本能做的就是相比于三家主体，提供更便捷、更优质的撮合借贷服务，覆盖各类市场借贷融资需求，激发网贷交易市场的竞争活力。随着 P2P 网贷业务不断从一线、二线城市下沉，各平台之间的竞争日趋激烈。同时互联网金融其他板块的发展、金融牌照的持有现状以及平台本身的服务对象，以及最新的银监会监管动态，都表明网贷平台的业务会在领域与对象上不断细分。在英美国家，Prosper、SoFi、p2pmoney 等大型借贷平台的早期业务都是自单一领域开始的，发展成熟之后才开始拓展到其他领域。

平台合规经营后，精力无法兼顾所有领域，因此明确平台的主营方向与服务对象，更有利于平台业务的展开。目前市场上，平台通过与小额贷款公司合作、开发三农金融、主要为中小微企业提供贷款、涉足消费金融等，成为主要转型方式。例如，中融宝，利用原有运营积累的资源，结合自身优势，将原有产品服务线调整为车联 e 贷、社区金服、绿色三农、小微链四大新产品线，集中精力在小微链与绿色三农上，项目数与成交量占比都比较大，保住了持续经营的可能，实现了资产端的成功转型。还有同样依靠高管团队实现资产端转型的达人贷、与金交所合作的银票网都是重新定位发展路线与业务的典型。

网贷平台解决的是中小微企业和个人的投融资需求，因此大额借贷交易是不允许在网贷平台中出现的，但是大额交易需求在银行不能满足的时候，市场仍会出现其他替代方式予以解决。例如，网贷平台会将大额交易转移至地方的金融资产交易中心来进行。平台和互联网合作开发消费金融、车贷、供应链金融等业务。同样，在网贷平台只能撮合借贷而不能理财后，平台也会将理财业务分离出去单独成立公司进行承接，或是和线下小额借贷公司合作，开发借贷与催贷功能。因此，行业发展的后期，中小平台的转型方式就是与不同的机构开展合作，尤其是有金融牌照的公司，以期挖掘更多的潜在客户，提升品牌效应，获得市场认可与监管支持。

3. 与其他监管层共建交易主体权益保护机制

我国对于交易主体权益保护的规定过于分散，也没有具体制度加以补充。平台与交易双方的权益保护分为几个不同方面。其中既有平台应当尽到的管理义务与加强自身功能建设的部分，也有行业协会的协同监管作用在其中，当然，政府监管的作用必须在协同监管之前，只有政府机构将制度进一步细化，行业协会才能明确具体的监管事务范围。因此，交易主体权益保护机制的建设必须监管层共同建设。

其中事前的风险提示可以参照深圳市行业协会的《告知书》，出借人分级则可以参考英美监管模式中的信用评级规则。《告知书》介绍了常见的诈骗圈套，明示了借款人具有配合借贷信息审查义务及资金信息保管义务，若是平台尽到充分告知仍然发生诈骗转款，则损失由借款人自负。至于信用评级，应从引进信用评级标准与促进征信系统和 P2P 平台的合作入手，整合现有的银行信用库且引入市场主体参与到征信体系的建设中，以加快我国信用评级制度建设。[22]

事中的信息保护需要平台建设数据库防火墙与协会开展消费者防诈骗宣传，资金存管目前仅规定平台资金与交易资金隔离管理，分为大账户进行存管，还没有对大账户进行分开管理监控。深圳市行业协会的《防范电信诈骗指引》要求网贷平台严格审核借款人信息，强制告知借款人涉嫌诈骗的法律后果及防范措施。对借款人信息有完善的保密程序及信息管理系统。

事后的纠纷解决目前处于空白状态，协会尚需要探索，并不是进入仲裁、司法程序就是有纠纷解决机制，这正是因为没有了其他挽救途径，不得不进入最后的权利救济渠道。我国的事后纠纷解决机制与权利保护制度建设可参考上海市的行业协会所建立的联保金制度与英国的事前交易主体权益保护制度，英国的监管模式重在事前、事中监管，将各类风险进行前期控制，事后的纠纷解决规定需短期完成，因此，我国的事后权益挽回及保护可参照英国的监管模式，选择符合我

㉒ 龚杰、郭翔宇、王宝娜：《P2P 网络借贷平台监管制度之完善》，载《管理视窗》2016 年 10 月，第 21 页。

国国情的加以利用。

四、结语

2016 年 4 月，央行联合多个部委出台了《互联网金融风险专项整治工作实施方案》，其中将网贷平台作为治理重点，要求各省级政府对互联网金融业务进行摸底排查、分类处置、验收、评估，工作于 2017 年 1 月底结束。2017 年又针对行业发展新情况分批开展了新的几番整治清理行动。全国金融工作会议、互联网大会、城市商业银行大会也依序召开，这些会议都有涉及网络借贷问题。在多次的摸底清查过程中，地方政府、行业协会已经积累了许多第一手数据资料。伴随着经济发展全球化，我国的网贷平台发展情况既有国外的发展趋势与特征，也有自己的创新与不足。虽然是政府与协会双监管，但是行政管控力度明显较强。网贷平台面临的新形势使得平台在思索发展方向与模式的同时，也要遵守监管规定，不逾矩不违法。本文通过对网贷平台发展现状与问题的分析，对现行监管制度与执行现状的分析，来总结现有监管制度的不足，并提出相应的监管法律制度的完善建议。

当前网贷行业发展处于严格监管时期，2018 年各地的验收备案工作秉持“只要质量，不要数量”原则，尽可能降低市场中有资格经营平台的数量，从而控制风险，基于此，行政监管迫使平台大量退出市场已成定论。在高压监管下，网贷平台的业务经营也出现了新趋势，平台自动进行业务分类升级，行业集中度上升。与此同时，监管呈现出主体功能不到位的情形。

监管主体中，政府没有及时通过立法对行业发展进行指导，也没有对具体监管法律制度的空白部分进行完善，行业协会没有得到授权，协同监管责任缺失，没有发挥应有功能，平台没有政府、协会的组织，自身发展还是个难题。因此，监管法律制度的完善也是从三个层面展开，具体到不同层面的完善，政府需要通过立法解决监管过程中的不确定性与强干预色彩，同时也应当符合社会发展趋势，简便监管方式与程序；行业协会首先应当得到协同监管的授权，其次就是依据现有监管框架责任的分配，完成并适当补充协同监管的内涵，既要帮助政府分担，又要促进平台发展；至于平台自身参与监管的内容，首先应当坚持定位积极实现撮合交易、促进经济发展的目标，其次就是在加强自身功能建设的同时与其他监管层一起建立交易主体权益保护机制。

总之，监管法律制度的完善不是一家之力，也不是一日之功。后期在完善监管法律制度的时候，除了借鉴域外经验，也应当关注不同具体制度的嫁接时所要解决的条件环境不符的困境，针对本土网贷平台发展情形出台引导行业发展的政策，而非图经济安全的一刀切。最重要的一点是尊重经济发展的规律，关注市场的融资需求，合理引导行业发展以繁荣经济。

《重庆市信访条例》实施情况调查报告

——兼对信访法治化建设与信访工作制度改革的对策建议

吴晓凤　雷浩伟

（西南政法大学　重庆　401120）

摘要：信访法治化建设与信访工作制度改革是当前重庆市信访制度革新的核心维度，新时期重新考量《重庆市信访条例》的贯彻实施情况对完善重庆市信访体制机制、推动重庆市乃至全国信访立法进程具有较强的理论与实践意义。以实证研究为基础，以文献研究、系统研究、比较研究为手段，经由政策分析法对重庆市信访基本情况、重庆市信访法规建设现状、重庆市信访机构与队伍建设现状、重庆市信访工作制度与方法建设现状以及学习宣传《重庆市信访条例》及其精神情况等方面予以评析。得出存在“信访形势依旧严峻、信访总量高位运行”“信访法规体系不完善、信访意识与观念落后”“信访功能定位模糊、信访工作机制与方法欠缺”以及“信访第三方参与缺失、多元信访凸显潜在危机”等问题。提出需要“转变思路，更新理念，加速法治信访建设”“公开透明，绿色集约，推进阳光信访建设”“强化监督，精准终结，推进责任信访建设”以及“多元参与，基层治理，推进多元信访建设”等对策建议。

关键词：《重庆市信访条例》　信访法治化建设　信访工作制度改革

引言

（一）研究背景与意义

近年来，全国信访形势好转，信访改革迈入新的征程，取得新的成效，同样也存在新的困境与问题。当前，信访工作制度改革稳步推进，以全面落实信访工作责任制为契机，进一步完善信访法治化建设显得尤为重要。

自 2016 年以来，有关信访的理论研究与实践调查如雨后春笋，法治信访、责任信访、阳光信访与精准信访于全国各地如火如荼地建设，在新时期、新要求下，考量分析《重庆市信访条例》（以下简称《条例》）贯彻实施情况对发现重庆市信访制度建设难题、推进区域信访法治建设至关重要。

本研究是契合国家信访局“加快信访立法进程”相关指示的区域性、拓展性研究，也是积极顺应“精准信访”改革的趋势潮流；本研究旨在从《条例》实施情况入手，对其现状、成果、困境、成因、对策进行精准的调研分析，以发现地方信访立法与实施中的问题，进而为完善重庆市信访体制机制、推动重庆市乃至全国信访立法进程提供政策建议，因而具有较强的理论与实践意义。具体而言：其一，本研究有助于发现《条例》自身立法缺陷与实施中存在的问题，也有助于汇总重庆市内、外信访体制机制的创新与缺陷；其二，本研究有助于统一阳光信访、责任信访、法治信访、精准信访四维改革，为进一步完善《条例》、健全重庆市信访体制机制提供理论支撑；其三，本研究有助于创新信访治理路径，有助于推动第三方参与信访治理的理论研究与实践论证；其四，本研究有助于以地方治理与立法创新推动国家治理与立法创新，为深化、细化信访法治化改革提供实践支持。

（二）研究方法与思路

本研究综合采用文献研究、调查研究、系统研究、比较研究与政策分析等研究方法，打破单一实证调研的桎梏，具体而言：

1. 文献研究法，通过对有关信访以及信访导入、终结、评估机制的理论、实践文献资料、规范性文件收集、整理、研究，为相关研究做前期的理论、技术、资料与思想准备；

2. 调查研究法，通过对重庆市“一府两院”与各区县（自治县）信访工作现状调查，选择市内相关区县或市外该项工作开展较好的地区整合其工作突破与缺口、经验与不足，为制度创新提供思路与借鉴；

3. 系统研究法，本研究将阳光信访、责任信访、法治信访、精准信访密切统一，综合考虑信访理念、制度宣传与推广、机构与队伍建设、信访信息化平台建设等因素，在提升制度渐进性、协调性、统一性的前提下分析与解决问题；

4. 比较研究法，本研究通过信访历史纵向比较，通过不同学科领域、不同理论视角和不同地区信访法规文献与工作现状横向比较，借以分析《条例》实施困境，提出进一步贯彻实施《条例》的策略选择；

5. 政策分析法，本研究运用政策理论，从政策的制定、执行、评估、监控与终结五个角度分析《条例》的合理性与合法性，并对相关政策的执行情况进行分析。

本研究的整体研究思路为：初步调查—发现问题—实证调查—分析问题—寻找对策，具体而言：通过新闻报道、文献阅读初步发现并提出问题；通过文献资料细致梳理明晰问题并合理定位，同时明确研究的价值；通过现状调查、案例分析、政策分析、制度分析与理论研究明确研究的方向，找到可能的创新点与突破口；通过横纵、内外双向比较，汲取有益经验；通过对治理结构与实现路径的分析，探求制度的权力机制、决策机制、执行机制、监管机制的缺陷不足，寻求突破问题的对策；通过战略选择、整体推进，形成研究报告。（如图 1）

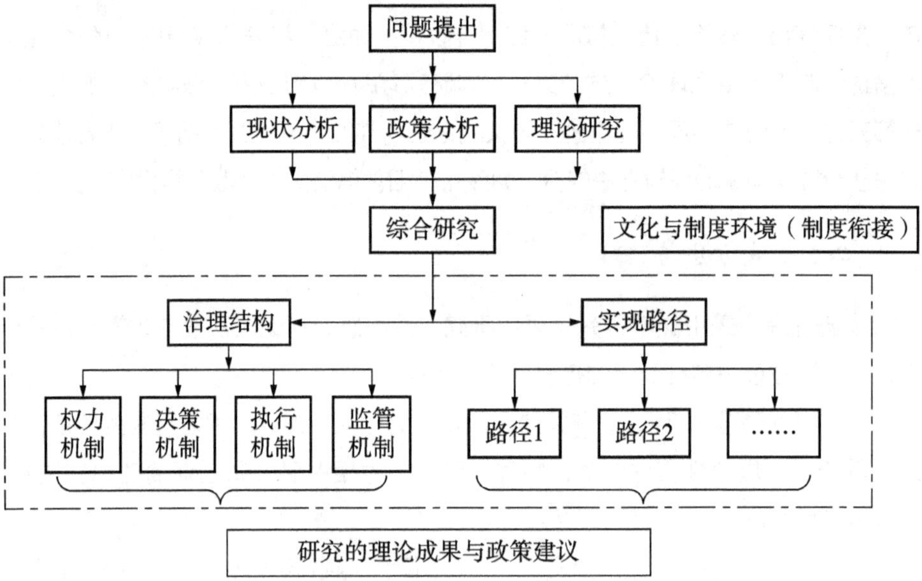

图 1　研究思路与框架设计

一、《条例》实施的现状：成效与不足

在已有研究的基础上，本文从重庆市信访基本情况、重庆市信访法规建设现

状、重庆市信访机构与队伍建设现状、重庆市信访工作制度与方法建设现状以及学习宣传《条例》及其精神情况等方面考量《条例》贯彻实施的现状与成效。（如图 2）

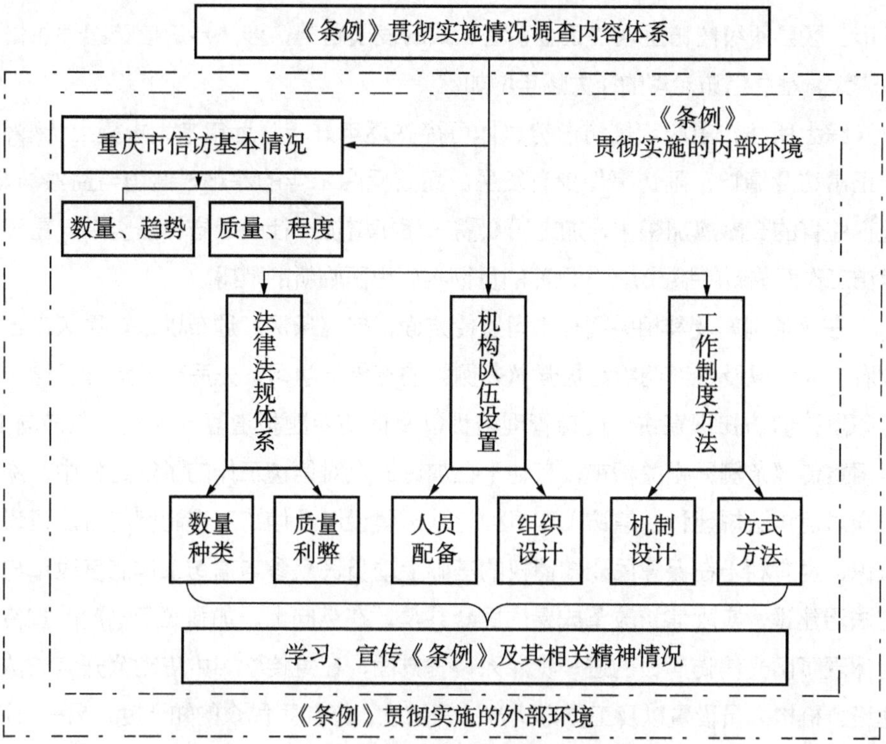

图 2 《条例》贯彻实施情况调查内容体系

（一）重庆市信访概况及《条例》宣传学习情况

自 2009 年《条例》修订以来，重庆市委、市政府结合实际情况，不断加强信访工作的法治保障和制度建设，建立健全各类配套制度 20 余项，[①] 充分发挥干部接访下访、矛盾纠纷排查化解以及信访调解等制度方法的作用，逐步构建起“畅通、务实、高效、公开”的信访工作格局，法治信访、责任信访、阳光信访与精准信

① 自 2009 年以来，重庆市创新或借鉴各类信访工作制度与工作方法 20 余项，较为突出的有干部接访下访、矛盾纠纷排查化解、信访调解、信访代理、第三方律师参与信访治理以及信访包案责任制等工作机制或方法。

访建设稳步推进，《条例》的贯彻落实取得了显著成效。总体而言，重庆市信访整体呈现出“四下降、一好转”的形势；[②]重庆市信访总量逐年下降，重庆市2014年信访总件次、总人次比2004年分别下降50%、66.7%；信访三级终结机制逐步建立，千余例信访积案得以依法终结。但随着诉访分离与逐级走访制度的推行，重庆市、区县两级信访呈现“正金字塔”式的发展趋势，涉法涉诉信访案件总量依旧较大，基层信访治理的压力逐年增加。

综上所述，重庆市信访形势总体可控并逐年好转，近年来大规模上访事件、非正常访及缠访、闹访事件少有发生。随着反腐工作的深化，信访与监察检举、巡视监督的交融愈加密切，加之民众需求逐年增加、社会矛盾日益复杂，重庆市信访工作面临新的挑战，《条例》的贯彻实施也面临新的阻碍。

在《条例》及其相关精神学习宣传方面，自《条例》颁布以来，重庆市各级政府、人大以及各部门纷纷加强《条例》的宣传与学习，先后交叉进行了信访手册印发、信访知识宣讲、信访管理培训以及信访专题报道等千余次。在横向上，学习宣传《条例》相关精神，有利于在加深民众对信访工作的了解过程中，深化民众对信访法规建设、信访工作机构与队伍建设以及信访工作制度与方法建设的认识，也有利于在保障民众知情权的基础上动员民众参与信访工作制度改革与信访法治建设，实现信访改革成果由民众共享。在纵向上，加强《条例》的宣传学习体现了阳光信访建设的进一步深入，一方面，在宣传学习中主动公开信访法规建设、机构人员设置以及工作方式方法等信息，增加了民众的知情度；另一方面，在民众参与信访治理、提供信访建议、反映社会问题的过程中不断加强信访成果与信息的运用，提升了民众的获得感。

除此之外，加强信访工作理论研究，也是宣传学习《条例》的重要方面。在信访科研机构设置上，2014年4月3日中国信访与统筹城乡发展研究中心由北京市信访矛盾分析研究中心与西南大学合作成立，[③]2014年11月19日，中国信访与法治中国研究中心由北京市信访矛盾分析研究中心与西南政法大学合作成立。信

② 即信访总量下降、集体上访下降、重信重访下降、到京非正常上访下降、信访秩序好转。

③ 中国信访与统筹城乡发展研究中心研究主旨：研判统筹城乡发展领域信访矛盾新趋势，促进信访矛盾分析研究工作取得新突破；探索我国城乡发展和社会治理新路径，为相关部门提供决策咨询，更好地服务国家和地方经济发展和社会建设；开展与信访、社会矛盾以及社会矛盾冲突相关领域研究方向的硕士研究生联合培养，提高人才培养质量。

访专门研究机构的设立，[④]为信访理论研究注入了新动力，也为进一步宣传学习《条例》相关精神、推动重庆市信访工作制度改革与法治化建设夯实基础。在信访科研项目设置上，西南政法大学、西南大学、重庆大学等诸多高校针对信访建设现状设立相关科研项目，作为本科生与研究生课程设置与毕业论文主题，涉及重庆市信访工作制度改革、重庆市信访法治化建设、重庆市阳光信访建设、重庆市信访责任倒查机制研究等，有关重庆市信访理论研究的细化，为实现重庆市精准信访改革予以了智力支撑。

（二）重庆市信访法规体系建设现状

法治信访是当前重庆市信访制度建设的重中之重。宏观而言，重庆市信访法规体系较为完备，法规体系涵盖信访受理接待、转交督办、终结导入诸多层次，(如图 3）其对规范信访秩序、解决信访纠纷、增进社会公益、维持社会稳定发挥出不可忽视的作用。

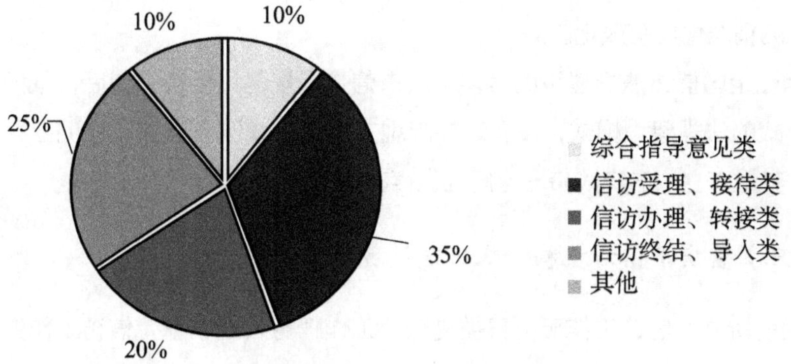

图 3　重庆市信访法规分布情况

经调查，为配合《条例》贯彻实施，先后有《关于基层信访举报简易处理程序的实施办法（试行)》《重庆市信访调解办法（试行)》《重庆市信访听证办法（试行)》《重庆市信访事项三级意见终结认定办法（试行)》《重庆市信访积案终结认

---

④ 中国信访与法治中国研究中心研究主旨：以信访领域反映出来的法治建设的重大问题为研究对象，依托研究中心专业化的研究背景，以及西南政法大学的学科优势，进行优势互补、实现资源共享。共同搭建人才培养、学科建设、科学研究“三位一体”的研究平台；大力开展信访改革顶层设计研究，中国法治建设研究，共同促进信访立法和法律建设，运用法治思维和法治方式做好研究工作，共同为建设法治中国、法治政府、推动依法行政做出应有的贡献。

定暂行办法》《重庆市信访事项复查复核办法》《关于推动干部下访群众制度化的决定》《市人大常委会信访工作若干规定》《市人大常委会信访办公室工作制度》《关于区分处理诉访若干问题的意见（试行）》以及《关于对重大决策事项推行信访稳定风险评估工作的意见》等法规文件出台实施。⑤

各部门、区县也积极贯彻《条例》精神，出台相关部门法规或指导意见，较有代表性的如涪陵区检察院联合区司法局制定《律师参与化解和代理涉法涉诉信访案件工作办法（试行）》，为第三方律师参与涉法涉诉信访治理予以制度保障；渝北区信访办制定《渝北区信访稳定工作双月评估办法》，进一步合理健全了信访考核评价机制；重庆市扶贫办制定《重庆市扶贫信访工作实施意见》，其开拓了扶贫信访工作思路，为精准扶贫、保障贫困群众合法权益予以制度保障；重庆市高院出台《关于进一步推动落实干部下访群众和涉诉信访源头治理制度的意见》以及《在立案环节强化涉诉信访风险评估的通知》等文件，开拓创新了信访评估工作方式方法等。⑥各区县、部门纷纷结合自身实际出台信访工作办法及指导意见，一方面体现出重庆市信访法规建设的规范化、体系化，另一方面体现出重庆市信访工作的精准化与有效化。

相比全国信访法规建设而言，重庆市信访法规建设仍较为滞后，依旧是“上推下”式的法规建设模式，没有发挥起地方立法推动国家立法“下促上”的促进作用，其地方立法的实践与理论研究也存在缺失。

（三）重庆市信访机构与队伍建设现状

如前所述，信访工作形势日益复杂、工作任务日趋繁重，信访工作的成败愈加依赖于合理的信访机构设置与高素质的人才队伍体系。纵观重庆市信访机构设置，较好地贯彻落实了《条例》规定与精神：全市 38 个区县（自治县）人大常委会均设立了信访办公室，市、区县（自治县）各级政府也均设立了专职信访工作机构，各政府部门和镇街也设立或明确了信访专门机构；微观而言，重庆市各级法院、检察院也均重视与强化信访工作力量，如单独设置立案庭处理涉法涉诉来信来访事项。

---

⑤ 因信访工作的特殊性，部分信访法规文件不予公开，碍于时间与课题组自身资源的限制，本研究根据 2012 年重庆市人大信访调研课题组相关成果以及各网站公开数据予以汇总。

⑥ 在调研中，所调研的各区县以及相关部门均出台各自信访工作办法，本文仅对其中较有代表性的予以列举。

表 1　国家信访局、重庆市信访办、万州区信访办机构设置对比 ⑦

国家信访局机构设置	重庆市信访办机构设置	万州区信访办机构设置
办公室 综合指导司 办信一司 办信二司	办信处 接访一处 接访二处 征集处	综合科 接访科 办信科 复查复核科 督查科
来访接待司 研究室 督查室 人事司 机关党委 国家投诉受理办公室 离退休干部办公室 机关服务中心 信息中心	综合处 人秘处 机关党委 维稳处 驻京处 督查处 复查复核处 信访投诉中心	维稳科 群众工作科 社情民意科

重庆市信访机构设置较为合理，各机构职能分工明确。就重庆市信访办机构设置而言，其能较好地契合国家信访局工作安排与其自身实际需要，12 个职能单位各司其职、相辅相成，但相比国家信访局，缺少信息中心等独立的信访事项公开机构。（如表 1、表 2）

表 2　重庆市信访办各机构职责设置

机构设置	职责分工
办信处	办理群众以书信、电子邮件、传真等形式给市委、市政府及市领导提出的来信事项，承办国家信访局和中央各部委转送、交办的来信事项以及市委、市政府领导阅批的重要来信事项

⑦ 本文仅列出国家信访局、重庆市信访办、万州区信访办的机构设置对比。在调研中，少有区县公开其信访部门具体的职能设置，仅有万州区等区县对信访工作机构设置予以明确公开。其他区县虽未明确公开或详细列出，但在咨询或访谈过程中发现其部门设置与职能分工大同小异，因此，本研究仅以万州区信访办机构设置与职能分工为例展开比较与论述。

续表

机构设置	职责分工
接访一处	负责市委、市政府来访群众的接待和处置工作，协调处理各区县和市级各部门在接待群众来访工作中遇到的复杂问题，参与矛盾纠纷排查工作
接访二处	负责政务值班和信息工作，对接驻京信访处有关工作
征集处	征集各界人士对我市政治、经济、文化、城市建设等方面的意见和建议，开展社情民意调研和分析研判工作
综合处	负责拟制本办综合性文稿、信访信息的收集、整理，开展政策调研，搞好政务服务工作
人秘处	负责全办的机构编制、人事、财务管理、机关行政后勤管理等相关保障工作
机关党委	负责本办党的思想、组织、作风建设，组织开展党员的教育培训和工、青、妇等工作
维稳处	承办重庆市维稳办的日常工作，负责组织全市的矛盾纠纷排查工作，开展全市维护社会稳定工作调研，实施重大事项信访稳定风险评估；牵头处置群体性事件
驻京处	承办我市到京走访群众的接待和劝返工作；制订重大活动期间的信访接待和处置方案
督查处	承办重庆市处理信访突出问题及群体性事件联席会议办公室日常事务；督导检查全市对信访法规贯彻执行情况，督办市委、市政府挂牌督办的信访事项；对有关单位和责任人信访工作职责履行不到位进行责任追究
复查复核处	按照《条例》规定，审查信访事项的办理情况，依法接受信访事项的复查、复核，承担市政府信访事项的诉讼代理
信访投诉中心	受理和办理网上信访事项。主要包括受理群众网上信访投诉，承办国家投诉受理办公室交转的网上投诉事项，向区县、相关单位交办、转送网上信访事项，跟踪重点网上信访事项的办理，为开展网上信访工作提供指导服务。承担信访信息化服务工作。主要包括承担全市信访信息系统的建设、管理和维护工作，信访信息的收集、分析、报送和信息资料管理工作，市信访办门户网站的管理维护工作

就重庆市各区县信访办机构与职责设置而言，其分工更为具体细化，但是各

职能部门间的横向联系较少，过于细化的职责分工也易造成人浮于事、机构臃肿、相互推诿、效率低下等问题。（如表 1、表 3）

表 3　重庆市区、县信访办各机构职责设置（以万州区信访办为例）

机构设置	职责分工
综合科	负责机关文秘、机要、档案、保密、财务、资产、车辆管理工作；协助领导处理机关行政事务；负责机关政工人事、劳动工资及退休干部管理服务工作；负责信访稳定工作调研和信息工作；完成上级机关和领导交办的其他工作
接访科	接待人民群众来访，及时报送和通报群众来访的重要情况；负责制订区领导公开接待群众方案和接待记录、纪要、视频接访等工作，并向领导反馈处理结果；协调处理集访、疑难信访问题，参与群体性事件和信访突发事件的协调处理；负责到市进京上访的劝返处理工作；负责信访老户的接待和处理；承办上级机关和领导交办的重要来访事项；配合有关部门依法维持上访秩序；督促、指导基层单位认真办理信访接访业务；完成上级机关和领导交办的其他工作
办信科	上级机关转交的信件和人民群众给区委、区政府及其领导的来信；负责网上信访事项的处理；收集、整理、反映来信中的重要信息；负责 50 人以上群众联名信的督查督办；负责全区来信来访情况统计和综合分析；完成上级机关和领导交办的其他工作
复查复核科	负责重庆市万州区人民政府信访事项复查复核审查领导小组办公室的日常工作，承担全区信访事项复查复核职能；承办上级党委、政府、信访部门和区委、区政府及其领导交由处理的信访事项；负责基层单位结案报告的审查、核销，指导基层单位办理信访事项；负责特殊疑难信访问题专项资金的报批和管理工作；协调处理跨地区、跨部门、跨行业的信访事项；负责信访事项复查复核及交办案件办理情况的统计分析；完成上级机关和领导交办的其他工作
督查科	承担重庆市万州区处理信访突出问题及群体性事件联席会议办公室的日常工作；对不按法定职能职责处理信访稳定事项的单位和工作人员进行督查督办，并按规定实施“三项建议权”；督促各级各部门认真履行信访维稳工作职责，贯彻落实区委、区政府和上级信访维稳工作的指示、意见；负责对重要信访事项、突出信访问题的办理进行督查督办，督促责任单位依法落实信访问题的处理意见，维护信访人的合法权益；完成上级机关和领导交办的其他工作

续表

机构设置	职责分工
维稳科	承担重庆市万州区维护稳定工作领导小组办公室的日常工作；贯彻落实上级有关维稳工作的指示、意见；定期收集排查不稳定因素，梳理、汇总不稳定信息；分析研判稳定形势，及时向区委、区政府提出维稳工作建议；牵头制订群体性事件处置预案，配合、协助突发事件现场处置；负责对重大决策、重大事项社会稳定风险评估工作进行指导、协调和督办；协调到市、进京非正常上访的劝返处置和教育训诫工作；完成上级机关和领导交办的其他工作
群众工作科	承担重庆市万州区群众工作联席会议办公室的日常工作；承办干部下访群众工作的具体事务；负责干部下访群众信息系统的日常维护和管理；承办区级领导接访、下访的相关业务工作；及时收集、汇总和报送全区干部下访群众的情况；参与协调处理涉及群众利益的信访问题，维护群众的合法权益；完成市群众工作联席会议交办的各项工作；检查、督促、指导干部下访群众工作；完成上级机关和领导交办的其他工作
社情民意科	承担重庆市万州区人民政府人民建议征集办公室的日常工作；组织开展社情民意调查，及时汇总情况，报送经验信息，撰写调研报告，提出工作建议；采取多种形式收集、征集人民群众建议，并督促相关责任单位积极采纳合理化建议；结合社区工作日等载体，收集、梳理群众反映的热点问题和需求，及时发现苗头性、倾向性问题，帮助解决群众的具体困难；对基层信访维稳工作队伍建设进行督促指导，保持社情民意工作信息畅通；负责有关信访问题的网络舆情的跟踪和监控，及时报告情况，按要求进行正面回复和宣传；完成上级机关和领导交办的其他工作

在人员配备上，重庆市信访工作人员逐渐向专业化、精干化、多元化方向发展。例如，各区县积极引入第三方律师参与信访接待、第三方机构参与信访评估、第三方社区力量参与信访调解。一方面，律师等专业力量的注入提高了信访积案的成功化解率，也促进了信访工作的科学化与规范化；另一方面，民间智囊的引入提升了信访工作的信度，在增加政府与公民互动中提升信访在维稳、缓和社会矛盾中减压阀作用的发挥。

（四）重庆市信访工作制度与方法建设现状

2016 年中共中央办公厅、国务院办公厅印发了《信访工作责任制实施办法》，重庆市信访办以宣传相关精神为契机进一步规范了信访工作制度、创新优化了一系列信访工作方式方法。

在创新信访工作制度方面，重庆市旨在构建“大信访”与“大化解”的信访工作格局，在宏观上，创新运用或深入发展信访维稳联动机制、矛盾纠纷排查调处机制、信访终结与导入机制、信访工作目标责任考核机制等。(如图 4)

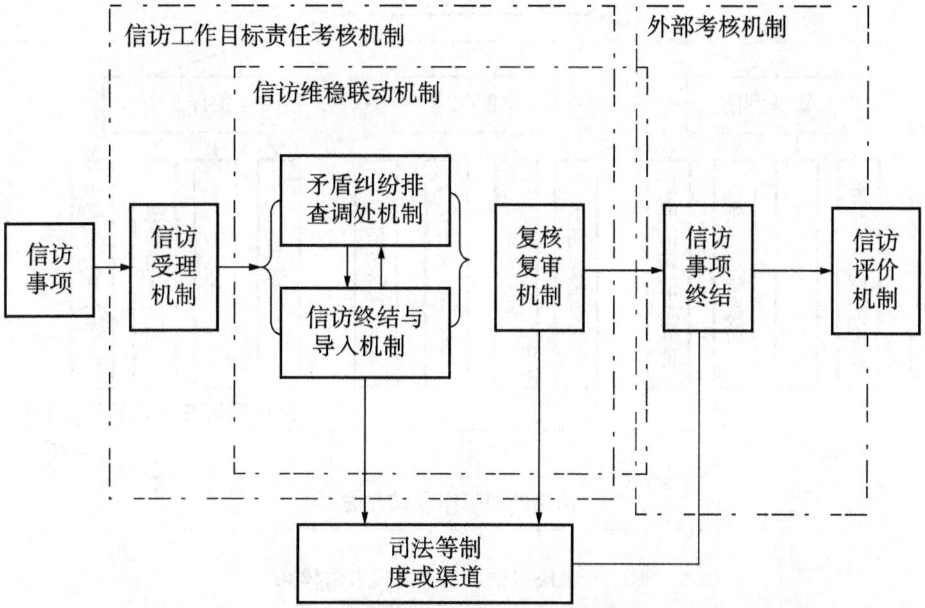

图 4　重庆市信访工作制度体系

已有制度体系虽能实现信访工作的联动，从信访问题发现、信访受理接待、信访办理转交、信访复审复核、信访导入终结以及信访考核评价六方面机制设计将信访工作予以统一规划，但是在微观上，其缺乏信访公开机制与外部制度衔接机制。当前，重庆市信访虽有“阳光信访”体制建设，但其在信访事项备案、公开等方面的工作力度依旧不足，尤其是在各区县、各部门，少有专设网站公开信访相关事项；在制度衔接上，其仅注重诉访间的对接而在一定程度上忽视了信访与巡视、复议间的衔接。

在工作方式方法建设上，重庆市各信访机构立足自身实际工作，积极开拓信访工作新方式方法。总体而言，主要体现在源头预防、中间化解、终结公开等三大方面。在源头预防上，信访事项风险评估、事前公开疏导、领导走访接访以及拓展信访信息渠道等方式综合运用，大大减少了突发性、规模化的信访群体事件；

在中间化解上，风险核查、领导包案、代理诉讼以及信访听证等方法全面普及，有效地提升了信访矛盾纠纷化解能力；在终结公开上，事后评估、随访反馈、满意评价以及备案公开等方式层层开展，一方面保障了信访事项依法终结，另一方面增进了政府与民众间的互信度。（如图 5）

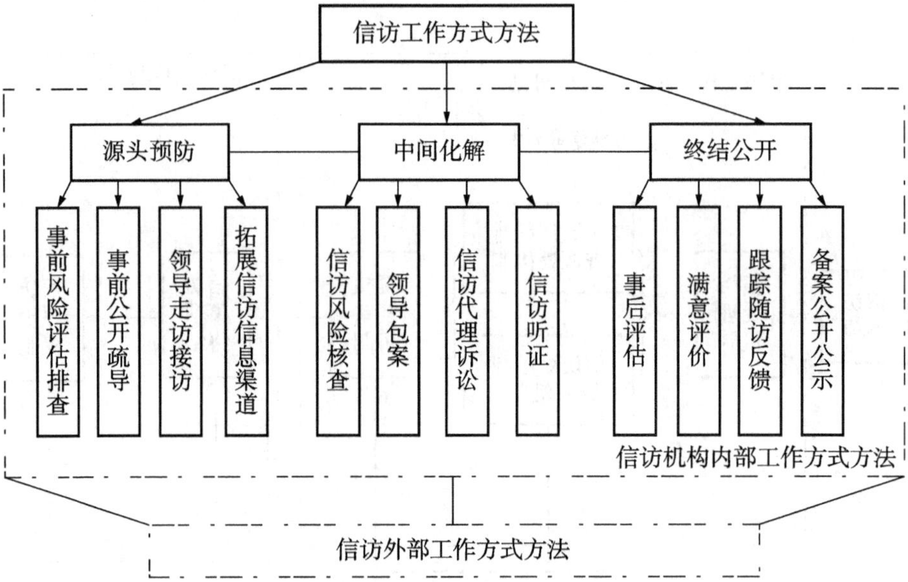

图 5 重庆市信访工作方式方法体系

二、《条例》实施的阻碍：困境与成因

（一）信访形势严峻，总量高位运行

当前，无论是在重庆市还是放眼全国，各类社会问题与社会矛盾突出，主要有社会需要与社会生产之间的矛盾、新旧体制之间的矛盾、市场经济与民主政治之间的矛盾、全面深化改革与改革成本之间的矛盾、中国传统文化与制度自信同西方文化与制度传播的矛盾等。此外，“党群干群矛盾进一步突出”“矛盾的对抗性增加”“群体性矛盾升级”以及“矛盾的利益相关性凸显”等新的矛盾特征日益与信访工作交织，使得信访工作面临日益严峻的形势。

从民众的信访情况看，其内容极其繁杂，涵盖范围较宽。信访人的诉求涉及“要求追究犯罪嫌疑人刑事责任”“要求纠正错案”“追究相关人员责任”“申请国家赔偿或者经济补偿”，其救济诉求涉及各个行业部门与领域，有的属公安、法院、检察院管辖，还有的属其他行政执法部门管辖，这种问题及部门的分散化致使信访、举报材料在公安、法院、检察院及其他行政执法部门之间长期流转而相互推诿，致使信访效率低下。

无论是社会矛盾复杂多样，还是信访问题复杂交织，都使得信访纠纷化解难度增加，也使得重庆信访总量虽有下降，但其信访基数依旧高位运行。随着全国以及重庆市社会经济的发展，大量新纠纷、新矛盾、新诉求将不断涌入或反映在信访领域，这是当前《条例》贯彻实施的最大阻碍，也是继续加快信访法治化建设、推动信访工作制度改革必须高度重视与主动面对的难题。

（二）法规体系欠缺，观念意识落后

首先，就《条例》自身而言，其合宪性缺失，⑧主要表现在其许多条文规定实质构成了对公民直接监督权这种政治权利的剥夺或变相剥夺。例如，限制集体上访的人数，在无法律规定的情况下，以行政法规限定公民信访人数，事实上是在剥夺公民的政治权利。其次，《条例》中规定信访“属地管理、分级负责，谁统管、谁负责”原则，有违接信接访之一般办事规律。“属地管理、分级负责，谁主管、谁负责”的原则即要求要将信访问题化解在基层，由事发地政府和相关部门负责处理，不得越级上报。然而，在基层信任度低这一无法解决的难题的制约下，一味地禁止越级上访，一方面，会造成信访效率低下；另一方面，信访人的诉求难以得到解决而会致使民众积怨之加深。“因此，强调属地管理可以看作中央政府将信访问题的处理任务下移、减少越级上访、从而减轻中央政府信访压力的体现，在没有基础性的配套制度和措施的情况下，这样的制度安排的后果极有可能是不断加剧和积累越来越严重的社会矛盾。”最后，对重庆市信访法规而言，一是缺乏与国务院《信访条例》相衔接的法规制度，二是缺少结合自身实际的基层法规创新，在上下衔接与自身创新都缺失的情况下，信访改革难有实质成效。

---

⑧ 并非仅有《重庆市信访条例》存在合宪性缺失问题，综观全国，国务院《信访条例》以及各地制定的《信访条例》均存在合宪性缺失的问题。

信访意识观念与信访法规体系建设关系密切，新旧信访观念冲突会间接导致信访立法的滞后。当前，在政府层面，法治信访、责任信访与阳光信访理念达成共识，但是精准信访、多元信访与民主信访理念仍未广泛实践；在民众层面，“闹而优则仕”“闹而优则利”以及“大闹大解决”“多闹多解决”等思想依旧根深蒂固。完善信访立法与更新信访观念固然重要，但这只是信访法治化的保障，信访法治化重在明确信访功能、加强责任倒查、实施阳光信访、引入国外制度等信访运行机制的变革，保证理念的革新，更要付诸社会实践。积极试点，广而推之，在实践的基础上加深认识，用先进的理念指导实践，在实践的过程中加强宣传与学习，才是信访法治化建设与工作制度改革的有效出路。

（三）功能定位模糊，机制设计不当

以权利救济为主要导向的信访功能定位，是《条例》贯彻实施的主要阻碍因素之一。当前，信访部门不承担实质性职责，可以说它仅是社会问题的中转站，而非终点站。这种“虚位部门”追究具体部门责任时十分无力，若某一政府职能部门建立自己的信访办，那么又会出现“官官相护”的尴尬局面。究其根源，信访强化监督职能、弱化救济职能使然，这种虚位的现实显然又与我们追求强化其监督职能相悖。

弱化信访论便是基于强化信访后产生的诸多矛盾而进行的批判。实际上，强化信访、赋予信访部门实权已有学者证明其行不通，这也是为什么信访取消论一直存在的原因。然而一味地弱化或取消又不能满足现阶段我国公民的需求，也无法弥补法律的空缺。因此，信访功能陷进虚化与强化的两难困境。在具体实践中，重庆市各级政府积极拓宽群众来信来访渠道，广泛征集民意，然而，渠道的拓宽意味着问题、纠纷及诉求的增多，与之相衔接的化解机制却不完善，这种能够发现问题却难以解决问题的困境又会加剧民众对政府的不满，信访终而不结的悖论油然而生。

信访功能定位的模糊不清直接导致信访工作机制与方法的偏离。在信访工作机制与方法建设上，网上信访作为各区县信访的主体方式，依旧存在程序繁杂、流转困难、效力不足、配套设施不健全等问题。

普及电子政务意在“简政”，增强政府部门的办事效率。但网上信访普遍要经过“登录网上信访平台—填报信息—审核—告知—督办—反馈—备案”等程序，而仅审核这一环节就值得去忖度其时效。另外，网络的普及度制约着网上信访的

可行性，一是网络是否在全社会普及，二是是否所有公民都能熟悉计算机的简单操作，对于重庆这一多偏远山区的城市而言，那些有诉求却无法上网、不会上网的信访人，网上信访平台很难起到实质效用。

信访问题在网上流转，其跟踪督办若仍在网上实现，效力就很难有保证(问题是信访人自身相信与否)。信访部门及工作人员会不会处理数以万计的网络信访事项，其花费的人力、物力在很大程度上转嫁给了政府，这间接地将信访对信访人的救济转变成了对政府财政的支撑，实质上并未减少信访成本。信访事项完结后需要备案，而政府在建立完备的信访数据库与分析系统中已经捉襟见肘。将网上信访视为综合民意信息汇集平台，又会面临如何进一步拓宽民意搜集渠道的难题。

（四）多元参与缺失，信访危机凸显

当前，第三方参与信访治理在实践与理论上已达成共识，重庆市的“两代表一委员”参与机制、律师参与机制以及第三方评价等在实际运用中成效颇丰，然而以上参与领域与层次依旧在信访治理的表面，第三方参与信访治理也未从受理、接待、导入、督办、终结、评估多方面展开论证与实践。

在第三方参与的理论研究与实践论证中，其存在的诸多危机也日益显现，如基层治理的信任危机、成本增加的支付危机、需求导向的质量危机等。尤其是在成本方面，相比诉讼，信访成本显得极其低廉，这仅是相对于信访人而言，站在政府的角度，信访的成本就极其高昂，部门间的周转、办公费用、人力投入、信访听证的布置牵一发而动全身，因此成本十分大。(如表 4）撇开厌诉心理，这种经济理性是民众“弃法转访”的重要原因，因为在信访人眼里信访的成本尤其是初始成本与信访的期待值相比是极其低廉的。

然而若将信访投诸第三方，信访事项在政府与第三部门流转，仅在终结环节其时间无疑会加长，信访人自身承担的经济费用也会增加。我们着眼于信访部门间、政府职能部门间相互扯皮、推诿，第三方信访部门之间、其与政府之间在实践中就不会本末倒置、推三阻四吗？虽无实证，但也不是没有可能。那么信访人究竟会不会认同这种显性成本和时间成本的增加而继续信访呢？作为理性人，尤其是在第三方效力尚未明确的前提下，信访人显然不会接受。

表 4 信访与诉讼成本对比分析

主体	成本分类与构成		成本分析
政府	诉讼	法院审判机关运作与风险成本、无偿援助成本等	成本相对低
	信访	部门周转、办公费用、人力投入、信访听证、非常规支出费用等	成本相对高
民众	诉讼	案件受理、申请费、证人、鉴定人、翻译人员、理算人员在人民法院指定日期出庭发生的交通费、住宿、生活费和误工补贴等	成本相对高
	信访	交通、材料、误工、食宿、通信费等	成本相对低

就政府而言，原本就高昂的信访成本若继续加大对信访的第三方投入，又加之对第三方中介组织管理成本诸如人、财、物的支出，政府也难以有所认同；政府如果以增加信访的成本迫使信访人“弃访转法”显然也有悖于民主、法治政府的服务宗旨——这也体现了目的与过程的冲突。因此，信访成本的增加是第三方参与信访治理深入改革不可避免的梗阻。

三、《条例》实施的对策：创新与展望

（一）转变思路，更新理念，加速法治信访建设

针对《条例》贯彻实施的不足，为进一步贯彻其精神，推动信访制度改革，首先需要树立信访法治理念、人本理念、效率理念和大信访理念，即信访工作要以法治、人本、效率为核心。

一方面，加强《条例》的宣传与学习。信访的认知不协调在客观上将一直长存，但我们可以尽最大限度通过宣传教育去避免。这是一种柔性的信访法治化手段，基于文化具有深远持久的影响，通过法治宣传教育可以让法治理念深入人心，并在长时间内指导着人们的行为。当然，宣传教育是多方面的，可以是政府官员的自我教育，也可以是民众教育；既可是政府对民众施加影响，亦可是民众自我教育。

首先，不应再细致界定广义信访与狭义信访的区别，不同政治体系、不同部

门的信访都应该有统一的归属，信访应当在发挥各自领域的制度灵活性的基础上进行大部制改革。其次，我们也需要对信访机构加以精简，解决信访部门林立、归口不一等问题，各省可以建立统一的信访机构，统辖区域内的信访管理与统计工作。

另一方面，深化对大信访理念、法治信访理念的理解。首先，健全领导干部“大接访”、信访积案“大化解”、社会力量“大参与”、信访工作“大提升”等信访工作方法，力求构建一个层级明确、富有效力的统一信访体系，各基层信访部门归属统一的“大信访部门”。其次，各级各部门、尤其是信访部门要主动研究新情况、适应新形势，按照上级决策部署，不折不扣地落实好信访制度改革的各项措施。一是要带头学法、遵法、守法、护法，提高依法办事能力，深入学习宣传贯彻《条例》，依法维护人民群众参加社会管理和社会事务，必须更正干预群众正常上访活动的错误做法。二是要积极引导群众依法逐级反映问题，对应到基层但没到基层反映问题的、基层正在处理并未超出法定处理限期的、信访事项已经依法终结的，信访部门不予受理，各级政府信访部门不再受理的涉法涉诉信访事项，要及时引领信访人依照法定程序向有关政法机关提出诉求。三是要坚持畅通信访渠道与维护信访秩序并重、创新机制与强化责任并举、主张权利与履行义务统一、依法办事与思想教育相结合的原则，切实树立信访工作的正确导向。

（二）公开透明，绿色集约，推进阳光信访建设

针对重庆市阳光信访建设的缺失与不足，各信访部门应构建阳光信访工作模式，进一步加强公开、强化运用。

“阳光信访”模式是依托“信访信息系统”和“信访服务系统”等一系列网络媒体平台整合出的新型信访模式。“阳光信访”制度为公民营造公平公正、透明可信的信访环境，将党政机关办理信访事项的整个过程皆置于群众的监督之下，打造了便捷高效、阳光透明的信访服务平台，体现了“以人为本、信访为民”的宗旨。

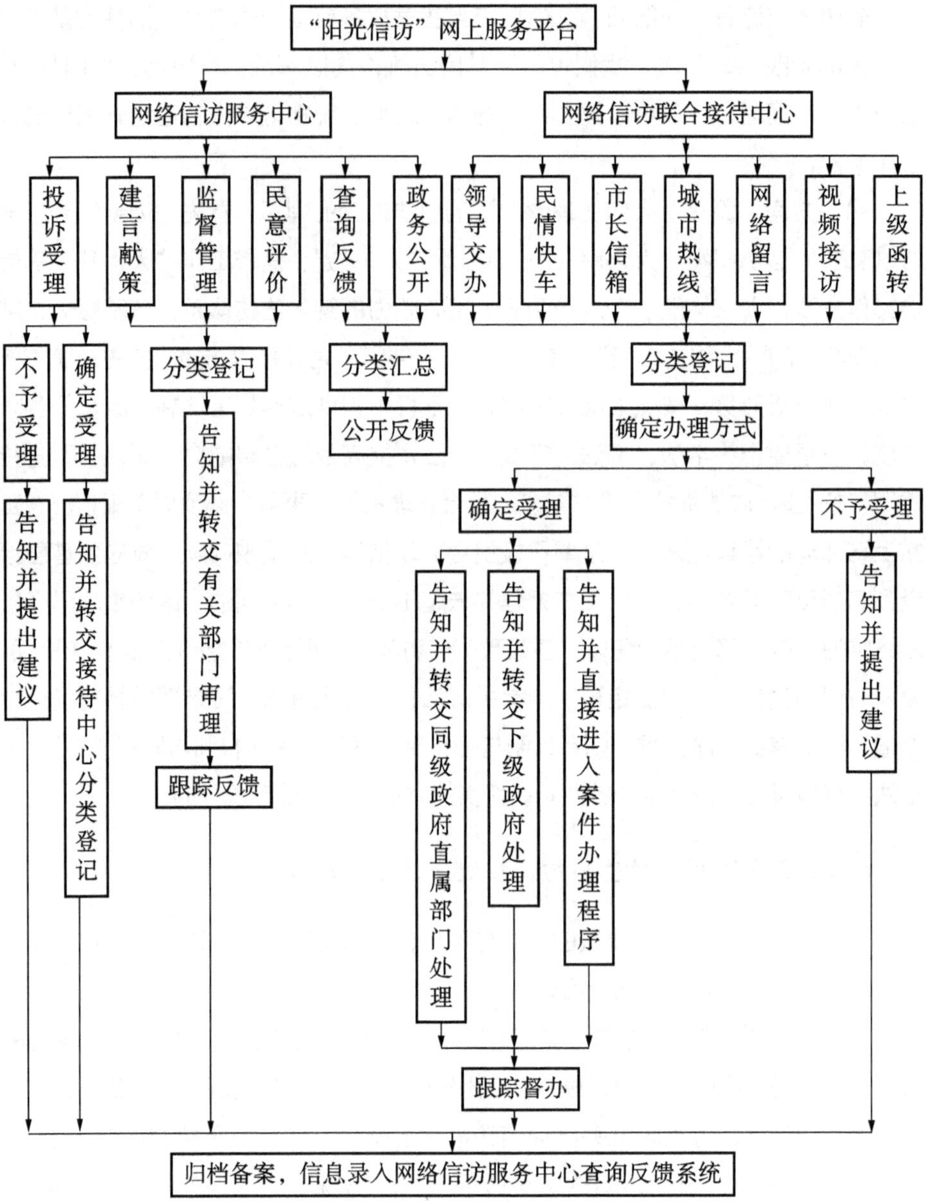

图6　阳光信访工作模式

如图6，"阳光信访"通过"阳光信访"网上服务平台，建立网络信访服务中心与网络信访联合接待中心。网络信访服务中心集投诉受理、建言献策、监督管理、民意评价、查询反馈和政务公开六大功能于一身，网络信访联合接待中心则通过领导交办、民情快车、市长信箱、城市热线、网络留言、视频接访和上级函转几种途径在网上进行信访接待。在接待过程中，要做到层层推进、步步登记汇总、实时跟踪督办，并及时将办理结果反馈给信访人。

此外，重庆市各级政府、人大及相关职能部门应该结合自身实际构建阳光信访工作模式，在网上服务平台的建设上，要注意集约化，要在控制成本中改变民众与政府之间的信息不对称现状，以公开促稳定、以知情促和谐，增加民众信访的获得感。

（三）强化监督，精准终结，推进责任信访建设

责任信访建设是信访工作制度改革的关键。首先，要实现信访前置，即“公民问政”向“公民理政”的转变。“信访前置”强调将公众参与引入公共决策，即让公民在政府管理行为实施环节（决策环节）内行使信访权，简言之就是“问政于民”向“公民理政”的转变。

相比“信访后置”模式，信访前置的优点大致有预控能力强、加强公民的政策认可度、降低信访源头发生率、缓解信访机关工作压力、推进民主政治建设。前置之后的主要工作包括“信息收集、决策咨询、风险评估”，要求民众具有“参与、管理”的能力，政府要发挥其“引导、教育”的功能。（如表5）

表5 “信访前置”与“信访后置”模式差异对比

模式	工作特征	工作特征	工作内容	所需技能
信访后置	信访前置	执行后果	接待、受理、导入、督办、终结	接待、询问、登记
信访前置	主动、预防	政策制定	信息收集、决策咨询、沟通援助	参与、管理、引导

终结与否，是评判信访工作成败的标准之一。重庆市信访以三级终结为蓝本，即在初访、复查、复核时予以终结的机制设计，前一环节无法终结的转由下一环节，直至复核结束。（如图7）但是三级终结制度还是存在弊端，对于那些通过复核还不能解决或还不能让信访人满意的信访事项，没有后续机制保障解决。三级终结的效力难以得到保障，因此通过信访听证会增加透明度、通过人大审查、引入第三方力量提升其效力显得尤为重要。信访终结机制要重点研究终结依据（立法）、终结范围（职能）、终结程序（效率）、终结标准（公平）四个方面，同时要实现有效监督，落实责任主体。这些标准只有通过引入听证制度和引入权力机关

的审查才能实现。

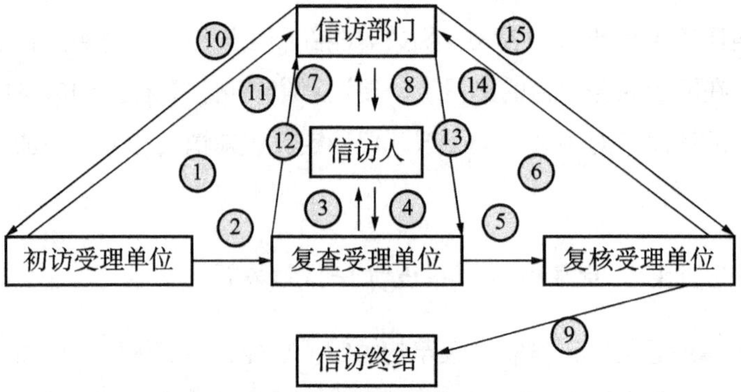

注：1.信访部门转送有关单位 2.60日内办结、延长超过30日 3.有关单位30日内回复
4.信访人30日内提出复查 5.有关单位30日内回复 6.信访人30日内提出复核
7.信访人提出信访事项 8.信访部门反馈给信访人 9.复核意见反馈信访人、信访终结
10.信访部门转送有关单位、督办 11.反馈 12.反馈 13.督办 14.反馈 15.督办

图 7 信访事项三级终结程序

人大做信访终结审查是较为可行的信访终结模式（如图 8），信访终结机制需经过信访机关提请人大常委会终结，人大常委会调查审议是否符合终结标准，召开信访听证会，信访机关、信访人陈述理由，审查核实、听取各方意见，公示备案，终结七个环节。

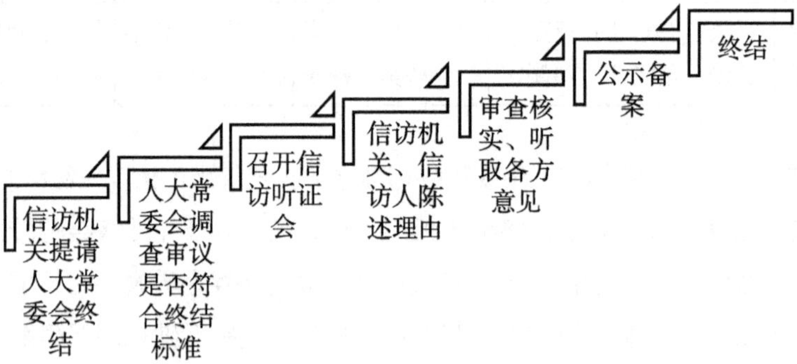

图 8 人大信访终结机制程序设计

（四）协同参与，基层治理，推进多元信访建设

第三方参与信访治理需要从参与领域与参与效果上加以提升。就律师参与信

访接待而言，可分为分离诉访事项、导入司法渠道、代理涉诉信访三步骤：首先，经由律师对信访事项进行初步筛选进而可将信访事项分为诉讼类、复议类、涉诉信访类、行政信访类事项，这将为信访分流治理提供前提保障；其次，分类之后最为关键的便是将涉法涉诉类信访、诉讼事项及时导入司法渠道，也就是说分类是前提，导入是关键；最后，将能够导入司法渠道的涉法涉诉信访案件代理诉讼以助信访矛盾化解，这是律师参与信访第三方处置的归属。在信访司法导入中，律师起着甄别、推荐两种作用，相应地，也应当建立信访的律师甄别机制、推荐机制两种工作机制。也就是说，律师要担当起甄别信访案件是否涉法涉诉以及原评判是否合理的职责，然后对需要通过诉讼渠道解决的案件向法院进行推荐或对原判决作以情况说明书，以确保信访事项得以公正解决并使信访人信服。

律师推荐机制（如图 9），即让第三方律师（1—2 名）运用其法律专业知识就接访律师分流、推荐、导入与处理意见开具鉴定书，签字后交由信访与涉事部门。相关部门结合意见鉴定书对信访人答复、或对意见书驳回或采纳、或启动信访终结程序。此举的优势在于两点：一方面保证了信访处理结果的可信性与公正性，另一方面也对信访与涉事部门起到责任倒逼与监督制约的作用。

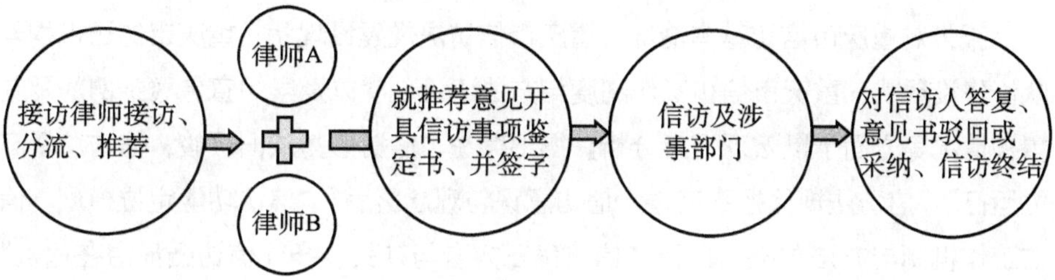

图 9　第三方律师信访推荐机制程序

律师推荐机制的可行性在于律师可视为独立于政府之外的法律评判者且有可能也最容易接触基层民众的信访事项，因而公信力与知识储备无可挑剔；就可操作性而言，撇开政府购买律师服务之外，信访事项分流后律师可将诉讼事项直接代理诉讼，因而与其利益挂钩，可操作性强。律师推荐的价值体现在两个方面：就政府而言，畅通诉访导入机制，提升司法公信力；就民众而言，监督政府，提供无偿法律援助与诉讼代理，确保纠纷解决的可能。

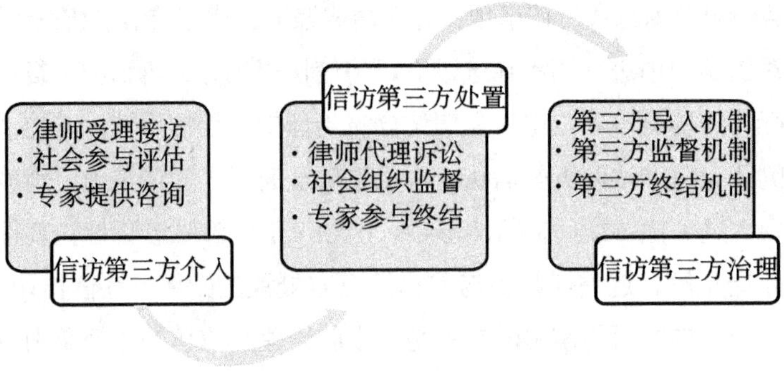

图 10　信访第三方介入—处置—治理转变模式

诚然，第三方参与信访治理绝不限于律师参与这一单一领域，除此之外，还可通过构建社会问责机制以实现信访督办的第三方处置、通过完善基层治理机制以实现信访终结的第三方处置。（如图 10）

四、结语

报告对重庆市信访基本情况、重庆市信访法规建设现状、重庆市信访机构与队伍建设现状、重庆市信访工作制度与方法建设现状以及学习宣传《条例》及其精神情况等方面予以宏观调查分析，得出存在“信访形势依旧严峻、信访总量高位运行”“信访法规体系不完善、信访意识与观念落后”“信访功能定位模糊、信访工作机制与方法欠缺”以及“信访第三方参与缺失、多元信访凸显潜在危机”等问题，针对以上四方面问题，本研究提出需要“转变思路，更新理念，加速法治信访建设”“公开透明，绿色集约，推进阳光信访建设”“强化监督，精准终结，推进责任信访建设”以及“多元参与，基层治理，推进多元信访建设”四条基本对策。

然而，《条例》的贯彻实施远不止本文列举的五个方面，碍于时间与精力，本文未考察出、未列举出的部分将在后续研究中予以细化。由于调查样本的狭窄，相关原因分析与对策建议可能面临推广应用性不足的问题，因此，后续研究将进一步扩大调查样本总量，从信访受理、接待、转交、督办、导入、终结、评估多方面综合考量。此外，相关研究还应进行跟踪性的动态研究，以提升研究成果的实效价值与应用价值。

重庆市地方性法规立法特色与困境分析（1997—2017年）

郑伟华

（西南政法大学行政法学院　重庆　401120）

摘要： 重庆市从1997年6月18日升级为直辖市以来发生了翻天覆地的变化，全面深化改革取得重要进展，全面依法治市深入推进，开放型经济向更高水平发展。2017年又正逢重庆直辖20周年，为了能够进一步验证重庆市经济发展和地方立法之间的互动关系，有必要梳理分析重庆市直辖20周年以来地方性法规，立足经济社会发展，总结出重庆市地方性法规立法特色与困境，并从立法理论层面和制度实践层面提出相关建议。

关键词： 地方性法规　回顾　立法特色

大智立法，一个国家的现代转型过程必然是一个制度化、再制度化的过程，而制度的内核和中枢，在于以宪法为根本的法律规范体系。地方立法是中国特色社会主义法律体系和地方法治建设的重要组成部分，是推动社会治理体系和治理能力现代化的重要支撑，是全面推进依法治国在地方的实践探索。2017年是党的十九大，是重庆市第五次党代会和重庆市直辖20周年的重要年份。重庆市从1997年6月18日升级为直辖市以来，在党中央、国务院为重庆发展导航定向下，重庆上下奋力作为，坚持“科学发展、富民兴渝”，经济持续快速发展，全市地区生产总值从1997年的1509.75亿元增长到2016年的17559亿元，增长了11.6倍（见图1）。

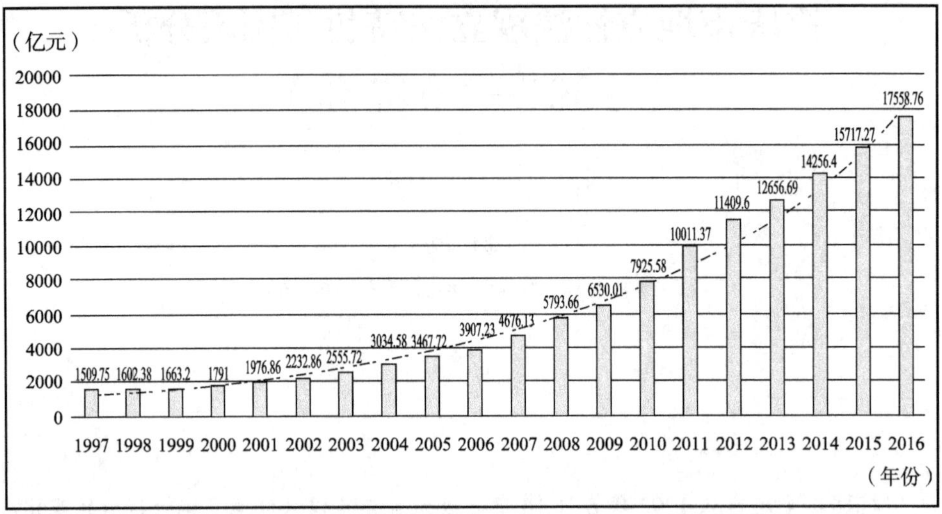

图1 重庆市直辖20周年来GDP变化情况（数据来源于国家统计局）

2016 年 1 月 6 日，习近平同志在视察重庆时指出，重庆作为我国中西部地区唯一的直辖市，区位优势突出，战略地位重要，是西部大开发的重要战略支点，处在“一带一路”和长江经济带的连结点上，在国家区域发展和对外开放格局中具有独特而重要的作用。① 马克思在《哲学的贫困》中指出：“无论是政治的立法或市民的立法，都只是表明和记载经济关系的要求而已。”② 重庆经济发展是地方性法规立法的基础，而地方性法规又为经济发展提供制度保障、体制保障、机制保障和秩序保障，为经济的持续、快速、健康和可持续发展保驾护航。③ 重庆市经济社会发生的巨变，与直辖 20 周年来市人大及其常委会所颁布实施的地方性法规密切关联。④

① 参见《习近平 2016 年首次国内考察赴重庆》，载新华网，访问日期：2017 年 1 月 20 日。

② 马克思：《哲学的贫困》，人民出版社 1949 年版，第 28 页。

③ 参见俞荣根、程雪莲：《重庆市经济立法质量研究》，载《探索》2011 年第 3 期，第 115—118 页。

④ 所涉重庆市人大及其常委会所立地方性法规的制定、修改与废止及相关数据整理自重庆市人大常委会办公厅、重庆市人大法制委员会编制的《重庆市法规汇编》（1997—2017 年）（载 http://www.ccpc.cq.cn/）、重庆市人大法律法规查询系统（http://222.177.17.20/webuse/edit/searchcon.jsp）及北大法宝（http://xblaw.chinalawinfo.com/）。

一、重庆市直辖以来地方性法规总体变化情况之回顾

1997 年 3 月 14 日，第八届全国人民代表大会第五次会议通过了《第八届全国人民代表大会第五次会议关于批准设立重庆直辖市的决定》，决定批准设立重庆直辖市，直辖给重庆带来更多的发展机会，也赋予重庆地方立法更大的自主权。

第一，重庆市直辖前后地方性法规存在一个过渡过程。重庆市的立法权始于 1984 年，从 1984 年到 1997 年直辖，共制定了 65 部地方性法规。重庆市当时是四川省的设区市，为了保证重庆设立直辖市后执法工作的连续性和适用法规的平稳过渡，避免法律“真空”和不衔接，重庆市一届人大一次会议作出了关于四川省和原重庆市地方性法规在重庆市继续适用的决定。1997 年至 2000 年年底，已移植和新制定地方性法规及法规修正案共 140 部，原决定继续适用的四川省和原重庆市的 152 部法规中，已有 126 部先后停止适用。在直辖最初 3 年通过的法规中，“移植”法规占 2/3，保证了国家法律法规的贯彻实施，为年轻直辖市的经济发展和社会稳定提供了法律保障。随着形势的发展和实际情况的变化，其余的 26 部法规，有的已不宜继续适用，有的已由重庆市人民政府制定了行政规章。为此，重庆市第一届人民代表大会第五次会议决定：自 2001 年 2 月 1 日起，四川省的 18 部地方性法规和原重庆市的 8 部地方性法规，在重庆市停止适用。至此，四川省和原重庆市的地方性法规在重庆市已全部停止适用。⑤

第二，重庆市地方性法规具有以人大任期为划分依据的阶段性变化情况。直辖 20 周年来，重庆市人大及其常委会围绕进一步提高立法质量这一立法工作中心，在为民立法、民主立法、依法立法、科学立法上年年都有新进展，重庆市地方立法工作稳健发展，成绩斐然。以人大一届 5 年的任期为一个阶段能够进一步回顾验证重庆市经济发展和地方立法之间的互动关系。1997—2001 年是重庆市地方性法规大量生成期，直辖头 5 年市一届人大共审议通过法规 158 部，创造出立法工作的“重庆速度”并解决了新兴直辖市有法可依的问题。由于行政级别变更且当时政府执政理念还停留在以管理观念为主上，所以这一时期的法规主要是行

⑤ 参见 2001 年 1 月 16 日重庆市第一届人民代表大会第五次会议通过的《关于四川省和原重庆市地方性法规在重庆市停止适用的决定》。

政管理类的居多。2002—2007 年是重庆市地方性法规转型期，市二届人大审议通过法规 88 部，已经基本构建起具有重庆特色的地方性法规框架。由于政府对经济结构进行调整，对国有企业进行改革，需要解决民众就业问题，建立健全社会保障制度，因此在立法层面对“民生问题”给予高度法律保障，相继出台了《重庆市职工权益保障条例》和《重庆市失业保险条例》等民生立法，同时政府执政理念也从管理型政府转变成服务型政府。2007—2012 年是重庆市地方性法规质量提升期，市三届人大提出把立法决策与改革发展重大决策相结合、努力将立法资源转化为发展优势的思路，重视社会领域立法，更加注重提高立法质量和技术，对法规语言表达的规范性和法规可操作性的要求越来越高，因此在这一时期集中清理、修改、废除了部分不适应当下经济社会发展的地方性法规。2013—2017 年是重庆市地方性法规建设完善期，市四届人大坚持立法与重大改革决策相衔接，坚持立法与地方经济社会发展相适应，坚持立法与人民群众关切相呼应，正努力发挥立法对地方经济社会发展的引领和推动作用，地方立法呈现出数量多、分量重、针对性强的特点。

第三，重庆市地方性法规为适应重庆市经济社会发展也是一个不断立、改、废的变化过程。1997 年 6 月 18 日至 2017 年 8 月 30 日，重庆市第一届、第二届、第三届、第四届人民代表大会及其常委会累计审议通过地方性法规 509 部（包含法规性决定，批准的自治条例和单行条例），其中现行有效的法规有 252 部，已经失效的法规有 92 部，已被修改的法规有 165 部。根据重庆市地方性法规的规范对象和内容，可以对现行有效的地方性法规（252 部）类别构成做如下分类：关于国家机关事务管理方面的地方性法规有 29 部；关于社会事务管理方面的地方性法规有 51 部；关于文化教育方面的地方性法规有 36 部；关于财政经济方面的地方性法规有 85 部；关于城乡建设方面的地方性法规有 18 部；关于资源环境方面的地方性法规有 20 部；此外，还有经过批准的自治条例和单行条例 13 部，主要是关于少数民族自治县（区）自治条例方面的，还有对少数民族旅游、水资源、矿产资源、历史文化保护方向的地方性法规。

通过对重庆市现行有效的地方性法规进一步分析可以得出：首先，重庆市地方性法规主要集中在社会事务管理、财政经济和文化教育等领域上面，关于资源环境方面的立法则较少。从一定程度上说明当前经济发展仍然是较粗放式的，对于环境资源的保护和有效利用方面有待进一步提升。其次，当前重庆市地方性法规相较而言主要集中在执行性立法，创设性立法相对较少。而执行性立法的特点是调整手段较为单一，缺乏多样性。这一点主要体现在较多运用行政手段，且重行政命令等强力手段而轻行政协议、行政指导等非强力手段；忽视市场机制与经济手段，经济刺激手段运用不够充分。大部分执行性立法受行政部门的影响，从而使得地方性法规很难避免以对行政相对人的管理为核心。这一点从重庆市地方性法规名称中含有“管理”二字的立法数量中可见一斑：从列入研究范围的200多项法规中，大部分法规名称中含有“管理”二字，足以见得在地方性法规中行政气息之浓厚。具体到法律条文，则主要表现在立法中所规定的经济、文化、资源环境等保护制度和措施，大都以行政管理制度和措施为主，立法中所规定的实施机制与执法手段，也多为行政命令等强力手段，鲜有行政协议、行政指导、行政服务等非强力手段的运用，而这些“软”行政手段与强力手段相比，则更有利于行政管理主体与相对人之间建立一种合作关系，从而达到较低成本，提高行政效率。

二、重庆市地方性法规立法特色之展示

当前中国正处在全面深化改革的时代，改革的内在逻辑关键在于处理好中央与地方、国家与社会、执政党与政府的关系。地方立法问题也应该放在这个大背景下考量。随着法治社会建设进程的推进，立法质量的提升，是否体现地方特色已成为衡量一部地方性法规的关键标准。周旺生教授指出，没有地方特色，地方立法就失去了存在的价值。[⑥] 所谓“体现地方特色”，主要就是要求地方立法能反映本地的特殊性。具体来说，就是地方立法要能充分反映本地政治、经济、地理、文化、风俗、民情等对立法调整的需求程度，适合本地实际情况，并且地方立法要有较强的、具体的针对性，注意解决并能解决本地突出的而中央立法没有或不宜解决的问题，把制定地方规范性法律文件同解决本地实际问题结合起来。没有地方特色，地方立法就会失去其存在的价值。面对新的形势和要求，重庆市人大结合实际，积极探索创新，不断完善立法体制机制，走出了一条具有“重庆特

---

⑥ 周旺生：《立法学》，法律出版社2009年版，第282页。

色”[7]的地方立法之路。

特色一：在立法起草、内容、审议等方面不断创新。起草方面：1998年6月5日，市人大常委会委托西南政法大学起草《重庆市司法鉴定条例（草案）》，是直辖后委托专家学者起草的第一部地方性法规，成为全国第二部，重庆市第一部有关司法鉴定的专门法规，在全国具有独创性，开创了全国省级人大首次委托专门院校立法的先例；2001年2月28日，市人大法制委员会与重庆索通律师事务所签订协议，委托该所起草《重庆市物业管理条例（草案）》，开创了中国律师参与地方立法的先河；等等。内容方面：二十年时间里，中国地方立法的多个第一都在年轻的直辖市产生。《重庆市职工权益保障条例》是全国第一部关于劳动保障的综合性地方法规；《重庆市城乡居民最低生活保障条例》在全国率先创建了城乡统筹的低保工作机制；《重庆市长江三峡库区流域水污染防治条例》，首次以法规形式在省级行政区域内全面禁止生产和使用超标含磷的洗涤用品，并建立以出境水体监测指标为考核依据，考核各级政府及其相关部门的水污染防治工作制度，在探索长江流域环境保护立法上有了新的突破；2008年制定的《重庆市促进开放条例》，在全国首次以地方综合性立法的形式促进开放，具有鲜明的时代特征和重庆特色，对于促进和保障重庆市大开放、大发展具有重要的现实意义；等等。审议方面：2002年8月29日，重庆立法史上首个立法听证会——《重庆市物业管理条例（草案）》立法听证会举行，这也是西部地区的首次立法听证会。举行立法听证会是民主立法的重要渠道，可以最大限度地听取各方面的意见，是地方立法向民主化、公开化迈出的重要一步。由于广采民意，该条例所确定的业主代表大会、物业服务收费、维修基金等制度，既切合当地实际，又具有前瞻性。

特色二：注重解决带有特殊“重庆元素”的立法实践问题。直辖以来，重庆市人大常委会不断深刻总结自身的地缘环境、特殊市情和具备的国家战略地位优势，努力在地方经济立法中考虑解决“三峡问题”“大城市带大农村”“港口问题”等带有特殊“重庆元素”的立法实践问题。

针对重庆市独有的三峡库区保护和移民问题，2001年、2002年市人大常委会结合三峡工程建设、库区水污染防治和移民工作的实际先后出台《重庆市长江三峡库区流域水污染防治条例》和《重庆市实施〈长江三峡工程建设移民条例〉办

---

⑦《中国人大》2014年第10期把重庆市人大不断探索完善地方立法工作机制，称为地方立法的“重庆特色”。

法》。“谁毁了家园，谁就是罪人；谁保护了环境，谁就赢得了民心”这是三峡库区百姓的共识。上述相关条例的出台对于防治库区水污染、保护库区生态环境和水环境安全发挥了重要作用。《重庆市长江三峡库区流域水污染防治条例》经过2001年、2005年两次修正，2011年修订形成了现在总则、规划和监督管理、饮用水水源保护、水体污染防治、法律责任、附则的六章结构。2001年的《重庆市长江三峡库区流域水污染防治条例》是我市为保护三峡库区水资源安全的最具有地方特色的一项立法，在全面禁磷和考核制度方面具有一定的独创性和突破性。⑧

重庆市针对本市大城市与大农村并存的特点制定了很多有针对性的农村建设法规。直辖之初，40个区县中有近一半为贫困县，农村贫困人口高达366万，这便是大城市带大农村，二元经济结构突出的真实写照。因此重庆市人大及其常委会高度重视有关“三农”问题立法，现行有效的地方性法规中关于“三农”问题的法规占有重要比例，共有14部。2007年6月，重庆市被批准为全国统筹城乡综合配套改革试验区。此后，重庆市人大及其常委会围绕城乡统筹出台了相关经济、教育、卫生、社会保障等一系列的法规，如《重庆市城乡居民最低生活保障条例》《重庆市农村扶贫条例》等，这些条例有利于保障农村贫困人口脱贫和改善提高农村人口的生活水平。在对教育资源的分配问题上，重庆市也明确提出要城乡均衡发展义务教育，将合理分配教育资源、缩小城乡差距作为发展目标明确写入地方性法规。例如，《重庆市村镇供水条例》《重庆市城乡居民最低生活保障条例（2016年修订）》《重庆市农村初级卫生保健条例》《重庆市农村扶贫条例》《关于保障和促进统筹城乡综合配套改革试验工作的决定》和《关于同意设立“重庆农民工日”的决定》等法规，有针对性地解决重庆农村经济社会发展中的实际问题，及时回应社会公众需求，为改善农村贫困人口生活质量做出了积极贡献。

作为长江上游的重要港口城市，重庆拥有天然的港口优势，为地方经济的发展提供源源不断的动力支撑。2016年重庆市政府编制《关于加快长江上游航运中心建设的实施意见》，明确提出“港口、物流、产业”三结合原则和“一城一港”优化思路。党的十八届四中全会提出“重大改革于法有据”⑨，为了进一步发挥法治对经济建设的保障支持作用，2016年重庆市人大及其常委会及时有效地修订《重

⑧ 参见俞荣根：《为民立法法顺民心——重庆市直辖十年地方立法巡礼》，载《重庆行政》2007年第3期，第18—20页。

⑨ 胡健：《习近平“重大改革于法有据”思想探析》，载《云南社会科学》2015年第3期，第6页。

庆市港口条例》。该条例将重庆港口规划、建设、经营和管理实践中的成功做法和经验上升为制度规范，并有针对性地对老码头的合法性问题作出了规定，为重庆市港口发展，建设长江上游航运中心，维护港口的安全与经营秩序，贯彻落实国家一带一路等战略提供了制度保障。

特色三：率先委托第三方机构开展法规清理工作。2013 年 6 月开始，重庆市人大在全国率先开创委托第三方机构——西南政法大学实行委托清理，对现行地方性法规进行清理，实现了立法实务工作和立法理论研究双方的优势互补，使得法规清理过程更加客观、真实。以前的法规清理，主要是人大内部自我清理，清理重点主要是解决法规与上位法规定不一致的地方，属于专项清理。而之后的重庆市的地方性法规“体检”则是全面清理、整体清理、规模大、中立性强，有效确保了地方性法规能够“立得住、行得通、真管用”。委托第三方对法规进行“体检”，态度中立，能够充分考虑各部门、各利益方的权力和权利，缓解各方意见分歧和利益纠纷。重庆法规“体检”，既从学者角度运用统计分析的办法，客观具体地找出每部法规在合法性、适当性、实效性和技术性方面存在的问题，进行“对症下药”给出具体建议，又从制度上探索发挥立法工作者、实际工作者和专家学者三者联动的作用，使立法工作更适应重庆经济社会发展的需要，有利于提高地方立法工作质量。

特色四：不断加强立法后评估制度建设。法规立法质量如何，需要在现实中进行检验和依靠“立法后评估”。一些法规条款随着经济社会发展和客观环境的改变，必须进行修订更改。重庆市目前已经逐步开展踏实有效的立法后评估工作。例如，2013 年 6 月，重庆市人大法制委、法工委与西南政法大学知识产权学院签订委托评估协议，委托该院对科技系统的《重庆市技术市场条例》《重庆市科学技术投入条例》《重庆市促进科技成果转化条例》和《重庆市科技创新促进条例》四部法规进行全面评估。同时通过市社情民意调查中心，将四部法规的九项关键制度向社会群众开展问卷调查，直接收集市民意见，重点了解四部法规及关键制度在相关政府部门、科研机构、科技人员、普通市民中的贯彻执行情况，并委托区县人大常委会对四部法规实施情况进行调研，有效地做好了立法后评估工作。2013 年 11 月 25 日通过的《重庆市地方性法规立法后评估试行办法》对重庆市地方立法后的评估工作作了明确要求，办法详细规定了立法后评估的工作步骤、工作时间、评估结果运用等问题。2017 年 1 月 19 日修订通过的《重庆市地方立法条例》也对立法后评估工作作了要求。[⑩]

特色五：及时有效地落实相关国家政策和上位法。直辖以来，重庆市人大及时有效地落实国家政策和上位法的要求。例如，2014 年，修改的《重庆市人口与计划生育条例》及时有效地落实中央关于“单独两孩”的重大决策；2014 年，在国务院简政放权的的背景下，集中修改了《重庆市城市园林绿化条例》等四部法规，取消和下放了部分法规设定的市级行政审批事项，保障了行政审批制度改革和政府职能转变；废止了《重庆市商品交易市场管理条例》等三部与上位法相抵触或已滞后于重庆市经济社会发展的法规；2016 年落实中央关于政府职能转变和行政审批制度改革的重要部署，对相关法规进行了清理，对《重庆市户外广告管理条例》《重庆市建筑管理条例》等十三部法规进行集中修正，确保简政放权始终在法治轨道上运行。

三、重庆市地方性法规之困境

2015 年 9 月 7 日，张德江委员长在第二十一次全国地方立法研讨会上说，地方性法规是我国法律体系的重要组成部分，地方立法关键是在本地特色上下功夫、在有效管用上做文章，确保立法质量。相对于国家立法调整社会关系的完整性、体系化，地方立法应以较单一和具体问题为依归，需避免与国家立法和地方之间立法的双向趋同性。直辖以来，重庆市人大及其常委会在重庆市经济社会发展变化的过程中，立足市情，不断在立法实践中总结经验，已经具备较丰富的立法经验特色。然而，在过去的 20 年里，重庆市地方性法规虽然取得了长足发展，但仍然陷入一些困境，如存在立法质量有待提升、立法权限不清、立法公开力度较弱、立法人才队伍水平较低等问题。

困境一：立法质量问题。重庆市人大及其常委会立法工作的精细化水平还需提升，立法质量有待进一步提高。直辖后，重庆市地方立法工作虽然取得的成绩明显，但与北京、上海和天津另外三个直辖市相比，其地方立法毕竟起步较晚，立法力量相对薄弱，而且地方经济发展也相对落后，因而在立法质量的问题上面

⑩《重庆市地方立法条例》第 76 条规定，市人大有关专门委员会、市人大常委会工作机构可以组织对有关法规或者法规中有关规定进行立法后评估，评估情况应当向市人大常委会报告。

临的考验更多、压力更大、任务也更艰巨。在立法质量方面，也难以避免地存在“抄袭”问题，如在1997年到2002年的地方性法规大量生成的阶段，就很大范围地照抄照搬上位法和其他兄弟省市的地方性法规。同时，在一定程度上，重庆市也存在“大而全小而全[11]”式的立法思路，在相应时期内展开“立法GDP竞争”，对文本质量关注不够，法案起草工作缺乏调查研究与前期论证等。

困境二：立法权限问题。重庆市在地方立法权限上，既涉及与全国人大等上级立法机关的权限划分，也涉及市人大及其常务委员会与市政府的权限划分，还涉及市人民代表大会与人大常委会的立法权限划分，情况非常复杂。在多个立法主体都有对同一事项的立法权时，难免出现内容上的矛盾和重复。当立法权限不清晰时，则就容易引起“立法打架”等不符合科学立法要求的问题。

困境三：立法公开问题。我国立法法规定立法应当体现人民的意志[12]，公开是民主政治的重要属性。地方立法工作与人民群众关系密切，利益直接，只有广泛而公开地吸纳各方意见、充分表达各界各阶层诉求，通过立法博弈实现立法对其权益的保护，才能代表最广大的人民群众的根本利益。然而当前重庆市立法公开在一定程度上存在如下问题：一是未能有效动员社会各方力量，广泛发动群众参与，有闭门造车之嫌；二是地方立法公开原则不能够在立法的起草、审议、通过和法律公布的全过程得到全方位的体现和保障；三是不能及时举行相应的听证会，发动公民广泛参与立法讨论；四是未能将生效的地方法规及时在指定的权威媒体向社会公布并接受公众查询，积极组织地方法规宣传宣讲等。

困境四：立法工作队伍水平问题。立法工作队伍建设是提高立法质量的重要保障。当前，重庆市立法工作队伍水平有待进一步提高，存在人民代表立法专业性欠缺、知识结构不完整等问题。重庆市应该按照中央相关要求[13]，加强人大代表自身能力建设，在工作机制、人员配备等方面及早谋划、打好基础、推进落实，

---

⑪“大而全，小而全”是政治经济学中描述国民经济和国内各区域经济发展结构雷同的常用语，即从大的方面讲，每一个省市的产业结构都类似，工业门类齐全，不考虑自身的资源禀赋优势，片面追求完整的工业体系；从小的方面讲，每一个企业都产供销一体，完全没有发挥分工优势，易造成国民经济的分散和割裂，严重影响经济效率。

⑫《立法法》第5条规定：“立法应当体现人民的意志，发扬社会主义民主，坚持立法公开，保障人民通过多种途径参与立法活动。”

⑬2016年6月26日，中共中央办公厅印发《从律师和法学专家中公开选拔立法工作者、法官、检察官办法》，并发出通知，要求各地区各部门遵照执行。

扎实做好立法专业人才培养工作，积极引进高层次立法专业人才，打造高素质的立法工作队伍。

四、重庆市地方性法规立法质量提升路径之选择

马克斯·韦伯认为法律是经济尤其是市场经济产生和存在的条件，法律是经济发展的“支持性资源”。法律能够影响个人经济行为和社会经济运行，不同的法律制度安排直接影响着经济的不同发展。[14] 要行使好地方立法权，可以说是压力与动力并存，机遇与挑战同在。所以，重庆市人大及其常委会需要认真学习贯彻习近平总书记系列重要讲话精神和治国理政新理念新思想新战略，紧紧围绕“五位一体”总体布局和“四个全面”战略布局，坚持从地方改革和经济社会发展的实际出发，贯彻创新、协调、绿色、开放、共享的发展理念，理论层面上需要正确处理好立法学上的五对关系问题和准确把握好立法工作基本原则，实践层面上需要有效落实好一些具体制度安排。

（一）立法理论基础层面

从立法学角度看，今后重庆市地方经济立法需要处理好以下五对关系问题：一是立法与改革的关系：实现改革与立法决策相衔接，实现重大改革于法有据，发挥立法对改革的引领和推动作用，解决好立法与改革的适用性问题。二是立法与创新的关系：立法创新的主线是发挥人大主导、完善立法工作格局；立法创新的原则是依法创新、立足地方实际；立法创新的重要载体是健全立法工作制度体系。重庆市人大需要在立法的起草、审议过程中加强创新。三是地方立法的合宪性、合法性与合理性：应该始终坚持法制统一原则，保证新制定、修订的重庆市地方性法规与宪法、法律和行政法规相一致，维护法律的统一、尊严和权威。四是地方立法中的地方保护主义：地方立法对招商引资、促进本地区经济发展能够发挥积极的作用，但是也可能造成地区封锁和地方保护，所以重庆市立法时应该尽量做到和其他行政区地方政府相关立法相协调。五是地方立法中的部门利益和

---

⑭ [德] 马克斯·韦伯：《民族国家与经济政策》，甘阳译，生活·读书·新知三联书店1997年版，第167页。

行业利益博弈：地方性法规有相当部分是由相关部门或行业起草或推动的，有权力就会被滥用。相关部门或行业可能在地方立法中不适当地加入自身的利益和权力，但是在规范自身行为上避重就轻，把应尽的责任和义务界定到最低限度，这就有违立法为民的初衷和本意，应该坚决杜绝。

从地方立法工作基本原则方面考虑，重庆市人大及其常委会必须深刻领会党和人民对立法工作提出的新要求，主动适应新形势，在立法工作中把握好以下几个原则：一是坚持党的领导：党的领导是中国特色社会主义的本质特征。党对法治的领导，一个重要方面就是领导立法。二是坚持不与上位法相抵触：地方立法不越权、不与上位法相抵触，是宪法和法律为地方立法所设定的“生命线”。三是突出重庆特色：立法和地方的经济社会发展水平、地理资源、历史传统、人文背景等密切相关，需要重庆市人大结合本地区的实际情况进行立法。四是增强可操作性：法规是否具有可操作性，直接关系到地方立法的质量。重庆市人大应该针对需要解决的问题，立足地方实际，认真总结实践经验，把握客观规律，有几条立几条，管用几条制定几条，增强针对性和可操作性。五是充分尊重民意：一切权力属于人民，地方立法权的行使是人民群众在立法中发挥主体作用的重要体现。六是规范公权力运行：地方立法需要进一步强化对公权力的科学规范，加强对权力的制约和监督，加强对权力的保障和救济，防止公权越位、缺位、错位，防止公权部门化、利益化和部门利益法制化。

（二）立法实践制度层面

为了更好地发挥立法的引领和推动作用，可从以下几方面立法制度上进一步完善地方立法工作。

第一，健全立法机关主导、社会各方有序参与民主立法的途径和方式，进行立法项目征集，广泛分析论证。卢梭的“人民主权”和“主权在民”学说强调应该由人民自己行使立法权。他说：“立法权是属于人民的，而且只能是属于人民的。”[15]健全立法机关和社会公众沟通机制。健全法规草案公开征求意见和公众意见采纳情况反馈机制，对涉及面广、情况复杂的立法项目可委托第三方起草法规草案，防止地方保护和部门利益法制化。

第二，建立立法规划计划的督导制度，坚持与执法并重。立法规划、计划制

⑮ [法] 卢梭：《社会契约论》，何兆武译，商务印书馆 1997 年版，第 75—76 页。

定后，人大及其常委会的法制工作机构应当将年度立法项目逐项分解，明确起草重点和要求，督促相关部门按要求实施。坚持立法与执法并重，加大执法检查力度。立法的目的在于实施，在于规范行为，在于推动工作。坚持立法与执法并重，充分发挥立法的引领和推动作用，确保重庆市地方性法规行使落到实处。

第三，加强立法工作队伍建设。强化培训，提高立法工作队伍素质。有针对性地对重庆市人大常委会组成人员、人大代表以及人大机关工作人员进行法律知识培训，逐步提高法律素质，尤其是要加强立法人员的学习、培训与辅导，使其尽快熟悉地方立法的程序内容和技术要领、规范要求，进而提高审议能力和立法技术水平。

第四，建立并完善地方立法法治评估制度。法治建设是目的，法治评估是促进法治建设及实现法治秩序的一种手段，二者共同推进地方法治化进程。[16]法治评估作为“法治中国”的有效实现形式，具有协调平衡利益冲突、提供修复受损秩序载体、优化法治资源配置、搭建创新制度安排平台以及实现公平正义等功能。建立并完善重庆市地方立法法治评估机制，重点在于把法治建设工作按照各个职能部门的职责对其进行分解、分工、落实和管理，使之具体化。这意味着各个职能部门是否履行其职责是法治评估的核心，而履行职责的效果并非现有法治评估的重点。从制订立法计划、立法征集到立项起草、调查研究、立法协商、评估论证到最后的会议审议、会议表决、报请批准、颁布实施、检查监督、跟踪问效等环节入手，构建起重庆市地方人大及其常委会立法整个过程的监测，切实提高立法质量。

---

⑯ 参见付子堂、张善根：《地方法治建设及其评估机制探析》，载《中国社会科学》2014 年第 11 期。

后 记

经过一年的工作，《地方立法文本与实施效果研究》一书终于汇编完成。本书是集体智慧的结晶，收录了2016年度地方立法研究学生课题成果。在理论上，深入讨论了地方立法权限、效力、立法重复以及地方立法质量评估与清理等问题；在实践上，围绕自贸区、设区市文物保护、信访等重点领域立法，旨在深化地方立法基本理论研究，为立法实践提供理论指导和决策咨询。

重庆市地方立法研究协同创新中心执行主任周祖成教授确定了全书的编排体例、入选篇目等。张印博士具体负责本书编辑工作，做了组稿、策划等大量工作。另外，行政法学院硕士研究生郑伟华、余庆同学协助完成统稿、转换文章格式、校对文字等编辑整理工作。

图书在版编目（CIP）数据

地方立法文本与实施效果研究 / 周祖成，张印主编 .
—北京：中国法制出版社，2018. 8
ISBN 978-7-5093-9392-5

Ⅰ. ①地… Ⅱ. ①周… ②张… Ⅲ. ①地方法规—立法—研究—中国
Ⅳ. ① D927

中国版本图书馆 CIP 数据核字（2018）第 067084 号

责任编辑 侯 鹏　　　　封面设计 杨鑫宇

地方立法文本与实施效果研究

DIFANG LIFA WENBEN YU SHISHI XIAOGUO YANJIU

主编 / 周祖成 张 印

经销 / 新华书店

印刷 / 北京京华虎彩印刷有限公司

开本 / 710 毫米 ×1000 毫米 16 开　　　　印张 / 20.5 字数 / 355 千

版次 / 2018 年 8 月第 1 版　　　　2018 年 8 月第 1 次印刷

中国法制出版社出版

书号 ISBN 978-7-5093-9392-5　　　　定价：69. 00 元

北京西单横二条 2 号

邮政编码：100031　　　　传真：010-66031119

网址：http://www.zgfzs.com　　　　**编辑部电话：010-66060794**

市场营销部电话：010-66033393　　　　**邮购部电话：010-66033288**

（如有印装质量问题，请与本社印务部联系调换。电话：010-66032926）